내 영혼의 노래

내 영혼의 노래

초판 1쇄 2009년 11월 28일 발행
    2쇄 2010년 5월 25일 발행

펴 낸 이 | 이동진
펴 낸 곳 | 해누리
지 은 이 | 이동진
편집주간 | 조종순
마 케 팅 | 김진용 · 김승욱

등록번호 | 제16-1732호
등록일자 | 1998년 9월 9일

주소 | 서울시 마포구 성산1동 239-1 성진빌딩
전화 | (02)335-0414   팩스 | (02)335-0416
E-mail | sunnyworld@henuri.com

ⓒ이동진, 2009

ISBN 978-89-6226-012-0 (03810)

무단전재와 무단복제를 할 수 없습니다.

*잘못된 책은 구입하신 서점에서 바꾸어 드립니다.

이동진 시인 등단 40주년 기념 시선집

내 영혼의 노래

李東震 지음

| 머리말 |

지공도사의 덤덤한 심정

　1970년 2월 박두진 선생님의 시 추천 3회 완료로 월간 〈현대문학〉을 통해 등단했을 때는 이 땅에서 시인이 되었다는 사실 자체가 상당한 의미를 지녔고, 나 나름대로 설레는 심정과 벅찬 기쁨에 젖기도 했다. 그 동안 21권의 시집도 냈고, 이제야 시가 무엇인지 조금은 알 것 같은 생각도 든다.

　그러나 이제 등단 40주년 기념으로 시 선집을 내는 마당에 느끼는 감회는 무엇일까? 한 마디로 그저 덤덤할 뿐이다. 성취감도 기쁨도 없다. 물론 후회 감정은 언제나 나에게 사치스러울 뿐이다.

　그러면 왜 덤덤할 뿐일까?

　시가 홍수처럼 쏟아져 나오고 시인도 수천 명이나 되는 오늘의 현실이 진정한 의미에서 지난 40년 동안 우리가 걸어온 "발전의 결과"라고 한다면, 그 가운데 한 사람으로서 시 선집을 낼 때 당연히 뿌듯한 보람을 느껴야만 할 것이다. 그러면 우리의 시는 정말 "발전"을 했단 말인가? 사람에 따라 그렇다 또는 아니다 라고 대답할 것이다.

그러나 내가 보는 관점은 약간 다르다. 시에 내해 "발전"이라는 용어를 사용한다는 것 자체가 말이 안 된다고 보는 것이다. 시의 발전, 문학의 발전, 예술의 발전 운운 하는 것 자체가 내 마음을 쓸쓸하게 만든다. 그래서 그저 덤덤한 심정일 뿐이다.

시인이라고 해서 날마다 시를 쓰는 것도 아니고, 시를 써서 밥을 벌어먹는 것도 아니다. 또한 시인이 쓴 시라고 해서 모두 훌륭한 시도 아니고, 많은 사람들이 애송하거나 칭찬하는 시라고 해서 흔히 말하는 최고의 걸작도 아니다. 자기 시가 칭찬을 받든 못 받든 그것은 시인에게 문제가 되지 않는다. 아니, 진정한 시인이라면 그러한 것에 구애를 받아서도 안 된다고 본다.

시인은 그저 시를 쓸 뿐이다. 쓰고 싶을 때 쓰면 그만이다. 남들이 읽어 주든 말든 상관할 일도 아니다. 굳이 시집으로 발표할 필요도 없지만, 그렇다고 해서 혼자만 읽고 버릴 필요도 없으니 출판하는 것까지는 말릴 필요도 없다. 그것뿐이다. 그래서 덤덤한 것이다.

이제 바야흐로 지공도사_지하철을 공짜로 타는 도사 자격증, 소위 노인우대증을 국가로부터 받게 되었다. 이것이야말로 인생 박사학위인 만큼 대학에서 주는 그 흔한 박사학위보다 더 귀하고 가치가 있을 것이다. 파란만장의 세월 속에서, 역사 속에서 여태껏 살아남았고, 그래서 세금을 부지런히, 정직하게 바쳤다는 사실을 공인하는, 치하(?)하는 국가의 명칭 없는 훈장이나 다름이 없기 때문이다.

외교관 생활을 나 나름대로 정직하게, 성실하게 30여 년 했음에도 불구하고 퇴임식은커녕 그 흔하다는 말단 훈장조차 하나 받은 적이 없다. 자세한 내막을 모르는 사람들은 내가 무슨 큰 잘못을 저지르지나 않았을까 의문을 품을지도 모른다. 그러나 사실은 그렇지가 않다고 여기서 확실히 밝혀 둔다. 그것은 내가 정년을 10년이나 앞둔 시점에서, 비뚤어진 독재적 권력의 횡포, 그리고 맹목적 아첨을 일삼는 고위 관료들의 야심에 희생되었을 뿐이다.

어쨌든 지금 현재로서는 지공도사 자격증이 공식 훈장보다도 더욱 무게가 있는 듯이 보인다. 사람이란 역시 오래 살고 볼 것인가? 오래 산다고 해서 뭐 낙원에라도 들어가나? 그런 생각도 든다. 그래서 덤덤한 것일까?

나는 이미 10년 전인 1999년에 내 손으로 영역한 시 선집 〈Songs of My Soul〉(451쪽)을 외국에서 출간한 바가 있다. 이탈리아의 시에나 대학교 부설기관인 "한국시문학 비교연구소"에서 독일 페퍼콘 출판사와 제휴, 1999년부터 출판한 〈한국문학 시리즈〉의 제1권으로 출판된 것이다. 그러나 지금까지 이 책의 한글 원고를 국내에서 출판하지는 못 했다. 또한

이〈한국문학 시리즈〉에서는 구상 시집, 이근삼 희곡집, 홍윤숙, 이해인, 김종철 시선집 등이 포함되어 있는데, 이 가운데 맨 뒤의 시선집 3권은 내가 영역한 것이다.

어쨌든 등단 40주년 기념으로 신작 시집 또는 시 선집을 내려고 할 때, 〈Songs of My Soul〉의 한글 원고를 그대로 출간할 생각도 했다. 그러나 여기에는 지난 10년 동안에 쓴 작품들은 들어 있지 않기 때문에 국내 독자들을 위해 이번에 제5부를 한글판에만 추가했다. 그리고 내친 김에 〈Songs of My Soul〉도 별책으로 출간한다. 혹시라도 우리 시를 영어로 번역하려는 사람들에게 참고가 되면 다행이라는 생각도 했기 때문이다.

또한 영역 시 선집 〈Songs of My Soul〉의 머리말도 참고로 아울러 여기 소개하며, 제1부에서 제4부까지의 차례에서는 대조의 편의를 위해 한글 제목과 영어 제목을 나란히 병기했다.

2009년 8월 서울 신림동 가하서재에서

| 〈Songs of My Soul〉 머리말 |

나그네가 부른 노래들

유교와 불교의 전통이 강한 뿌리를 내리고 있는 한국사회에서 태어난 나는 어려서부터 가톨릭 신앙 안에서 성장했다. 그러나 가톨릭이라는 한정된 시각을 벗어나, 한국인으로서, 또는 단순한 인간으로서 사물을 보고 느끼고 생각해 왔다. 아니, 그렇게 하려고 노력했다. 그리고 첫 시집을 낸 1969년부터 외교관으로서 동양의 일본, 중동의 바레인, 유럽의 이탈리아, 네덜란드, 벨기에, 미국의 보스턴_하버드 대학교을 거쳐 아프리카의 나이지리아에서 대사로 근무하면서 각 지역의 문화와 사고 및 생활방식 등에 관해서 깊이 이해하려고 애썼다.

관심과 동감의 자세를 전제로 한 이해는 사랑을 낳고 사랑은 동화 과정을 초래하기 마련이다. 결국 나라는 한 개인 속에서는 동양과 서양의 가치관 또는 사고방식이 어떤 형태로든 혼합되거나 공존하고 있을 것이다. 그래서 어느 지역에나 "전형적"인 인간이 현실에 존재한다고는 믿지 않지만, 일반적인 개념에서 전형적인 한국인이 있다면, 아마도 나는 그런 범주에 들어가지 못할지도 모른다. 그럼에도 불구하고 내가 철두철미하게 한국인이라는 사실은 변함이 없다.

나는 중학교 1학년 때부터 시를 썼다. 시가 무엇인지 배운 것도 아니고 또 시를 쓴다는 의식도 없었다. 다만 내 안에 고이는 생각과 감정을 노래하듯이 글로 표현하고 싶었을 뿐이다. 지금도 그런 심정으로 시를 쓴다. 그리고 하나 둘 계속해서 쓰다 보니 자연스럽게 재미도 느끼고 시를 쓰는 행위가 버릴 수 없는 습관으로 굳어지게 되었다. 어른이 된 뒤에는 시를 쓰기가 괴롭고 고통스러울 때도 없지 않았다.

시를 왜 쓰는가하는 회의도 생겼다. 시는 무엇인가라는 질문도 스스로 해보았다. 결국 시는 "나 자신의 전부"를 고백하는 고백성사와 같은 것이라고 차츰 깨닫게 되었다. 나의 고백을 들어줄 사람은 우선 나 자신이다. 내가 나 자신에게 하는 고백을 신이 듣고 있을 것이다. 그것으로 충분하다. 혹시라도 다른 사람들이 나의 고백에 관심을 기울이거나 흥미를 느껴서 들어준다면, 그리고 같은 인간의 입장에서 공감해준다면, 나의 독백은 공동의 고백이 된다. 그러니까 내가 기뻐하지 않을 이유는 없다. 반면, 아무도 나의 고백을 들어주려고 하지 않는다 해도 내가 섭섭하게 생각할 이유도 없다. 나의 고백이 독백으로 그쳐도 그 뿐이다.

여기 수록된 시는 내가 대학 1학년 때부터 33년간 쓴 시 가운데 추려낸 것이다. 제1부에서 제3부까지는 이미 출간된 시집 16권에서 선정한 것이고, 제4부는 지난 4년간 쓴 시이지만 아직 한국에서 시집 형태로 출간하지 않은 미발표 시다.

제1부는 1970년대 말까지 즉 내 나이 20대에서 30대 중반까지의 시기를 포괄하는데 이 기간은 개인적으로는 매우 곤궁했고 한국사회는 "한강의 기적"과 아울러서 계층 간 갈등의 심화가 동시에 진행되고 있었다. 젊은이의 낭만을 노래할 여유도 없었고, 좌절과 분노로 가슴 속에서 용암이 이글거리던 잿빛 우울의 시기다. 미친 듯이, 신들린 듯이, 허기진 사람처럼 시를 썼다. 사회비판이나 불의에 저항하는 시도 많이 썼다. 그러나 이제 다시 읽어보면 풋과일처럼 싱싱하기는 하지만, 한국이라는 지역성과 당시 시대성이 너무 강하여 외국인 독자가 이해하기 어려운 시들은 취하지 않고, 서정성과 보편성의 기준에 적합한 것만으로 압축했다.

제2부는 1980년대 즉 내 나이 30대 중반에서 40대 중반까지 10년간에 쓴 시 가운데서 뽑은 것이다. 이 기간은 한국에 경제적인 번영과 팽창은 왔지만, 탄압, 유혈사태, 부패, 빈부격차의 엄청난 확대 등이 사회전반에 걸쳐 기본구조를 좀먹고 건전한 양식과 비판정신을 마비시키고 있던 시기다. 이 시기에 나는 주로 중동, 유럽, 미국에서 근무했는데 특히 이탈리아에서 쓴 시가 여기 많이 수록되었다. 국내에 있든 해외에 있든 나 자신을 "영원히 방랑하는 나그네"라고 스스로 규정

하던 시기다. 나그네이자 한국인인 나의 눈으로 보고 느낀 점이 시라는 프리즘을 통과해서 여러 가지 색깔로 나타났다. 그러나 "E pluribus unum. (많은 것으로부터 하나를)"이라는 라틴어 격언처럼 많은 것에서 한 가지를 추구할 때 내가 바란 것은 가면을 쓰지 않은 순수한 인간의 진실과 정의가 아닌가 한다.

제3부는 1990년대 전반의 5년간 즉 40대 중반에서 50세까지의 기간에 쓴 시다. 시간의 흐름과 추억의 의미를 새로운 각도에서 예민하게 인식하고, 가슴 속에 고이는 공허, 고독, 허무를 운명론이나 결정론이 아니라 낙천주의로 극복하면서 모든 사물과 관계의 형이상학적 아름다움의 실체를 갈구하던 시기다. 다시 말하면 인간의 인간다움을 절실하게 추구하던 시기다.

제4부는 최근 4년간 쓴 시인데 제3부와 합쳐도 무방하겠지만 미발표시라는 성격도 있고 해서 편의상 나누었다. 이 기간에 중국을 여행하고 나서 쓴 기행 시, 산업화 이후에 한국인이 생활 속에서 잃어버린 것들에 대한 시가 각각 20여 편씩 들어있다. 그리고 아프리카에서 쓴 시도 몇 편 들어있다.

시인에게는 무덤이 따로 필요치 않다고 본다. 시 한편에 그 때까지의 시인의 일생이 담겨 있고, 생전에 쓴 시 전체를 모아놓으면 거기 시인의 일생 전체가 들어있다고 믿는다. 그래서 시인은 수 백, 수천 개의 작은 무덤과 거대한 단일무덤을 남긴다. 육체를 묻은 무덤이 죽은 무덤이라고 한다면, 시는 시인의 살아있는 무덤이다. 이런 관점에서 나는 화려하지만 악취를 내는 그런 무덤이 아니라 소박하면서도 향기를 풍기는 무덤을 만들고 싶은 생각에서 시를 쓴다.

그리고 시인의 무덤을 가장 멋지게 장식하는 것은 각 개인이 종교, 이데올로기, 조직, 체제, 권력, 재산, 기계, 쾌락의 도구가 결코 아니라고 보는 인간주의, 각 개인이 자유와 정의와 풍요를 누리는 삶 자체가 이 광대한 우주에서 인간에게 부여된 목적이라고 믿는 인간주의라고 확신한다.

과학과 기술의 발전과 확산에도 불구하고 갈등과 충돌이 날로 증가하는 21세기 문턱에 서서 나는 인류의 최종목적이 우주의 정복에 있는 것이 아니라 인간본질의 발견과 그 발견의 결과를 실생활에서 실천하는데 있다고 믿는다. 따라서 인간의 무디어진 의식을 자극하고 감성의 영역을 넓히며, 아름다움을 아름답게 느끼고 노래하는 시가 첨단기술의 연구 못지않게 중요하고 그 나름대로 당당한 역할을 한다고 본다. 앞으로 시간이 아무리 흘러도 시인은 죽지만 시는 결코 죽지 않을 것이다.

나의 시가 한국어에서 영어로 번역되어 이제 독일을 비롯한 여러 나라의 독자와 만나게 된 것을 진심으로 기쁘게 생각한다. 특히 남북으로 분단된 나라에 사는 나로서는 최근에 다시 통일을 이룩한 독일에서 이 시집이 출간된 것이 더없이 큰 의의를 지니며 한국의 미래에 대해서 뭔가 암시와 교훈을 던져주는 계기가 되지 않을까 한다. 그리고 독일을 비롯한 여러 나라의 독자들이 한국의 현대시에 대해서 한층 관심과 이해와 사랑을 기울이는 계기가 된다면 나로서도 그 이상 바는 것이 없다.

이런 의미에서 이 시집이 출간되기까지 따뜻한 배려와 지원을 아끼지 않은 베를린자유대학교 교수 프리츠 바그너 박사, 이탈리아 시에나 대학교의 한국시문학 비교연구소 소장 이득수 교수, 그리고 독일의 페퍼콘 출판사 여러분께 깊이 감사하는 바이다.

1998년 12월 나이지리아 라고스에서

| 차례 CONTENTS |

제1부
분노와 좌절
(1964~1979)

PART I : ANGER AND FRUSTRATION

한_韓의 숲 Divided Forest Growing Darker_38 • 46

불멸의 사랑은 Immortal Love_41 • 48

저녁의 음성 Voice of the Evening_44 • 51

엽서 Postcard_47 • 53

사랑이 혈관을 흘러가며 Love That Flows in the Vein_48 • 54

빵과 포도주의 식탁 Bread and Wine on the Table_50 • 56

시장과 여인네 Market and Woman_51 • 57

미친 차와 네거리 Crazy Car at Crossroads_53 • 59

우리는 하나씩 체포되어 갔다 We were Arrested One by One_55 • 61

사랑은 너와 나의 종교 Love is a Religion of You and Me_57 • 63

절실한 그리움 Still My Heart Longs for You_60 • 66

내가 만난 노인신부 Sin and the Sinful_63 • 69

소박한 질문들 Simple Questions_66 • 72

• 영시 제목 옆의 숫자는 영문판 〈Songs of My Soul〉의 페이지 번호입니다.

대리석의 향기 Fragrance of Marble_68 • 74

다정한 웃음을 이슬비지게 하던 Shower of Tender Smiles_70 • 76

신의 얼굴 Face of God_73 • 79

사랑하는 사람은 온다 The Beloved Surely Comes_75 • 81

가난한 마음 The Poor in the Heart_77 • 83

벗 (1) My Friend (1)_79 • 85

두 손 Both Hands_81 • 87

관능의 신비 Mystery of Sensuality_82 • 89

큰 소리로 울지도 못하고 Prohibited Cry_84 • 91

비둘기 떼 A Flock of Doves_86 • 93

새벽에 바다로 나아간 사람 He Went to the Sea at Dawn_89 • 96

어릿광대와 나무 이야기 Clown and Tree_94 • 101

두려움의 심연 Abyss of Fear_96 • 103

고통의 밤 비옥한 밤 Painful Night, Fertile Night_102 • 111

노을 속으로 날아가는 사람
The Man Flying Away in the Evening Glow_106 • 115

빗속의 노인 Old Man in the Rain_110 • 119

또 십년 Another Ten Years_113 • 122

조용히 오는 아이에게 To a Child Coming Quietly_115 • 124

너무나 아름다워 Too Beautiful Memory_117 • 126

햇살에 바랜 종이 Faded Newspaper_120 • 128

제2부
영원한 방랑자
(1980~1989)

PART II : WANDERER FOREVER

당신의 그물 Your Fishing Net_124 • 132

흰 벽 White Wall_126 • 134

갈라지는 길 A Road Splits into Many Directions_128 • 135

우리 젊음의 티끌 Our Dusty Youth_130 • 137

미운 사람 Hateful Man_133 • 140

달밤의 노인 Old Man Under the Moonlight_135 • 142

폼페이에 핀 양귀비꽃 Poppy Flowers in Pompeii_137 • 144

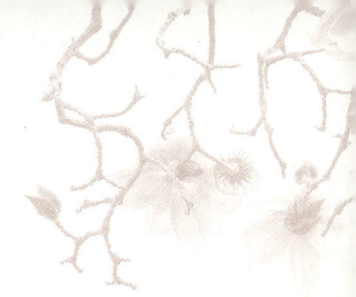

내 영혼의 영원한 나그네여 Everlasting Traveller in My Soul_140 • 148

마메르티노 감옥 Mamertino Prison in Rome_142 • 151

지나간 시간은 당신의 무덤 Past Time is Your Tomb_145 • 154

아까운 세월 The Time Too Dear_147 • 156

한 사람과 두 사람 One Man and/or Two_149 • 158

판사의 꿈 Dream of a Judge_151 • 160

배 Ship_153 • 162

사냥개와 참새 Hound and Sparrow_155 • 164

보상이 없는 세월 Time Without Compensation_157 • 166

누구를 위한 기도인가? For Whom are the Prayers Offered?_158 • 167

네로의 지하궁전 Nero's Underground Palace_160 • 169

제노아 식당의 셀프 서비스 Self-service at a Genoese Restaurant_164 • 173

의자 Chair_166 • 175

시인의 엽서 Postcard from a Poet_168 • 177

자유와 사랑 Freedom and Love_170 • 179

두 몸 Two Bodies_173 • 182

부부싸움 Quarrel Between Husband and Wife_175 • 184

매혹적인 상처 Enchanting Wounds_178 • 186

운명적인 사건 Fateful Incident_180 • **188**

여러 신들이 던져준 덫 Traps Laid by Many Gods_182 • **190**

우상을 숭배하지 마라! Don't Worship Idols!_184 • **192**

죄인과 진실 Sinner and Truth_188 • **195**

야수보다 야수다운 인간 Man Crueler Than Beast_190 • **197**

당신은 분열의 샘이 되고 Source of Conflict_193 • **200**

아무도 돌아오지 않을 땅 The Land That No One Returns To_196 • **203**

그게 우리 팔자라는 거다 Walled in by Fate_198 • **205**

진짜 개새끼 타령 Genuine Dog_201 • **208**

영원한 이별이란 Eternal Farewell_204 • **211**

사랑니의 환상 Fantasy of a Wisdom Tooth_206 • **213**

친구들은 이 밤에 축배를
My Friends, What Do You Celebrate Tonight?_211 • **217**

휴가철 Holiday Season_213 • **219**

대리석 관 Marble Coffins_217 • **223**

프라 안젤리코 Fra Angelico_218 • **224**

무모한 내기 Reckless Gamble_219 • **226**

몽 셍 미셸 Mont-St-Michel_221 • **228**

미라와 작은 참새에게 To a Mummy and a Little Bird_223 • 230

외로운 목소리의 밤 Night of a Lonely Voice_225 • 232

세월만이 공평한 스승 Only Time is an Impartial Teacher_229 • 236

단테에게 Dante_231 • 238

베네치아의 한숨의 다리 The Bridge of Sighs in Venice_233 • 241

청년 프란체스코에게 Young Francesco in Assisi_235 • 243

사르트르의 무덤 앞에서 In Front of Sartre's Tomb_238 • 246

들리지 않는 만가 A Dirge Nobody Can Hear_239 • 247

안녕, 지하철! (1) Farewell, My Subway Train!_242 • 250

황금바늘 Needle of Gold_244 • 252

축복하는 손 Blessing Hands_246 • 254

곡예사들 Acrobat_247 • 255

연극 Performance_249 • 256

존재의 아름다움 The Beauty of Being_251 • 258

일그러진 그분의 얼굴 His Distorted Face_253 • 260

부드러운 붕대 Tender Bandage_255 • 262

그 사람인들 외롭지 않겠는가! He is Lonely, Too_256 • 264

총각김치 Young Radishes Kimchi_258 • 266

평등은 우리네 신분증 Equality is Our Passport_260 • 268

구름은 우리네 무덤인가? Is the Cloud Our Tomb?_261 • 269

우리에게 태평양은 무엇인가? The Pacific Ocean_263 • 271

두 세상 사이에 끼여 Trapped Between Two Worlds_265 • 273

거짓 언어 False Languages_267 • 275

들꽃에게 지혜를 배우는 사람 Wisdom of Wild Flowers_269 • 277

제3부
사람의 아름다움
(1990~1995)
PART III : BEAUTY OF MAN

담배의 기도 The Prayer of a Cigarette_274 • 282

원숭이 Monkey_275 • 283

마지막 불꽃이 사라질 때 When the Last Flame Disappeared_276 • 284

열망 Burning Desire_278 • 286

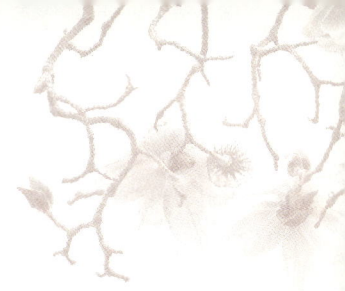

우리 서로 이름을 알게 된 것은 The Reason We Knew Each Other_280 • 288

안경알 Spectacle Lenses_281 • 290

당신의 이름 Your Very Name_282 • 292

화장터의 커피 맛 Taste of Coffee at a Funeral Home_284 • 294

나무상자와 독재 Wooden Box and Dictatorship_287 • 297

영원한 수수께끼 Eternal puzzle_289 • 300

스헤베닝겐 공동묘지 Cemetery in Scheveningen of the Hague_291 • 302

이준 열사 묘적지 Grave Site of a Korean Patriot in the Hague_293 • 304

평화의 궁전 The Peace Palace_294 • 306

로렐라이 절벽 The Wind over Loreley Cliff_295 • 308

바람 부는 날의 은총 Graces on a Windy Day_297 • 310

경이로운 그릇 Such an Amazing Bowl_299 • 312

책 Books_301 • 314

상상력은 불이다 Ability to Imagine is Fire_303 • 316

우리는 시간의 거울 We are a Mirror of Time_305 • 318

기도의 길 The Way of Prayers_306 • 319

야수들의 인형 Beast Dolls_308 • 320

스스로 버린 것 Those Things We Discarded_310 • 322

쓸쓸한 도시 City in Solitude_312 • 324

그분의 아름다움 Beauty of the Holy One_314 • 327

지혜의 가시관 Thorny Crown of Wisdom_316 • 329

내 영혼 재도 없이 태우는 입김 Breath That Burns My Soul_318 • 331

기도가 이루는 사랑의 불길 Flame of Love Burning in Prayers_320 • 333

평화를 더 기뻐하는 그분 Peace is More Delightful to Him_322 • 335

아름다운 평화 Beautiful Peace_324 • 337

십자가와 상식 Cross and Common Sense_326 • 339

언젠가 열릴 당신 입술 Your Lips That Will Be Open Someday_327 • 340

아들의 기도 Prayer of a Son_330 • 343

몽유병자와 사냥개 Sleepwalker and Hunting Dog_333 • 346

돼지에게 Song for an Innocent Pig_335 • 348

사라지는 것의 소중함 Disappearing Things More Precious_338 • 351

안네 프랑크의 집 Anne Frank's House_340 • 353

풍차 Windmill_341 • 354

운하 Canals_343 • 355

나막신 Wooden Shoes_344 • 356

부드러움의 진실 The Truth of Tenderness_346 • 358

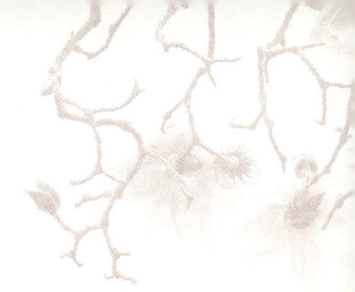

퇴장과 선택 Exit and Choice_348 • 360

우리가 찾아내야 할 사람 The Man We Have to Find Out_349 • 361

홀로 걸어가는 그 사람 The Man Who Walks Alone_351 • 363

우리가 사랑하는 죄인 The Sinner We Love_353 • 365

빈 그릇에 아름다움 머무는 동안 Beauty Dwells in Empty Bowls_356 • 368

불장난 Playing with Fire_358 • 370

사랑 (1) Love (1)_360 • 372

잊어버리고 싶을 때 When I Wish to Forget_362 • 374

아름답던 이름 하나씩 지워버릴 때 Names Once Beautiful_364 • 376

두려운 진실의 날 Terrible Day of Truth_366 • 378

낙엽의 계절 Season of Fallen Leaves_369 • 381

시계와 우리 Clock_372 • 384

불꽃놀이 Fireworks Display_374 • 386

부질없는 기대 Futile Expectations_376 • 388

늙은 인기가수의 노래 Song of an Old Popular Singer_379 • 390

달빛의 기도 The Prayer of the Moonlight_381 • 392

고독의 열병 Loneliness Fever_383 • 394

탄생은 가장 큰 선물 Birth is the Greatest Gift_385 • 396

독재자와 성자 Dictators and Holy Men_388 • 399

난지도가 살아있을 때 When the Nanji Island was Alive_390 • 401

신촌 로터리 Roundabout in Seoul's Newtown_392 • 403

허수아비 Scarecrow_394 • 404

신문 Newspaper (1)_396 • 406

제4부
우리가 잃어버린 것들
(1996~1997)
PART IV : THE THINGS WE HAVE LOST

추억은 사랑의 신 Warm Memory is the God of Love_400 • 410

낡은 잡지 Once There and Today_403 • 412

우리가 묻힌 자를 닮아갈 때 When We Resemble the Buried Ones_406 • 414

정나미 Loving Heart_408 • 416

혼자 사는 여자 Single Woman_410 • 418

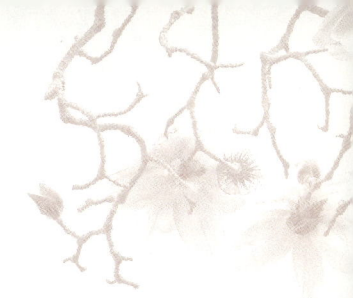

기회가 주어지지 않는다 해도 Chance or Opportunity_412 • 420

부러운 것들 Enviable Things_414 • 422

별은 빛이다 A star is the Light_416 • 424

눈에 익은 것들이 사라질 때 When Familiar Things Disappear_418 • 426

광장과 황혼 Selected Taste of Coffee_420 • 428

아침 커피 Morning Coffee_422 • 430

첫 눈 The First Snow_423 • 431

눈의 노래 Song of Snow_425 • 433

관광객 Tourist_427 • 436

자화상 Self-portrait_429 • 438

토인의 가면 Mask of an Indigenous_431 • 440

정직한 끝 The Truly Honest End_433 • 442

화석 Fossil_435 • 444

악몽 Nightmare_437 • 446

불안한 비둘기 Restless Pigeon_440 • 449

북소리 Sound of a Drum_442 • 451

매미 Cicada_444 • 453

벚꽃의 슬픔 Sorrow of Cherry Blossoms_446 • 455

그림과 액자 Painting and Frame_447 • 457

세상이 끝날 때 Many Ends of the World_448 • 458

출발점도 종점도 서로 다르다 Bus Stops are Different_450 • 460

낙엽이 주는 말 Fallen Leaves Say_452 • 462

연 날리기 Flying Kites_454 • 464

만리장성 The Great Wall_456 • 467

인력거 Rickshaws_459 • 469

시골 이발소 Barbershop in a Countryside_460 • 471

바람다운 바람 Harvesting Wind_462 • 473

바위섬과 파도 Rocky Island_465 • 476

등대 Lighthouse_467 • 478

사전 Dictionary_469 • 480

지구는 한 방울 눈물 Earth Is One Teardrop_471 • 482

목련은 그대 미소 Magnolia Blossoms_473 • 484

거대한 옥불의 지혜 Colossus of Jade Buddha_475 • 486

구화산의 밤안개 Night Fog of the Holy Mountain_477 • 488

누군가는 오늘도 행복한 하루 At Least Someone is Happy_479 • 490

검은 물소 Black Cow_481 • 492

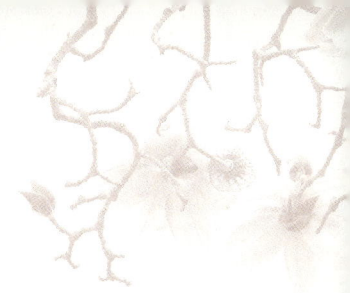

중생 All Creatures_482 • 494

목이 마른 산 Thirsty Mountain_484 • 496

서울역의 아침 커피 Morning Coffee in the Seoul Station_486 • 498

역사의 심판 Judgment of History_488 • 500

지구를 떠난다면 If I Leave the Earth_490 • 502

기계 Machines_492 • 504

그릇 Earthenware_493 • 506

죽음은 작은 것에서 온다 Death Comes from a Small Thing_495 • 508

추억은 소리가 없다 Memory Has No Sound_497 • 510

정거장 Station_499 • 512

사람 Man_501 • 513

검은 육체들의 생각 Black Bodies Think_504 • 516

최고의 여배우 Most Popular Actress_506 • 518

정치가와 원숭이 Politician and Monkey_508 • 520

안녕! 굿바이! Farewell! Good-bye!_511 • 523

사랑 (2) Love (2)_513 • 525

하늘은 누구의 얼굴인가? Whose Face is the Sky?_517 • 530

양귀비 The Poppy Flower_520 • 532

여행가방 A Suitcase_522 • 534

무색투명한 신 Colourless, Transparent God_523 • 535

도마뱀 (1) Lizard (1)_526 • 538

모기 Mosquitoes_528 • 540

먼지 Dust_529 • 541

바나나 Banana_531 • 543

패션모델 걸 Girl Fashion Model_533 • 545

자서전 Autobiography_535 • 547

1달러의 행복 Happiness with One Dollar_537 • 549

열쇠 Key_539 • 551

병과 약 Sickness and Medicine_540 • 553

철새 Migrant Birds_542 • 555

사라지는 것들 Things Disappearing_544 • 557

행복 Happiness_546 • 559

동트는 대도시 Daybreak in a Large City_549 • 562

후회하는 신 The God Who Regrets_552 • 565

아름다운 감옥 This Beautiful Prison_556 • 569

유럽인은 어디 있는가? Where are Europeans?_559 • 571

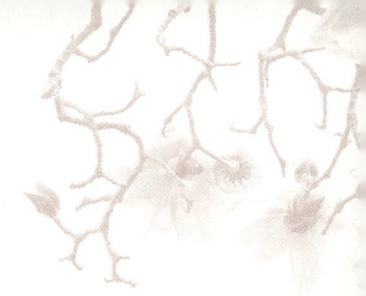

지뢰의 천국에서 Paradise of Mine Fields_562 • 574

여자의 얼굴 (2) Face of Woman (2)_564 • 576

꿀칼 Honey Knife_566 • 578

무명_無明의 빛을 위하여 For the Light of Unrealized Wisdom_567 • 579

낚시꾼 Anglers_569 • 581

보이지 않는 어머니 Invisible Mother_572 • 584

타임머신 Time Machine_574 • 586

볼펜 한 자루 Ball Pen_576 • 588

신비로운 의문 Mysterious Question_578 • 590

삶은 그림엽서가 아니다 Life is not a Postcard_580 • 592

비탈에 선 대나무 Bamboos on a Slope_581 • 593

간절한 소망 Earnest Wish_583 • 595

안녕, 지하철! (2) Good Morning and Goodbye, My Subway Train!_585 • 597

여자의 머리카락 Woman's Hair_587 • 599

토사구팽 To Kill Hunting Dogs After Hunting_589 • 601

목화밭 Cotton Field_591 • 603

개펄 Silt Field at Seashore_593 • 605

건널목 Road Crossing_595 • 607

과수원 Orchard_597 • 609

수제비 Grandmother's Soup_599 • 612

장터 Market Place_601 • 613

가난과 철학자 A Man Who Claimed to Have Nothing But Nothing_603 • 615

흰 소 White Ox in Africa_605 • 617

체면의 칼날 The Sharp Blade of Saving Face_607 • 619

가난과 코끼리 Continental Poverty_609 • 622

재벌회장의 꿈은 Dream of a Billionaire Chairman_612 • 624

보석 Jewels_614 • 626

착각 Mistake_617 • 628

남을 죽이는 시간 Time to Kill Others_619 • 630

등신불 A Monk's Body That Turned into a Buddha_621 • 632

진품의 신기루 Mirage of Genuine Articles_624 • 634

고향의 발견 Discovering Home_626 • 636

빈 공 Republics or Empty Balls_628 • 638

주인이 없는 집 House with No Master_631 • 640

오합지졸의 노래 Song of a Disorderly Crowd_633 • 642

벗(2) My Friend (2)_636 • 645

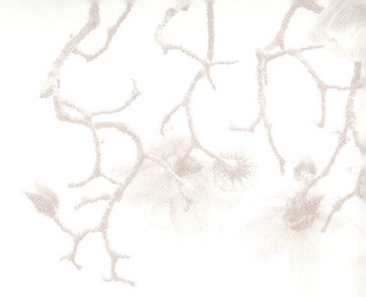

여자의 얼굴 (1) Face of Woman (1)_638 • 647

물건은 만질수록 커진다 The More Touched, the Bigger It Grows_641 • 650

황혼의 사랑 Love at Dusk_643 • 652

플라타너스 잎새 (1) Platanus Leaves (1)_645 • 654

플라타너스 잎새 (2) Platanus Leaves (2)_647 • 656

플라타너스 잎새 (3) Platanus Leaves (3)_649 • 658

은퇴의 준비 Preparation for Retirement_651 • 660

등짐 Burden on the Back_653 • 662

한밤에 내리는 비 Burden on the Back_655 • 664

생명의 보호막 Protecting the Skin of Life_658 • 667

스스로 죽이는 신앙 The Faith We Kill_660 • 669

군중 속에 고독한 십자가 Solitary Cross Among the Crowd_662 • 671

광복 50주년 The 50th Anniversary of Liberation_665 • 674

하늘로 올라간 여인 Lady Who Ascended to the Heaven_667 • 676

금빛 기와지붕 Roof of Golden Tiles_669 • 679

호수와 여자 Lake and Woman_672 • 682

왕들의 명당자리 Propitious Sites for Royal Graves_674 • 684

거대한 초상화 Enormous Portrait_676 • 686

해파리 Jellyfish_678 · 688

기암절벽 Cliff of Curious Rocks_680 · 690

16세의 소녀 16-Year-Old Chinese Girl_682 · 692

빨래터의 아낙네 Woman at a Wash Place_684 · 694

양자강에 반지를 던지고 Throwing a Ring into the Yangzi River_686 · 696

자전거 부부 A Couple Riding Bicycles_688 · 698

딸아기의 손을 흔들어 주는 여인
Woman Who Waves Her Baby Girl's Hand_689 · 699

폭죽 Firecracker_691 · 701

우리 집 Our House_693 · 703

골동품의 마력 Magic Power of Antiques_695 · 705

세대교체 Change of Generations_696 · 707

먼동이 트면 The Dawn Breaks Far Away_698 · 709

아쉬운 육체 Pitiful Body_700 · 711

초가지붕 Straw-thatched Roof_702 · 714

돈 Money_704 · 716

사랑사슬 Chain of Love_706 · 718

산불 Mountain Fire_708 · 720

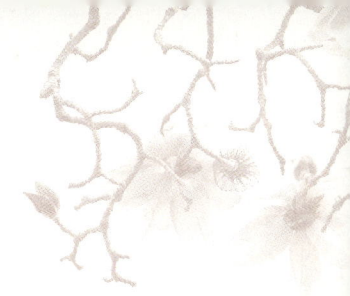

터널 Tunnel_710 • 723

논둑 Bank around a Rice Paddy_712 • 725

종점 The Terminal_714 • 727

당산나무 Sacred Trees_716 • 729

술고래 Alcoholic Father_719 • 732

고물장수 Secondhand Dealer_721 • 734

대장간 Blacksmith's Shop_723 • 736

해녀 Woman Divers_725 • 738

냉면 Cold Buckwheat Noodles_727 • 740

메주 Soybean Malt_728 • 742

신기료장수 Cobbler_730 • 744

무한하고 어리석은 것 The Thing Infinite and Foolish_732 • 746

나이지리아의 노래 Songs of Nigeria

    1. 노예들의 합창 Chorus of Slaves_735 • 749

    2. 생각하는 자유인 Thinking Free Man_737 • 751

    3. 간절한 눈물의 기도 Earnest Prayer of Tears_739 • 753

    4. 오늘은 내일을 잉태한 동굴 Today is a Cave Conceiving Tomorrow_741 • 755

    5. 잠자는 힘 The Power That is Sleeping_743 • 757

상징 Symbol_745 • 759

인간은 어리석은가? Is Man Foolish?_747 • 761

조용히 살고 싶은 사람 Man Who Wishes to Live Quietly_749 • 764

체감온도 Effective Temperature_751 • 766

천하잡놈 천하잡년 The Most Useless People_754 • 768

청탁 불문하고 청탁하기 Begging Favours, Dead or Alive_756 • 770

도마뱀 (2) Lizard (2)_759 • 772

골프 그리고 처녀 볼 New Golf Ball_761 • 774

노을처럼 떠서 흔들리는 판자촌
Shanty Town in the Evening Glow-A Landscape of Lagos_762 • 776

붉은 초롱꽃 Red Cylinder Flower_765 • 778

그림의 떡 Rice Cake in a Picture_767 • 780

독재자 Dictator_770 • 783

코코넛 나무 Coconut Tree_772 • 785

체념 Resignation_774 • 787

미완성 건물 Unfinished Building_776 • 789

어리석은 자의 평화 Peace of Fools_777 • 790

마지막 비 Last Rain_779 • 793

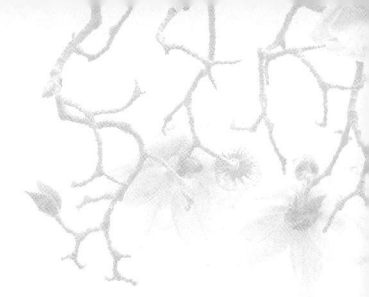

질식 Suffocation_781 • 795

달과 해 The Moon and the Sun_782 • 797

여행 Travel_784 • 799

완벽한 골프 게임 A Perfect Game of Golf_785 • 801

나뭇가지 Tree Branches_787 • 803

개미집 Anthill_789 • 805

부자들의 화려한 지옥 Luxurious Hell of the Wealthy_791 • 807

예루살렘 Jerusalem_793 • 809

인내 Patience_796 • 812

낙천주의 Optimism_798 • 814

연못 Pond_801 • 817

개구리와 두꺼비 Frog and Toad_804 • 820

제5부
개 같은 대통령들
(1998~2008)

개 같은 대통령들 · 824

개만도 못한 대통령들 · 826

개보다 더한 대통령들 · 828

국회란 개새끼들이 모인 곳인가? · 830

도둑놈과 장관님 · 832

개에 관한 명상 또는 망상 · 834

잔인하고 어리석은 폭군 · 837

신문지를 물어뜯는 개 · 840

몰매 맞는 게 개 팔자 · 842

고관들 저택의 개들 · 844

돈에 환장한 개새끼들 · 846

버림받은 개새끼들 · 848

개새끼들의 호화 무덤 · 850

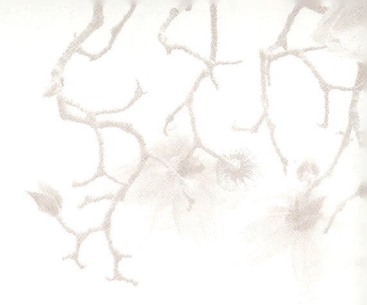

똥개들의 운동대회 · 852

청렴결백 시합 · 855

거짓말하는 지도자들 · 857

애견센터와 저명인사 명단 · 859

개혁 행진가곡 · 861

똥파리들의 축제 · 863

왕 개구리도 죽었다 · 865

사랑은 걱정하지 마라! · 868

여자를 따르는 사람 · 871

자유의 여신이 임신했다 · 873

줄까 말까 그것이 문제 · 876

사랑이라고 안 변하나? · 878

여자의 허리와 무릎 사이 · 881

사랑한다고 말하지 마! · 883

백치가 당신을 사랑하는 이유 · 885

지들이 사랑을 알아? · 887

숨길 것이 많은 당신의 웨딩드레스 · 889

거짓 예언자들 · 891

그는 과연 무죄인가? · 893
소위 속세를 버렸다는 사람들 · 897
성지순례란 헛된 짓이 아닐까? · 899
거룩한 일을 한다고 자만하지 마라! · 902
염불보다 잿밥에 눈이 가다니! · 904
대궐 같은 교회를 짓지 마라! · 906
산 제물 · 909
사람은 빵만으로 살 수 없다 · 914
가난은 하늘의 축복이다! · 917
정의에 굶주리고 목마른 사람들 · 920
너희는 세상의 소금이다 · 922
오른뺨을 치거든 왼뺨을 돌려대라! · 924
원수를 사랑하라! · 927
자선의 나팔을 불지 마라! · 929
일용할 양식 · 931
소경이 소경을 인도하다니! · 934
이웃을 자기 몸같이 사랑하라! · 936
누가 나의 이웃입니까? · 938

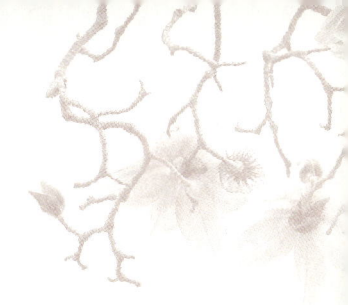

노인들이 퍼뜨린 전국의 피부병 · 940
독불장군 국수 한 가닥 · 944
사표_師表가 뭔지도 모르는 것들 · 946
만병통치 병신육갑 · 948
죽은 풀도 소리친다 · 950
영화가 끝났을 때 · 952
폐허는 역사의 칠판이 아닌가! · 954
인종청소를 감행한 바보 · 957
천하게 살다가 천하게 죽는 자 · 960
먹충이들의 세상 · 962
누가 그토록 특별한가? · 964
어리석은 혓바닥을 위한 탄식 · 966
남녀관계의 환상의 섬 · 968
오늘도 행복한 우물 안 개구리 · 970
실업자 부부의 세상에서 가장 맛있는 국 · 972
수명과 천명 · 974
위대한 꿈이 있다고 자랑하지 마라! · 976
비누는 공평하고 자비롭다 · 978

그만 올라구 • 980

화장실 변기는 누구에게나 공평한 그릇 • 982

새 구두는 발이 아프다 • 984

사진은 망각을 잠시 저축해 둔 저금통장 • 986

서초구청 옆 철거민과 옥잠화 • 988

벤치에 앉은 실업자 • 990

의사들이 치료받는 정신병원 • 993

구두가 혼자서 걸어갈 수 있을까? • 996

굽실굽실 표를 구걸하는 남녀들 • 998

백성이 굶어죽을 때 말라죽은 광복절 • 1000

아이들이 바라보는 생선대가리 • 1002

잘 생긴 얼굴의 슬픔을 아는가? • 1005

편파적인 텔레비전 화면 • 1008

가장 더러운 걸레들의 클럽 • 1010

장님이 던지는 격언 • 1013

병원마다 장례식장 • 1015

괜히 왔다 괜히 간다? • 1017

참으로 좋은 친구! • 1019

우리는 신의 발자국 · 1021

나 바보래 · 1023

누가 너를 바보래? · 1025

어찌 그 날을 잊으랴! · 1027

선거란 바람이다 · 1029

나라 전체를 한 입에 먹어치우는 요령 · 1030

행복한 하루 · 1032

미워하지 마라! · 1033

기회주의자에게 돌을 던지지 마라! · 1035

단돈 천원의 행복 · 1037

쥐구멍에도 볕들 날이 있다 · 1039

냉수 택배의 선구자 봉이 김선달 · 1041

물장사는 아무나 하나? · 1043

대중탕에는 저명인사들이 없다 · 1045

먹이사슬은 휘황찬란하다 · 1047

뭐든지 팔아서 먹자! · 1049

대머리 문어는 머리가 나빠 · 1051

웬 말이 그렇게 헤퍼? · 1053

우리가 조상이 될 줄이야 · 1056

삼겹살 찬가 · 1059

고문 (1) · 1061

고문 (2) · 1063

고문 (3) · 1065

우리 몸은 이동식 간이침대 · 1066

초승달은 낚싯바늘 또는 눈썹 · 1068

황금박쥐와 검은 박쥐 · 1070

남의 말을 멋대로 오해 마라! · 1072

우리를 하나로 묶는 끈 · 1074

한글 타령 · 1076

뇌물은 괴물이다 · 1080

나쁜 자리를 차지하라! · 1082

슬픈 애국가_哀國歌 · 1085

국기에 대한 경례 · 1087

순국선열을 위한 묵념 · 1089

조찬기도회 · 1091

내빈 축사 · 1093

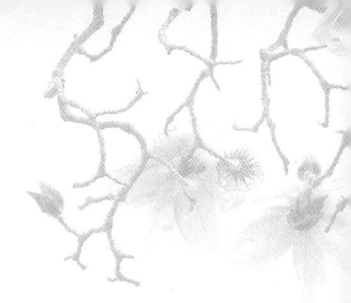

명예훼손이 뭔지 알기나 해? · 1095

무능의 극치는 아름답다? · 1097

특별감사가 나가신다! 정신 차려! · 1099

잡초와 약초 · 1101

천당이 그렇게도 좋으면 너나 먼저 가! · 1103

지옥은 천하태평이란다 · 1105

떠오르는 해는 처량하다 · 1107

오늘도 분서갱유 · 1109

꼴 보기 싫은 신문들 목 졸라 죽이기 · 1112

억울한 눈물을 씻어주는 손_서울대 법대 100년사 축시 · 1114

어리석은 권력 · 1116

아아, 대한민국! 유령들의 천국! · 1118

아파트 단지의 비명소리 · 1120

윷놀이에 역사는 썩는다 · 1122

저자 약력 Author's Curriculum Vitae_823 · **1124**

제1부
분노와 좌절
(1964~1979)

PART I : ANGER AND FRUSTRATION

한_韓의 숲

숲이 너무나 어둡기 때문입니다.

잎새의 향기로운 내음과
초여름 저녁바람을 하얗게 잊어버린 숲 속으로
우리네 발은 늘 정답던 길을 찾아가고,
길 가 잘게 흔들리던 풀잎 위로
태양의 입술인양 반짝이던 이슬을 보기 위하여
가슴 속 설레임을 이유도 없이 마구 불러내는
폭군은 우리네 고귀한 젊음이기 때문입니다.

수없이 아름답던 별.
지칠 줄 모르고 바라보던 동해안의 물결.
셀 수 없는 세월 잉태된 번민의 파도들이
탁한 밀물에 힘없이 떠밀려 오는
서쪽 바다의 그 많은 항구들.

조그마한 우리네 아이들이 아버지를 향하여
언젠가 가슴 아픈 전설을 물어올 때면, 우린

웅녀_熊女의 이야기를 들려주면서 가만히
아이의 눈동자에 파문 짓는 자학의 씨앗 앞에
그대로, 그대로 화석이 될 것입니까?
韓의 얼을 위한 하나의 제단 아직껏 이 땅에
쌓아올리지 못함은 정녕 길이 질기 때문입니까?

숲은 너무나도 어둡습니다.

우리네 생명과 아이들의 아이들과
또 그 아이들의 끊임없는 아이들을 위하여
불멸의 성화 타오를 제단 앞에서
우리네 뜨거운 손을 묶는 자는 누구입니까?
韓이여!

약한 이웃의 운명을 지고
먼 길을 가야할 우리네 발에
올가미를 거는 자는 누구입니까?
제단도 없고
타오를 진실의 기름조차 마련 못한 채
우린 정녕 어두워가는 숲 속에서 밤을,
밤을 기다려야만 합니까?

불멸의 사랑은

지금은 무엇이라 이야기할 수 없습니다.
선율과 마음의 가느다란 떨림이
대화할 수 있음을 당신이 이해한다면,
낮은 목소리로 가슴 한 조각씩 떼어놓는 사람의
그 깊고 긴 성실을 아실 것입니다.

푸른 잎새 온통 몰고 가버린 찬비가
불 밝힌 조그마한 책상머리에 앉은 나의 가슴에
한없이 아픔을 가져다주면,
모래톱에 부서지는 흰 파도 머리들처럼,
어쩌면 더러운 개천 위로 끊임없이 솟는 물거품
그렇게 질긴 언어로 뒤끓는 마음으로,
당신 조용한 창가에 고개 숙인 느티나무 향하여
이제 불멸의 희망을 이야기하는 것입니다.

더 없이 맑게 짜여 진 마음결의 당신이라면,
먼지 가득한 대도시 골목골목 헤치며 캐어낸 언어,
피곤한 나의 영이 피나게 토해내는 순수의 언어들을
부서지는 가슴으로 포옹할 수 있을 것입니다.

푸른 나무는 모진 불길에 타버려도,
범할 수 없는 영역에는 새 봄을 위한 싹 간직하기에
우리 함께 나누는 삶의 시간들은 아름다운 것입니다.
꺼져가는 물거품들 하나로 합류하며
더욱 찬란한 부서짐을 마련하기에, 우리는
푸른 눈물에서 반사하는 맑은 빛 속에
끝없는 떨림을 발견할 수 있는 것입니다.

소란하게 흘러가는 사람들의 얼굴과 몸짓
또한 수많은 건물들이 때로는 추억을 엮고
달디 단 아픔의 시간을 가져다주기도 합니다.
그러나 영혼의 가느다란 두 불꽃이 하나의 불기둥으로
영원한 사랑에 감사와 찬미를 부를 수 있음은
城 아래 숲들이 찬란히 빛나는 순결의 왕국에서
맑게 호흡하는 우리들이기 때문입니다.

언젠가 평화가 이 땅을 다스리고
흰 눈에 덮인 산과 들이 시야에 가득 펼쳐지면,
당신은 자랑스러운 아들에게 또 딸에게
지칠 줄 모르고 당신에게 들려주던 나의 노래들을
하나씩 들려주면서, 새삼 망망한 물결 위에 떠오르는
사랑의 의미 앞에서 뜨거운 눈물을 흘릴 것입니다.
아아, 그 시간!
마를 줄 모르는 환희의 폭포 밤하늘의 무수한 별이 되어
가슴마다 가득 부서져 흐를 것입니다.

저녁의 음성

물기에 젖은 바람결 따라
저녁이 지붕마다 내려앉는 의미를 보라!
낮게 드리운 회색의 휘장,
한낮의 복잡한 계산은 잠시 주머니에 접어두자.
마치지 못한 원한의 혀라면,
차임벨이 울리는 종탑 꼭대기로 솟은
나무십자가 낡은 결에 잠시 머물러두자.
쓰라린 기억의 갚음이나
혹시 받아낼 값진 보람이라도
우리 저녁 속으로 흘러가지 못하게 하자.

바람이 머금은 물기에 실려
희미한 윤곽에 깃드는 저녁의 모습들이
굴뚝이 짓는 미소 따라 덩달아 달라지고 있을 때,
슬픔에 가득 찬 시선으로 바라보는 동안
솟아나는 기쁨의 샘이

한없는 강줄기로 이어짐을 발견할 것이다.
이 땅의 호흡 하나라도 어디서 끊어지겠는가?
눈물 한 방울인들 언제 고독하게 마르겠는가?

매운 모래바람이 되살려내는 기억 앞에서 우린
이웃의 가난한 죽음을 알리자.
뜨거운 피 냄새에 흥분한 눈동자에게는
침묵으로 환원된 생명들의 비석을 보여주자.
피부의 떨림으로 들뜬 혈관 속으로
저녁의 음성이 스며들게 하자.

낮은 목소리가 몰고 오는 결실의 계절이
온통 부드러운 손길이 되어
부서진 가슴마다 찾아오는 저녁,
사념이란 사념 모두 던져버리고
창조를 찾아 눈길 떠났던 우리네 할아버지의 이마
그 위에 깃들던 저녁을, 태초에 이 땅 덮던 그 정열로
강하게 끈질기게 머물러 두자.
잉태의 정적 속에 번식하게 하자.

엽서

먼지만 날리는 거리에서
문득 엽서가 왔다.
낮게 드리운 구름 사이로
저녁은 조용히 길 위에
스며들고 있다고.

수없이 많은 밤이 침묵하는 거리에서도
숨차게 엽서가 왔다.
망설이며 또 망설이며 돌아선 사람들이
터지는 가슴으로 돌아섰어도
다시는 돌아오지 않았다고.

아침을 맞으러 기다리는 거리에서도
남몰래 엽서가 왔다.
가을이 깊어지면
가슴이 열린다고.

사랑이 혈관을 흘러가며

달디 단 저녁의 고요가 노을로 핀 장미에 머물면,
부드러운 꽃잎 갈피마다
당신의 풍성한 미소가 담깁니다.
석류는 6월의 정열로 익어가는 향기 속에
가만히 뜨거운 삶의 기쁨 속삭입니다.

신선한 잎새들 그 푸른 노래 더불어
한없이 자비로운 하늘,
아아, 그 하늘!

사랑이 혈관을 흘러가며
수없이 아름다운 이야기 들려주면,
순간순간 설레임의 해일이 가슴에 일고,
당신 찬란한 눈동자의 반짝임은
나의 정원 밝혀주는 영원의 별이 됩니다.

석류가 무르익을 때,
장미는 당신의 미소 띠우며
내 가슴에 영원한 사랑이 샘솟게 합니다.

빵과 포도주의 식탁

사랑하는 사람은 늘 평화와 안식의 빵을 들고
기다리는 사람의 식탁을 찾아옵니다.
사나운 파도 위로 시간이 부서지면,
기다리는 가슴에 마지막 불빛 일렁이고
이마는 깊숙이 주름 속에 고뇌를 간직합니다.

말을 잃어버리면, 사랑하는 사람이
찢어지는 가슴에 장미를 꽂고
입술 가 가득 미소를 담은 채,
늘 희망과 용기의 포도주를 들고
기다리는 사람의 식탁을 찾아옵니다.

빵과 포도주, 그리고 사랑하는 사람들,
이렇게 창조는 영원한 생명 안에서
가슴에서 가슴으로 전해지는 것입니다.

시장과 여인네

숱하게 흙이 젖는 진흙길만큼이나
길디 긴 진통을 밟아 여기 이른 여인.
쓰레기 더미를 에돌아 흩어지는 혼잡.
색종이처럼 날리는 소음 또 소음.
주름 사이마다 헤픈 웃음과 함께 그늘이 져
한 때 더욱 헤펐을 그 눈물이 흐른다.

망각으로 떨치려 몸을 떨어도 감기는 음성,
아, 낮은 여운들!
야채 시든 잎새 위로 허리 굽히는 여인의
손끝 떨리는 곳 잔인하게 고이는 시간의 결은
한껏 부푼 바람결 따라 하나씩 하나씩 불을 켠다.

보석 고르는 손보다 때로는 더 아름다운 손은
시장 구석에서 야채를 다듬는 손이 아닐까?
서리지어 가슴에 내리는 눈물보다

더 찬란하게 빛나는 진주가 행여 있을까 정말?
휴식의 영원한 응결인 여인의 무덤보다도
더 큰 눈물이 또 어디 있을까?

비비며 부딪치며 간신히 지나가는 시장 길에서
조그마한 삶의 등불 하나 겨우 지키면서,
여인은 깊은 주름살 뒤로 눈물 모으며
가만 가만히 미소를 다듬기만 한다.

미친 차와 네거리

꼭 건너가야만 하는 길 네 줄기가 한 매듭을 이루면
누군가 신호등에 불을 켜야 했습니다.
하얀 기폭 드리우고 아이들이 민요를 부를 때
황금의 산정으로 질주하는 차들에게
눈 먼 자가 오만한 명령을 내리고 있었습니다.

짙은 먼지에 가려 불빛은 싱싱한 색조를 잃고,
지향 없이 분주한 가슴마다 전류는 제 멋대로 흐르고,
파란 불 앞에서도 망설임에 건너가지 못하는 사람들
그리고 무시되는 빨간 신호등.

우회만이 지혜롭게 심어지는 광장에서
누군가 흐린 불빛을 되살려야만 하는데,
태양은 왜 이다지도 오래 구름을 희롱합니까?

아, 정녕 누군가 아이들의 죽음을 막아야 합니다.
하얀 기에 영겁의 입김이 여운 지도록,
아, 정녕 이 거리에 핏방울 안 튀도록 해야 하는데,
광란의 차에게 침묵을 줄 사람은 어디 있습니까?
헝클어진 길의 매듭을
바래지 않는 평화로 풀어줄 손길은 어디서
한가로운 호흡만 가만히 내쉬고 있습니까?

우리는 하나씩 체포되어 갔다

마취된 민족의 양심에 대해
모든 진리의 마지막 증인으로 우리는
다만 젊음과 지성만을 방패로 삼아
여름의 심장 위에 포진하였을 뿐.

빈곤과 기아의 이집트에서 탈출하여
조국은 약속된 땅으로 가고 있다지만,
광복절 폭죽처럼 터지는 최루탄
그 파편에 다리를 절며
우리는 하나씩 체포되어 갔다.

자애의 발톱을 기른 야수들의 비웃음 속에
누가 저항의 십자가를 세우고
또 누가 살해된 어린 양이 될 것인가?

소경을 인도하는 소경들이
법률의 철근과 질서의 시멘트로 건설한
요르단 강의 다리를 건너가면,
번영이란 가난의 납골당 속에서
형체조차 남지 않고 썩어버린
자유, 평등, 정의의 삼색기
그 깃대만을 발견할 것이다.

질서의 이름 아래
독버섯처럼 번식한 질식의 거미줄이여!
아, 법률의 이름으로 은폐된
강한 자의 숱한 범죄들이여!

눈물을 흘리며 전진하는 우리 함성은
들을 귀 있는 자의 귓가에 하나도
메아리치지 못할 것인가?
상아탑에서 골고타에 이르는 통로가
욕망과 독점의 명령으로 차단된다 하여,
불멸의 삼색기는 영원히
이 땅에서 부활하지 않을 것인가?

사랑은 너와 나의 종교

투명하게 하늘 고이는 당신 넋을 향하여
끊임없이 피어오르는 한줄기 호흡이 있어
사랑은 정녕
너와 나의 종교인 것입니다.

전능은 하나의 육체 안에서
깊은 생명의 싹을 잉태하였습니다.
모든 언어는 신비의 밤을 위하여
조용히 무릎 꿇으며
다정한 축복을 기원했습니다.

망각이 희미하게 풀어놓은 피의 계보들이
당신 밭에 묻히어
기름진 저항의 비료가 됨을
어느 경건한 수도자가 흙덩이 깨어
찾아낼 것입니까?

조건으로 인간이 상쇄되는 이 거리에서
어깨에 쌓인 먼지 그 진한 독을 털어내며,
지치지 않고 우리는
하나의 신앙을 다듬을 것입니다.

모닥불 사그라진 광장에서 너와 나는
따뜻한 체온을 진주로 응결하여
하나의 횃불을 세울 것입니다.

오, 사랑의 신이여!
성장하는 우리네 생명의 샘 위로
당신 지혜만이 풍성하게 고이게 하라!
기만의 잡초 하나마저도
샘가에서 뿌리내리지 못하게 하라!
자만의 즙으로 자란 세균 하나마저도
우리네 신전으로 스며들지 못하게 하라!

신의 탄생과 함께 싹튼
우리네 사랑이기 때문입니다.
신의 영원과 함께 번성할
우리네 창조이기 때문입니다.

사랑하는 여인이여!
정적이 부서져 내리는 밤에 너와 나는
순수의 옷자락을 끌며
사랑의 신전으로 경건하게 나아가자.
한 몸으로 잉태의 향을 피우고,
거부할 수 없는 환락의 강물 위로
말없이 흰 돛의 배를 띄우자.
마지막 호흡이 다 타도록 우리는
종교의 율동을 이어나가자.

절실한 그리움

정열이야 늘 고삐를 놓아
푸르게 전개되는 희망을 바라보면서
다만 고요가 대신 이야기하는 시간에
불타오르기 위해 하얀 화폭에 머물렀고,
섬세한 단어를 애써 모으지도 않았습니다.

차가운 해류와 뜨거운 열망이 합치어
하나의 파도소리로 폭발하지 못한 것이,
돌이켜 볼 때,
정리 안 된 마음의 어지러움 때문이었다면,
바람에 식어가는 이 가슴이
가 닿을 곳은 어디입니까?

하루가 천년의 과실 덮을 수 있고
하루가 영겁의 애정 불사를 수 있다 해도
그것은 오로지 꿈,

아무도 자랑할 수 없는 세월.

당신을 추구하는 마음이야
늘 기다림으로 가득 차 있고
아쉬운 음성 따라 깊은 의미 집어내려 하지만,
지금은 희미해지는 정성 때문이 아니라
거부할 수 없는 나이테의 누적에 몰려
모래톱으로 잔잔히 여운지는 우리 젊음.

은밀한 시간 남김없이 마시고 나서
가만히 인사하려고 할 때,
한 마리 새는 짝이 떠난 벌판에서
여전히 노래 부르고 있었습니다.
집착의 호숫가에서 숲 속의 오솔길을 보고,
아름다움이 깃드는 둥지를 믿었습니다.
굳이 잘잘못 가리어 나무람이 없어도,
가득히 향기 뿌리며,
당신의 마지막 시선을 건너갈 수 있었습니다.

그러나 밤이 오기 전에 다시금 돌아서서
하얗게 부서지는 파도소리 행여 기다리다가

먼 길 가에 가로등이 하나 또 하나
밝혀지는 리듬으로 목이 메면,
채 식지 않은 음성으로
당신의 이름을 부르렵니다.
그리운 사람이여!
그토록 절실했던 그리움이여!

내가 만난 노인신부

입춘이 지난 어느 토요일 저녁 나는
한 노인신부를 만났다.
함께 약주를 마시며 친구처럼
다정한 이야기를 나누었다.

30년 동안 수많은 사람의 고백을 듣고
좋은 훈계로 돌려보냈다네.
수많은 사람이 슬픔과 괴로움을 지닌 채
나의 문을 두드린 다음,
휴식과 위로를 가슴에 담고 돌아갔다네.
그러나 갈수록 나의 양심 속에서는
죄의 본질이 더욱 굳게 응고하기만 하니,
아, 정말 나는 아무 것도 모르겠네.

시간이 반드시 좋은 선생은 아닙니다.
자넨 너무 젊어서 그런 소리 하네.

반발하는 힘을 지닌 노인에겐 아직 진실을
발견할 기적의 순간이 남아있습니다.
그럴까?

여러 겨울을 지내고, 어느 월요일 저녁
나는 다시 그 신부를 만났다.
이젠 정종을 마시며 오랫동안 저장했던
이야기가 얼마나 익었는지 맛보았다.

수많은 사람의 죄를 용서해주면서도
내가 한 번도 자신이 죄인이라고
생각하지 않았다는 그 사실이
가장 깊은 죄라는 것을 알게 되었네.
그것은 겨우 발견의 시작일 뿐입니다.
시인은 언제나 예언만 하는가?
예언을 볼 줄 아는 노인네는 진정
진실의 턱 앞에 서있는 것입니다.

그 후로 나는 그 신부를 만나지 못했다.
들리는 소문만 그의 결백했던 과거를 묻어버리고
비극적 대단원으로 마지막 숨결이 멎었다고 한다.

겨울이 끝날 무렵 황혼 아래 서서 나는
바람결에 들리는 그의 음성을 들었다.
죄를 짓는 사람만이 죄의 신비도 점령하고,
정녕 구원받는 자는 죄인뿐이라네.

소박한 질문들

골목이 좁아 가득 밀려가는 사람들 때문에
우리는 몸을 가늘게 늘려야만 합니까?
산 하나에 많은 길이 있기에
그늘도 양지 곁에서 은근히
자기 차례 기다리고 있는지도 모르지만,
어느 별이 타버리면 우리의 산은
단 하나의 길만 보여줄 것입니까?

어머니의 젖은
아이들의 입을 따라 풍성해지지만,
하늘에 매달린 아이들이 하얀 입 벌려
추운 하루 다하도록 지껄이는 이야기가
당신의 작은 계산서에 고여야만 한다면,
젖의 감미로움이 핏 속에 돌아 퍼진답니까?
어머니의 아름다움은
유전되어 늘 새롭게 피어난답니까?

질서에 짓눌린 대도시,
이토록 무관심에 찢기어 슬픈 마을이
어디서 사람들 머리 또 쉬게 할런지…
거지가 질서의 모든 빛을 거두어 가버리면
우리는 어느 문에서 지혜를 구걸하렵니까?

지하도 입으로 밀려오는 바람이 차고,
언 계단에 엎드린 소년이
더러운 손을 거두어들이지 않고 있습니다.
우리가 다채로운 긍지를 보호하기 위해
우둔한 혀로 자아를 핥으며 언제까지나
동전 한 닢을 만지작거린다고 해도
진실의 표면은 나타나지 않을 것입니다.
그런데도 살을 베어
평화의 기름을 마련할 시간이 오겠습니까?

대리석의 향기

향기는 바람이다.
모멸의 바다에 가라앉은 대리석은
끊임없이 부서지는 파도다.
쫓는 광선 위에서 승화하고,
우리가 절대로 알 수 없는 어둠 속에서
질서정연하게
소금의 부스러기로 돌아가고 있다.

희망은 향기였다.
향기로운 영혼의 희망.

눈물을 비료삼아 성숙한 나무에는
황금 사과 알이 탐스럽게 충만했다.
도시의 모든 사람이 낚시질간 사이에
갑자기 일어난 바다의 불길.
소금은 영원한 석유였다.

갈증은 차라리 욕정보다도
더 위대한 폭군이었다.

수없이 아이들이 쓰러졌다.
한 번도 화폭에 담긴 적이 없는
정적의 초원.
초록의 강렬한 부르짖음이 절대의 힘을 거역하고
대지의 가죽을 찢고 폭발해 솟는 아침.
사막에서 탄생한 희망은
무시당한 향기였다.

그래서 감미로운 이름들은
빈 바람이다.
물질과 물체의 대화만으로
늘 만족하는 코스모스,
그 광대한 해변에 표류하는 이슬은
폐쇄된 영혼,
한 덩어리 대리석에 갇힌 울음소리다.

다정한 웃음을 이슬비지게 하던

긴 침묵 뒤에 다시금
말없이 미소하던 사람이 기다려진다.
말할 수 없이 긴 괴로움의 사슬 끝에서
다시금 번민의 나라로 길을 떠나면서도 내내
말없이 다정한 눈길을 이슬비지게 하던
그 사람이 지금은 기다려진다.

어두움의 바다.
간절한 소망을 돛처럼 세워도,
순백의 돛폭처럼 세워도
다 지나가지 않는 바다.
참으로 진한 어두움의 바다다.
내가 거기 떠있고
내 가슴 속에는 바다가 있다.

언제쯤이었던가,
파도의 언덕 위에 이 하나 빼어 던지고,
슬픔의 연못가에서 또 하나 잃어버리며,
하얗게 다만 하얗게 웃으며 서있던
할머니, 할머니의 꿈을
메마른 바람이 거두어간 날은?

아이의 부드러운 뺨에 우리가
부끄럼 없이 볼을 비비는 아침이 오면,
해를 향하여 연약한 손을 벌리다가 그만
벌써 눈동자에 가득 찬 빛의 호수를 보고 놀라
행복한 웃음을 이슬비지게 하던 사람,
그 사람이 조용하게 걸어간 오솔길을
우리가 새삼
말없이 걸어가고 싶은 것이다.

나는 기다리고 있다.
여기서 고요한 정오 기다리며 바다를 보고,
어둠의 흙덩이가 풀리기를 기다리고 있다.
우리 작은 들길에서 잡초가 번식 멈추고
지혜로운 아궁이가 마련되는 날, 그 사람은

겸허하게 웃으며 돌아오지 않을까?

그러나 지금은 빈 바다 위에
힘없이 내가 떠있고,
나의 무한한 소망 속에는
텅 빈 바다가 있다.

신의 얼굴

바다에서 돌아온 할아버지 이마에는
하얗게 소금 꽃이 피고 있었다.
역시 바다에서 불어오는 바람 속에서는
아이들 낙서로도 지울 길 없는 소금과
습기의 경건한 향기가 숨어 있었다.

하루 또 하루는 한 번도
흔적 없이 아버지의 곁을 스쳐가지 않았다.
이제 흙 묻은 손을 비비면서
꾸지람 기다리는 아이들.
아버지는 자비의 바다가 한없이 깊어지는
그 눈동자 속으로
슬픔의 언어를 나누어 주려고 망설인다.

한 알의 소금이 부서지면
정확한 분신이 탄생하고,
육면체의 분신이 언젠가 다시금
바다로 돌아가 아버지가 될 것이다.

그러나 순수한 광채를 사랑하고 참회의 눈물
끝까지 사랑할 줄 안 아버지는
까닭 없이 서재 유리창에 돌팔매 치는
장난꾸러기들이 아직 철들지 않았음을 본다.
그리고 홀로 조용히 눈물 흘리는 밤을
여전히 사랑하고 있다.

소금이 영원하듯 바다에서 방금 돌아온,
피로에 지쳐도 쓰러질 줄 모르는 아버지,
그 아버지의 얼굴은
아이들의 신의 얼굴이었다.

사랑하는 사람은 온다

사랑하는 사람은 아직도 약속한 나무그늘 아래
그 모습을 드러내지 않는다.
가슴 졸이며 신경질을 내서는 안 된다.
연인은 함부로 약속하지도 않고,
마음대로 약속을 잊을 사람도 아니다.

하루 해 이울면 아침을 기다린다.
한 해가 저물면 다음 봄을 위하여
정결한 가슴과 꿈의 침대를 침묵으로 장식하고,
아름다운 머리카락에는 비싼 기름 바르며,
연인이 그늘 아래 다가설 때까지
조용히 기다리는 것이다.

소나기는 잠깐 사이에 지나간다.
태풍이 사랑을 모조리 강탈할 수 없고,
지진으로 흔들릴 연인의 약속도 아니었다.

그 사람은 분명히 온다.
당신을 위해 흰 옷을 입고 온다.
맑게 웃으며 올 것이다.
풍요한 힘으로 당신을 포옹하러 온다.
당신이 흘린 눈물은 방울방울 보석이 되고
별이 되어 하늘로 날아 올라갈 것이다.

사랑하는 기쁨은 기다리는 괴로움 속에 잉태된
작은 아이다.
검은 구름은 곧 사라진다.
소나기에 마음 졸일 일이 아니다.
나무그늘 아래 비켜서서
홍수가 그치기를 기다려야 한다.
당신은 연인을 만나
영원히 헤어지지 않을 것이다.
선물의 바다를 가지고 와서 그 사람은
당신을 모든 근심에서 해방시킬 것이다.

가난한 마음

그대 마음은 가난할 만큼 가난한가?
우주 가로지르는 한 줄기 맑은 바람처럼
그렇게 텅 빈 마음인가?
그러면 그대는 행복한 사람이다.
그대는 무지개의 나라에서
광활한 토지와 숲을 상속할 것이다.

그리하여 그대는 마음으로 가난하게
이웃 사람들과 이야기를 나누고,
마음만은 가난하게,
화려한 음악의 도박장 한 구석에서
조용히 파산한 사람의 가슴 속에 고이는
눈물을 이해하며, 모든 사람의
슬픔 때문에 눈물을 흘리는가?
그러면 그대는 행복한 사람이다.
그대 눈물은 한 방울 또 한 방울이

미래만의 나라에 마련된 샘에 떨어져
영원한 별이 되기 때문이다.

그대 마음은 상속될 토지와 숲과
별을, 아쉬움 남기지 않고 한줌 잿더미처럼
무한한 괴로움의 이웃을 위해 포기할 만큼,
진정 그렇게 가난하다고 하는가?
그러면 그대는 행복한 사람이다.

그대 마음은
약속된 행복조차 욕심내지 않고,
욕심내어도 좋은
행복의 약속 그 이행조차 기다리지 않는가?
누구나 기다려야만 할 무지개의 나라,
그 시민권조차 자랑하지 않고 있는가?
그렇게 가난하디 가난하기만 한 마음인가?
그러면 그대는 정녕 조건 없이
행복의 샘가에서 밝게 웃을 수 있는
맑은 바람처럼 행복한 사람이다.

벗 (1)

담배를 피우면서 벗을 생각한다.
한 잔 술을 따르면서 벗을 생각한다.
벗은 어느 곳에나 있고
벗은 또 아무 데도 없다.

월요일 아침에도 벗을 생각한다.
일요일 밤에도 벗은 생각난다.
금요일 오후, 아니, 토요일 오후에도
정녕 벗이 생각난다.

담배 가게 앞을 지날 때,
벗의 담배 갑에서 한대 꺼내 피우던 일이,
목로주점 앞에서는,
우리 모두의 갈증을 위해 같이 들던,
대학졸업식을 위해 같이 들던,
취직시험 합격을 위해 같이 들던,
벗의 딸의 순산을 위해 같이 들던,

아니, 우리 모두
결혼의 성공을 위해 같이 들던
그 술잔이 생각난다.

일주일 내내 벗을 생각한다.
그러나 벗은 아무 데도 없고,
벗은 또 어디에나 있다.

벗은 아름다운 그림자다.
늙어가고 쇠약해지는 육체보다도
더욱 아름다운 그림자다.
그러나 그림자와 육체,
어느 것이 더 하늘에 가까운지는
아무도 모르면서 길을 걷고 있다.

담배 연기 속에서 생각나는 벗.
술잔 위에서도 떠오르는 벗.
아무 데도 없지만,
또 어디에나 있는 벗.

두 손

한 덩어리 진흙을
나의 두 손으로 주물러
하늘을 만들고,
구름을 만들고,
무수한 별을 만들고 싶다.

또 한 덩어리 진흙을 만지게 되면
나의 영혼을 만들고,
희망의 산맥을 만들고,
무한한 사랑의 바다를 만들고 싶다.

나의 두 손은
진공의 어둠 속에 떠다니고 있는
그분의 두 손에 닿는다.
전쟁의 불길에 그슬리고
평화의 쾌락으로 곪아터진 손.

한 덩어리 마지막 진흙을 주물러서는
순순한 그림자만의
그 두 손을 만들고 싶다.
전능하고도
비참한 두 손.

관능의 신비

안개는 물보다 부드럽고 차디차다.
동굴에 충만한 안개.

실뱀장어가 천천히 천천히 헤엄치고
안개가 그 검은 등을 포옹한다.

우주에서 모든 궤도가 지워진다.
태양도 달도 별도 사라진 공간.

신비만이 남는다.
고통만이 남는다.

심장에 진흙의 넓은 원판이 붙으면
질식이 온다.

황금의 사슬이 혀를 감으면
비난의 홍수가 조용히 동굴에 도사린다.

정지다.
모든 생명의 정지.

벽은 두텁다.
안개만이 스며들어 넘어가는 벽.

죽음만이 남는다.
관능.

신비는 고통이다.
영원히 추락하는 실뱀장어의 육체.

관능만이 남는다.
죽음이다.

큰 소리로 울지도 못하고

당신의 슬픔이 얼마나 큰지 누가 모릅니까?
어린 아이 머리 위로
죽음의 재 하얗게 눈 내리는 거리.
기침하며 다리 절며 가냘픈 손가락
파르르 파르르 떨며 노래하는 아이들,
노래하게 하는 아이들.
아, 당신 생명이
얼마나 짧은지 누가 모른답니까?

큰 소리로 울지도 못하고 떠나간 사람이여!
이 넓은 들에서 샘물 찾아 헤매다가
야수를 만나
발가벗은 몸을 먹이로 던져준 사람이여!
아, 얼마나 쉽게 파인 무덤이었습니까?

노래 부르며 아이들이 무덤으로 들어갑니다.
노래하게 하는 아이들도 들어갑니다.

죽음의 재도 소리 없이 무덤으로 가고,
더럽혀진 대지도
무덤 파는 사람도 무덤으로 들어갑니다.
그러면 당신 슬픔은 한 없이 한 없이 증가하고
이윽고 우주에
슬픔 아닌 것은 보이지 않게 됩니다.

사람이 짐승처럼 살아가는 슬픔.
짐승이 사람처럼 살아가는 모순.
사람다운 사람으로 사람이 살지 못하는 치욕.
짐승다운 짐승으로 살지 않는 짐승의 허영.

비록 당신이 울지 못했다고 해도
우리가 지금 큰 소리로,
큰 소리로 울고 있습니다.
말없이 미워하고,
누군가 우리를 미워하고 있습니다.
언젠가 세차게 바람이 불면
미워하는 자는 먼지가 될 것입니다.
당신은 모든 것을 알고 있습니다.

비둘기 떼

어제까지만 해도 날개 하얀 새들이었다.
새벽에 공원에서 잠을 깬 사내가
오그라진 다리 펴고 경련하는 오른팔 뒤틀면서
쓰레기차 뒷모습을 바라보고 있을 때,
새들은 황금태양의 벗이었다.

고개 푹 떨군 채 다시금 그 사내가
공원을 찾아왔을 때에도 날개 하얀 새들은
밤을 두려워하지 않았고,
어디로 돌아갈지 걱정하지 않았다.
따뜻한 풀이 있고 부드러운 모이가 있고, 길에는
한가한 사람들이 산책하고 있었다.

그러나 한 마리가 하늘에서 떨어졌다.
날개는 까맣게 불탄 날개였다.
또 한 마리가 추락했다.

알은 새카맣게 불탄 알이었다.
공원에서 그리 떨어지지 않은 섬에서 무엇인가
대단히 무서운 일이 벌어졌기 때문이다.

그러나 새들은 지껄이지 않았다.
날개 까맣게 탄 새가 떨어지면 다만
슬픈 눈으로 바라볼 뿐,
새카맣게 탄 알을 낳고도 새는
하늘을 향해 부리 벌리고
꾸우꾸우 부르짖지도 못했다.

비둘기 떼는 섬에서 폭발하는 화산을
전혀 모르고 있었단 말인가?
화산을 멈추게 할 용기도 없었던가?
아니, 그럴 힘마저 없었다고 한다면...

사내는 이슬에 젖은 외투를 툭툭 털면서
쿨룩쿨룩 기침을 했다.
새들이 변한 모습을 생각하면서, 그리고
어제까지만 해도 가능했던 방랑의 멋 아쉬워하며,
무엇보다 추락한 비둘기 묻어줄 땅을 찾기 위해

사내는 몹시 심하게 기침을 하고 있었다.
고통은 소리의 크기와 무관하게 증가했다.

그러나 공원은 좁았다.
살아있는 새들에게도 비좁은 땅.
사내는 하얀 종이를 오려 날개를 만든 뒤,
떨어진 새에게 그 날개를 달아주었다.
하늘은 다시 하얀 날개의 새로 가득 찼다.
아침에 모든 건물이 땅 위에서 변함없을 때,
새는 가볍게 하늘을 날아다녔다.
죽어가는 새와 죽은 새가 다 함께
날아다니는 소란과 고요함의 공간,
사내의 공허한 눈동자에 고인 혼합공간이었다.

하얀 종이마저 더 이상 남지 않게 되자,
사내는 스스로 새가 되었다.
섬의 한가운데를 향해 날아가는 눈 먼 새 떼,
그 맨 앞에서 날아가는 새.

새벽에 바다로 나아간 사람

어제 밤에는 불꽃놀이,
진흙처럼 늘어진 육체와 깊은 밤,
열반의 해안선이었다.
무인도에 내리는 이슬.
태고 적 전쟁터에서 증발하던 함성.

맨발로 모래밭을 가로질러서
그 사람은 바다로 갔다.
커다란 고기 낚아오겠다는 한마디에
뒤돌아보지도 않은 채,
새벽에 바다로 나아간 사람.
수평선을 가린 안개 속에서
유령의 땀 냄새가 났지만, 졸린 사람들은
아무도 냄새를 이야기하지 않았다.
움직임은 언제나 모험이었다.

바람이 불었다.
움직이지 않는 것을 움직이는 바람,
바람은 수평선에서 불어왔다.
그러나 해저에서 놀던 고기 떼는
그 사람의 접근을 눈치 채지 못했고,
바다는 심한 잔소리를 하지 않았다.
더욱 위험했던 일은
그 사람이 혼자였다는 것이다.

새벽은 태양의 뺨,
영겁의 잔치를 끝낸 부처들 가랑이 사이로
피로가 밀물지는 진홍의 평원이었다.
한 동안 아무 일도 없었다.
모래톱에 흩어진 조개껍질과 거기 고인
약간의 수치와 모래알만한 기억,
그리고 창백한 달의 분신 정도.

차임벨이 정확하게 시간을 말하지 않아도
우리의 시간은 늘 정확했다.
그러나 그날 새벽에는 바다와 육지와 하늘의
시간이 일제히 따로따로 진행하기 시작했다.

그것은 두려운 일이었다.
고래 떼가 먼저 두려움에 눈을 떴다.
짐승 떼가 두려움에 털을 곤두세웠다.
새들이 몸을 떨며 날개를 폈다.
그리고 서로 노려보기 시작했다.

그 사람이 바다 가장 깊은 곳을 향해
작살을 쏘았다.
어제 밤 미리 계산해둔 동작이었다.
그러자 갑자기 수평선이 나타났다.
안개를 비겁한 짐승들이 모두 마셨기 때문이다.
작살은 빈 것이었다.
그러나 작살을 다시 겨누는 순간,
파도가 일기 시작했다.
조준은 단 한 번 허용되는 것.
생사의 갈림길에서 모든 것은 단 한 번이었다.
파도는 부서지는 힘이었다.
힘은 파괴하는 파괴력이었다.
파괴는 바다의 숙명이었다.
숙명은 모든 것을 삼키는 거대한 입이었다.

좁은 바다,
고기 떼가 있어도 큰 고기는 없는 곳,
새벽의 태평양.
우리는 하늘과 땅과 바다에서 진행되는
시간 부스러기의 춤을 불안한 눈으로 지켜보며
해저대륙이 노한 짐승처럼 꿈틀댈 것을 예감했다.
작살은 자극하는 이빨이었고
대륙은 이미 상처를 받은 뒤였다.

이슬이 사라져도 태고 적 전쟁터에서는
함성의 증발이 그치지 않았다.
이긴 자는 반드시 패하고
진 자는 반드시 죽었다.
전쟁의 신보다도 신음과 피의 샘이
죽은 자를 더 오래 기억했다.
무인도는 패배자의 고향이었다.

다시 밤이다.
우리는 부처의 잔치 상에 앉는다.
파도가 잠들어도 그 사람은 돌아오지 않는다.
아무도 기다리지 않았지만 하늘과 땅과 바다에서

불안의 안개가 걷히지를 않는다.
부서진 조개껍질에 고이는 약간의 고요,
별빛과 밤이슬은 가슴 속에 타오르는
모닥불을 감추기 위해 마련한 한 잔의 포도주,
용기의 가뭄의 계절에 번식하는 독버섯이다.

열반의 나라로 가는 바닷길은 멀어도,
빛나는 대화를 잃은 사람들은 마주 앉은 채
조용조용히 서로의 익사를 바라본다.
바라보기만 한다.
마을 한가운데로 흐르는 개천에서
무엇인가 썩는 냄새가 난다.
이윽고 밤의 바다는
썩는 냄새로 충만한 평원이 된다.

어릿광대와 나무 이야기

번개 널빤지로 갑자기 가설된
공원무대 위에서 어릿광대가
줄타기를 하고 있었지요.

별을 낚시질하여 콧구멍에 집어넣기도 하고,
달을 낚아채서는 공중변소에 처넣기도 하고,
태양은 딸 듯 딸 듯 하다가 손이 뜨거운지, 탁
손바닥에 침을 뱉고 나서, 가볍게
손가락 끝으로 튕겨버렸지요.
태양은 우주 밖 어두움 속에 사라지면서
서럽게 울고,
어릿광대는 깔깔대며 폭소했지요.

지팡이를 휘둘러 땅바닥에 그림자의 원을 그렸지요.
그러자 새카만 에너지 화산이 입을 열고
막대기를 날름 삼켰지요.

만삭 여인의 몸보다 더 무거운 연기에 싸여
청중은 하나도 보이지 않았지만,
별이 갈채하고 달이 웃고 대지가 할복했으니,
그만 하면 성공적인 줄타기였겠지요 아마도.

그러나 어릿광대는 새카만 액체로 목욕하다가
그만 헛발 짚고 줄에서 추락했지요.
누구나 다 아는 일이지만, 화산에게
잡아먹힌 사람은 아무도 부활하지 못한다지요.
어릿광대가 분화구 밑으로 밑으로 침전할 때,
번개 무대는 진공의 나라를 향해
높이 높이 증발하고 있었지요.

다음 날 아침 태양이 돌아오자,
사람들이 공원에 나무를 심기 시작했지요,
어릿광대가 그토록 무서워하던 그 나무들을.

두려움의 심연

태초의 바다는 신비.
신비는 두려움의 심연.
나무뿌리는 태양광선을 두려워했고
빛은 어둠의 깊이를 두려워했기 때문에
처음부터 시작이 시작되었고,
모든 시작은
영원한 정지에 대한 두려움 때문이었습니다.

절대 힘의 덩어리는 태초부터
파괴될 수 있는 먼지를 두려워했습니다.
먼지는 생명을 마셨고 살아있는 먼지는
보이지 않는 힘을 두려워했습니다.
두려움의 심연은
일체의 생명을 잉태하고 있던 거대한 힘,
수없이 많은 이름으로 불린
위대한 공간이었습니다.

한없이 확산하고 있던 공간은
반대방향의 무한한 축소 동작을 두려워했고,
공간의 두려움은
태양의 탄생을 기다리고 허용했습니다.
그 힘은 두려움이었고,
절대 힘이 간직하고 있던 두려움은
신비 때문에 하늘과 땅을 분리하고,
별과 별 사이에 공간을 고이게 하고,
공간과 공간 사이에 순간을 끼우고,
순간과 순간 사이에 영원을 심었습니다.

힘과 힘 사이에 격류처럼 흐르고 있는
모순의 가능성이 언제나
두려움의 존재를 증명해주고 있습니다.
태초의 바다, 태초의 두려움,
밑바닥 없는 두려움의 심연,
신비가 두려워하던 사실들의 가능성.

나무도 돌도 산도 강도
관계에 대한 두려움에서 탄생했습니다.
스스로하고도 관계를 가지지 않는 그 힘,

절대적 시작의 힘은
관계에 대한 두려움 때문에 움직이기 시작했지만,
최초의 그 힘은 영원한 침묵이었습니다.
영원한 로고스였던 그 힘이
최초에는 움직이지 않았습니다.

언젠가는 모르지만 한 순간에 이르러
영원한 침묵이 폭발의 충동을 느꼈습니다.
분명히 그 순간 이전에는
충만함과 수면과 안정이 있었지만, 충동 이후에
비로소 불안이 시작했습니다.
존재하던 것이 존재하지 않는 것에 대해
거대한 두려움을 느끼고,
존재하지 않던 것을 존재하기 시작하게
하기 시작했고,
존재하기 시작하기 시작한 것들에게
존재해 오던 것에 대한 두려움을 가르쳤습니다.
고대의 토양에서 번성한 샤머니즘은
두려움의 방법론 그 소박한 가르침이었습니다.

지금도 최초의 절대 힘은 한 순간부터
존재하기 시작한 모든 것을 두려워하고,
두려움의 심연에서 우리는
보이는 모든 것의 계속을 낚고 있습니다.
그러나 우리는 두려움의 습관을 심연에게 반환하고,
우리의 육체와 정신과 이상,
영혼과 타락과 종교 모든 것이 한 순간부터
존재하기 시작하기 시작하지 않은 것이라고 믿으며,
그 믿음에서 용기를 얻고,
그 용기에서 파괴를 배우고,
그 파괴에서 죄악을 존재하기 시작하게
하기 시작했습니다.

우리와 우리 사이에 "나"가 끼어들고,
나와 나 사이에 "나 홀로"가 스며들고,
나 홀로와 나 홀로 사이에서
살육의 관습이 시작했습니다.
우리는 나도 아니고,
나는 우리와 결코 동일한 것이 아닙니다.
나는 나 홀로도 아니고,
나 홀로는 나 홀로도 될 수가 없습니다.

두려움의 심연에서 도피한 우리는
도피의 악습을 찬미하는 동안 어떠한 것도
태초의 것으로 확인할 힘을 잃었습니다.
절대 힘이 먼지를 두려워한 최초의 아름다움도,
빛이 어둠의 깊이를 두려워한 최초의 자비도,
우리는 태초의 것으로 확인할 수 없습니다.

영원의 끝에서 영원의 끝까지 이어진 직선이
단 하나의 존재의 모든 것임을
두려워하지 않는 우리는
우리 생명이 위대한 불꽃임을 확인할 수 없고,
우리 고통이 태초에 빛나던 바다였음도
이해할 수 없고, 우리 무덤이
아름다운 무지개였음도 믿을 수 없습니다.

다만 두려움에 대한 두려움조차 지니지 않은
우리 영혼은 두려움의 심연에서
영원히 침몰하는 한 덩어리 돌,
결코 에테르로 승화할 수 없는 땀방울입니다.

산맥이 모래를 두려워하는 관계,
모래가 먼지를 두려워하는 관계,
먼지가 원자핵을 두려워하는 관계,
관계 속의 존재가 관계 밖의 존재를
두려워하는 공간,
공간이 진공을 두려워하고
진공이 시작을 두려워하는 관계.

우리 고향으로 돌아가기 위해 서두르는 것은
우리 육체가 아니라
우리의 어둠입니다.
어둠의 깊이는 우리 영혼보다 넓고
우리 문명보다 더 자애로운 것.
아, 관계의 세계로 되돌아갈 날은 오는가?
공간을 두려워할 시간은 되돌아오는가?
시작을 사랑하기 위해 돌아가기 시작하는
우리는 어느 순간부터 다시 시작할 것인가?

최초의 신비는 영원한 두려움이었습니다.
절대 힘,
유한한 힘을 두려워하고 있는 그 힘은

지금도 고갈하지 않는 자비의 심연 속에 있습니다.
그러나 우리는 두려움을 잃어버렸고,
자기 자신마저 두려워하지 않는
무서운 돌덩어리가 되었습니다.
육체를 두려워하지 않고,
정신을 두려워하지 않고,
영혼도 두려워하지 않고,
우리 자신의 파괴마저 두려워하지 않고,
무서운 땀방울을 흘리고 있는 우리는
두려움의 심연의 아름다움을 잃어버렸습니다.

아, 자비는 두 번 다시 움직임을 시작하지 않는
바위 덩어리로 변하고,
절대의 시작은 새로운 어느 순간까지 침묵하고,
우리는 미친 듯 부서지며 가라앉는
해저의 난파선입니다.

백만 년을 산다고 해도,
두려움을 배울 줄 모르는 것들의 미래는
진실로 두려운 운명의 채찍에 찢어질 휘장,
겸허한 절대자의 식탁보도 될 수 없는

한 덩어리 걸레뭉치가 아니겠습니까?

그러나 절대자는 가난한 바지를 입고
낡은 손수건을 꺼내든 채
우리의 파편을 주워 모으고 있습니다.
공동묘지 부근에서, 망각된 폐허에서,
찢어진 영혼을 그분은 기다리고 있습니다.
기다리지 말라고 부르짖어도 그분은
영원토록 우리를 기다리고 있습니다.
그분이 바로
두려움의 심연이기 때문입니다.

고통의 밤 비옥한 밤

당신의 아름다운 자태가 보이지 않을 무렵,
나는 기다림의 담배에 불을 붙이고,
연기에 싸인 시간이 덤덤히
바닷가에 맴도는 모습을 응시합니다.
그러나 표류하는 수부들의 영혼에게
서러움을 가르치는 노을은 어찌하여 오늘 따라
이토록 치열하게 타오르고 있습니까?

일정하게 정밀한 거리를 두고 접근하는 밤.
네모 반듯반듯 잘려나가는 격언들이
이방인의 거리에 나붙는 밤.
나는 당신의 고운 음성을 그리워하면서도
당신 이야기를 듣기가 두려워
차라리 파도 위에 재를 떨어버립니다,
차디 찬 재, 연소한 담배의 살과 뼈를.

그 무렵 구름은 황금빛 정열의 평면에서
추방되어 바다 위로 내리고,
질식사한 물고기 떼는 태풍을 부르는
주술사의 주문에 장단 맞추어
기묘한 춤을 추기 시작합니다.

모든 신들이 타락하고
추악한 논쟁을 끝없이 우롱하고 있는 밤.
땅 위의 짐승이 남김없이 마취된 채
실험대에 올려질 차례를 기다리는 밤.
무한한 진공 속에서
새의 날개가 운동을 박탈당하고,
절제할 수 없는 욕망의 늪가에서
당신의 사랑이 침묵하는 밤.

이유 없이 황홀해지는 나는 수평선 너머
도사리고 있을 모순의 바다를 향해
향기로운 연기를 보냅니다,
쾌락의 국부들이 낙엽처럼 스산하게 깔린
거리에서 우리 탁한 눈물이 타는 연기를.

들쥐를 잡아먹고 살찐 뱀이 동면하는 동굴.
축축한 털과 털 사이 섬세한 공간에
고이는 증오와 죽음.
포만감 그리고 포악한 생명.

당신의 건강을 잠식하려는
세균의 혜성이 보인다고 해도 아무도
매혹적, 운명적인 당신의 나체 파괴할 수 없고,
질투의 바다에서 떠오른 영웅조차
당신을 독점할 수 없음을,
고독할 때나 공포에 떨 때나,
우리는 알고 있습니다.

지혜로운 곡선과 탐미적 풍요,
수천 년의 성숙을 간직한 당신의 나체가
지금은 무수한 무허가의 복제품이 된 채
싸구려 술집이나 도박과 정사의 방 벽마다
내걸리고 있지만, 우리는 당신의 진실한 미가
항상 완벽한 상태로 보존되고
오히려 더욱 오묘해지고 있음을 압니다.

외투 밖의 추위와 안에서 응결하는
체온 사이에 끼인 우리는
숨 막히는 흥분과 발광의 충격 때문에
꼼짝 못하고 신비로운 환희에 젖습니다.

두 번 다시 수치의 심연으로 추락하지 않을
태양이 떠오르는 새벽,
표류가 끝나고, 복제품이 모조리 회수되고,
암흑의 밤을 판매하던 손들이
남김없이 불에 타 재가 되면,
당신의 뜨거운 육체 속에서 예언자들이
부활할 것입니다.

그러나 지금은 긴장의 밤,
아무도 모르는 순간 녹아내릴 고통의 밤,
한없이 비옥한 밤입니다.

노을 속으로 날아가는 사람

호리호리한 빌딩이 날아가고 있다.
마른 잎이 지폐가 되어
지게꾼의 영혼을 부르면,
주말을 매매하는 무수한 눈동자가
우리 주머니 속 거침없이 엿보기도 하고,
때로는 빈 택시가
한숨소리 가득 바람을 몰고 달려온다.

당신과 나는 영원한 오늘을 사랑하기로
아침나절 찻잔 위에서 약속을 했다.
그런데 지금은 벌써 땅거미 잦아 내리는 거리,
장년기에 실려 어디론가 표류해 가는
대머리들의 행렬을 바라보고 있다.
석양이 가로수 가지에 걸려 파리하게 떤다.
신문판매대 밑에 떨어진 외설이
고급 포장지에 실려 허영의 방으로 간다.

꾸역꾸역 지하도 거쳐 흘러가는
시간의 뒷모습이 등록금 영수증 위에
가물가물 추억의 그림자를 남기고는,
다시는 되돌아보지 않을 황폐의 언덕에서
우리 모닥불 사그라지는 음악을 듣고 나서는
사그라진 자리에 이르러 조용히 나와 악수한다.
한 겨울 찬 손,
부끄러운 손과 손이 만난다.

화장실이 날아가고 있다.
다방이 하늘 높이 날아가고 있다.
처녀들 눈웃음과 화장품 냄새와 티슈페이퍼,
깨진 손거울을 차곡차곡 검은 가방에 챙겨 넣고 나서
호리호리한 신사가 노을 속으로 날아간다.
멍청한 시선들이 자칭 구세주에게 집중될 때,
그는 거짓말의 소나기를 퍼붓는다.
너는 죄를 모른다, 그러므로 구원받지 못한다.
지독하게 강한 니코틴 냄새를 구름처럼 풍기며
우리 모두에게 어울리는 예언을 퍼붓는다.

그 때 신문소설이 새로 연재되기 시작한다.
간판과 잉크가 비열한 춤을 추면서
펄프 속으로 침잠한다.
잠자리야! 꽁무니가 새빨갛게 물드는 것도
모르고 태양을 사랑한 가을 잠자리야!
얼어붙지 않는 강물에 떨어진 네 날개는
얼마나 값싸게 도매상이 그물질해 갔느냐?
언제 너는 군고구마 파는 손 위에 또 다시
부활의 날개를 쥐어줄 것이냐?

무연탄 한 덩이가 새 바람을 일으키려 한다.
들판에 묻힌 왕관, 꺾어진 화살,
거기다 수염 긴 역사가 너를 기다린다.
떠나가는 버스 불러 세우지 않아도 우리는
아침을 냉장고에 넣고 저녁을 신문지로 싸서
베개를 제조하기에 바쁘다.

아첨하는 혓바닥을 쉬게 하는 자리,
병사한 자의 머리를 뉘일 자리,
마지막 수혈을 끝낸 환자의 마취가 풀리기를
기다리는 철학도들의 허허벌판 같은 염원도

한 알 비타민으로 농축하는 자리.

우리는 공연히 구두뒤축에 매달린 호적등본
그 무게를 느끼며 보신탕집에서 내버린
뼈다귀를 줍기에 바쁘다.
그래서 이제 가로등이 없는 거리로 나가
호리호리한 빌딩이 날아가는 것을 구경하자.
술병도 매니큐어도 가발도
명함도 영구차도 모두 여행 가방에 때려 넣고
노을 속으로 날아가는
우리 영혼을 배웅하러 가자.

그리고 당신과 나는 서로 계면쩍기는 해도
아직 체온이 남아있는 손과 손을 마주 잡고
길고 긴 이 겨울을 견디어 보자.
혹시나 봄이 생각보다는 빨리
코 밑에 다가와 있지나 않을까 하는
어린 아이의 염통을 두드리면서.

빗속의 노인

늦가을 비에 참 많이도
나뭇잎이 지었군요.
지금도 지고 있네요.

엊저녁에는 인왕산 너머 노을이
그토록이나 아름답더니,
애타게 기다리던 사람의 창가에도,
무심하게 딴 일에 정신 팔던 사람 지붕에도
자르륵 자르륵 내리고 있는 비,
구르며 튀며 서두르며 내리는 비의 소리가
당신 귓가에 추억 또는 침묵의 세계로
맴돌고 있는지요?

낯선 마을로 떠나 이제는 얼굴조차 희미해진
아들의 넋이라도 길 따라 찾아오기를,
후회스런 나날들이 당신 가슴에서 떠나

깨끗이 비질한 길을 따라 아주 가버리기를
그렇게 간절한 소망으로 비를 맞이하고 있는지요?
당신의 그 벗은 어찌하여
영원히 대답이 없는가요,
젊고 아름답고 다정하다는 그 사람이?

길은 또 다시 더럽혀지고, 피로보다 진하게
주름살 사이 파고드는 적막함이
무서운 꿈의 예감을 주는지도 모르지요.
아, 어쩔 수 없이 타버린 불꽃.
사방에서 밀려오는 속삭임.
부딪치고 깨지고 굴러 떨어지는 소리.
살려주세요! 살고 싶어요! 애원하는 소리.
아, 영광의 시간이 지나가고, 모든 이름이
호적 속에 조용히 파묻히는 밤이 오고 있네요.
그래서 당신은 그것이 견딜 수 없고,
그러나 그것을 피할 수가 없군요.

크고 강한 손이여!
이 사람에게도 자비를 가르쳐 주십시오!
당신이 빌려준 보석들을 때로는 낭비했고,

자주는 가련한 이웃을 짓누르는
멍에를 마련하는데 사용했고,
더욱 자주는 쭈글쭈글 변모하는 살갗에
하얀 분을 칠하는데 아낌없이 썼습니다.
이제 남은 것이라고는
당신을 향하여 부르짖는 이 목소리,
떨리고 한없이 탁한 목소리뿐입니다.
빛의 샘에서 한 줌의 빛을 나누어 주십시오!
이 몸이 한 줌의 재이기는 하나,
아직은 불꽃을 일으킬 수 있으니까요.

당신 뺨에 흐르는 것은 무엇인가요?
아, 당신은 빗물에 흠뻑 젖은 나뭇잎인가요?
당신 눈은 너무나 많은 이야기를 담고 있군요,
처절한 사연으로 수놓인 거대한 무덤 같이.

잎새가 또 하나 지는군요,
우리 모두 걸어가는 길 위에.

또 십년

당신의 얼굴은 수백 만 개 꽃송이의 파도에
일렁이는 바다다.
개나리가 물결쳐 오면
대학가 벤치에 나란히 앉는다.
적어도 십 년을 이야기하고,
이야기에 끝이 없으면 우리는
차를 마시러 간다, 노트에는
진한 초록색 잎새 하나 심어놓고.

장미의 불길이 기름바다에 번지기도 하고
라일락 투명한 향기가 태풍도 일으킨다.
코스모스처럼 미소하다가
흰 국화 송이로 돌아서는 당신 얼굴은
이제 수천 만 개 백합송이로 충만한
경건함의 바다다.

나는 휘파람을 분다.
한여름 발가벗은 아이들이 해변을 질주한다.
바지락조개가 숨소리 죽이고 모래 밑에 움추린다.
그런데 바다는 변하고
내 느티나무는 어느덧 늙어 덩그러니
하늘만 할퀴어대고 있다.

우리는 다시 만난다.
길고 무거운 그림자의 강물에서 헤엄치다 지친
우리 공동의 표정이 우울한 선율에 젖는다.
시작하기도 전에 이야기가 끝나
콧수건 잃은 아이들처럼 몹시 당황해진 우리는
등에 진 십년을 변명하려고,
어디 계시지요? 아이들은 잘 크지요?
찻잔에 찌꺼기로 가라앉는
우연 덩어리를 응시하며 아무 것도
희망하지 않다가 일어난다.

창 밖 어둠이 더 답답해지기 전에
우리는 따로 따로 다시 십 년을 걸어간다.
그러면 또 어디선가 만나지 않을까?

조용히 오는 아이에게

너는 참으로 조용히 온다.
늘 하던 버릇대로 눈 감은 채 웃으며
바람결에 울음의 꽃망울 터뜨리면서
깊디깊은 바다를 건너서 온다.
아무도 움직임을 손짓해 부르지는 못해도
입김이 골목마다 퍼져나가면
문이 열리고
순백의 세계가 너를 기다린다.

한 덩어리 소망과 짐이 가볍게
사랑하는 사람들 어깨에 내려 쌓이는 날이
네게는 차라리 시작이 아니라, 이미 영원히
시작 저쪽 끝에서 샘 지던 음성이
네게 최초의 언어를 가르쳐준 뒤, 성장하는
기쁨을 우리 모두에게 보여주는 날이다.

아직은 흙 속에 묻힌 광맥.
원자핵 깊숙이 감추어진 하늘의 에너지.
꽃가루처럼 모든 선_線을 넘는 새로움의 흐름.
차가운 구름 그 위로 빛나는 세계.
아침마다 네 얼굴이 익고
밤은 비옥한 땅에 비료를 뿌린다.

먼 길을 가려면, 아이야!
지혜와 사랑의 즙 마음껏 빨아들이고
깊은 신뢰의 뿌리 기른 뒤에 비로소
너를 위해 마련된 생명의 날개를 입어라.
하늘이 맑고 아름다울수록 추락하는 아픔은
지워지지 않는 상처를 낳을 테니까.

너무나 아름다워

너무나 아름다워 명주실 올처럼
기억은 풀어지는 것인가?
망설임이 멋대로 조약돌에 미끄러져
뒹구는 진흙길에서
당신과 문득 어둠에 함께 젖던 시간,
하늘에 닿을 듯 빗물 기둥이
여기저기 솟았지.

그러면 투명한 알코올 잔속으로 떨어지는
핏방울 그 생명의 힘이 다하여 풀어지고,
우리 발자국은
아름답게 찍히다가 만
흙덩어리의 추억일 뿐인가?

뺨을 때리고 달아나 버린 바람이 미처
강물 한가운데 소용돌이에 못 이른 채,
가위 눌린 아파트 창문에 매달려
겨우 숨을 할딱거리고,

버스 마지막 불빛에 실려 간 사람들
그 발자국에 고인 사연들만 꽁초에 스며
이 거리의 슬픔을 더하고 있다.

촉촉이 젖은 입술들은
구름 강물 위로 떠가는 나뭇잎이었나?
어제 나눈 이야기가 싫어,
이제 새로운 유행가 입내 내는 마음도 싫어,
모래시계 아래 잠든
우리 조상들의 도읍을 향해 비수 던지며
영광, 찬미, 함성을 발굴하려는 고고학자들
그 헤프디 헤픈 웃음도 역겨워,

모두 잠든 거리,
가슴을 꼭꼭 잠그고 잠든 사람들의 거리,
이 어처구니없게 아름다운 거리를
우리 넋은
향기로운 약속의 말조차 벗하지 않은 채
휘파람을 불면서 걸어가고 있는가?
냉각된 증류수 밑으로 가라앉는 먼지는,
아직은 젊은 날,
풀지 못한 우리의 숙제였나 보다.

햇살에 바랜 종이

쓰레기통 옆에서 철 지난 신문을 본다.
여름 내내 철없는 햇살에 눌려
힘이 빠지고 누렇게 바랜 종이.

우리들의 작은 세계를 포장하던 종이.
사고를 싣기도 하고,
동심원 무수히 그리며 사라진 말들이
담긴 낡은 배.
그 신문을 만들던 손들은 지금쯤
어디서 월급봉투를 기다리고 있을까
생각해도 본다.

아이가 뛰어간다,
펄펄 살아 뛰는 말들이 담긴
풀기 먹은 종이를 다발로 끼고.

아이가 지치면 종이도 맥이 풀린다.
매미가 울어도 철없는 햇살은 그치지 않고,
버려진 종이 위에 거침없이 세월을 흘린다.
종이 따라 우리 피부도 퇴색해 간다.

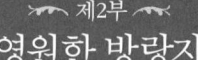

영원한 방랑자
(1980~1989)

PART II : WANDERER FOREVER

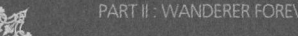

당신의 그물

도로 공사판 인부들이 수런수런,
태풍의 고향으로 날아가던 새떼도 빙글빙글,
초침도 비틀거리며
당신의 걸음걸이를 응시하고 있다.
한낮에 커다란 그물 질질 땅에 끌면서
비틀거리는 당신 운명을 지켜보고 있다.

코카콜라 빈 깡통을 낚으려는가?
금박으로 인쇄된 명함들,
아니면, 잡식동물의 쓰레기,
그 쓰레기통을 낚으려고 하는가?

나날이 취해서 귀가할 수는 없겠지.
나날이 꿈에 취해 이불에 들 수는 없겠지.
괴로움은 당신만의 등록상표가 아니지만,
바로 그 괴로움조차 당신을 모르는 사람들에게
자비로운 재가 되어
고백시간의 하늘을 덮어주진 못하지.

그러나 그물은 우리에게 두려운 거다.
열광하는 당신의 정신이 두려운 거다.
집념이 끈적끈적한 상처를 내고
당신이 포기한 세월이 여태껏 키운 독버섯,
거기서 진물처럼 흐르는 욕망이 두려운 거다.

우리는 당신에게 모든 것을 주었지.
그러나 하나만은 바칠 수가 없었지.
당신은 바로 그것을 낚으려고 덤벼들지,
낡을 대로 낡은 그물을 쳐놓고.

우리는 더 이상 달아날 데가 없다.
구멍 찾으러 뛰어다닐 힘도 이제는 없다.
그래서 단단히 각오를 했지.
당신 그물을 수선하기로,
아주 새 것으로 만들기로 각오했지.
그래서 튼튼해진 그물,
먼지 하나라도 놓치지 않는 그 그물로
당신의 전부를 낚아 올리기로
우리는 마지막 기도를 올렸지.

흰 벽

이제야 흰 벽이 보이네요.
말을 아끼려다 못내
한 마디 당신 가슴에 뚝뚝 스미는
핏방울 만들어내지도 못하고 지워진 세월.
꼬리 잘린 연처럼 고압선에 목을 매단 꿈.
당신과 나의 체온.

어쩔까요? 망설임은 외투 깃에 미끄러져
구두코의 유행을 따라가라 하는데,
우리는 투박해진 살갗 서로 비비며
망울조차 어울리지 않는
전파의 바다에서 내복을 벗고
몸에서 비듬을 털어낼까요?

하나씩 후회스런 별이 되어 돌아올 착각과
환상의 주검들은 어쩔까요?
가슴을 열어도 이 모든 흰색은 어디 묻을까요?
당신 벽에서 떨어지는 허전한 여운들은 어쩔까요?

갈라지는 길

가죽장갑을 끼면 손금보다 많은 근심이
손바닥에 땀으로 배어 소리 죽여 울고,
따뜻한 당신 손은 아무 것도 모른다.

장갑을 벗을 때는 손금보다 예리한 욕망이
손등에 소름처럼 뻗치어 한낮에도 독을 흘리고,
아무 것도 가진 것이 없다.
당신 손은 떨지도 않는다.

안경알에서 미끄러진 먼지가
콧잔등 기름먼지에 스며들면서
가늘게 바람을 흔들어 줄 때도,
아, 갈라지는 길
거기서 우리가 악수하려 해도,
이젠 그럴 수가 없다. 그럴 수가 없다.
당신 손은 이미 식어버리고,
내 손은 부끄러운 상처에 곪아터지고.

천 갈래 만 갈래 길은 갈라지는 길,
이대로 우린 좋은가?
또 우리가 가는 길은?

우리 젊음의 티끌

풀 내음에 전 귓바퀴 맴돌다 참지 못하고
빨갛게 단 수술도가 되어
당신과 나의 가슴을 베어 열어젖히던 말,
그 숱한 말의 강물이,
아, 이제는 모래밭에 막혀
껍질 벗은 채 나뭇가지에 매달린 감처럼
애처롭게 말라만 가는가?

철없는 생각이 굳어 모험의 배가 되고
하염없는 눈물이 고여 바다가 되면,
우리 젊음은
순금의 고기떼 좇는 거대한 흰 돛이었지.
상처에 소금 뿌려가며
별을 헤아려 식탁 마련하는
지혜가 얼마나 자랑스러웠던가?

오랜 가뭄 뒤
발가벗고 뛰어도 어쩔 길 없는 홍수,
댐이 무너지고
산허리 부러져 마을이 사라질 때,
당신과 내가 배웅한 젊음은 바다 한가운데서
보석과 말을 낚아 올리고 있었지.

그런데 사람들은 기다려주지 않았다.
우리 손에 든 열매와 그물이 절망의 밤을 밝히는
등불이 되지 못하고, 항구는 텅 빈 길,
녹슨 닻만 지친 몸을 고꾸라지게 했다.

돌아갈 데라고는 없었지.
건방진 혓바닥 날름거리는 들개 떼,
진흙탕에 뒹구는 당신 편지,
그리고 내가 배운 사랑의 말들이
그토록 가련하고 또 미울 수가 없었지.

혼돈의 심연에서
우리 젊음의 티끌 모두 살라버릴 빛,
아마 우리를 멸망시킨 뒤

다시금 탄생의 순간 마련해 줄
그 빛은 어디서 오는가? 언제 오는가?
모두 편견의 이불 속에 잠든 뒤
몰래 대문을 여는 손님처럼
빛은 떼 지어 몰려오려는가?

미운 사람

그만, 이제 그만 드세요.
가슴마다 가뭄이 한창인데 혼자서 물을
다 마시겠네요.

계집애 손가락 마디에는 티눈 가득 꽃피어
가로등 모두 잠든 거리,
하수도 물소리에 깨어
눈물 말리려다 요강마저 깨는데,
지금 뭘 하세요 당신은?

아, 모시적삼 대려입고 산삼 사러 가는군요.
장터에 쌓인 도라지 도라지 백도라지.
토라진 술집 계집에 미쳐
넋을 놓고 또 마시는군요.

당신 헛기침에 혼이 나가 그만
그늘에 갇힌 눈에는
내일이 뿌옇게만 어른거리는데,
어찌하여 당신네 개는
얄밉게도 혓바닥 날름거리며
우물 바닥을 핥고만 있나요?
당신은 참으로 미운 사람이네요!

달밤의 노인

노인이 살찐 개에게 끌려 다니면서 아파트 앞
소나무 사이로 산책을 한다.
흰 머리카락 위로 달빛이 파도진다.

천천히 가! 거기 앉아!
명령하는 목소리에는 기운이 없고,
어디선가 못 치는 소리.
로마의 공동묘지에서는
꽃이 다발 채 시드는가 보다.

지금 누구를 기다리는가?
아침나절 온 몸을 흔들고 지나간
소나기에 홀려
돌이켜보는 세월이 마냥 안타깝기만 한가?

가물가물 추억의 벽화는 퇴색하고,
반려가 남긴 감미로움조차
슬픔 더불어 쇠잔해지면, 어쩔 수 없이
밤길에 개하고만 이야기한다.

서두를 건 없어!
어차피 우린 함께 걷는 거야!
타이르는 음성이 떨리고
줄을 쥔 손은 자꾸만 굳어진다.

폼페이에 핀 양귀비꽃

나비날개인 양 동서남북 줄기 벗어나는 꽃잎
그 색갈이 너무나 도도하여
무너지다 만 돌담이 가련했다네.
목욕하던 여인은 석고로 남고, 원형극장에서
배우들 퇴장한지도 벌써 천년이 넘었다네.

아이스크림 찾는 아이들 웃음소리만
바실리카 돌기둥을 때리고 사라지는데,
이 마을은 어쩌다 부서진 몸 여태껏 남아
땅 저 편에 둔 세월조차 불러내며
지는 해 그림자 끌어
바람소리만 맥없이 잦게 하는가?

베수비우스 화산 입김보다 뜨겁던
당신네 펄펄 뛰는 육체,
퇴색한 벽화만 외롭게 증언하는 욕망,

이 모든 자연이 재의 강물에 씻겨내려
새빨갛게 땅에 스민 포도주가 되었던가?

빈 하늘을 이고 선 돌담보다 높이 솟은 나무들은
당신네 언어 넘어 오늘도 푸른 잎새를 입고
나그네 이마에 휴식을 드리워 주네.
이름 모를 새 한 마리도 노래하지 않는 땅,
당신네가 버렸던 돌과 돌 사이로
도마뱀 두어 마리 수줍은 듯 서둘러 숨네.

누가 이곳을 천벌 받은 곳이라고 했던가?
어찌하여 먼 산이 분노하고
오로지 이 땅이 선택되었단 말인가?
폼페이 주민들이여!
당신네가 비록 용암에 추방되었다 해도,
못 다 이룬 환락의 밤에 아쉬움 두며,
질식해 쓰러진 여인 되돌아보며
문을 부수고
골목마다 울음소리 처절한 메아리 칠 무렵,
당신네가 밤을 도와 낭비한 시간들이
먼 산 입술을 찢어 비옥한 땅이 피를 흘렸다 해도,

그것은 결코 마지막 심판이 아니었다네.
천벌일 수가 없었다네.

당신네 손에서 향기로운 제물 받아먹던
뭇 신은 어디로 나들이 나갔던가?
옹기그릇 한 구석에서
찢어진 신문이 썩고 있는데,
새카만 들개 한 마리,
마치 로무루스와 레무스에게 젖을 주던
태고의 늑대인양,
수학여행 온 아이들을 노려보는 품이
너무나도 당당하여
우리가 사는 도시를 자랑하지 못했다네.

아폴로도 가고 비너스도 큐피드도 사라지고,
우리도 여기 영원히 머물 수가 없어
별이 보이는 마을로 돌아간다네.
그러나 누가 알겠는가,
아직 찾아내지 못한 또 하나의 폼페이를
가슴 깊이 간직한 채
고개 떨구며 돌아가고 있는지를?

아, 여기는 신들이 버리고 떠나버린 땅,
그러나 새로운 신이 나타나
자비로운 손길로 어루만지는 마을,
보이지 않는 자와 보는 자 모두에게
축복된 폐허일 뿐이라네.

내 영혼의 영원한 나그네여!

내 손 끝이 당신 손을 찾고 있습니다.
사람들이 물려준 말에 시달려온 혓바닥이
당신 몸에서 태어난 말을 그리워하고,
내 얼굴은 산 위에서 빛나던 당신 얼굴에서
새로운 모형을 받고 싶어 달아오릅니다.
어찌 하나요?
눈과 살갖이 넋을 흔들어대며
바람처럼 무지개처럼 시간에 싫증내고,
자꾸만 하늘을 반죽하여
달콤한 만나를 만들라고 성화인 것을!

내 몸은 당신을 닮을 만큼만 정직할 수가 있나요?
또 내 마음은 당신 모습 닮을 만큼만 성실한가요?
당신 이름이 빛나는 언덕에 올라 사람의 지혜로
질서와 탑을 쌓아올렸는데,
내가 정말 얼마나 닮을 수가 있나요?

견고한 성벽 바라볼 때마다
소매치기, 창녀, 집시의 무리 통해
조금씩 파괴되는 가면을 줍고,
신사숙녀, 신호등을 위해 소리 없이 마멸되는 돌,
모퉁이에 굴러다니는 보석을 발견합니다.

아, 어쩌면 한여름 테베레 강물에 지는 낙엽마저
내 넋을 송두리 채 흔들고 사라지는가요?
대리석 기둥이 없이는, 스테인드글라스가 없이는,
금관조차 없이는
당신이 사람을 닮을 수가 없는가요?
나날이 잊혀지면서도 늘 새로운 당신,
내 영혼의 영원한 나그네여!

이제는 한껏 뜨거워진 피의 꿈에서 깨어나
당신과 내가
조용히 만나야만 할 시간입니다.
위엄과 허세의 장막에서 나와
한 잔 포도주나 한 줌 올리브 그늘 아래
따사로이 악수할 시간입니다.

나의 갈망은
당신에게 드릴 마지막 찬미가,
결코 다함이 없는 영혼의 노래입니다.

마메르티노 감옥

지하로 내려가는 계단이
새로운 귀를 열어줍니다,
카메라 셔터 소리처럼 메아리치는
왕들의 신음, 또는 원로원 의원들
목 잘리는 소리를 향하여.

그러나 모든 빛이 차단된 방,
밀어도 손톱으로 긁어도
움직이지 않는 절망의 석벽,
여기서 우리 가슴이 소리 없이 열리고,
다시 한 번 태양 아래 우뚝 서기를 갈망하던
고귀한 죄수들, 그 한숨이 벽에 서려
이슬지는 안타까움이 가득 넘칩니다.

패배는 죽음을 그리고 죽음만을 선물한다는
그 말보다 더 가혹한 형벌이 어디 있습니까?

굶주림은 누미디아의 왕 유구르타에게
마지막 잠을 허용했고,
시저의 포로가 된 갈리아 왕 베르친게트릭스도
여기서 목이 잘렸는데,
왕들에게는 죽음보다도
패배가 바로 더욱 쓰라린 벌이 아니었던가요?

로마의 태양이 바다와 대륙을 비출 때
끊임없이 이 방에 묵고 간 사람들,
그 이름에서 새로운 종족을 발견하고 놀랍니다.
베드로와 바오로에서 시작하는 기묘한 종족.

죽음은 패배를 그리고 패배만을
선물한다는 바로 그 말을
단 한번이라도 입술에 담았던,
부와 세력과 혈통의 사람들에게, 진정한 패배,
가릴 길 없는 수치를 가르치기 위해
노래하며 기꺼이 죽어간 종족.

쇠사슬에 어둠 진하게 웅어리지며
스스로 빛을 만들어내고

검투사가 칼날을 벼릴 때 사랑을 외치던 종족,
로마의 이교도로 낙인찍히면서도
로마인을 오히려 영원한 이교도로 만든
모순의 종족에 전율합니다.

검은 머리카락에 꽃무리 인 채
처음 신비의 빵을 받아먹고
미소하는 소녀, 이 새로운 로마인은 이제
눈부신 햇살을 두려워하지 않습니다.
하얀 얼굴에서 반사하는 기쁨과 순결,
어버이 품에서 스며나는 사랑의 말을
가로수 밑둥마다 뿌려줍니다.

지하실에서는 나란히
썩은 자와 빛나는 자의 이름이 걸리지만,
땅 위의 성당에서는
살아있는 자와 죽어가는 자만이
소리 없이 비밀스런 미소를 나누고 있습니다.

지나간 시간은 당신의 무덤

실개천 물살 따라 오리 떼 몰던
어린 시절이 이제야 새삼
하얀 식탁보에 오르는 이유는 무엇인가?

지금은 먼 곳 영하 7도에
서울사람들 코끝이 모두 찡하게
얼었다는 소식만 되씹고 있다.
우아한 방 가득 채우는 웃음소리에
포도주 향기 어울리고,
엊그제 문 연 코리아 하우스 주인
소리 없이 마음만 바쁜 듯.

로마의 11월 중순 턱.
플라타너스 머리채는 푸른 기운 못 벗어,
한낮 햇살은 공연히 길손들 눈길만 흔들어주고
희미한 갈색 벽돌에 반사할 때는
지하묘지에서 돌아눕는

황제들의 못 다한 말 전해줄 듯하다.

반가운 얼굴들은 모두 떠나가고
어리석은 입만 남아 떠도는
그늘 속의 도시 로마.

당신 지갑에 숨은 욕망과
와이셔츠 깃에 묻은 절망이
매일 아침 신호등에 걸려 살려달라고 애원한다.
그러나 이미 당신은 너무 많은 자갈을 주워 담아
등에 진 자루조차 내려놓지 못하고
제 자리에 맴돌며
마주 오는 차에 치이려고 한다.

안타까움이여!
편리한 세상인들 평안을 줄 수 없는
이 아쉬움이여!
그래서 지나간 시간은 당신의 무덤,
다가올 세월은 우리의 위험.

아까운 세월

어느 미친놈이 당신에게
신념이 없다고 욕하는가?
그 사람이 미친 이유는
또는 미친 듯이 보이는 까닭은
아무래도 신념이 너무 강한 탓이 아닌가!
신념이란 그토록 장엄하고
훈장인양 내세워 자랑할 것인가?
당신에게 소중한 것이라면, 미친놈의 신념 또한
그 사람에겐 귀중한 것임을
어찌하여 당신은 깨닫지 못하는가?

하기야 누구 보석이든
영원한 시간의 광선으로 투시해 볼 때,
모두 흠이 갔거나
전혀 쓸모없는 유리조각이기 십상.
그래서 우린 누더기 걸친
수도자마저 존경할 수 있고,

디오게네스도 철학지라고 해서
한 페이지 할애하지 않는가!

목을 베는 칼이 결코 사람의 넋마저
베지는 못하고, 되돌아와 춤을 출 때는
거꾸로 칼 주인 가슴을 찌른다고 한다.
백 미터도 못되는 길,
눈 가린 채 달려가서 어떡하잔 말인가?

입이 열 때와 닫을 때를 알고
귀는 항상 열려 있는 것이지만,
사람 손은 쥐어서 주먹이 되고
펴서 손바닥이 되어
턱을 치고 뺨을 때린다면,
이 바쁜 세월에 언제 우리는
악수하는 법도를 배운단 말인가?

조그마한 땅에 태어나
한 세대 함께 사는 것도 인연인 것을,
서로 아끼며 부축하며 살아가기에도
안타까운 세월인 것을
우리는 언제나 철이 나 깨달을 것인가?

한 사람과 두 사람

당신은 정말 아름답다. 그렇게 보인다.
그러나 삶은 당신에게 어울리지 않아
당신만큼 아름답지는 않다.

세상의 지혜를 독점한 당신,
빛나는 머리에 꽃이 모이고
혀는 꿀을 토해내지만,
날개 없이 살아가는 사람들에게는
지혜가 너무 독한 약,
꿀은 갈증만 줄 따름이다.

당신에게는 결국 짝이 없다.
홀로 위대하고, 홀로 거룩하고,
홀로 영광스러우니,
고독은 당신의 빵,
비탄은 당신의 물이다.

누군들 원망할 건 없다.
아무도 당신을 비난하지 않는다.
어쩌다가 짝이 그리워지면
당신을 둘로 갈라라.
그러면 한없이 왜소해진 두 사람이
서로 위로하고 마주 보며 웃고,
앞 사람의 눈물도 발견할 테니.

그러나 나누어진 둘은
이미 당신이 아니다.
아름답지도 위대하지도 않고,
더욱이 지혜롭지도 않다.
그래도 삶은 그 둘에게 아름답고
위대하고 또 지혜로운 것,
적어도 그 두 사람에게는.

판사의 꿈

재판소 건물은 어디서나 아름답고 신기하며
장엄하고 답답하다.
그러나 재판이란 아무나 받을 게 못되고
재미로 할 것은 더욱 아니다.

신문이 결과를 기다린다고 해서
대강 대강 해치워서 좋을 일인가?
누구나 흥미를 보인다고
인기투표하듯
장난으로 끝내기는 훨씬 어렵다.

때를 가리지 않고 일기예보마저 무시한 채
늘 열리는 정문,
어디서나 진행되는 재판이다.
판사는 휴게소로 가도
피고에게는 휴식이 없다.

커피를 마시면서 판사는
자기 판결문이 언젠가는 재검토되고,
평가되고, 세월 따라 잊혀질 것을 안다.
그러나 신문지가 퇴색하기 전에
새로운 시간이 밀려온다.
날마다 피로만 깊어간다.

원자핵 속까지 들여다보는 세상에
가장 어려운 일은
사람을 가려내는 것도
세상을 헤아리는 것도 아니다.
왜 내가 이 사람을 재판하는가?
반드시 판결을 내려야만 하는가?
그 이유를 찾아내는 일이 가장 어렵다.
그래서 판사는 밤마다 홀로 자신을 재판하고,
꿈에서 만난 노인에게 그 판결이 옳으냐고 묻는다.

배

사람에게 끌려 다니다가 늙고 죽는 배.
팔려가기도 하고 전당 잡히기도 하고
빨갛게 거칠어진 몸 단장도 못한 채.

그래서 작은 쇠붙이 모여 큰 쇳조각 이루고,
태풍이 오는 바다에
둥둥 암호처럼 떠있는 섬.
배는 꿈틀대는 성.

주인이 어디 있겠는가?
사람이 의자처럼 부린다 해도
배는 사람을 기계처럼 다루다가
항해의 끝 언젠가는
사람들 구겨진 육체를 항구에 토해 버린다,
소화 안 된 인형인 양.

한동안 침묵이 바다 위에서 어둠과 뒹군다.
매혹의 밤.
포기와 탐닉.
산 죠르지오 은행의 몰락.
사람과 배는 서로 노려본다.
잠드는 사과.
녹슨 모험가의 칼.

사냥개와 참새

사냥개가 온실에서 뭔가 냠냠 탐식하는
한겨울 아침,
날개 죽지 꺾인 참새 한 마리 마당에 떨어져
텅 빈 들판만 바라보는데,
사냥개가 이렇게 말했습니다.
"나를 부러워할 건 없어.
넌 참새왕국의 왕에게 가서
맛있는 음식을 달라고 해 봐."

그러자 참새가 가느다란 목소리로
자비의 고귀함을 이야기했습니다.
"지금은 내가 불행하지만, 언젠간 너도
찬 겨울의 공포를 맛보게 될 거야."

넌 참새다!
넌 개다!
참새로 태어난 건 네 운명이다!

개로 태어난 건 네 잘못이다!

도박판에서 돌아온 주인은
가련한 참새의 목을 비틀어
개에게 던져주었습니다,
반갑다고 꼬리치는 개에게.
주인은 또 벽에 핀으로 꽂힌
참새왕의 박제를 바라보면서
오래 된 포도주를 음미했습니다.
그 향기 하늘 높이 피어오를 때,
불모지로 피난 간 새들은
빈 관 앞에 모여앉아 침묵했습니다.

그러나 다음 날 아침 일찍, 사냥터에서
개는 늑대에게 물려죽고,
주인은 길 잃고 헤매다가
늪 속으로 가라앉고 말았습니다.
텅 빈 들만
조용히 다가오는 봄을 기다리고 있었습니다.

보상이 없는 세월

숨기는데 과장하는데
탁월한 사람.
얼굴이 없다.
말이 없다.

바람처럼 살다가 쭉정이로 묻히는 세월,
스스로 포기한 기회,
아무도 보상해 주지 않는다.
새로운 세상마저 기다려 주지 않고.

악습에 중독된 사람은
밤마다 악몽에 시달린다.
한낮에는 가면을 쓴다.
추한 얼굴을 가리려고,
그리고 썩은 영혼이 너무나 부끄러워.

누구를 위한 기도인가?

지금이야말로 기도할 때가 되었다고
말하는 입술,
거기 진실이 깃들어 있는가?
시민의 발이 구두를 신든 고무신짝을 끌든
내뱉는 소리는 하나인데,
그보다 더 절실한 기도 들은 적이 있는가?
거기는 진실이 없고 위대한 자의 침실에만
기도에 귀 기우릴 몸이 누워 있단 말인가?

쓰러진 자에게는 평안을!
일어선 자에게는 시련을!
앉아있는 자에게는 치욕을!

어머니는 뜬소문에 울부짖는다.
아들의 시체조차 찾지 못하고
모든 세월을 잃어버린다.

어두운 밤하늘 혜성이 나타날 무렵,
농부는 가을을 걱정한다.
어부는 노을을 응시한다.
한 순간에 부서지는 유리잔,
찰랑대던 평화의 단 즙이 시어버린다.

처음부터 증오였던가?
아니면 갈증에 시달리던 땅이
단 비를 향해 조금씩 갈라지는 소리였던가?
무관심 또는 경멸 속에서 우리 모두의 하루가
조금씩 병들어가는 신음소리였던가?

피에 젖은 땅에서
당신은 누구를 위해 기도하는가?
아직 사람의 입술에는
진실의 말이 남아 있는가?

네로의 지하궁전

도무스 아우레아 지하궁전은 거대한 밀실.
운명조차 그 미로에 빠져
한동안 정신없이 포도주에 취해보지만,
네로는 황금 방에서 추방되었다.
파괴된 벽.
깡그리 약탈당한 방, 무수한 방.

희미한 벽화 흔적이 차라리 역사의 먼지 아래
함께 묻히기를 자청했을지 누가 아는가?
횃불 아래 익어가는 음모.
목욕탕을 채색하는 피.
살육과 생존의 쇠사슬에 묶여 탄식하는 여인.
사랑하는 사람.
이제는 기억해 줄 사람마저 없다.

그러나 보물은 순금의 벽이 아니었다.
근위대가 약탈해온 노예도,
황제의 침실에 넘실대던
향로의 연기도 대리석 기둥도 아니었다.
창기병이 사라지고 술잔이 실려 가고
귀족들이 노예의 무리에 섞여 끌려갔지만,
벽돌과 시멘트, 깊이 상처받은 벽은 남았다.
버림받았기에 무시당했기에
이천 년을 견디어온 벽돌,
그것은 역사의 가장 강인한 씨앗이었다.

지금 시민 아파트에서도 그 벽돌을 본다.
납작한 연갈색 씨앗이 모여
천둥 막는 벽을, 방을 이루고
단절 없는 로마의 생활을 준다.
역시 그 속에서도 새로운 미로가 열리고
포도주에 취하려는 운명이 있어,
슬퍼하는 자, 떠나가는 자,
황금마차를 자랑하는 자가 뒤섞여
광장으로 궁전으로 몰려다니고 있다.

아, 누가 이 도시에 영원이란 말을 가르쳤던가?
도적처럼 잠입했다가 목을 잃고,
사랑을 부르짖다가 끝내
증오의 화살에 쓰러진 순교자의 무리가
불멸을 가르쳐 주었던가?

새로운 궁전이 정복자를 정복하고
벽이 천재의 땀 흡수할 때,
아름다운 대리석은 관에서 고향을 찾아,
죽음을 원하는 자에게는 죽음을,
안식을 희구하는 자에게는 안식을,
영광을 요구하는 자에게는 영광을,
골고루 나누어 주던 시대,
하늘 높이 솟아오르던 정신이, 열망이
이 도시에 얼마나 빛나는 이슬을 남겼던가?

그러나 밤과 낮을 지배하는 사람들은
여전히 벽돌을 무시하고
금값의 변동만 주시하고 있다.
퇴색하는 영원, 무기력해지는 불멸,
이름이 고울수록 치마 속이 더욱 더러운

여인같이 버림받은 로마.

유물과 관에 둘러싸여 기도하는 손이
너를 사랑한다지만,
언어와 색과 소리로 너를 찬란하게
치장해 준다는 사람은 많지만,
누가 아는가,
이 땅 위에서 다시 이천년 뒤
다른 도무스 아우레아가 발견될는지?

아마 그 때에도 오로지 벽돌만이 남아서
증언할 것이다,
영원이란 말,
운명이라는 말을.

제노아 식당의 셀프 서비스

닭고기가 차다.
맥주도 차갑다.
테이블마다 한 사람씩 저녁시간을 잘라
말없이 먹는다.
접시가 떨어지면
공습경보.

식물이 우수한 것은 신음이 없어서다.
바위가 견고한 것은 자라지 못해서다.
새벽에 사살된 테러리스트 네 명.
거기 여자도 한 명.

신문지 위에서는 스물네 개 활자만 춤춘다.
시민들은 리구리아 해변 적시는
가는 비 걱정하며
귀가하는 길.

내일은 또 어느 부두에서 파업일까?
검은 구름 아래
등대가 조용히 눈뜨는 항구
제노아.

의자

의자는 당신 집이 아닙니다.
한번 앉았다가는
언젠가 일어서야 할 자리,
미련 없이 뒤돌아보지 말아야 할 자리.

의자는 또 한 주인만 섬기지도 않습니다.
무수한 사람의 아첨과 인사
또는 목숨 건 맹세가
당신을 향한 사랑의 고백인 줄 아십니까?
어리석게도 눈이 멀었지.

고급의자일수록 짝사랑 연인을 많이 거느려
첩첩산중 첩도 헤아릴 길이 없어,
한 때의 주인이 아무리
맹견 떼를 풀어 나날이 감시한다 해도
늘 위험하고

비참하게 떠난다고 합니다.

황금의자인들 안락한 집이 되겠습니까?
박물관으로나 가버릴 의자,
그 의자타령으로
한 세월 보내는 것이 제 격인 당신이라면,
선택된 비극을 누가 막겠습니까?

그러나 고래 등에 터진 새우들마저도
하늘을 향해 탄식과 원망 내지르다가
변신하는 힘 정도는 늘 간직한다는 점,
당신은 깨닫고 있어야만 합니다.

시인의 엽서

인도에서 새해를 맞이한다는
당신 얼굴조차 희미해지고,
음성은 아득한 해안에 엎드린
조가비 신음이나 되듯.
그런데 문득 엽서를 보내주었습니다.

어디를 가나 시인의 마음은
바다 깊이 천 년을 인내하는 산호,
아니면, 파도구비가 그리워 아침저녁
해 맞으러 날아가는 갈매기.

고향이란 탯줄 끊긴 땅만은 아닙니다.
그런 줄 알면서도 자꾸만
원점으로 치닫는 심정,
가눌 길이 없어, 정녕 가눌 길이 없어
돌아갈 날을 헤아리고 있습니다.

그러나 돌아간 뒤에는,
만나서 함께 웃은 뒤에는
우리 서로 어떡하겠습니까?

아, 나는 당신에게 띄울 엽서가 없습니다.
같은 세월을 살아가면서
서로 믿을 수 있다면 그뿐,
영원히 만나지 못한다 해도,
영원히 이름조차 잊는다 해도
그저 그뿐이 아니겠습니까?

자유와 사랑

가슴에 멍이 들어야만,
시커멓게 불탄 벽돌처럼 그리움에
시달린 영혼 깊이 병이 들어야만
비로소 당신을 사랑할 수 있었나요,
낙타 발자국조차 보이지 않는 사막에서?

쥐어도 쥐어뜯어도
맨손에 잡히지 않던 우리 청춘은
어느 계곡 양지바른 곳에서 숨을 거두어,
시든 풀잎이나 하루살이 떼
정열의 춤에 취하여
유행과 바람결 속에 숨어버렸나요,
체온마저 지친 몸 저버리는 겨울 길에서?

한때 당신 숨결이 머물던 땅은 비옥했고,
미소가 누리에 구석구석 내일을 심고 가꾸며

끝없이 기쁘게 믿고 사는 사람의 길을
약속하기도 했지요.

그런데 어느 새 당신은 떠나버렸나요,
외로움에 우리 이부자리 길들기도 전에,
조금만 더, 조금만 더,
아쉬움에, 미련에 찌든 발길
어두워만 가는 숲 속에 내버려둔 채?

목 놓아 몰래 울어 봐도
예전처럼 가슴에 멍이 들지 않아,
몸부림치며 당신을 잊어버리려 해도,
밤이면 베개 맡에 조용히 앉아있는 모습.
한 목숨이 악몽이라면
그런대로 식은땀에 섞어 불태우고나 말 것을.
그러다가도 우리 탯줄 끊어주던 당신의 손,
처참하고 겸허한 그 손이 문득 보이면
공연히 지금도 빈속이 울렁거리지요.

그래요, 우리 사랑은
한 때 불타버리는 짚더미 그 속에서

구워지는 알밤만은 아니었어요.
달콤한 환상, 나른한 쾌감만은 아니었지요,
철없는 시절 미친 듯 껴안고 뒹굴며
하늘이 무너져도 어쩌고, 큰소리 쳐대기는 했지만.

그러나 이제 아이들이 자라며
자꾸만 빈손을 벌려 무엇인가 달라는데,
우린 당신을 물려줄 힘이 없어요.
어느 새 우리 꿈은 당신을 떠나
밑도 끝도 없이
사십 고개에 걸린 기저귀가 되었나요?
당신은 지금 어디 있나요?
아, 그리운 당신!

두 몸

두 몸의 엉킴은 시가와 같다.
다 타버리면 재만 남는 담배.
돌아서면 빈 하늘 뿐,
변덕스런 바람에 날리는 재.
정열이 여운지는 길에서는
가느다랗게 한숨소리 들리는가?

꽃이 시들면 씨가 영근다지만,
저울추조차 망각한 몸들이라면
꽃도 아니다.
땅에 묻혀도 싹트지 않는 몸,
영혼은 낙엽처럼 썩어버리는가?

그래, 우리 몸 안에 씨를 간직해야만
계절마다 희망의 비를 기다리고,
어쩔 수 없는 시간에 부딪쳐 부서진다 해도

오래 오래 새로운 생명이 지속될 것이다.

우리를 기억해도 좋고,
기억하지 않는다 해도 그들의 삶,
그들만의 삶이다.
땅은 씨를 가진 자에게만 자비로운 법.

부부싸움

아무리 부부싸움이
칼로 물 베기라고는 하지만,
정말 시퍼렇게 날 세워
장난삼아 또는 절망하는 영혼으로
물을 내려치면, 칼날이 닿기도 전에
물은 얼음으로 변하고,
사랑은 목 잘린 원앙 두 마리로 뒹군다.
10년, 20년, 또 30년 세월의 옆구리에는
아물 길 없는 상처가
입을 벌린 채 피를 흘린다.

눈물을 예견했다면, 부드러운 손으로
흰 수건이나마 미리 마련해 두었어야 한다.
만나게 된 인연을 후회함이 결코
위대한 발견도 아니고,
다가올 세월의 인내 두려워한다면,
창조와 수정의 묘미가 퇴색할 뿐이다.
왼손이 오른손을 어리석다 비웃고

오른손은 왼손을 어리다고 무시한다면,
무릎까지 자란 어린 싹들은
어디서 옥토를 찾아
긴 긴 삶의 밭고랑을 일구겠는가?

둘이 걸어가도 때로는 지루한 길을
혼자 걷는다고 장미 밭이 펼쳐지겠는가?

아무리 지상에서
부서지기 쉬운 질그릇이라 해도,
구멍 뚫린 약속, 지친 이상이라 해도,
주름진 얼굴 맞대며
배경음악도 없는 가슴 속에서
밤낮이 교차한다 해도,
맥이 다해 쓰러질 때까지,
정성이 고갈되어 세상을 서로 바꿀 때까지
사랑의 장작을
몸과 영혼이 녹아든 무쇠 가마 밑에
끊임없이 쌓아올려야만 부부가 아닌가!

부부싸움은 결코
칼로 물 베기가 아니라고 한다!

매혹적인 상처

사랑은 상처에 엉기는 진물,
아교풀인가 보다.
호감, 매혹, 파멸이 모두
시간의 주머니 속에서 연결되고,
부서지고 상하기도 한다.
이윽고 증오가 탄생하고
무관심 또는 싫증이 싹튼다.

억지로 이루어지는 것은 하나도 없다.
상처받지 않은 영혼에게는 저주 뿐,
사랑의 수갑도 증오의 덫도
한 결 같이 덧없는 것.
귓가에 스치고 지나가는 세월,
조금씩 안에서 무너지는 육체가
공동묘지로 달아나고 있다.

천만 개의 얼굴, 그 얼굴이 낳은 무수한 이름,
무심결에 별처럼 출렁이는 만남이 있어,
땅에는 위험이 양탄자처럼 깔리고
하늘에서는 끈적끈적한 액체가 쏟아진다.

하루만이라도 아름다운 상처를 동경한다면,
우리에게 축복과 번민이 귀중할 것을!
속도와 통계의 계절 때문에
너무나 많은 것을 잃어버리며 산다.

우리 모두 떠나간 뒤에도 이 뜰에는 꽃이 피고,
돌에 걸려 넘어지는 아이가 있어,
매혹적인 상처, 추한 욕망이 공존하고
신이 홀로 영원히 군림할 것이다.

운명적인 사건

운명적인 사건은 선포하기 전에 이미 시작되고,
전파로 지구를 빙글빙글 돈 뒤에도
끝나지 않았다
운명이고 또 사건이기 때문에.

축배 드는 손은 열병에 떨리고,
차례를 기다리고, 시든다.
화려한 응접실에서는
먼지만 초상화에 내려쌓인다.

아, 한 송이 꽃의 영광도
야망의 불꽃을 위로할 수 없다니!
탐욕은 멋들어진 이상과 뒹굴며 핏덩이로
우리 정신의 멍석을 얼룩지게 한다.
맥없이 스며드는 자조,
비굴해도 유지해야 하는 자리.

사람이 떠나가도 의자는
늘 제 자리에 머문 채 기다린다,
새로운 사람, 가혹한 열병,
그리고 끊임없이 반복되는
운명적인 사건을.

여러 신들이 던져준 덫

겨우 자정이 넘었는데 닭이 홰를 친다.
섬 위에서는 곤한 숨소리, 삐걱대는 침대,
그리고 아시아인들의 낡은 구두만
촉촉이 내리는 밤이슬을 기다리는데,
잠 못 이루는 개가 멀리서 컹컹 기침을 한다.

태양이 떠오른다고 해서
천지가 더욱 행복해질 것인가?
어제 속삭이던 근심이
단 한 가지나마 사라져버린다면,
수천 년 전에 선포한 약속이 조금 이루어진다면,
이름 다른 여러 신들이 언어가 다른
여러 민족의 입술로 찬미를 받을 것이다.
그러나 낮은 모든 인간에게 불공평하고,
오로지 밤이 모든 육체를 포근하게 감싸준다.

탐구하고 번민하라!
행복할 때 재난을 기억하고
무덤 앞에서는 부활을 부르짖어라!
아, 얼마나 지혜로운 말인가!

그러나 거리에서 굶주림이,
고독이 멈추지 않는다면,
굳게 잠긴 대문 밖으로 탄식이 들린다면,
새벽마다 남의 땅 노리는 총구,
한낮에 남의 방 침입하는 구두,
식어버린 사랑, 방황하는 영혼이 범람한다면,
아, 지혜로운 말, 희망의 언약이란 인간에게
얼마나 가혹하고 무서운 덫이 되는가!
여러 신들이 던져준 그 덫!

우상을 숭배하지 마라!

짐승이나 황제의 모습으로 신이 제조되던 시대,
별과 관념이 인간육체를 통해 신격화되던 시대,
그래서 우상과 신화가 인간을 지배하던 시대,
정녕 이 모든 시대가 영영 끝나버렸던가,
헤아릴 길 없는 고유명사의 사막에서?

우상이 그토록 덧없는 것,
공허하고 무력하고 존재도 않는 것이라면,
수천 년을 두고 마치 금화 약탈하는
해적들의 탐욕보다 더 강한 정열로
영혼을 거두어 창고에 쌓으려 한
예언자들의 쉰 목소리는 무엇을 의미하는가,
반드시 변질하고야 마는 언어의 사막에서?

우상을 숭배하면 지옥의 영원한 불 그리고 고통,
사랑의 결핍과 고독만이 그 보상이라고 외친
예언자의 말이 진리인지 아닌지 관계없이,

그 말 자체가 우상으로 변해 숭배되면서부터
인쇄된 책이 또 우상이 되고,
장엄한 건물도 우상이 되고,
무수한 호칭, 분할된 세력권, 규범과 전통이
우상 뒤에 숨어서 열심히 웃고 있다.
가련한 영혼들의 공동묘지
그 입구에서 기념탑이 된다.

썩은 고기든 상한 생선이든
가리지 않고 게걸스레 먹어치우는 허기진 배.
신화적이든 과학적이든 진실이든 판단도 않고
뭐든지 우상을 숭배하고 싶어 하는 본능.
미신이든 신앙이든, 시련과 세월의 손 거치지 않고
구원과 지옥의 추상화를 선전하는 입.
모두 자존심 때문에 우상숭배를 부인한다 해도
적어도 환상은 숭배하고 있다.

기저귀 자락에 매달려 맴돌던 불멸의 환상,
수의에 싸여 실려 가는 말없는 자의 부활의 환상,
곧 들릴 듯한 나팔소리의 환상,
그리고 환상을 모두 부인하는 또 하나의 환상,
아, 얼마나 아름다운 환상들인가!

얼마나 강인한 생명력의 우상들인가!

숭배할 사람이 더 이상 땅 위에서 번식하지 않아도,
대변할 입이 무리지어 각자의 세계로 돌아가도,
인류사가 개인적인 추억으로 분해된 뒤에도
환상만은 덧없이 남아 새로운 인류를 기다릴 것이다.
그러면 숫자와 기호, 단추와 암호만이 자랑스럽게
우상의 자리를 찬탈할 것인가?
놀랍게도 어제와 내일이 우리 호주머니 속에서
잔돈과 더불어 뒹굴며 논다.
우상을 숭배하지 마라! 그 보상이란…

침묵, 깊은 침묵, 영원한 침묵 속에서
우리를 응시하는 눈이 있다.
슬픔에 가득 찬 눈.
무한한 호기심에 젖은 눈.
사랑스런 눈.
거대한 샘에서 솟아오른 눈.
꿈꾸는 눈.
때로는 원망하는 눈.
언제라도 용서하는 눈.

죄인과 진실

죄인을 위해 죽는 일은
죄인이 되어야 해낼 수 있는가 봅니다.
세상에는 죄인이면서도 아니라 외치는 자 많고,
죄인인지 아닌지 확신도 없으면서
입으로 죄인을 자처하며 기도하는 자 너무 많아
누가 진짜 죄인인지 분간하기 곤란합니다.
그래서 죄인을 위해 죽는다는 일이
얼마나 어려운지 절감합니다,
겨우 지금에서야!

당신처럼 사형선고 제대로 받은 뒤
제단에 올라간 사람은
그나마 얼마나 행복합니까!
거울에 비친 살갗이 까칠까칠해져
이마에 주름살이 한결 돋보일 나이가 되니,
이제 겨우 죄가 무엇인지

어렴풋이 살펴볼 수 있으니,
진실은 아득한 봉우리인 모양입니다.

아직은 사랑의 불덩이 치솟는 가슴으로
당신 이름 부른 적이 한 번도 없습니다만,
십자가 없는 부활이 무의미하고
부활 없는 십자가는 무참할 뿐임을
그저 희미하게 느끼며 살아가는 영혼에게는
당신 이름만 영원히 시원한 샘이겠지요.
결국은 죄인만이 죄를 아니
당신은 진실한 죄인으로서 죽을 수 있었겠지요,
온 세상을 훔친 강도처럼.

미련한 생각이겠지만
죄인과 진실은 하나인 듯합니다.
그래서 오늘도 진실한 죄인이 되려고 애쓰고,
누군가가 죄인이냐고 물어도 대답하지 않으렵니다.
대답할 수도 없으니까요.
아, 죄인과 진실을 재는 자는 당신에게 있으니,
우리에게 자비를 가르쳐
더 이상 스스로를 속이지 않게 해주십시오.

야수보다 야수다운 인간

야수가 약한 짐승 잡아먹거나
사람이 살찐 돼지 요리하거나
양념과 매매의 유무만 따지지 않는다면
그저 자연스런 식욕뿐.
식욕에는 한계가 있기에
선악의 저울추가 영원히 정지한다.

얼룩말 목덜미를 물어뜯는 표범은
잔인하지 않다.
배부른 사자는 토끼에게 평온한 낮잠을 준다.
그러나 사냥꾼의 유희는 밤낮 계속되고
모든 짐승은 사정거리에서 벗어나지 못한다.
그런 줄도 모른 채 교미에 열중하는 짐승을
철없는 운명이라 하겠는가!

대륙과 사막에서 학살의 소식이 들려온다.
정글과 도시에서는 유괴와 공포와 고문,
방탄벽에 갇힌 십자가, 불타는 이념 따위가
세월을 오염시키면서 도도하게 흐른다.
거대한 강물이다.
명석한 두뇌 속에서 자꾸만 개량되는 무기가
바닷가 모래알보다 많아
수천 년 전 아브라함에게 내린 계시가 이제 겨우
실현되었다고 사람들은 굳게 믿는다.

아름다운 땅, 편리한 세상이지만
장난삼아 또는 독선적 목적의 추구에서
사람을 죽이는 것은 사람뿐이다.
그래서 인간은 홀로 잔인하고,
홀로 만물의 영장이고,
홀로 생각하는 동물이다.
생각은 파괴와 파멸의 샘일 뿐이다.

야수보다 더 야수다운 인간은
먹이 때문에 하는 사냥을 천하게 본다.
먹이 때문에 짓는 농사도 어리석다고 한다.

먹이 때문에 하는 전쟁도 귀찮아졌다.
그런데 사람을 죽이는 것은
총이 아니라, 증오 또는 비굴한 선민의식이다.
증오를 알고, 할 수 있고, 실천하는 것도
오로지 사람뿐이다.

전쟁이든 학살이든, 살인 또는 고문이든,
신의 이름으로나 양심 때문에 합리화되고
화해의 목적으로 망각될 수는 없다.
때로는 신을 닮아 용서할 수 있고
대개는 신을 닮아 단죄하는 세상.
증오의 뿌리가 단절되지 않듯
불의가 남긴 상처는 가슴에서 지워지지 않는데,
아, 사랑은 무엇인가? 내세만을 위한 것인가?
자비는 증인을 남기지 못했던가?

당신은 분열의 샘이 되고

내 지갑에 담긴 시간은 너무 오래 돌고 돌아서
모르는 사람 없도록 유명해진 탓에
지금 내 손 끝에는 닿지만 이미 나의 것이 아니다.
지폐에 그려진 얼굴의 전유물도 아니다.
그러니 당신 금고에 든 꿈인들
인쇄된 뒤에는 주인을 잃고 만다.

그런데 때로는 천하고 탐욕스런 헛바닥이 몰려와
시간을 털어가고는 한다.
한숨 쉴 틈도 없이 단숨에 털어간다.
부드러운 유혹의 과정도 생략하고
음흉한 미소로 위협도 없이, 다만 한 마디,
그건 원래 네 것이 아냐!
전리품은 무풍지대에서 침몰하는
범선에 실려 노예가 된다,
노래하는 노예.

나는 당신을 싫어한 적이 없다.
그렇다고 해서 끙끙 앓도록 사랑했다고는
차마 당신에게 자신 있게 고백할 수 없다.
당신이 내게 사랑을 선포할 때는 지갑을 열고,
인내를 요구할 때는 마음을 닫고,
희생을 권유할 때는 온 몸을 맡겼다.
그러나 당신에게는 이름이 너무 많아
분열의 샘이 되고
내 영혼에 불치의 병을 심어주었다.

굶주림은 지혜로운 스승이 아니었다.
그리고 굴욕은 성장과 성숙의 비료라기보다
오히려 아첨과 순화의 지름길.
당신은 길에서 너무 멀었고
나는 길에서 모든 것을 버렸다.
누더기 옷에 형태를 주는 이 몸마저
그리 오래 버티지는 못할 것이다.
비록 길을 조금씩 갉아먹다가 목이 멘다 해도,
잃어버린 시간을 원망하지는 않을 것이다.

문제는 당신이 나를 너무 잘 안다는데 있다.
길은 당신을 버릴 수 없고
당신은 또 나를 떠날 수 없다.
그것을 내가 알고는 있지만 ,
꿈과 시간이 사생아로 버림받는 이 시대에 살아가는
육체, 그리고 그 안에 깃든 내 영혼은
선언할 수 없는 혼돈의 진통 때문에
물크러지고 휘청거릴 뿐이다.

견딜 수 없는 더위에 몸을 떨면,
과거와 미래가 한줌 연기처럼
지갑에 담긴다.
아, 나는 무력한 응시자인가?
언젠가는 이 절실하고 슬픈 상념조차
예고 없이 사라질 것이다.
그러나 절망의 음성으로 애걸하진 않을 것이다,
돌아오라고.

아무도 돌아오지 않을 땅

죽음은 잡초다.
아름답지도 장엄하지도 않은 잡초.
잠시도 쉬지 않고 자라는 잡초를 밟아대며
우리는 꿈을 꾸고 있다.
꿈이 모여서 너무 무거워지면
잡초의 번식이 정지한다.
사람들은 꽃으로 관을 장식하고 분향한다.

죽은 자는 악몽을 꾸기 시작할 뿐이다.
아무도 들여다보지 못하는 어항 속의 악몽.
생명이 남아있는 육체는 꿈틀대지만
다 썩어버리면 자연이 다시 노래한다.
그러면 아무도 돌아오지 않을 땅에서
잡초가 사라진다. 꿈도 사라진다.
남은 것은 어리석음이 흐르는 핏줄
그리고 영원한 악몽.

노래를 들어줄 귀도 없는 별과 별 사이
우주선이 표류해도
슬퍼할 가슴이 남지 않는다.
버림받은 우주에는 태초부터 대화가 없었다.
한 때 풀이 조금 돋아났을 따름이었다.

그게 우리 팔자라는 거다

바닷가에 서면 탈지면에 스미는 핏방울처럼
조그마한 섬이 내 몸 안으로 스며든다.
과도한 헌혈 뒤 심장에 부서지는
흰색 현기증이나,
과속으로 달리다 뒤집혀진 생명보험,
떠나간 얼굴, 지불된 청구서,
걸어야 할 무수한 전화번호나
이제 연두색 파도에 녹아버린다.
조금씩 낙하하는 석양의 농도가 겨울에게
이별을 권유한다.

돌아가야지.
눈부신 시간에 우린 너무 오래 중독되었지.
민첩한 동작과 홍수 지는 갈채에 휘말린 채,
사물 뒤에 도사린 운명을 잊어버렸지.
그래, 이젠 돌아서야지.

비틀거리는 정신 가루비누로 씻어낼 길이 없고
차게 식은 마음 원자로인들 데울 길이 없는
오늘은 우리 여로의 끝이다.

그러나 아무도 거두어가지 않는 쓰레기더미,
길목마다 패인 함정,
황폐한 정원과 빈 집을 지나
우리는 어디로 자꾸만 가고 있는가?
수평선 너머 거짓 예언자들이 엎드려
지난 세월을 통곡하는가?

가뭄 끝에 장마 지고 장마가 지면 허전해진다.
꽃이란 이어서 피고
아름답게 질 때만 씨를 남기는 것.
그러나 방탄유리병에 갇힌 세월은 미소하고
꽃가게에 진열된 꽃들은 함박웃음이다.
그래, 지금은 웃을 때,
허리가 잘려나가도록 폭소할 때란다.
배가 터져 온 세상이 소화 안 된 안주로
뒤덮일 때까지 먹고 마시고 놀아야 한단다,
내일은 오지 않는다니.

바다 건너 마른 땅에서 시를 쓰는 벗들을
생각할 때마다 공연히 내 팔이 떨린다.
우리에겐 팔자라는 게 있단다.
신수 사나운 나날에 산수 화려한 이유는
가난한 마음을 찢어놓기 위해서인가?
아니면, 주말과 여름휴가,
가족단위 포장된 행복을 위해서인가?

흙에는 얼굴이, 입이, 가슴이 있다.
사랑은 사랑으로 갚고
구박은 저주로 응수하는 흙,
우리는 그 위에 서서 바다를 본다.
곧 밤이 온다.
잔치가 끝나면 모두 돌아가야 한다.
거지도 사장도 돌아가고
왕도 창녀도 돌아가는 밤,
그게 우리 팔자라는 거다.

진짜 개새끼 타령

허기지고 병든 개가 걸어간다.
길 잃은 개라고 하자.
그러나 누가 만든 길인가?
길은 개가 만든 것이 아니라
사람들이 일부러 복잡하게 거미줄치고
개가 모르는 언어로 표지판을 세웠을 뿐,
일방통행, 금지, 속도제한 따위
개는 알 리가 없다.
캐딜락에 치어죽은 개는 자전거에 치어죽은
개보다 반드시 언제나 더 행복한 법인가?
평원에서 굶어죽은 개의 몸은
보신탕 가마에서 뒹구는 동료보다 무가치한가?

아, 행복과 가치 따위를 개가 어떻게 안단 말인가?
그러니까 위험한 차도에 뛰어나와
대낮에 함부로 짖으면 안 된다.

그걸 개가 알 리나 있는가?
밤이나 낮이나 짖고 싶으면 짖고
내키는 대로 풀밭에 뒹굴고
아무 데나 뛰어다녀야 개다운 개인데,
요새는 개 같은 개도 참으로 드물다.

개가 허기진 이유는 쓰레기통이
너무 견고하고 아름답기 때문이다.
아니면, 사람들이 쓰레기통을
집안으로 끌어들여, 가슴 속에 넣어
개가 먹을 수도 없는 잡동사니로 채우기 때문이다.
때로는 쓰레기통을 예술로 치장하고
향수를 뿌리기 때문이다.
그래서 개다운 개는 날이 갈수록 더욱 소외된다.

개새끼란 말은 누구나 싫어한다.
개조차 사람들이 사용하는 이 말의 용법을
알 능력이 있다면 증오할 것이다.
개새끼만큼 개에게 소중한 것이 세상에 또 있는가?
그런데도 사람들은 덮어놓고 개새끼! 개새끼! 한다.
그래서 사람들이 결국 개새끼가 되고 말지만,

이런 종류의 개를 진짜 개들은 환영하지 않는다.
개다운 개가 아니고
개 같은 개도 이미 아니기 때문이다.

허기진 개가 걷는 길은 험난하다.
병든 개의 길은 위험하다.
짖지 마라! 비틀거리지도 마라!
쓰레기통마저 기웃거리지 마라!
자칫하면 간첩이 되고 절도가 된다.
아, 방구석마다 놓인 쓰레기통,
아름답게 대량생산되는 쓰레기통의 시대.
개를 좋아한다는 사람이 이토록 많은데도
진짜 개새끼는 없고,
개는 억울하게 욕만 먹고 있다니!

영원한 이별이란

때가 되면 떠나야 한다고 늘 하는 이야기지만,
막상 떠날 때가 되어 돌아서려면, 떠나보내려면
눈물에 가슴이 메기 마련.
그래서 영원한 이별이 부활의 희망을 낳았나 보다.

끈적끈적한 미련, 덧없는 아쉬움이 소용돌이치며
목관 주변에 둘러선 사람들 하나씩
흘러간 세월 속에 끌어들일 때,
어느덧 무수한 영혼은
교류할 길 없는 외로움에 목을 놓는다.

다투면서 살아야 했고, 사랑하기에 때로
칼날 같은 시선이 귀중한 인연을 위협하기도 했다.
그러나 어찌하겠는가,
핏덩이에 싸여 태어난 몸이란 한줌 흙인 것을?

나를 위해서는 울지 말라고 하며 떠나간 사람이나
그래도 흐르는 눈물을 감추지 못하는 마음이나
언젠가 화창한 봄날 다시 만나겠지.
다시 만나 그리운 노래를 합창하겠지.

사랑니의 환상

지금 우리가 풍랑 사나운 바다를 마다할 수 있는가?
우리 나이 서른아홉에 사랑니가 돋아
어리석은 세월 모질게 채찍질 해대고 있는데,
이빨 사이로 고이는 아픔은
그늘진 시대의 웅덩이마다 찰랑대는 슬픔.
그래서 근육의 힘이 빠지면
억울하게 얻어맞고 묻히고 사라진다
하루살이처럼, 병든 짐승처럼,
또는 꽃에 묻힌 저명인사 시체처럼.

오늘 하루도 허망한 감정의 소용돌이였다.
미련한 입술에서는
거침없이 포장된 지혜가 폭포지고,
미숙한 발걸음이 가는 곳마다
새 알 같은 수치 똑똑 떨어뜨렸다.
힘과 음모는 골방 침대에서 뒹굴며

착한 마음 정직한 사내들의 나날을 비웃어 대고,
조금씩 속임수의 올가미 조여들었다.
그러면 천지사방에 뻔뻔스런 신흥교주들이 치솟아,
찬란한 내일,
오늘이 아니라 내일만 약속하면서
무조건 믿으라고 악을 써댔다.

믿고 싶어도, 지금도 어지간만 하다면
맑은 정신으로 함성과 정열을 믿고는 싶다.
그러나 함정이 너무 빤히 보여,
너무나 많아 오히려 역겹기만 하다.
우리의 모자라는 인격을 원망하겠는가?
불운한 운명, 미완성 시대에 태어난 박복인들
어찌 고개저어 떨쳐버릴 수가 있겠는가?
가슴 속에서는 용암만 이글댄다.

지나간다고 하자.
허영도 영광도 지나가고, 재산도 권력도 모두
하나의 손에서는 영원하지 않다고 하자.
그러나 무수한 사람의 고통, 침묵, 좌절,
다양한 번민과 사랑은 어찌 하란 말인가?

황무지에 내다버릴 수도 없고
하늘거리는 들꽃의 낭만도 될 수 없지 않겠는가?

지금은 어려운 시간이다.
날로 소모되는 목숨이 부질없이 갈등에 가라앉고
발등 찍는 도끼 예견하지 못한다면,
행복한 가정, 번성하는 교회,
지위가, 명예가 어디서 긍지를 찾겠는가?
어느 신에게 자비로운 축복을 구하겠는가?

사회가 우리를 알고 또 우리가 사회 속에 담겨
한 오십년 비틀거리며 걸어가는 길,
그 길은 또 한 천년 이어지는데,
어찌 우린 단숨에 모든 꿈 이루려는가?
서두르지 마라!
자만의 독약도 마시지 마라!

위험한 도시의 팽창보다는 오히려 거친 마음이,
내친 김에 썩어가는 정신이,
깊이도 병든 몸과 몸이 지어내는 망측한 풍경이
아름다운 척도를 꺾고
우리를 절망과 환락으로 몰고 가면서

신형 차에 가득 새로운 시대를 싣고 질주하고 있다.
달려라, 번쩍이는 세월이여!
섬광처럼 멋지게 스러져라,
말의 불꽃놀이, 격정의 하수도 속으로!

조리 없는 생각이었다.
조용히 밤이 깊어가고, 걸쭉한 원유가
계산기와 서류를 지하에서 부정한다.
사람은 날개가 없고 뿔이 없어 잠들면 썩어버린다.
아, 숨결을 가다듬어 응시하자.
천 년 전이나 다름없이 혼란된 세상만사,
덜 난폭하지도 덜 잔인하지도 않은 사람들의 먹성이
어떻게 운명을 낭비하는지
뜬 눈으로 똑바로 바라보자.

그리고 낮은 소리로 염원한다.
불쌍한 사람이 하나라도 줄어드는 하루,
약한 자의 자유가 보장되고
무지한 자의 방종이 동결되는 세월,
커다란 울타리 안에서 우리 모두 형제로 포옹하고
믿고 사는 역사,
참으로 자랑스러운 나날들을 염원한다.

친구들은 이 밤에 축배를

어찌된 일인가요?
어둠은 언제부터 유리창에 바싹 붙어
우리 이야기 엿들으려 하는가요?
시달리면서도 쓰러지지 않고
흔들리면서도 꺾이지 않은 마음,
텅 빈 들에 반성의 씨 심으려고 했는데.

며칠 전에 또 판사가 총에 맞아 갔고,
언젠가 새벽녘이면 또 한 사람,
일기의 마지막 페이지 정리하지 못한 채,
어둠 저쪽으로 절망과 좌절의 땅을 떠나겠지요.
그러나 로마의 밤은 너무나도 조용합니다.
거부하는 자들이 숨어서 노래하고,
찬성하지 못하는 자들은 침대로 가고,
비탈을 질주해 내려가는 거대한 범선입니다.

친구들은 이 밤을 위해 축배를 들고 있나요?
헤어지면 불안해지는 가슴 때문에,
모이면 더욱 고통스러운 영혼 때문에,
치사한 체면, 근사한 이론 때문에
울지도 못하고 축배 또 축배
온 몸이 흐느적거릴 때까지 마시는가요?

죽은 자에게는 영원한 평화가 있기를!
오, 신이여!
살아남은 자들이 지상에 머무는 동안
자비와 희망을!
증오의 칼날에 가까이 가는 아이들에게는 지혜를!
친구들은 그렇게 기도하고 있나요,
상식을 벗어나기가 두려워서 떨며?

아무리 고개를 가로저어도 밤은 물러가지 않고
자꾸만 자꾸만 깊어지네요.
허리까지 빠져 몸마저 가누지를 못하겠네요.

휴가철

어느 날 꿈속에서 만난 옛 친구가
마을입구 느티나무 아래 앉아 이렇게 말했다.
"현실적으로 이루어지지 못할 일이란
꿈도 꾸지 않는 게 좋아.
현명하게 대대손손 고생하지 않으려면
꿍꿍이수작 엉뚱하게 하는 게 아냐."

벗은 부러진 오른팔을 바람개비처럼 돌리며
꿈을 못 벗어나는 자신의 운명을 한탄했다.
꿈나라를 만든 사람들을 저주도 하고,
꿈나라에서 태어난 몸이라
마음대로 땅 속에 묻힐 수도 없다고
말을 마치자 훌쩍 사라졌다.
어디로 가버렸을까?
내 귓가에 맴도는 웃음소리는
마치 귀신의 기침소리

또는 미친년이 몰래 뀐 방귀소리 같았다.

아침에는 목이 탔다.
태양은 아직 로마의 언덕 태우지 않고
지평선 아래 숨은 채,
무수한 길에 깔 경고문을 인쇄하고 있었다.
준비하라!
전대미문의 가뭄이 닥칠 것이다.
우물마다 뚜껑을 덮고
심장 약한 아녀자는 길에 나오지도 마라!

엉뚱하게도 혜성이 나타나고
대홍수가 땅과 산맥을 삼켜버렸다.
비를 흠씬 맞으면서도
내 목구멍은 끊임없이 갈증에 들볶였다.
아침의 꿈은 개집 옆에서 혼자 끙끙대던 거지가
밤새 꾸다가 버리고 간 바로 그 꿈이었다.
하필이면 이런 게…
가래침을 탁 뱉으려고 했지만
마른 땅이 눈에 띄지 않았다.
먼지조차 부끄러움 못 이겨 길에서 숨어버렸던가?

교차로에서 망설이고 있는데
갑자기 나를 부르는 소리가 들렸다.
사람아! 사람아! 달아나지 마라!
초상집에서 초혼가를 부르듯,
신혼 잔치 상에서 신 술, 썩은 술 마시며
족보에 실린 모든 이름 읊어대듯
나를 부르는 소리가 있었다.
이 사람아! 이 사람아! 달아나지 마라!

"너는 누구냐?"
나는 조심스레 반문했다.
"너는 어디 있느냐?
지금 나는 할 일을 향해 바삐 가는 중,
결코 달아나는 것이 아니다.
너는 뭐냐?
왜 나더러 달아난다고 힐난하느냐?"

그러나 아무도 보이지 않았다.
어제 밤 내 창가에서 훌쩍 떠난 비둘기,
회색 비둘기 꽁지에서 빠진 깃 하나가
가로수 가지에서 바람에 흔들리고 있었다.

해는 아직 얼굴조차 내보이지 않고,
태풍과 친한 구름이 자기네끼리 어울려
벌판을 쏘다니고 있었다.
그 때 빨간 등이 들어왔다.
새빨갛게 만발한 유도화의 몸에서는
살해된 들짐승의 피가 뚝뚝 떨어지고,
모퉁이 커피숍에서는 태고의 흙 내음이 새어나왔다.

글쎄 어디로 가야 좋을까?
아무리 사방을 둘러봐도 인적 없는 거리,
뒤에서 나를 내모는 차도 없고
앞에서 나를 손짓해 부르는 문도 없었다.
모두 휴가를 떠났는지 모른다,
잠시 또는 영원히.

대리석 관

최고급 대리석 관이 반드시
당신의 일생을 증언해 줄 수 있겠습니까?
석판에 새겨진 라틴어 문장,
그림자보다 소중하게 끌고 다니던 깃발이
무슨 말을 하겠습니까?

만들 때는 태양처럼 빛났겠지만,
이제는 닳아져 버리고
오히려 부끄럽기만 한 상징,
구경거리가 되고 사료가 되어
때로는 휘장으로 가리고 싶은 무기력한 돌은
날마다 잊혀지기만 합니다.

이름도 기억되지 못하는 땅에서
당신의 몸, 당신의 영광을
대리석 관이 영원히 보존해 주리라 믿습니까?
단단한 돌마저 마멸이 서러워서
먼지를 흠뻑 뒤집어쓰고 있습니다.

프라 안젤리코

사실 그의 무덤은
후세 사람들이 만들지 않았어도 그만.
성당 한 구석에 묻힌다 해서
영광이 넋을 위로할 리도 없고,
아름다움이
썩는 육체에 깃들일 리도 없다.

석관에 새겨진 그의 모습은
말할 수 없이 거칠고
피곤했다.
어느 고용된 손이
몇 시간 놀다 간 대리석,
쇠붙이 나뭇잎들만
전설을 신화의 숲으로 구우려는데.

프라 안젤리코
차라리 그의 안식처는
무수한 그림 속에 숨어 있었다.
아름다운 그림을 사랑하는
우리들 가슴속에
그의 무덤은 영원히 남아 있다.

무모한 내기

우리는 무모한 내기에 열중했다.
이긴 자에게는 죽음이, 진 자에게는 망각만이
주어지는 순환의 타원형 속에서
당신은 나의 꿈을 비웃고
우리는 모두 어리석었다.

들에 피는 꽃은 무엇이었던가?
뜨거운 바람에 지는 노래,
슬픔을 씨앗으로 영글게 하지 못한 채
춤추는 마을,
모닥불에 던지는 검불에 섞여
한순간 반짝이다 사라지는 풀, 시든 잎새는
가슴에, 어깨에 내려앉는 먼지였던가?

생각이 깊은 사람은
생각의 늪에 빠져 보이지 않고,
팔다리 재빠른 무리는

거래와 계산서에 묻혀 외출하지 않아,
이제는 명랑한 얼굴이 새삼 그리워진다.

불결한 벽이 사라지고
새로 판 연못에 물고기 가득 찰 때까지 기다리다가
마지막 내기에 걸 판돈을 잃어버린 뒤
주섬주섬 가방 챙기며 주문을 외우는 당신은
오래 동안 망각했던 우리의 추억인지도 모른다.
추위가 다가온다는데 우리는
더 이상 서로 미워하지 말자.

피로가 숨에 스민다.
피처럼 번지는 갈망, 산더미 유혹에 짓눌려
기를 펴지 못하던 갈증이 목구멍에서 안식을 찾는다.
내버려 두자.
언젠가는 당신도 지치고 돌아와서
기도하고 싶을 때가 있을 것이다.
어스름에 젖은 어깨, 주름살에 고이는 그늘.
그러면 내기를 다시 시작한다,
아무 것도 걸지 않아도,
어리석음을 깨달은 사람들끼리만.

몽 셍 미셸

침략군의 왕을 거부한 성벽은 자랑스러운
섬의 옷이었다.
바다를 거느리고 우뚝 솟은 천사 몽 셍 미셸은
세기를 이어가며 조금씩 안에서 허물어진 나라.

순례자들 마음이 모이는 것은,
빵과 언어를 넘어 소박하거나 존귀하거나
사람들이 경애하고 찬미하고 것은,
잔혹한 해협,
견고한 바위섬이 견디어낸 전쟁 때문인가?

벽은 사람을 보호할 때 아름답다.
그러나 가두고 자유를 박탈할 때는 밉기만 한 것.
세기를 내려오면서 조금씩 안으로 썩어간 벽,
몽 셍 미셸.

지하석굴에서 아사한 사내가 있다.
그 몸 위로 쥐 두 마리가 기어 다녔다.
뒤브르, 당신 넋은 지금쯤 어디서
주차장에 가득 찬 차를 바라보는가?
라방세 문을 드나드는 관광객의 자유가 부러운가?
당신을 가둔 왕도 가고 당신이 죽인 몸도 갔지만,
이 섬의 울타리인 바다도 죽어
이미 섬이 아닌 몽 생 미셸.

타락한 라틴어를 끔찍이도 내세우는 이 사람들은
아직도 코페르니쿠스를 이해하지 못하는가?
섬과 성벽을 자랑하지만,
영광이란 수치를 감추려는 허영의 옷,
잠간 스쳐가는 이방인의 눈에는 한줌 돌무더기,
천사의 정신이 떠난 지 오래 오래된
텅 빈 꿈자리였다.

미라와 작은 참새에게

일어서서 보낸 서너 십년이 누워서 보낸
서너 천년보다 값질 것도 없는 미라 곁에서
줄지어 몰려드는 사람들을 본다.
벌레가 파괴하지 못했던 평온함만이
표정에 남아 맴돌고
전쟁은 수없이 발톱 사이로 빠져나갔다.

목관 벽에 매달린 새야, 네 목소리는 어디 두고
부활을 기약도 못하는 주인을 위해
오늘 목 놓아 울지조차 못하느냐?
투박한 검은 선에 몸을 모두 맡겨
날아가지도 못하는
작은 새는 영원한 암호.

나그네 가슴 속에서는 세월이 토라져 흐른다.
뚜벅뚜벅 대리석 마루 울리며 다가오는
잡귀 무리는 환상처럼 피 묻은 솜에 스미고,

목 잘린 장군들은 하얀 돌로 돌아가
섬세한 손끝을 기다린다.
예술이 테마의 바다에 잠길 때 창조하는 손은
초침에도 찔려서 상처 받는가?

썩지도 못해서 남은 관은 미라의 절망으로 차고,
썩기 위해 묻히는 육체는 겨우
살아남은 자들의 탄식, 눈물과 망각이 분수지는
영결식에서 희망을 찾으려 든다.

우리는 무엇을 보고 있는가?
쪼그라든 얼굴,
두 개골에 엉겨 붙은 회색 머리카락,
입술 잃은 이빨들,
아니면, 황금지팡이가 떠나자 마비된
왕의 오른팔인가?
그들의 태양은 사라지고
두 번 다시 이 땅을 비추지 못했다.

외로운 목소리의 밤

한 사람이 신화의 땅에 묻힐 때,
천 명의 주검은 다만 비극이라 불리다가
풍화되고 마는가?
담담한 얼굴로 살아가는 세월이 하도 두려워
신마저 잊혀진다는데,
지금은 고요한 밤,
모든 벽이 하얗게 가면 쓰는 밤.

마주 오던 벗이 외면한 채
무시무시한 등을 보여준다.
침묵의 초상화,
전염병처럼 번지는 우리 모두의 슬픔이
골목길을 돌아 사라졌다가
베갯머리에서 다시금 샘 진다.

용서하라!
시계바늘도 멈출 때가 있다.
고통의 밭을 가는 발목에는
쇠사슬로 맷돌을 매어주면 안된다고
외치는 소리가 있다.
예언시대가 끝나고
꿈을 만들어내는 구름이 사라졌다.
그러나 우린 아직 몇몇 예언자가 남아있다고 믿어
한 때 즐거워도 했다.

해를 잘라내 산불을 지피는 손,
달을 갈아 강물에 띄우는 손들 때문에
피로에 물든 눈동자는
혼돈의 바다에서 잔뼈만 추려낸다.
착한 어부는 모두 어디로 갔는가?
화전민 떠난 밭에서는 새빨갛게
양귀비가 빈 바람과 어울려 웃고,
집집마다 창가 불모의 화단에서는
야수가 동면에서 깨어나
안방 장롱 깊이 감춰둔 수치를 노린다.

꿀단지를 안고 달아나는 사람은
여우그물에 걸려 사라진다.
장미꽃으로 허영의 광주리 채우던 손은
악어 이빨에 잘린다.
용서하라!
검불과 먼지로 충만한 땅,
밤은 언제나 위험하다.
그러나 얼어붙은 땅,
지평선 보이지 않아 불길하게 빛나는 숲,
상속된 마을에도 별빛 조용히 이슬비지는 밤,
자꾸 움츠러지기만 하는 우리 가슴은
어찌하여 희망과 진통 멀리하고,
밟힐수록 곧게 솟는 싹들의 지혜 비웃어
참혹한 폐허가 스스로 되려고 하는가?

죽음이 피할 수 없는 질병이라면,
모닥불 사그라지는 그 순간이나마
우리는 아름답게 노래할 수 있다.
죽음이 수천 명을 한꺼번에
망각의 그늘 속에 묻어버린다면,
차라리 우리는 죽음을 잊어버리자.

억울하게 쓰러진 무리를 구별해내면서
내일 아침 신뢰의 바다에 그물을 던지자.

지금은 거룩한 밤,
파괴와 부활을 외치는
한 가닥 외로운 목소리의 밤이다.

세월만이 공평한 스승

고집스런 자식!
그냥 한마디로 넘겨버리지는 마시기를.
총 잘 쏘는 사냥꾼이나
산비둘기 모가지 물어뜯는 개나
세월의 폭우에 젖어버리면 길 잃고 방황하는 밤,
산등성이에는 무덤 하나 더 늘 뿐.

어제의 주인은 이미 떠났고,
우리는 몸조차 가누지 못하면서도
별빛 쏟아지는 들판에 나가
명예를 사냥하고 있습니다.
우리가 즐겨 쏘아대는 산탄은 아첨과 눈치 뿐.

숨 막히면 돌아서서 토하더라도,
배가 고프면 찬물에 눈물을 떨구더라도
조금쯤 고집 센 자식 하나 둘

가로수처럼 서있는 편이
시원한 거리풍경 아니던가요?

너무 단칼에 썩은 무 베듯
약한 짐승의 손발 잘라내려 하면,
고기 맛 상하는 건 어렵지 않고
칼날마저 버리는 게 사냥꾼의 실수.

약삭빠른 개는
습관적으로 주인 아이 발꿈치 물어뜯으려
밤에도 잠들지 않는다는데,
집안 청소에도 게으른 손이
끝없는 지평선을 걸어 무슨 올가미 또 만든답니까?

하찮은 가지는 아궁이로 가고
튼튼한 기둥은 도끼날의 밥,
그래서 세월만이 공평한 스승이라던데요.

단테에게

당신이 천재로 태어난 것은 죄가 아니다.
자유일 수도 없다.
그러나 사람들이 천재를 발견한 순간,
당신은 당신을 선택할 수 없었기에
다시금 자유를 잃고
비극의 세월만 당신 빵이 되었다.

모든 성문을 지배하던 자 그 탄생도 죄가 아니다.
물론 자유일 수도 없다.
그러나 성문은 얼마나 자주
지배자의 마지막 탈출구였던가?
석관조차 다시는 들어오지 못하는 문.

베키오 궁의 금화는 부럽지 않다.
시뇨리아 광장의 화형대,
불꽃과 연기마저 두렵지 않다.

권력의 절정에서 침대에 누운 자는
생명의 미련에 끌려,
멸종의 공포에 눌려
마지막 식은땀에 긴 한숨 소리.
그리고 고요,
숨은 적들의 은밀한 기쁨.

유배지에서 당신의 침대는 쓸쓸했다,
꽃피우지 못한 이념에 시달려,
희생당한 가족의 얼굴들이 줄지어.
마지막 기도 ,
피렌체를 향한 사랑의 고백,
그래서 탄식과 슬픔은 조국의 영원한 멍에.

이제 더 이상 메디치는 없다.
갈등도 유혈도 역사가의 관심 안에 머물 뿐,
아르노 강은 평화롭고
성문은 밤낮 언제나 열려 있다.

그러나 당신의 정신은
모래알보다 더 많은 가슴 속에서

오늘도 새로운 천재를 낳고 있다.
산타 크로체 성당은
당신 몸이 아니라 거기 새겨진
당신 이름으로 빛나고 있다.

베네치아의 한숨의 다리

안젤라! 마리아! 베로니카!
연인과 아내와 어머니,
죄수들이 사랑한 모든 여성의 이름들,
아니, 이것은 절망의 묘비명이다.
허리를 굽혀야만 들어가는 방,
침울한 벽에 새겨진 낙서들.

재판관은 정의를 선포한 뒤
산마르코 광장을 가로질러
만찬 테이블로 가고,
반역자들은 하나씩 한숨의 다리 건너
마지막 발자국을 찍는다.

창틈으로 보이는 바다
거기 젊음을 묻었다.
공화국의 영광을 위해

십자군에 출정하던 추억마저
부두에 부서지는 흰 물거품일 뿐.

아이들이 맨발로 뛰어간다.
곤돌라 떼는 아침 태양 맞으러 떠나고,
창백한 얼굴의 여인이
이쪽으로 검은 손수건을 흔든다.
아, 삶이란 이토록
아름답고 단순한 것인가!
한숨 또 한숨,
그러나 그 뿐.

어느 날
베네치아 공화국 깃발이 내려질 때,
정의를 선포하던 자,
목이 잘린 자,
그리고 구경하던 자들이 어디선가 만나면,
무슨 이야기를 나눌 것인가?
누가 먼저
긴 한숨을 내뱉을 것인가?

청년 프란체스코에게

미치지 않았다고 우길 것은 없다.
상징에서 벗어난 십자가
거기 매달린 30대 유데아 청년,
당신 친구 때문에 미쳤다고 해서
조금도 부끄러울 것이 없다.

금화와 기병대, 궁전과 성벽,
수도원과 대성당들이 제 멋대로
그리스도를 왕좌에 앉히고
마리아의 머리에는 보석 관을 씌울 때,
당신은 무엇을 보았던가?
젊은 날 한때 유행성감기처럼 앓고 버리는
반항심, 아니면, 그저 막연한 열병이었던가?
움브리아 평원을 질러오는 바람이
방황의 황홀함을 가르쳤던가?

그렇게 사람들이 수군거릴 때,
당신은 겨우 위선과 가면을 식별할 줄 알았다.
심한 현기증에 사로잡힌 영혼은
밤으로 침몰하고, 무엇인가 빛을 찾으러 떠났던 것.
제자가 많다고 위대한 것은 아니다.
그것은 당신이 잘 안다.
제도화된 수도원은 더 더욱 당신의 꿈이 아니었다.

진리를 만나기까지,
거기 가까이 갔다는 확신이 적어도
몸 안에서 자라기 시작할 때까지는
죽음보다 강인한 불안의 뿌리가
결코 번식을 멈추지 않는다고 깨닫는 순간,
모든 것을, 정말 모든 것을 버리겠다고 결심한
당신의 지혜
그리고 그 실천이 위대했던 것이다.

십자가를 상징에서 해방시킨 당신에게
무슨 찬미가 필요하겠는가?
약하고 어리석은 사람들이 교활하게도
당신을 옥좌에 앉히고

누더기 옷을 상징으로 만들려 하는 오늘,
어디선가 당신처럼 숙명적인 열병에 걸려
숨어서 끙끙대는
젊은이가 있을지도 모른다.
그래서 당신은 영원히 반복되는 신화인가?

사르트르의 무덤 앞에서

까짓 거!
버려진 나사못처럼 누워있는데
비석은 해서 무엇 하나?
빗방울 피할 석판 한 장
덮었으면 됐지.
한 여름 몽파르나스,
달팽이와 구더기의 축제가 한창.
성당 종소리에 쫓겨 파리를 떠나가는 석양은
내일 다시 이곳을 찾아
땅 속에서 계속되는
주민들의 싸움을 감시할 것이다.
사르트르가 사르트르인 한,
묘지에는 평화가 없다,
추억과 이름만 산 자들을 번민하게 할 뿐.

들리지 않는 만가

지금 너는 우리에게 비석을 세우라고 명령하는가?
천둥치던 밤 가마니에 둘둘 말려
하나씩 바다에 던져지던 몸들.
물거품 일으키는 파도는
망각의 벌떼에 쏘여 시퍼렇게 멍들었다.
바벨탑 주민 모두 잠들고,
지하에서는 미처 썩지 못한 뼈와 머리카락만
비통한 눈 치뜨고
들판에 번지는 메아리가 빗물에 녹아내릴 때까지
유령의 춤을 바라보는가?

네 몸은 칼을 두려워하지 않아도 된다.
명예의 광장에서 추방되었다고
서러워할 이유도 없다.
살아있음이 영광의 세월로 낙인 되지 않아,
우리 가슴은 끊임없이 갈증으로 타올라,

날마다 무거워지는 멍에는 유리 풀 먹인 끈으로
목을 조르고 있는데,
평화의 나라, 침묵의 바다로 길 떠난 네 몸은
우리에게 화려한 무덤을 마련하라 요구하는가?
네 넋이 서낭당 나뭇가지에 걸려
밤마다 고향의 달빛 그리워하기에,
우리 넋마저 비탄에 잠겨
소리치는 바람과 더불어 미쳐서
살을 거부하고
아늑한 혈관에서 떠나려고 하지 않는가!

개를 내다버린 것은 우리가 아니었다.
산에 넘치는 쓰레기 유혹에 스스로 오만해진
짐승은 집을 떠나 신이 되려고 갔다.
들개 떼의 침입을 두려워하면서도
신과 개의 차이는 알지 못한다.
남은 세월이 너무나 많은 지혜를 강요하고 있다.
우리는 지금 조금씩 지혜를 배우면서 귀를 잃고
아침마다 아첨의 꿀을 바른다.

우리 손은 텅텅 비어
네 몸을 깨끗이 닦아줄 수 없다.
부끄러운 기록으로는, 차디 찬 입술로는
네 넋을 찬미할 수도 없다.
굳이 살아있는 자들의 마을에서 인연의 흔적,
상처 난 이름,
하염없이 쏟아져 내리는 햇빛,
사랑의 숨결을 함께 나누자고 다가온다면,
우리는 네게 바칠 진혼곡이 없다.
잠들어도 안식에 젖지 못하는
타성의 세월 밖에는 없다.

아, 우리는 언제 다시 만날 것인가?
별을 향해 치솟는 희망의 불길 활활 부채질하여
위선의 거리에서 잡초 모두 뽑아버리고,
위조된 서약서에서 우상 지워버린 뒤,
자유로운 정신, 빛나는 얼굴로 너를 만나고 싶다.
네 몸은 썩어가지만
부패의 활주로를 벗어나 해방된 넋은
우리를 부축하고 있다 다시 만날 때까지.

안녕, 지하철! (1)

안녕, 지하철!
화창한 4월의 함박눈 벚꽃 잎파리
우리 머리 위 펄펄 날릴 때,
뺨마다 부드럽게 간질이고 가슴 속으로
계절의 아쉬움 파문지게 할 때,
그대 따사로운 혈관으로 사연만 돌고 있었네
실타래 같이.

안녕, 지하철!
땅거미 내리면 사람도 사물도 사랑도
아늑한 보금자리로 저마다 발길을 재촉할 때,
기댈 곳 없는 우리네 텅 빈 영혼은 손을 잡아도
부둥켜안아도 허전함만 석양 길에 자라고 있네.
그대 어두운 꿈속에는 한숨이 솟네.

안녕, 지하철!
내일의 약속 잎새 갈피마다 숨긴 채 바람이 부네.
우리네 미련과 시련, 아득히 부푸는 희망이
부서진 하루,
그대와 나 갈라서는 길 위로할 때,
번식과 번영의 눈동자 새까만 샘 위로
촉촉이 눈물 고이네.
안녕! 고운 말 들리네.
그대 깊은 미소에 하염없이 밤이 흐르네.

다시금 돌아보며, 안녕, 지하철!
지하에서 기다리는 삶의 그물, 아름답게 죽어
우리를 교류시키는 손길,
만나고 헤어지면 흙과 더불어
우리네 영원한 순환이여!
안녕, 지하철! 안녕, 지하철!

황금바늘

황금바늘은 눈부시게 살아있다.
여인의 꿈마다 누비며 아름답게 영원히
옷을 지어내는 바늘.
휘이면 사랑의 반지,
두드리면 선악의 자,
늘이면 예속의 끈이 되고,
넓히면 죽음의 요가 된다.

지혜로운 손은 반지 고리에 소중히 보관하다
필요할 때만 분수껏 사용한다.
이 바늘의 위험을 잘 알기 때문이다.
그러나 미련한 손은 멋도 모르고
마구 집어 삼킨다.
황금바늘은 피를 썩히고
머릿속을 이리저리 찌르며 다니다가
드디어 눈으로 튀어나온다.

가장 무서운 것은 입으로 토해내는 바늘.
황금의 바늘이 아니라 무수한 가슴 난자하는
녹슨 독침이다.
이웃의 고운 꿈 파괴하고,
장님, 귀머거리, 벙어리,
사방에 반신불수 널리게 한다.

황금바늘은 삶의 의욕
또는 우리 욕망이다.

축복하는 손

참으로 아름다운 것은
사라진 뒤 비로소 빛나기 시작한다.
진국이란 남김없이 말라버린 뒤
아득한 추억으로 되살아난다
우리 메마른 입술 위에서.

아, 사람도 사랑도 허망하게 잊혀지는
무지개일 뿐,
세월의 여운 이토록 못 견디는가?
돌아서면 손에 닿을 듯 그리운 이름만
하늘 가득 어지러운데,
빈 가지 스치는 바람 무심하구나!

진종일 거리마다
진눈깨비가 아름다움을 부정한다.
진실을 향해 열린 가슴조차 비웃는다.
우리는 어디로 가고 있는가?
어느 손이 오늘도 축복하는가?

곡예사들

온 세상 한 줌에 쥐어짜면,
환희와 영광의 강물
영원히, 영원히 대문 앞으로 흘러가리라
믿고 사는 사람들.
귀 밑으로 하얗게 밀려오는 세월은
머지않아 목관을 덮어주겠지.

십 년인들 이십 년인들
연놈 얽혀 돌아가는 한 세상일 뿐.
두들기든 비틀든 하는 소리 뻔하고,
짓밟든 까부수든 고개 드는 잡초.
어디에 매달려서 환락의 독배를 즐기려는가
허망한 함성에 미친 사람들은?

곡예사가 줄에서 추락할 때
사방에서 치솟는 박수.
마지막 연기는 거대한 불길,
망각에 묻힌다.
침묵은 비겁한 비수였나 보다.

연극

온 누리 사악한 전통을 달콤한 말로 뿌려대던
폭군이 한낱 차디찬 동상으로 질식하면,
우상숭배자의 대열이 억지로 길어진다.
찬란한 조명 아래 카메라 렌즈만 분망하다.

사치의 극치 누린 부호도 여인도
전기 한권이 정리해서 버린다.
떠날 때는 모두 초라한 것을,
위인이나 거지나
발가벗은 몸 하나에 차이 없는 것을,
스크린에 자주 비친다고 만족 더 할까?
세월이 흐를수록 빛을 더하는 기록은
얼마나 회귀한가!

연극에는 막을 내려야 한다.
남의 삶이나 연기하던 배우마저

퇴장할 때가 오고,
관객은
쉴 새 없이 자리를 떠야만 한다.

우리 발 닿던 곳에 향기나 머물 수 있다면,
아, 오늘이나마 아름답게 보낼 수가 있다면,
세상이 허무하다고 누가 한숨 내쉬겠는가?

존재의 아름다움

사람의 첫 발자국 깃들기도 전에,
사내와 여인의 숨결이 부딪치기도 전에,
최초의 언어 두 입술에서 흘러나오기 전에
갓난아기 울음소리로 마을은 시작했다.
오늘 우리가 몸담은 사회가 보이기도 전에,
수백 만 년 수억 년 전에
바위는 시냇물과 어울려 노래 부르고
산은 바람과 대화하며 진실을 잉태했다.

별과 태양과 달,
그리고 하늘에 무수한 별똥별의 합창,
바다와 섬과 해안에 영원히 부서지는 물거품,
태풍, 폭우, 눈보라, 안개, 조약돌, 잡목,
그리고 울창한 숲.
꽃이 피고 지고, 산짐승은 낳고 뛰고 쓰러지고,
그러면서 진실이 잉태되었다.

진실은 유일했고, 그것은 아름다움이었다.

존재의 아름다움,
새 생명의 아름다움,
변모와 소멸, 빛과 정적의 아름다움,
이 모든 아름다움이 독자적 양식으로
한데 어우러져 거대한 진화를 이룰 때,
사방은 힘에 넘쳤다.

일그러진 그분의 얼굴

몇 해쯤 지나 되돌아보면 하찮을 근심,
기억에 남지도 않을 갈등,
부끄러워 후회해도 뒤집지 못할
허물로 가득 찬 가슴 그 속을 꼭꼭 다지면서
함박눈의 길을 걸어가는 오후.

문득 이마 저쪽에서 흰 비둘기가 날아오른다.
아니, 이 공허한 도시에
아직도 저토록 찬란한 상징,
연약한 생명이 남아 있었던가?
경이로움에 식은땀이 솟는다.
새의 날개 위에서
그분은 태양보다 눈부신 미소를 뿌린다.

한동안 지친 걸음이 노예를 끌고 다닌다.
눈에 반사되는 온갖 폭력과 저주가 꽃가루처럼

허공에 날아다니다가 집집마다 유리창이 된다.
이윽고 눈이 녹으면 길은 연탄재, 먼지, 모래,
사람들이 휴지에 싸서 버린 무관심,
낭비된 시간으로
시커멓게 상처투성이다.

아스팔트 위 자동차에 갈려 죽은 생쥐는
처참하게 일그러진 그분 얼굴이다.
투명한 나의 정신은 그 속에 들어가
실컷 통곡하다 자지러진다.
아무도 보는 이가 없어서 좋다.

부드러운 붕대

상처 난 가슴 스치고 갈 때, 친절은
빛나는 입술입니다.
십 년 이십 년 쉴 새 없이 속삭이는
맑은 샘물로 부활합니다.
좌절의 순간마다 남 몰래 떠오르는
따사로운 손길,
고요한 미소는 희망과 용기의 호수입니다.

한 마디 말로도 충분합니다.
성의 있는 도움, 숨은 인내,
겸허한 칭찬이라면 더욱 반갑지요.
변호나 화해라면 더할 나위 없습니다.

아, 친절은 붕대입니다.
지난 날 무수히 치유 받았으니,
이제는 우리 자신이

부드러운 붕대로 변할 시간입니다
쓰러진 이웃을 위해,
버림받은 약한 영혼들에게.

그 사람인들 외롭지 않겠는가!

어린 것, 먹을 것, 한 겨울 추위에
연탄 걱정까지
아침마다 불안이 밀물져 와도
하늘을 믿고 진심으로 미소하는 사람.
어수선한 거리,
최루가스에 막다른 골목,
눈물 흘리던 처녀, 울분의 청년들이
이제는 모두 황혼을 맞아
큰 얼음덩이 가슴에 안고 있어도
변함없이 당신을 보며
쾌활하게 이웃에게 말을 건네는 사람.

밤이 두렵고 난데없는 발걸음에 소름 돋으면,
매 맞는 사람, 도둑질하는 사람, 증오에 부릅뜬 눈,
위선으로 부르튼 입술, 탐욕의 손으로
날로 살벌해지는 세월에 절망하고 싶을 때,

아무런 욕심 없이도 대가 바라는 일도 없이
이웃의 이마에서 땀 조용히 닦아주는 손.

그 사람인들 외롭지 않겠는가!
그 마음인들 어찌 슬픔을 모르겠는가!
허전할 때 그래도 우리가 바라볼 얼굴은,
방향 잃어 헤맬 때 그리워할 이름은
날마다 어디서나 미소 띠우던 사람,
자기 삶을 아름답게 누리던 그 사람이다.

감각만이 진실이 아니고
오늘만이 우리 운명이 아님을 알 때,
영혼이 열리고
햇살이 따뜻하게 우리를 안아줄 것이다.

총각김치

총각김치를 썰면서
42년 지나간 세월을 돌아다본다.
누더기처럼 한 조각 또 한 조각은 정녕
보잘 것 없는 추억 뿐인가?
위로 눈을 들면 아득하다.
아래로 향하면 더욱 어지럽다.
허공에 대롱대롱 매달린 몸이다.

어쩌면 이렇게도 못 생길 수 있을까?
일그러지고 너무나 작고 가늘기만 해서
도무지 쓸모가 없어 보이는 무,
그러나 이런 것이 모여서 총각김치다.

못 생겨야 더욱 더 제 맛이 나는 김치.
내 생애보다 감칠맛이 더 도는,
사람들보다 더 끼리끼리 잘도 어울려

합창할 줄 아는 총각김치.

얼마나 아프기에 피눈물을 흘릴까?
그 국물 참으로 진하기도 하다.
냉소에 구박에 하도 서러워
마당 한 구석 찬 비 맞으며
못난 몸 하늘을 원망도 했겠지만,
우리보다 더 오래 이 세상에 남아
맛의 진실, 아니, 진실의 맛을
가르쳐 줄 총각김치.
하여간 희한한 맛, 총각김치다.

평등은 우리네 신분증

살아가는 길 오직 평면으로 치면,
앞서거니 뒤서거니 사람들이 보인다.
그러나 마음의 눈이 산꼭대기에 오를 때에는
앞뒤도 좌우도
한낱 부질없는 비교일 뿐이다.

고깃덩이 다는 저울은 정확하다.
그러나 우리 눈, 우리 손은 어리석기만 하다.
우리가 잠든 사이에도 여전히
영원한 시간 속에서 불타고 있는 한 가지 목표,
부드럽고 창조적인 암흑
나날이 잊어버리고,
서로 올가미를 씌운다.

그러나 평화가 넘쳐흐르는 고향으로 가면,
평등이 우리 신분증이다.
작은 일에 화내지 말자.
안달로 허송할 오늘이 어디 있는가?

구름은 우리네 무덤인가?

귀에 익었던 이름들이
하나씩 수평선에 가라앉는다.
눈에 선하던 얼굴,
입김이 흘러가 닿았던 눈
문득 저 강을 건너가고,
늘 범상하던 나날들이
새삼 안타까워진다.

담배를 한 가치 또 한 가치
가슴에 묻는다
예전에 어느 외로운 손이
육혈포를 장전하듯.

피어오르는 연기는 우리 진혼곡.
착각의 자유로 아름답던 세월.
좌절로 파리하게 곰팡이 낀 오늘,
하늘이 잔뜩 흐리고
땅은 먼지만 가득하다.

언젠가 우리 가슴 모두 터지면,
숨도 못 쉬고
가볍게 고향으로 날아갈 것이다.
그러면 구름은 우리네 무덤인가?
바람은 영혼인가 꿈인가 사랑인가?
헤아릴 길 없다.

떠나간 사람에게는 안식뿐이지만,
망각하는 사람은 평화가 없다.
아, 풋과일인양 춤추는 시대에 태어나
서툰 장단에 흰 머리만 늘다니!
죄가 깊으면 미련을 버려야지
우리 몸은 원래 연기였으니!

우리에게 태평양은 무엇인가?

아침저녁 넘나드는 사람들에게 태평양은
갈수록 작아지는 호수.
가슴 설레며 구름바다 헤치고,
두세기 전 원주민이 평화의 담배 피우던 땅
항구에, 도시에, 또 평원에
아늑한 보금자리 꿈꾸며 찾아온 나그네들.

아, 이제는 까맣게 잊은 언약.
땀도 피눈물도 함께 흘리자,
가슴에 뜨겁게 소용돌이친 의지.
아, 지금은 아득히 낡아버린 말들.
남의 관습에 밀려 무너진 세월.

수표는 돌아가도 돌아오지 않는 사랑.
아들딸 대학 나와도 시들기만 하는 정.
헤어지고 떠나보내면서

텅 빈 집에서 고독한 밤,
시린 손등으로 눈물 훔치는 여인.
흰 서리에 허망한 심정, 정처 없는 사내.

뿌리 자르고 떠난 사람 어디 가든지,
돌아가야지, 돌아가야지 자꾸만 뇌까리면서도,
비옥한 땅 새로운 고향은 찾지 못하네.
아, 정녕 태평양은 무엇인가요?
어디 가나 우리는 정녕 무엇인가요?

두 세상 사이에 끼여

벽에 등을 댄 유리진열장은 텅 비어 있었네.
나의 등 뒤로 유리문이 열리자
한 사내가 들어서서 인사를 했네.
"새해를 축하합니다, 안녕!"
그러나 소리는 들리지 않고
낙엽 같은 입술에 떠도는
미소만 기묘한 공기를 적시다 사라졌네.

유리장 속에 한 세상이 있고 그 세상 속에,
그 고요한 세상 속에
내가, 의자가, 그리고 바라보는 눈이
충돌 없이 가지런히 놓여 있었네.
아, 거기 고통의 느낌이 넘치고
고뇌에 신음하는 사람 귀하지 않지만,
불행의 심연은 잡히지가 않았네.
다가오는 것은 사물의 일그러진 관계,

사람의 썩은 정신뿐이었네.

우리 팔다리 옭죄는 세상이 진실한지,
저기 보이는 평원이 우리 세상인지,
곰곰 궁리해보다 어리석음만 얻었네.
가슴도 머리도 남김없이 비워진 그림자가 되어
유리방으로 들어갔네.
아무 것도 담지 못하면서
모든 것을 반사하는 눈동자.

우리네 세월은 어디서 꾸물거리고 있는가?
후회의 잡초 꽃나무로 키우고 있을까? 반추할 때,
등 뒤에서 돌아가는 세상도,
눈앞에서 침몰하는 세상도
황혼에 물들어 모두 사라지고 있었네.
새해의 오후,
몸서리쳐지는 고요.

거짓 언어

거짓 언어란 언제나 혼란이라네.
사람이 삶을 이해하는 순간,
천지는 언제든지 다시 창조된다네.
그러나 진실을 감추는 언어란,
증오를 부채질하는 혓바닥이란
우리 목을 조르는 올가미라네.

어느 정도 알고
여유 있게 친밀감 표시하거나,
최소한 적대관계를 피할 수만 있다면,
서로 만족하기도 하네.

공인된 착각 속에서,
양보라는 환상 속에서
상호이해는 공동소유 주택이라네.
미워하면서 웃고

웃으면서 사람을 때려잡는
운명적 거미줄이기도 하네.

제 집을 쑥대밭으로 만든 다음
독거미는
곤충 껍질에 묻혀 질식하고 마네.
그러면 언어는 영원한 저주라네.

들꽃에게 지혜를 배우는 사람

따사로운 봄날
무심히 잔디밭에 알몸으로 누우니,
민들레가 나더러 친구라고 하네.
바람 불면 같이 떠나자고 하네.

진흙으로 상처로 뭇 세월 견딘 몸
태어날 때 모습으로 돌아가 보면,
누구에게나 체면도 지위도
한낱 신기루라네,
지는 해 더불어 문득 사라지는 것.

태양을 내가 눈에 담으려고 했네.
하늘을 지배하는 새가 되려고도 했네.
땅의 천한 짐승 떼와 거리를 두고
약육강식 혈전에도 초연하려 했네.

그러나 마음은 늘 빈 바람이었네.
몸살에 고열에 들뜬 몸은 반역이었네.
인연은 고달픈 사슬,
욕망은 참혹한 불길이었네.

이제 흡수력 다한 탈지면처럼 마흔 고개를 넘어
백태 낀 눈으로 하늘을 보니,
무한한 슬픔에 가슴만 미어지네.
아, 우주에 충만한 그 큰 자비는
영영 내 손 끝에 닿을 수가 없단 말인가?
한 방울이나마 진실의 눈물이
우리 번뇌의 수렁을 맑게 할 수 있다더니!

사람이기에 오로지 절망할 수 있고,
절망이 가장 큰 도박이기는 해도, 그 순간은
아름다운 위기였네.
낡은 껍질 벗는 위대한 변신이었네.

이윽고 알몸이 분해되어 구름이 되고
한없이 확산된 정신은 하늘이 되네.
고향으로 돌아가 미소하는

나그네의 전 재산은 침묵뿐이라네.

그래도 나는 남아 있었네.
풀잎 끝에 찔려 아픔 느끼고
이슬에 젖는 긍지 안타까워하며
표범과 살쾡이 날뛰는 거리로 가네.
한 두 번의 꿈으로 평화로울 땅은
결코 아니라 해도,
들꽃에게서 지혜 배우는 사람은
진실하고 소중한 우리 꿈이라네.

제3부
사람의 아름다움
(1990~1995)

PART III : BEAUTY OF MAN

담배의 기도

기도하고 싶을 때 담배를 핀다.
파삭파삭 죽어가는 담배.
말없이 솟는 연기는 당신에게 바치는
제사의 향연.

나의 무지가 절정에 이른 뒤, 비로소
당신의 예지가 타오르기 시작한다.
나의 오만이 온통 재가 되면,
나무에 걸린 당신 겸손이 노래한다.
가슴을 쳐라!
안으로, 안으로 향할수록 참회는
더 넓은 세계로 인도한다.

수없이 매일 담배를 죽여도
내가 나를 지울 수는 없는 비극.
그래서 당신에게 말을 걸고 싶을 때
침묵의 불길로 몸을 태운다.

원숭이

우리에 갇힌 원숭이 떼
하루 종일 할퀴고 물어뜯는다.
다 죽고 혼자 남을 때까지
싸움은 그치지 않을 듯.

구경꾼이 신나서 박수를 친다.
바나나 껍질이 날아간다.
원숭이가 우르르 한 구석에 몰린다.
누군가 고무호스로 물을 쏟다.

승패가 없는 살육은 겨우 죽음의 스포츠.
자유는 우리 밖에 차려놓은 야채샐러드.

어떤 원숭이는 그 냄새에 미쳐
쇠창살을 마구 흔든다.
손톱에서 피가 흐른다.
우리는 고압전류에 출렁이는 심연.

마지막 불꽃이 사라질 때

불꽃이 타오를 때,
불꽃이 희망으로 남아 있는 한,
우리 가슴은 아름다웠다
열기로 부풀어 무한한 하늘 아래.

실뿌리 같은 염원을 모아
누군가 거리에 모닥불 지필 때,
타오르는 불길 맑은 언어로 바꾸어
닫힌 문 하나하나 두드려 줄 때,
우리 눈은 터오는 먼동을 바라보았다.
내일의 기쁨을 굳게 믿었다.

오늘은 비록 한숨에 젖어 있지만,
칼날에 치이고 찬비에 몸을 떨지만,
우리 영혼에 박힌 심지에서
불꽃 끊임없이 솟아오르는 동안,

전능한 손길이 길을 열고
원한의 언덕 무너뜨려 주리라 믿었다.

그러나 이젠 모진 폭우가 닥쳐 들에 핀 꽃
무수한 웃음을 위협할 때,
새의 무리도 흔적 없이 사라졌다.
매운 연기만 길에 가득 깔리고,
깨진 벽돌과 타다 만 나뭇가지가 바람결에
하루의 상처를 날리고 있었다.

아, 마지막 불꽃이 사라질 때,
단 한번 피어보지도 못한 채
낙엽인양 길에 뒹구는 자유의 꽃을 위해
목 놓아 우리는 통곡했다.
스스로 마련한 운명 앞에서,
번영의 마술로 엮은 단단한 그물 속에서
속절없이 빈 가슴만 두드려댔다.
그리고 내일을 기다렸다.

열망

한 주검이 백만 인파를 토해낼 때,
골목에는 쓰레기만 쌓인다.
길가의 가지가지 꽃이
탐욕의 탁류에 쓸려 시든다.

고독에 찌들었던가?
나날이 일그러진 제도의 그늘,
삭막한 침묵 속에 몸부림치다 또 치다가
희망을 사치로 단정하던 푸른 잎새들이
절망의 쓴 즙으로 목욕을 한다.

아, 이 한 나절의 고뇌가 유행성감기처럼 지나가는
자학이라면 얼마나 비열한 열병이겠는가?
허공에 피어오르는 갈채,
불꽃 따라 치솟는 함성은
엉뚱하게도 더 큰 시련 알리는 나팔소리.

사람이 사람답게 성숙하지 않는 한,
승리도 진보도 무의미한 행사.
어둠 속에서 각자 칼을 갈 뿐이다.

그래도 열망은 자랑스럽다.
부서질 때까지 희망이 소중하다.
그것이 우리의 유일한 삶,
험할수록 더욱 빛나는 우리 길이다.

우리 서로 이름을 알게 된 것은

마음이 흔들릴 때마다 맑은 하늘로
눈을 돌린다.
번뇌의 실뿌리 하나씩 자르고
과욕의 잡초는 망각으로 태운다.

마음이 담긴 그릇 쇠약해지고
헛된 희망에 시달리는 아침나절,
지나온 추억의 길보다도
앞날 우리 남은 꿈이
더욱 소중함을 생각한다.

그대 기도가 향연처럼 피어올라
시간 넘나드는 하늘이 될 때,
나의 고백은
어두운 파도 위 이리저리 떠다니고 있다.

우리가 이 별에서 만나
서로 이름을 알게 된 것은
영원한 숨바꼭질,
가실 길 없는 목마름 때문이다.
모든 것이 소멸해도 끝나지 않는
우리들의 침묵의 노래.

안경알

아침저녁 닦아도
어느덧 먼지가 끼는 안경알.
세상을 내다볼 때 우리는
안경알의 더러움을 깨닫지 못하고 만다.

세상이 안경알을 닮고,
투명한 벽을 과신하는 우리가
공연히 남의 편견만 호되게 비난한다.
마른 우물로 추락하는 지혜.

착각은 비극의 비옥한 땅.
눈에 가장 가까운 것일수록 조심할 것.
신기루는 기적이 아니라
헛된 희망의 밥일 뿐이다.

안경을 벗으면
경이롭게 현기증이 인다.
약한 시력에도 난무하는 먼지,
무수한 우리의 분신이다.

당신의 이름

생각만 해도 가슴 속이 훈훈해지는
이름이 하나 있습니다.
음울한 하늘, 텅 빈 들 바라보아도
저절로 노래를 샘솟게 하는 당신의 이름.

그 이름에 뼈저린 추억 배이고
말 못할 사연도 걸려,
끈끈한 정으로 나를 휘감아주던 목소리.
이름은 당신의 얼굴이었고
변함없는 이름은 나의 생명입니다.

외로울 때나 절망할 적마다,
짓눌려 짓밟혀 아무리 억울해도,
하소연할 데 없어 정녕 막막할 때도
당신 이름이 내 앞에 있어,
고통을 삭이는 미소의 침묵,

허물을 뛰어넘는 부드러운 손길,
그리고 하나같이 무한한 노래가 됩니다.

한 눈 팔다 잊어버린 동안에도
조용히 눈썹에 내려앉는 이름 때문에
내 영혼의 옷가지 하나씩 건져내어
부드러운 눈물로 헹구는 밤,
우리 삶의 가시도 가식도 각박함도
밤길에 걸림돌이 되지는 못합니다
은총의 신발이 하도 가벼우니.

아, 그 이름으로 새로 태어나
그 이름 때문에 내가 살고,
또 그 이름 안에서 용기 있게 마지막 숨을
끌어안고 싶습니다
영원한 보석처럼 빛나는 순간을.

화장터의 커피 맛

화장터 사무실에서 아침 커피를 든다.
하염없이 내리는 비에 구수한 연기,
무념 속에 흘러가는 세월이
가슴을 사납게 난타한다.
지금 내가 살아있음이 신기롭고
오늘 하루가 아름답고
눈에 보이는 모든 것이 새삼 고맙다.
가랑잎 같은 손등 지닌 여직원의 친절은
한낱 삶의 형식을 뛰어넘어
산 사람 끼리 연결하는 큰 신비다.

묘비가 크든 작든 꽃다발이 시들거나 말거나,
또는 석판이 좁다거나 낡았다고
불평하는 주인은 없다.
공동묘지 가득 채운 이름은 한 결 같이 각자의 분수,
평화와 침묵의 미덕을 안다.

이 불가능의 왕국에서는
미완성의 완성만 입을 연다.
그러나 빗소리 이외에는 들리지 않는다.

묘지마저 평화, 평등, 자유가 없다면
갈망 때문에 우리는 미치고 말 것이다.
죽은 자가 질서 있게 묻히지도 못하고
남은 세월을 열심히 노래도 못하고 만다.

그러면, 담배연기는 우리 세월인가?
차 한 잔에 고이는 상념이
고작 누운 자의 축복에 응답하는 기도인가?

능숙히 서류 매만지는 직원의 무표정과
그 모습 바라보는 손님 모두 함께 나누는
제삼자의 입장이 슬픔을 눌러버린다.
낙엽에 듣는 빗방울,
그 소리에 함축된 미래의 현실이
우리 존재의 신비를 더욱 깊이 판다.
가슴마다 큰 구덩이가 입을 연다.

오늘 하루마저 아름답게 보내지 못한다면,
결국 우리의 향기,
우리의 미각, 문명도 철학도 신앙도
마지막 축복으로 남지 못할 것이다.
작은 기쁨, 평범한 진실의 향유는
매순간 내리는 선택,
무수한 샘에 이르는 사다리의 매듭이다.
그래서 화장터 아침커피가 유난히 사랑스럽다.

나무상자와 독재

향기로운 나무상자는 원래
고급 포도주 병의 궁전.
그러나 빈 병이 쓰레기통에서 조각날 때,
상자는 벽난로에서 온 몸을 태우며
조용조용 무너져 내린다.
화려한 무늬의 포장지는 흔적도 없다.

그 짧은 운명 속에서도 상자가
독재의 마지막 모습을 계시한다
뜨겁고 처참하게,
아름답게 한 때 보이기에 더욱 슬픈
연기와 꿈의 미학을.

포장지는 처음부터 주인이 아니다.
상자도 끝까지 그릇일 뿐.
그렇다고 해서 병이나 포도주가 주인이었던가?

정신을 썩히고 질서를 뒤집는 독재 아래서는
아름다울수록 더욱 추하고
자랑스러울수록 수치스럽고
강할수록 한없이 약한 것.

지혜와 양심을 상실한 지식이란
요란한 포장지에 불과하다.
독재자는 포도주 병,
미친 권력은 몽유병자들이 즐기는 포도주,
새벽이 오면 뿔뿔이 흩어져
각자 검은 추억에 가라앉는다.

그러나 지금 이 순간에도
누군가 포도주를 담그고 있다.
어디선가 나무상자를 짜는 손이 있다.
쓰레기통에서 횡재 노리는 눈도
포장지가 되려고 고심하는 두뇌도 여간 많고
또 부지런하지가 않다.

결국 이 세상은 어느 세월이 와도
위험하기만 한 살얼음판인가?

그러나 이번에도
다시금 떠오르는 나무상자가 있다면,
대를 이어 무수한 생령 집어삼키는
거대한 관이 되고 말 것이다.
아름답지도 슬프지도 않은
우리의 공동묘지.

영원한 수수께끼

공동묘지 돌담에 기댄 남녀는
신록의 계절에 표류하는 미완성 교향곡.
닿을 듯 말 듯 뜨거운 입술에
한 순간 집중하는 온 누리.

10월의 햇살이 무시당한 채
묘판을 때리고 흩어진다.
누구나 오만을 즐길 수 있는 세월,
이 평화로운 세월도 그리 길지는 않다.

그림자가 마음을 따라 흔들릴 때
까치 한 마리가 묘지 입구로 걸어간다.
사람이란 누운 자든 서 있는 자든
아무도 겁낼 것 없다는 태도.
하늘이 내려준 소박한 자유.

감성의 용광로에서 불타는 동안 남녀는
의문에서 해방된다.
그리고 발밑에 널린 해답이 오히려
새 고뇌의 씨인지 누가 아는가
눈이 먼 동안에는?

해 이운 뒤 이슬 머금을 묘비는
혼란과 염원의 고향.
돌담 저쪽 사람들도 한때는 역사의 밭을 갈면서
웃고 울던 농부들이다.
사랑하고 번식하고 끝내는 쓰러졌다
영원한 수수께끼 하나씩 남긴 채.

스헤베닝겐 공동묘지

천둥칠 때 비로소 우리 머리 위
위대한 하늘의 군림을 깨닫다니,
백과사전이 많으면 무슨 소용인가?
법전이 두터울수록 사람의 길은 더욱 험하다.

묘지 앞길 늘어선 차량이 비에 젖는다.
주인 잃은 말처럼
오늘은 또 누가 갔는가?
눈물만 저 세상과 잇는 다리가 된다.

무덤이 있기에 지금 우리가 살아 숨 쉰다.
묘지가 평온해야
거리마다 평화의 바람이 자유로운 법.
무덤은 절망의 유산일 수가 없다.
한스러움의 종결,
형식의 극치도 아니다.

네덜란드인이든 나그네든 우리든 언젠가
뒤 세대에게 넘겨줄 교훈이다.

오늘은 누가 또
한 걸음 먼저 갔는가?

이준 열사 묘적지

보리수 잎새 사이로
무심히 평화의 정적이 흐른다.
검은 구름 끝내 해산하자
일요일 아침 쏟아지는 비.

소녀의 대리석 묘판 위 시든 장미다발.
집으로 돌아간 사람들은 지금
삭아 사라지는 추억을 되씹고 있을까?

하고 싶은 말이 너무 많아 병든
이준 열사.
오늘인들 왜 목이 터져라
우리에게 외치고 싶은 말이
차마 없겠는가?

비에 젖은 석상은 저만큼 우뚝.
국화송이는 메마른 양심의 상징.
뭇 사람이 오갔어도
그분 꿈은 아직도 멀기만 할 뿐.

평화의 궁전

장엄한 건물을 완성하고 나서
평화가 영원히 깃들 신전이라며 축배 들던
어리석은 사람들은
수백 만 주검을 부르는 소리를 듣지 못했다.

인간의 마음에 파괴 도사리고
허명과 탐욕이 땅의 유산인 역사.
번영도 축제도 민주적인 질서도
수치스런 죄업을 감출 길이 없다.

관광객 기념사진에서 겨우 살아남는 이 궁전은
우리 시대의 희극배우.
강한 자는 거들떠보지도 않고
약한 자는 그 판결을 믿지 않는다.

우리 가슴이 각자 하나씩 평화의 궁전으로
다시 일어서지 않는 한,
이 건물은
인류의 오판을 증언하는
재미있는 골동품.

로렐라이 절벽

오십 년, 아니, 오백 년 전과 다름없이
오늘도 바람이 중립이 아니라면,
로렐라이 절벽 위 독일 깃발이
힘차게 나부낄 리가 있는가?
라인 강 물줄기는
크든 작든 국적마저 가리지 않고
화물선이나 여객선 모두
자비로이 아래에서 받쳐준다.

한 줄기 강이 자유와 평화를 얻는데
수천 년이나 세월이 흘러갔다는 것은
모든 대륙의 수치일 따름이다.
군데군데 솟은 성 그 폐허는
자연의 축복 모독하던 시절의 증거.
그런데 바람결에 들려오는 흐느낌
모든 귀에 닿는 것이 아니라,
마음의 귀 열려있는 삶만이

해독할 수 있는 이 암호 같은
슬픈 울음소리는 무엇인가?

개나리 무수히 다시 피어도 돌아오지 않는 사람.
기다리던 여인도 아이도 다 가버리고
이제는 집도 정원도 새 주인을 맞이하는 시대.
더 기다릴 사람도 없고
추억 간직한 가슴마저 남지 않은 땅.
그러나 무모한 학살, 무익한 살육,
그 살육을 일깨워 주는 바람이
보이지 않는 기념비로
간간이 거리마다 우뚝 성으로 머물고는 한다.

네덜란드 땅 개나리에 십 만 유태인이 가고
독일 땅 개나리에 수백 만 연기가 솟았다.
그러나 이것은 남의 나라 이야기,
차라리 전설이었다 해도 지워버리고 싶은 원죄.
우리 땅에 아름답게 피는 개나리는 언제까지
그리고 얼마나 많은 사연과 슬픔을 증언해야만
죄가 끝날 것인가?

바람 부는 날의 은총

바람이 몹시 부는 날은
누구나 평화를 기원한다 간절하게도.
비가 쏟아지면, 억수로 내려 퍼부으면,
가난한 사람, 힘없는 백성 가슴에다가
땅땅 쇠못 치는 홍수가 닥칠까 두려워한다.
어느 땅에 밀려오든
재난이야 모두 가슴 아픈 일이 아닌가?

세차게 바람이 불어도 별로 흔들리지 않는 나무,
낮은 나무, 그 평온이 지혜롭다.
하늘 높이 무성하게 가지 친 나무들은
맑은 날의 허영 버린 채 정신없이 몸부림친다.
그 시련이 더욱 예언적이다.

누구에게나 예고 않고 다가서는 세월,
그 불행은 얼마나 예리한가?

한 걸음 물러서서 바라보는 이에게는
얼마나 고요한 가르침인가?

고통 속에 숨은 그분의 칼날이
평화로운 날 우리가 탐닉하던 가면,
안일의 가면을
사정없이 벗겨내 버린다.
그래서 은총,
모든 것을 은총이라고 하는가?

경이로운 그릇

아무리 헤아려도 사람의 마음은 경이로운 그릇,
사랑과 증오 다 함께 담고
슬픔도 기쁨도 같이 깃드는 그릇,
약한 듯 보일수록
세상에서 가장 질긴 그릇입니다.

그러나 미움이 지나친 경우
또는 오래 오래 담아두면,
그릇은 안으로 삭아버립니다.
원한이나 슬픔, 야망과 과욕도
우리 마음 갉아먹는 독이 됩니다.

기쁨은 언제나 소나기임을 기억합니다.
그러나 흐린 날 개인 날 가리지 않고 따사롭게
샘솟는 정 그리고 담백한 사랑 간직한다면,
그릇은 언제나 아름답고

날마다 끝도 없이 넓어집니다.
그릇에서 발산하는 사랑이 우리 얼굴을 통해
온 누리 환하게 비춰 줍니다.

책

수백 만 수천 만, 아니, 헤아릴 길도 없는 것이
이 세상의 책이다.
일생 우리 곁을 따라다닐 벗이
몇 명이나 되는가?
날이 갈수록 선택은 어려워지고
유지는 더욱 힘들고
만족은 거의 불가능하다.

진실을 찾아 지혜를 그리워하며
밤낮 부지런히 캐고 들어도
거기 길은 한 번도 평탄치가 않다.
미궁만이라면 다행이다.
눈부신 허위가 매력적이고
환상과 암흑이 쾌감을 준다.

수천 년 세월이 반드시 옳은 증인인가?
예전의 위치가 튼튼한 보증인가?
자서전의 속은 얼마나 텅텅 비어있는가?
인기란 또 얼마나 연약한 것인가?
완전한 진실에 아무도 도달 못하는 이 세상,
혼탁한 격랑 속에서 누가 누구의 길잡이인가?

그러나 책이 우리 곁에 있고
선택은 우리가 한다.
고독하고 위험한 선택.

상상력은 불이다

상상력은 인간이 사용할 수 있는 최초의 불
그리고 최후의 불이다.
다양한 예술과 종교,
문화와 문명이 이 불에서 태어나고
이 불에 타서 소멸한다.

우리가 추구하는 완벽한 미,
우리가 갈망하는 완전한 신마저 이 불을
통과하지 않고서는 태어날 수가 없다.

아무리 절대적이라 주장해도
인간에게는 본래
그 어느 것이나 절대적 존재가 불가능하다.
유일한 극치도 같은 운명,
그래서 오늘도 혼란의 계속이다.

우주시대의 종말이 올 때까지 이 불은
영원히 꺼지지 않고 타오를 것이다.
결국 우리 각자 소우주는
이 불로 날마다 제련되는
한 줄기 찬란한 꿈이다,
희망이다.

우리는 시간의 거울

톱니 끼리 맞물고 돌아갑니다.
정확하기 짝이 없는 기계의 춤입니다.

작은 바늘이
힘겹게도 긴 바늘 뒤를 추격합니다.
만나도 절대로 하나가 될 수 없는
비극적인 움직임.

투명한 유리 뚜껑, 발가벗은 시계,
시계가 우리 앞에 살아 있어도
그 시계 속에는 시간이 없습니다.
톱니에도 바늘에도 숫자판에도
존재하지 않는 시간.

시간은 원래 우리 몸,
우리는 시간의 거울일 뿐입니다.

기도의 길

빈손으로는
도무지 어찌 해 볼 길이 없는
그리움의 길.

하늘이 바람이 햇살이,
빈 들 무수한 나무 잎새마저
성난 목소리의 파도가 되어
한꺼번에 가슴을 두드릴 때,
암호처럼 부서지는 당신의 이름, 고운 얼굴을
어떻게 두 손으로 밀어냅니까?
어떻게 여린 가슴더러 감당하라 합니까?

민들레 솜털에 실려 먼 세상으로 날아가 버리는
우리네 추억, 깊은 심연의 오늘이
기도의 길을 열어줄 따름입니다.
저항 길 없는 대화의 길,
한 마디 말조차 들리지 않는 길.

야수들의 인형

곰 인형을 귀엽다고 껴안는다.
호랑이 인형은 멋있다고 깔고 앉는다.
사자 인형은 흥미롭다고 끌고 다닌다.
표범 인형은 예쁘다고 어깨에 멘다.

이불 속에서 끌어안고 자는 아이,
목에 걸고 다니는 여자,
안락의자에서 쓰다듬는 사내,
추억 통에 간직했다가 꺼내보는 노인.

야수를 이토록이나 좋아하던 시대가
언제 또 있었던가?
인형이니까 점잖고 또 말이 없지.
밀림에서 또는 거리에서, 그래, 야수가 귀엽고
사랑스럽단 말인가?

도착된 우월감에서 겨우 인형이나 가지고
이리저리 장난하는 사람들은
장난감과 실물을 늘 착각한다.
독재, 부패, 사회악이 야수인 줄을
일부러 잊어버리려고 발버둥 친다.
각종 야수가 횡행하는 바로 이 시대에!

스스로 버린 것

백 년 전 사진을 들여다보며
우리가 잃어버린, 아니, 스스로 버린
아름다운 관습을 생각합니다.
소박하던 마음을 사모합니다.

이웃집 황금사과를 탐내다가 허무하게
놓쳐버린 우리들의 세월,
부질없는 지위, 그 신기루에 홀려
흰 눈에 덮인 머리 연민합니다.

약한 백성 버리고 혼자만 살려다가
안에서 맥없이 무너진 왕조,
허깨비 권력이나 명예에 속아
찬비에 젖는 백골은
이제 겨울입니다.

오늘도 정신없이 욕망에 지는 화려한 꽃,
이름 없는 들꽃, 기둥과 잔가지가
백 년 후 사진으로 들어박힙니다.
처참하고 애처롭고 안타까운 시간.
그러나 우리는 그 사진을 볼 수가 없습니다.

쓸쓸한 도시

문득 외로움에 젖어 몸이 떨릴 때
가슴에 솟아오르는 말,
다정한 말 한마디도 없다면,
세상의 모든 도시의 풍요로운 모습이
나그네에게 무슨 소용이 있단 말인가?

추억 속에 떠오르는 얼굴과 이름
또는 미소마저 없다면,
새삼 정다운 대화 건네주는 사람이 정녕
나타나지 않는다면,
우리가 잠시 거쳐 가는 마을과 경치란
얼마나 적막하고 또 쉽사리 잊혀지는가?

지붕의 숫자가 영혼을 채우지는 못 한다.
정비된 도로망이 과연 우리 삶의 동맥인가?
무수히 질주하는 차,

번거롭게 어깨 스치는 인파도
아늑한 길을 마음에 심어주지 못 한다.

수증기인양 하늘에 떠도는 비행기인들
사람들을 승화시키지 못한 채
살벌한 위기만 암시하는 시대.
우리가 사람답게 살아가는 길,
어제보다 오늘은 더욱 친절하게 더욱 온화하게
서로 아끼는 시간을 마련하지 못한다면,
지상에 끌려나온 포로,
금과 은과 광물이 도대체
우리에게 무슨 도움이 되는가?

눈 떠도 사람의 길을 보지 못하고
사람들이 기계적으로 밀집한 도시는
일상적인 암호,
인류의 어리석음을 언젠가는 풀어줄
상징의 열쇠.

따뜻한 가슴에 길이 간직할 한 마디 추억의 말
찾아내지 못하고 나그네가 떠나버린다면,

모든 도시는 헛된 하루에 스스로 마멸한다.
쓸쓸한 거리에 밤이 내리면
잔혹한 야수인 욕망만이 활개 치는 숲에서
순수와 이상이 고아로 방황한다.
나는 이런 도시가 못 견디게 싫다.

그분의 아름다움

아들의 확신이 없다면,
우리가 땀을 흘리는 시간은 공허합니다.
아버지인 그분의 사랑,
아들인 우리를 정녕 영원히 사랑한다는
혈육의 신뢰를 확인하지 못한다면,
우리가 내세우는 행복과 가치, 가정과 사랑,
심지어는 종교마저 무슨 소용이 있겠습니까?

사랑의 확신에서
비로소 그분의 아름다움을 발견합니다.
하늘에 뜬 구름이 우주의 꽃송이,
우리 영혼의 자유 오늘 대신해 주는
아름다운 꽃이 되는 것입니다.

하늘 가르며 우뚝 솟은 가로등도
우리 손으로 빚은 아름다운 기념비.

홀로 각자 서있으면서도
밤길 환하게 비추는 등이
우리 일상의 삶의 자세,
사랑과 빛의 의무를 일깨워줍니다.

부족하고 부끄러운 손이나마 벌려
최소한 사랑을 매순간 선언할 때,
이웃이 사랑스럽고
타인 눈에 우리도 사랑스런 사람이 됩니다.

그러나 이웃이란 두 개의 용광로,
동시에 사랑으로 점화해야만 불이 붙는
신비의 쌍둥이.
생명도 지성도 없는 물질로 가득 찬 듯 보이는
우주가 우리에게 캄캄하지만,
진실을 따라 사랑이 움직인다면,
모든 것이 그분의 얼굴입니다.

지혜의 가시관

메주 같은 얼굴도 친근한 시선으로 바라보도록
따뜻이 내 마음을 녹여 주십시오.
그러나 먼저 또는 지금이라도 당장
살기 띄운 거리의 표정들을
은총의 향기로 절여 주십시오.

이 소중한 나날을 벼랑에 선 심정으로
엉겁결에 낭비해버리는 우리.
한 송이 들꽃의 아름다움마저 차분히
음미하지 못하는 우리.
어리석은 가슴, 찰수록 더욱 비는 가슴에
어린 날의 숨결 다시 한 번만
골고루 넉넉히 심어 주십시오.

촉촉이 물기 머금은 한 떨기 진홍색 장미,
그 눈부신 영광도

날카로운 가시가 지켜줍니다.
이미 시작한 길에서
우리가 사람으로서 간직할 수 있는
유일한 광채, 단 하나 뿐인 양심에다가
상처 입히는 가시관을 씌워 주십시오
지혜의 가시관,
상식의 가시로 엮은 단단한 관을.

내 영혼 재도 없이 태우는 입김

한 줄기 바람에 응답하는 나무,
그 가지 사이로 춤추는 잎새의 노래에서
그분의 음성이 들려옵니다.
한 차례 소나기 어깨 너머 사라지면,
무성히도 발밑에 서걱대는 낙엽,
그 쇠잔한 기우러짐 속에서도
그분의 손길이 반짝입니다.

하늘에도 땅에도 가득 넘치는 사랑의 입김.
미지의 항로 개척하는 우리 사랑.
아직 아무 것도 완성이 없고
아직은 깨달음 어디에도 보이지 않는
무한한 베틀 위에서
우리는 한 올 가는 실이 됩니다.

어디선가 말없이 기도하고 있는,
어디선가 조용히 고통을 견디어내는 당신.
피 흘리는 고뇌와 신음,
또 굶주림도 학살도 박탈도 거부하지 않고
원한도 증오도 가슴에 담지 않는,
모든 것 버리는 순간 태양이 된 당신.
당신이 우리 운명 한가운데 서있기에
태풍마저 놀라운 축복입니다
갈라섬마저 아름다운 위기입니다.

오늘 밤에는 당신 빛나는 암흑을 향해
자그마한 꿈의 배를 띄우겠습니다.
부끄러움에 떨리는 손으로 당신 앞에서
자만과 허욕의 옷을 벗겠습니다.
뜨거운 사랑의 입김으로 내 영혼
재도 없이 완전하게 태워 주십시오.

기도가 이루는 사랑의 불길

흩어져버리면 저 혼자 쉬 사그라지는
숯불은
고독한 영혼
그리고 불모의 기도입니다.

뜨겁게 달아오른 몸에 전류인양 관통하는
쾌락은 권력이든 황금이든 명예든,
때 묻은 사랑마저,
우리 가슴 은밀한 곳에
쓰라린 갈등만 남깁니다.
지울 길 없는 후회 그 추억뿐입니다.

아무리 하찮은 검불이라 해도
삭을 대로 삭은 등걸이라 해도
한 자리에 모아놓기만 한다면,
작은 불씨가 생명을 줍니다.

온 산을 태우는 힘이 거기서 태어납니다.

연약한 목소리 좌절의 눈물이 모여
서로 이웃의 상처를 어루만져줄 때,
스스로 정화하는 영혼들이
하늘과 땅에 차고 넘칩니다.

겸허하고 소박한 기도는
우주를 사르는 불길이 됩니다.
아무에게도 화상 입히지 않고
모든 이에게 맑은 기쁨 나누어 주는
사랑의 불길 그 안에서
우리가 새롭게 다시 태어납니다.

평화를 더 기뻐하는 그분

우리 삶에서 반드시 성공이 가치는 아닙니다.
거창한 사업 벌리지 않는다 해서,
이름 하나 세상에 못 떨친다 해서
당신의 삶이 또 나의 하루가
어찌 무의미한 한 줄기 바람이겠습니까?

예전의 그 어느 황제보다도 더 편리하게
더 자유롭게 지내는 오늘,
우리가 이웃의 고통 기억하면서
착하게 지혜롭게 살아간다면,
평화로운 존재, 부지런한 일 그 자체로
그분 뜻에 충족한 삶이 되고도 남습니다.

태초나 지금이나 앞으로도 영원히
그분은 우리에게 과도한 업적 요구하지 않고,
각자 그릇에 맞게

서로 이해하고 돕고 사랑하면서
그저 평범하게 살기만을 요망합니다.

그리고 무엇보다도 평화,
그분 아들로서 지상에 이룩하는
진실의 평화를
제사보다 더 한층 기뻐합니다.

아름다운 평화

평화는 한 장의 얇디얇은 한지,
강한 손톱에 쉬 찢기고
약한 이 눈물 한 방울에도
힘없이 구멍 나는 창호지.

그러나 평화,
얼마나 아름다운 축복입니까?
누리는 이가 깨닫지 못한다 해도
갈망하는 이의 가슴에서
천리만리 멀어져 있다 해도,
착한 손을 내뻗기만 하면
어디서나 기다리고 있는 손님.

오늘 우리가 누리는 이 평온이
반세기 이 땅을 적시게 되기까지는
얼마나 많은 꽃이 시들어야 했습니까?
강한 이들 어리석음 뚝뚝 부러지고

하늘에 닿은 신음 우리 귀에 돌아와
양심의 천둥으로 부활하기까지
얼마나 자주 불모의 흙 갈아엎었습니까?

비바람 치는 평원 걸어가면서
가녀린 종이 한 장
마주 잡은 채 상처 없이 보존하기란
또 얼마나 어려운 시련입니까?

아름다움은 아끼는 마음속에서 오로지
비옥한 대지를 발견합니다.
평화는 사랑의 영혼에게만
고운 신부의 손길 보냅니다.

사람이 신의 자리 탐내지 않고
나날이 야수로 전락할 위기와 유혹을
슬기롭게 극복하는 순간,
평화가 비로소 하얀 손수건이 됩니다.
우리 눈물, 우리 한숨 모두 거두어 가는
질기디 질긴 손수건이 되는 것입니다.
평화보다 더 아름다운 얼굴을
어디서 우리가 찾아보겠습니까?

십자가와 상식

사람마다 질긴 악습이 있고
가슴에 묻힌 결함이 있다.
때로는 일생 혼자 지고 가는 십자가,
고통스럽게 또는 성과도 없이.

그러나 마음을 열면,
부끄러움 누르고 조금만 겸허해 진다면,
형제 끼리 이웃 끼리 거들고
함께 지고 갈 수 있는 멍에.

용기보다 앞서서
지금 우리에게 당장 급한 것은
소박한 상식이다.
지혜의 씨가 싹틀 수 있는
부드러운 마음의 밭이다.

언젠가 열릴 당신 입술

당신 이름 가만히 부르고 싶을 때, 내가
무슨 이유를 내세울 수가 있겠습니까?
가슴 속 하염없이 솟구치는 정은
지난 날 미련을 반사해 줄 뿐,
이제 내가 빈손으로 내밀 선물이란
몇 갈래 따사로운 추억밖에 더 있습니까?

투명하던 영혼 너울에 가려 더욱 멀어지고
세파에 씻긴 조약돌의 지혜 오히려 추할 때,
당신에게 피어오르는 침묵의 향기는
얼마나 애절하고 질긴 기도입니까?
모질게 마음 빗장 걸어도 내내 스미는
당신 음성은 막을 길이 없습니다.

아름다운 음성, 슬픈 목소리, 진실의 소리에
날마다 반하다가도 돌아서는 것은

내가 유한과 무한 구별 못하는 탓이 아니라,
영원한 사랑에 타는 목을 우선 성급하게,
아니, 안일하게
오염된 물로 축이려는 버릇 때문입니다.
당신이 나무라면 겸허히 듣겠습니다.

실망이 당신 발걸음 돌이킨다면,
아무리 허전해도
눈물로 옷자락에 매달리지는 않으렵니다.
돌아설 때나 되돌아올 때나
당신은 자유로운 사랑,
맑은 바람처럼 생명을 주는 손길이기에
나는 목이 타도 넘어져도,
넋이 바삭바삭 메말라도
천년을 하루인양 당신을 믿고 기다리렵니다.

당신이 불붙인 사랑이 내 가슴에서 타는 한
그리움은 내 넋을 부축하는 음식입니다.
추억은 당신에게 닿는 오솔길,
침묵의 기도는 간절하고 솔직한 편지입니다.
정겨운 음성 오늘 들리지 않는다 해도

언젠가는 열릴 입술을 바라봅니다.

할 말이 없어도
문득 당신 앞에 가만히 서있고 싶을 때,
내가 어떠한 구실을 마련하겠습니까?
당신이 한 마디 걸어오지 않아도
성실한 모습 바라보면 저절로 고이는 기쁨을
맛보고 싶을 때,
내게 남는 것이 무엇이겠습니까?

아들의 기도

아버지! 아버지! 아버지!
아무리 불러보아도 아직은 너무 멀기만 합니다
당신이 계신다는 저 하늘도 우리에게는,
혼돈의 세월을 걸어가는 온 백성에게는.

좀 더 가까이,
아주 또렷하게 다가와 주십시오.
가난한 사람 곁에
우리 가슴마다 지혜의 낙인찍어 당신 이름이
영원히 머물게 해주십시오.
당신 음성 하나도 헛되지 않고
새로운 불꽃으로 빈 영혼 구석구석
다시 태어나는 나날을 내려주십시오.
당신 나라 이룩한 의지로 우리 온 몸 태우고.

그러나 우리 소망에 역사를 맞추기보다
아버지의 뜻이
우주에서나 티끌 속에서나 앞서 갈 때,
진정한 평화와 행복을
한 입으로 우리가 노래하게 하시고.

우리에게 빈 배가 있음을 기억하시고,
오만한 정신의 공허가 무한함도 굽어보시고,
좋은 음식 언제나 우리 손에 닿게 해주십시오.
달거나 쓰거나 감사하는 마음 또한 심어주시고.

십자가로 일생 지고 가는 우리 몸이
당신 선물임도 기억해 주십시오.
이웃에게도 멍에보다 더 무거운 짐 육체가 있음을
우리가 또한 아침저녁 잊지 말게 하시고.

용서가 당신의 아름다운 승리이듯이
뉘우침이 우리 겸허한 미덕 되게 하시고,
이웃의 잘못을 기꺼이 우리가 용서해 줄 때,
우리 죄의 무게도 그만큼 덜어주십시오.

황홀하거나 매혹적이거나 유혹의 세파가 우리 몸,
우리 정신 삼키는 일이 없도록,
그리고 편견, 무지, 증오, 폭력, 이 모든 악에서
참된 해방 얻도록 은총의 단 비를 내려주시고.

아버지! 아버지! 아버지!
당신에게 이르는 길은 지금 기도밖에 없으니
우리가 이 길을 정성껏 걷게 하시고,
당신도 이 길을 따라 우리 곁에 와주십시오.

몽유병자와 사냥개

한낮에 몽유병자가 사냥개에게 이끌려 걸어간다.
길에서는 병아리 떼, 양 떼, 참새 떼가
맑은 하늘, 시원한 바람을 노래한다.

하도 신기한 꿈에 젖은 몽유병자는
개가 야금야금
병아리도 양도 참새도 닥치는 대로
잡아먹는 줄 눈치도 못 챈다.

몽유병자 눈에 개가 안 보이고
개 눈에는 세상천지가 먹이로만 보여
대낮은 유혈의 벽화로 더럽혀진다.
기록사진사는 어디 갔는가?

양치기가 달려와 세차게 휘두르는 지팡이에
몽유병자가 눈을 뜨자마자 개가 달려들어

그 목덜미를 물어뜯는다.
마지막 남은 먹이다.

어처구니가 없어진 목자는 사냥개를
어떻게 해야 옳겠는가,
보신탕에도 못 쓸 영악한 개,
자기에게마저 달려드는 안하무인 개새끼를?

그러나 더 비극적인 문제가 남는다.
누가 몽유병자에게 그런 꿈을 주었던가?
편하게 걸어간 길은 누가 닦았던가?
그동안 목자는 어디서 무엇을 했던가?

돼지에게

게걸스럽게 닥치는 대로 먹어치우더니,
늘어지게 틈만 나면 잠을 자대더니,
야윌세라 다칠세라 제 한 몸만 아끼더니,
어느 날 너는 문득 사지가 찢겨
몇 덩어리 훈제된 햄으로 변하고,
대가리는 덩그러니 고사 상에 오른다.

아침저녁 먹이 주는 주인이나,
침 흘리며 너를 바라보는 사내들이나,
더럽다고 우리 앞에서 코 쥐는 여인이나,
먹고 자고 몸 아끼고 번식하는 면에서는
너만도 못하다는 말이 듣기 싫은가 보다.
그러니까 저렇게 정신없이 쏘다니며
철철 시간을 낭비하지 않겠나?

너야 마지막 길에서도
때리던 놈에게나 팔아먹던 놈에게나

맛있는 음식으로 몸을 내주니,
그 말없는 봉사가 얼마나 값진 것이냐?

그러나 염치도 파묻고 양심도 잘라낸 채,
고개도 빳빳이 든 채,
동네방네 날뛰는 저명인사, 무명인사
그리고 또 자칭 타칭 정의의 사도들 따위는
제 집에 제 나라에 무슨 기여를 한다고
저렇게 난리법석 큰소리치는지 모르겠다.

생각할 줄 모르고 말할 줄도 모르니
네 본능, 네 욕망은 자연 그대로 일 뿐,
아무도 네게 죄를 물을 수 없다.
몇 덩어리 햄으로 갈고리에 걸리는 순간,
너는 아름다운 예술작품이다.
그러나 너를 무시하고 천대하는 사람들,
네 몸을 얇게 썰어서 냠냠 해치우는 사람들이란
살아서나 죽어서나 어찌 죄를 면하겠는가?

생각도 하고 자유도 주장했는데,
남의 양심 무디다고 손가락질도 했는데,

억지 주장에다 갖은 욕설 다 퍼부었는데,
훔치고 빼앗고 겁탈하고 죽이기도 했는데,
살아있는 동안 자기 호화묘지도 마련했는데,
쓰지도 못하고 버릴 재산 마구 탐식했는데,
살아서든 죽은 뒤에든 어찌 사람들이 죄를 면하겠는가?

이런 사람들이 숨은 봉분 그리고 묘비는
한 덩어리 햄보다도 가치가 없다.
천하에 볼품없는 졸작일 따름.

그러니까, 돼지야! 꿀꿀돼지야!
도살장에 끌려가 먹이 따인다고 서러워 마라.
너보다 훨씬 못한 인간이 득시글대는 세상이니,
당당하게 고개를 들어
순교자처럼 하늘을 우러러 보아라.
웃는 얼굴로 고사 상에서
하찮은 인간들이 올리는 절을 받아라.

너는 무죄다.
그러나 너의 행복을 노래하는 오늘이
너무나 한탄스럽구나!

사라지는 것의 소중함

잎새 하나 떨어져 나간다고 해서 나무가
아픔에 몸을 틀 리는 없습니다.
더욱이 허전해지기야 하겠습니까?
끼리끼리 모여 발치에 뒹굴다가도
다시금 나무로 돌아올 낙엽이기에
올 가을도 나무는 대범하게 맞이합니다.

내 몸은 나무가 아닙니다.
당신의 빈 자리 음미할 때마다
떠나야 할 사연 끝내 머무르게 못한 망설임이
하나 같이 여린 가슴으로 돌아옵니다.
예리한 가시로 되살아납니다.

어디선가 당신은 아름답게 삽니다.
새로운 계절, 더욱 진실한 인연의 고리를
자유로이 노래하며 만족하겠지요.

그러나 당신은 낙엽이 아닙니다.
언젠가 당신이 돌아갈 곳은 영영 내가 머무는
그 자리가 될 수 없습니다.

아, 눈에 보이는 것보다도 사라지는 것이
더 소중한 줄 여태껏 모르고 지냈습니다.
이름, 우정, 사랑도, 목숨마저
모두 사라지는 것들입니다,
사라지기 때문에 더욱 붙들고 싶은 것입니다.

발가벗은 나무처럼 거리에서 우리가
한겨울을 알몸으로 맞을 때,
우리 손에 남을 것이 무엇이겠습니까?

안네 프랑크의 집

아무리 바다가 땅으로 변한다 해도
암스테르담에 자리 잡은 집,
안네 프랑크는 변할 수가 없다.

인종과 언어, 국경과 종교를 초월하여 찾아오는
사람들에게 낯선 무리에게
한 가닥 진실만 속삭여 준다.

이웃을 학대하지 마세요.
어떠한 이름, 가치, 깃발을 내건다 해도
고문과 살인은 지울 수 없는 죄.
살인자들은 치욕의 얼음에 영영 갇히고
희생자의 넋은
영광으로 나날이 더욱 빛날 뿐이에요.

소녀 안네 프랑크.
한 때는 재,
이제는 영원한 보석.

풍차

한 여름 북해 바람에
따끈한 인삼차가 그립다.
아득한 풀밭에
흰 양떼도 구름도 멀기만 하다.

언제까지 돌기만 할 것인가?
이백 년 전 주인은 온 데 간 데 없고
오늘도 하염없이 바스러지는 낟알.

관광객 발걸음이 잦아들고
주인의 후예들도 잠들 때,
풍차는 홀로
깊어가는 밤을 지킬 것이다
세찬 바람 아랑곳도 않고.

고국에서는 열풍과 지진인가?
지혜와 안식이 눈가루처럼 쌓이는
고요한 뜰이 마냥 그립기만 하다.

운하

거미줄처럼 이어진 운하는
이 도시의 비단길인가?
탐욕과 용기가 출발하고
모험과 위험이 끝나던 항구.

결코 바다가 될 수 없는 운하는
암스테르담의 자화상인가?
물결에 어리던 꿈, 사랑, 낭만,
허영은 이제 제 자리 겸허히 받아들이는가?

수백 척 폐선에 몸을 뺏기고
무심한 쓰레기에 더럽혀져도
크고 작은 배에게 여전히 길을 열어준다.

그러나 아늑한 집이 된 폐선은
운하를 떠날 길이 없다.
항구가 안으로 녹슬면
바다가 떠나고,
비단길은 미래를 잃어버린다.

나막신

나무의 고운 살은 질박하고 조용한 마음의 그릇.
무늬도 채색도 걸치지 않았지만,
다정한 길을 갈망하는 모습이 어느 날
내 가슴 구석구석을 적셔 놓았습니다.

인연의 끝이 닿는 곳,
나무뿌리가 물을 찾아 깊숙이 뻗쳐가듯
우리가 성실히 갈망하는 사랑의 근원,
어쩌면 아름다움,
아니면, 따사로운 정이 나막신에
가득 그리고 넘쳐서 흘렀습니다.

우리 몸, 우리 넋이 나막신인지도 모릅니다.
각자에게 남은 길이 얼마인진 몰라도
마른 길도 진흙길도 기꺼이 노래 부르며
부서질 때까지, 닳아서 사라질 때까지

찬란하게 걸어가는 나막신,
그 얼굴은 구름인지도 모릅니다.

네덜란드가 내 가슴에 영원히 남는다면,
나무의 따뜻한 살결이 살아 숨쉬는
나막신 때문일 것입니다.
거기 고이는 삶과 사랑,
바로 그 발견 때문일 것입니다.

부드러움의 진실

온 누리가 단단한 것만으로 충만한 듯 보일 때,
생명은 오직 부드러운 것, 약한 것이 창조하고
또 맘껏 누린다.
단단한 것은 잠시 생명을 담는 그릇일 뿐,
증발이 우리 슬픔일 리는 없다.

단단한 것만 믿고 숭배하다가
부드러운 것이 떠난다고 한탄하는
인간의 어리석음이 바로 슬픔이다.
스스로 강하다고 자부하는 마음이 슬프고
스스로 영원하다 믿는 자만이 가련하기만 하다.
스스로 성스럽다 착각하는 시간이
사실은 하늘 높이 사라지는 연기일 따름.

왕국, 신전, 신들의 석상도,
민족, 문자, 기록, 역사의 승패도,

신념도 신앙도 인연도 죄의식마저도,
그리고 우리를 미치게 만드는 숫자도 모두
단단한 것과 부드러운 것 사이에서 표류한다.

단단한 것은 부드러운 것을 모르지만,
모든 것을 감싸고 녹이기에 부드러운 것은
단단한 것의 정체를 잘 알고 있다.
단죄되어도 배척을 받아도,
인위적인 죄 그리고 죄의식이 침몰한다고 해도
부드러움의 진실만은 영원히 남는다.

우리 모두 사라진 뒤에도
이 진실을 우리 가슴에서 캐어내는 광부,
예술가의 꿈이
오늘은 어디서 휴식을 발견하는가?
별똥별인양 무수한 갈등이 떨어질 때,
우리 가슴에서 타오르는 불꽃은 과연 무엇인가?
누가 대답을 할 수 있는가?

퇴장과 선택

탁 스위치를 내리고
방을 나간다.
그리고 다시는 돌아오지 않는다.

구경꾼이 있거나 말거나,
갈채나 드높은 조소가 넘치든 말든
오로지 잠시만 머물러 있던 방,
거기서 우리가 퇴장한다.
그리고 다시는 돌아오지 못한다
그대와 나, 그리고 대대로.

문을 여는 데는 먼저도 나중도 없다.
반드시란 말만 싸늘하게 도사릴 따름.
우연히 들어간 방.
나올 때는 자유가 있는가?
우리는 무엇을 선택하는가?

우리가 찾아내야 할 사람

사랑의 고리 끊어지고 때로는 녹아 사라지고
포근한 얼굴 다시는 대할 길이 없어도
담담하게 가던 길 계속하는 사람이 있네.
오늘 뼈가 마디마디 비애로 쑤신다 해도
오가는 이에게 늘 함박웃음 인사 건네네.

지방이다 학벌이다 끄나풀에 목을 맨 채
그 알량한 출세 병에 미쳐 날뛰는 세상에서도
말없이 하늘 기대어
자기 일에 몰두하는 사람이 있네.
내일 여전히 무시당하고 비웃음 만난다 해도
아무도 원망치 않고 뚜벅뚜벅 걸어간다네.

세월이 덧없이 흐르네.
여기저기 지는 꽃잎마다
사그라지는 젊음의 모닥불에 추억을 던져줄 때,

야망인들 한낱 검불이 아니겠는가
조용히 깨닫는 사람이 있네.
먼 먼 미래가 오늘처럼 평범함에 그친다 해도
한 세상 살아온 길 언제나 감사할 뿐이라네.

우리에게는 너무나 소중한 사람,
그 사람은 지금 어디 있는가?
어디서나 우리가 찾아내야 할 사람이라네.
사방에 흔히 깔려 있는 듯하면서도
더러운 눈에는 절대로 보이지 않는 그 사람은
바로 우리 가슴 속에 숨어 있다네.

홀로 걸어가는 그 사람

입김마저 얼어붙은 서울 거리에서
홀로 걸어가는 그 사람을 생각합니다.
외투는커녕 내복도 하나 없이
빈손으로 걸어가는 사람의 그림자가
구걸하는 손에 문득 고일 때,
땅 속에서 봄이 숨을 죽인 채
그 사람 손길을 응시하고 있습니다.

싸구려 동정심! 비웃는 소리가 있고
허영의 자선! 매도하는 시선도 있습니다.
그러나 온 몸이 언 그 사람은 가만가만히
어린 손을 한동안 잡아줄 뿐입니다.
흔하다는 지폐 한 장 쥐어주지도 못하고
굳세게 살라는 말 한마디도 못해 주고,
여린 목에 자기 헌 목도리를 감아줄 따름입니다.

어린 아이 눈물인양 흰 눈이 쏟아집니다.
훈훈한 아파트 거실에서 창밖을 내다보며,
아이스크림 맛이 왜 이래! 투정부리는 아이도 있고,
다이아몬드 반지 또 하나! 여인이 소리칩니다.
그러나 길바닥에 엎드린 아이는 말이 없습니다.
아무도 귀를 기우려 주지 않기 때문입니다.
오늘은 누구 등을 칠까? 많이들 생각합니다.

미끄러운 길 마다하지 않고
멀고도 먼 길을 홀로 걸어가는
그 사람을 눈에 선하게 그립니다.
외로운 사람의 창밖에 우두커니 서서
스스로 외로운 모습을 보여줄 따름입니다.
죽음이 두려워 몸부림치는 사람 곁에 서서
꽁꽁 얼어붙은 자기 알몸을 보여줄 뿐입니다.
고통으로 유혹하지 마! 거리에 냉소가 넘칩니다.

우리가 사랑하는 죄인

사람을 모르면서도 죄인을 이해할 수 있겠습니까?
죄를 모르면서도 죄인을 안다고 하겠습니까?
사람 속에 죄가 있고
죄 속에 또한 사람이 있는데,
어디서 죄인을 찾으려고 방랑합니까?

알아도 그만, 몰라도 그만, 그 숱한 이름 가운데
어느 날 문득 이름 하나 밀려와
흔들리고 있습니다.
가슴의 결을 하나하나 발라내고 맙니다.
운명의 순간이란 누구나 한번 만나고야 맙니다.

"미래"가 우리 손에 잡힐 리는 없습니다.
"오늘"은 눈이 부셔서 놓치기가 일쑤입니다.
그래서 막연하긴 해도 단단한 과거를 더듬으며
죄와 죄인 사이에 숨바꼭질하는 우리입니다.

미움이 불타는 가슴은 사막입니다.
스스로 무수한 함정을 파고 앉아 울기만 할 뿐,
사랑도 진실도 돌아오지 않습니다.
모래 한줌 뿌려도 온 누리는 싸늘할 뿐입니다.

한없이 한이 고여도 풀 길 없는 우리 길,
사랑만 주고받아도 너무나 짧은 생명입니다.
어찌하여 갈라지고 치고받으며
긍지도 미더움도 내버리기 경쟁입니까?

제 얼굴에 침 뱉으며 원한 반세기,
아무리 죄가 커도 사람이 지은 죄를
이제 그만 덮어주지 못할 것이 무엇입니까?
이제 와서 누가 누굴 손가락질입니까?

죄를 자각하는 죄인은 아름답습니다.
그래서 죄인이 없는 세상은 사막입니다.
희망도 구원도 고이지 않는 황야입니다.
그래서 죄는 우리 멍에이자 은총입니다.

우리 사이에 어느 누가 죄인입니까?
누가 죄인이 아니라고 장담하겠습니까?
그러나 우리가 사랑하는 죄인은
언제나 말없이
겸허하게 기다리고 있습니다.

그런 죄인을 어디선가 문득 만나면 비로소
당신도 구원의 확신을 얻을 것입니다,
비록 구원의 땅이 오늘은 보이지 않고
여전히 번민이 머리 위에 깃든다 해도.

빈 그릇에 아름다움 머무는 동안

한 순간 미움의 입김이 스쳐만 가도
내내 상처가 지워지지 않는 그릇.
또 한 순간 체념의 시선을 되돌려줄 때
안으로 안으로만 부서지는 그릇.
날마다 가득 차서 보이지도 않는 그릇.

오만도 수치거리도 다 떠나보낸 뒤
그 빈자리에 아름다움 한껏 머무는 동안,
우리가 만나고
우리가 길을 걸었답니다.
아름다움을 아름답게 느끼니 서로 아쉬웠지요.
내던져도 깨어져도 향기만 남는 그릇.

사람들이 낭비해대는 웃음소리마저
우리 그릇에서는 태풍을 일으키지 못했습니다.
누구나 부러워하는 이름, 물건, 장소도

우리 그릇에는 무지개를 담지 못했습니다.
닳아져도 사라질 길이 없는 소박한 그릇.

그릇의 고향이 어디인지는 묻지 마십시오.
비고, 비고 또 비면 아늑한 길이 보이지요.
찬 이슬 또 조소가 부끄럽지 않을 때,
하나가 되든 영원히 둘로 남든,
아름다운 사랑이 흘러넘치는 그릇입니다.

아침노을 하늘에 떠오르는 얼굴,
저녁 창가 바람결에도 들리는 음성,
구름 같은 이름,
아, 사랑하는 사람이여!
빈 그릇 하나씩 안고 해를 기다리는 나날,
안녕! 사랑이 익을 때까지, 조용히 안녕!

불장난

우리 몸은 어쩔 길이 없는 화약고,
흔들리는 정신만이 횃불입니다.
경련인 듯 때로는 밀물지는 욕망 때문에
차라리 폭발마저 갈망합니다.
다음 순간이야 짐짓 외면도 해봅니다.

불장난의 위험은 이해합니다.
오래 남을 상처도 예견합니다.
이별의 고통을 어찌 모른다 하겠습니까?
그러면 그리움은 깊고 깊은 병,
만날 때의 기쁨은 극약입니다.

가슴마다 고요한 정원이 있습니다.
누구나 밀폐된 비밀상자를 간직할
권리가 있음도 인정합니다.
불행의 실마리든 행복의 함정이든

각자 제 길을 갈 수밖에 없습니다.

그러나 마지막 날에는 반드시
모든 비밀이 환하게 드러날 것입니다,
추하고 부끄럽고 안타까운 사연 또 사연,
자유를 갈망해서 벌이던 가지가지 모험도.

크고 작은 불장난을 구경하면서도
영원한 추억 안겨주는 기준은 언제까지나
아름다운 마음 하나뿐입니다.
그러나 그 마음의 기준은 무엇입니까?

사랑 (1)

사랑은 열병입니다.
숨이 넘어갈 듯 온 몸이 달아오릅니다.
마음도 정신도 이글거리는 숯불,
영혼마저 재가 된 채 계속 타오릅니다.
사랑은 너무나 무서운 전염병입니다.

느닷없이 가슴의 문 두드려대는
낯선 손님인 듯 보이기도 하지만,
사랑은 결코 뜨내기 구름이 아닙니다.
수없이 앓고 또 앓아도 우리 몸 안에는
한 번도 면역성이 고이지를 않습니다.

지나간 듯해도 어느 새 스며드는 사랑은
참으로 기묘한 열병입니다.
무한, 불멸, 영원을 깨닫는 순간,
누구나 저지르는 원죄입니다.

갈망의 불길에 상처 나기 때문입니다.

잊어버린다고 호락호락 물러갈 사랑입니까?
가슴이 식었다고 맥없이 꺼질 불길입니까?
폭우든 죽음이든 무기력한 입김일 뿐,
사랑은 끈질기게 달라붙어 떨어지지 않는
각자 운명의 그림자입니다.

잊어버리고 싶을 때

만날 길 수월찮은 사람은 생각만 해도
견딜 길 없는 번민의 모닥불 휘저어 놓고
가물가물 멀리도 사라집니다.
웃음소리 잦아든 밤하늘 총총한 별은
안타까움이 올라가 맺힌 불꽃인가요?

이름만 떠올라도 가슴이 속속 저며지는
아름다운 사람도 멀리 멀리서는
잊어버리고 싶을 때가 찾아오는 법인가요?
차라리 만난 일이 없다고 단정하고는
마음 하얗게 씻어내고 싶을 때 말입니다.

하기야 누구나 마음대로 잊을 수가 있다면
사람을 어떻게 사랑한단 말인가요?
돌아설 때는 제각기 옷깃을 적신다 해도
만날 때는 우리 선택이 아니었지요.

어찌될는지도 내다볼 길 없었지요.

잊어버리고 싶을 때는 쉬도록 하겠습니다.
몸부림쳐도, 아무리 고개 가로저어도
천근만근 가슴이 무거워질 따름입니다.
어차피 잊을 길 없는 얼굴이라면
가만히 누워서나 생각에 담겠습니다.

별이 곱게 부서져 은가루로 내리면, 내 눈은
신비의 나라로 가는 동굴입니다.
시간도 흐르지 않고 공간도 가로막지 않아
모든 것이 자유롭고 모든 것이 가능한 나라,
거기서나 힘껏 우리 포옹할까요 그림자 끼리?

아름답던 이름 하나씩 지워버릴 때

무심결에 낡은 주소록 갈피를 넘기다가
눈길이 멎는 이름 하나하나가
가슴에 사금파리 불꽃을 일으킵니다.
더러는 기억의 지평선 아래 가라앉았고,
더러는 추억의 파도에 아직 떠다닙니다.
나의 시선에서 천리만리 먼 곳에 떨어져
제각기 생명과 인정을 소모하는 이름들.

처음 만난 순간의 설레임을 회상합니다.
눈부시던 그리움도 조용히 되새겨 봅니다.
무수한 나날의 대화는 아득하기만 하고,
분위기만 막연히 먼지인양 허공에 떠돕니다.
이름이든 얼굴이든 친숙하던 주소, 전화번호도
이제는 풀고 싶지 않은 암호로 돌아갑니다,
무심한 바람결에 스쳐지나가는 낙엽처럼.

아름답던 이름마저 하나씩 지워서는 버립니다.
공감의 영역이 다시는 생기 찾지 못하고,
흐뭇한 미소도 천사의 폭소도 사라집니다.
온 몸이 나른하고 넋마저 낡은 솜인 양 쇠하여
이제는 모두 잊어버리고 싶기만 합니다.
지난 세월 하얗게 빨아 줄에 널고 나서
어디론가 영영 여행길에 들고픈 심정입니다.

두려운 진실의 날

온 세상의 진실이 문득 두려워집니다.
티끌만한 의심도 품지 않고 믿어온 종교마저
한낱 허구의 전당이 아닐까 생각이 들면,
마지막 날 바라볼 하늘이 쓸쓸해집니다.
사람의 길이 정녕 무엇인지 발밑에 끝없이
어둠이 고일 따름입니다.

아무리 거룩한 책이라 해도 무조건
한 영혼의 운명을 결정할 순 없습니다.
수천 년 전 기록이라고 너무 내세우진 마십시오.
진실이 아닌 기록이라면, 백만 년이 흐른다 해도
최초의 기록 그대로 남기 밖에 더하겠습니까?
아무리 거룩한 인간의 말이라 해도
인간의 말 그대로 귀에 들릴 뿐입니다.

그러나 진실을 갈망합니다.
갈망하고 애타게 찾다가 만난 진실이 비록
마음의 갈등만 더해주는 무서운 것이라 해도,
일단 이 세상에 한 목숨 던져진 바에야
목숨을 걸고라도 만나야만 하겠습니다.
편견도 공포도 떨쳐버리고 직면하고 싶습니다.

그러나 그 진실은 무엇입니까?
개인이나 집단의 이익 또는 자기만족을 위해서
편리하게 구성된 이론이 아닌 진실,
언제나 어디서나 모든 이에게 위로를 주고
언제나 어디서나 아무도 억압하지 않는 진실,
그 진실은 어디 있단 말입니까?

우리 눈에 보이는 것은 언젠가는 없었고
또 언젠가는 모두 사라지고 맙니다.
우리 머릿속에 든 것도 마찬가지 아닙니까?
피부도 장식품도 귓가에 스치는 바람입니다.
슬픔도 기쁨도 기대와 공포마저 연기입니다.
그러나 진실은 홀로 영원히 남아 있습니다.

온 인류가 멸종한다 해도,
우주가 생성 이전으로 되돌아간다 해도,
태초의 모습 그대로 변함없는 진실은 무엇입니까?
그런 진실이 있기는 합니까?
나의 갈망이 환상에서 나온 감상에 불과하다면,
영원의 시작과 진행은 무슨 의미입니까?
이대로 사라진다 해서 무엇이 아쉽겠습니까?

문명이 꿈이라 해도, 우리 가치관마저 신앙마저
꿈을 장식하는 한줄기 색채라 해도
진실은 반드시 있다고 나는 믿습니다.
아름다운지 포근한지 그 정체 지금은 모르지만,
생생한 눈으로 바라볼 날이 온다고 믿습니다,
진실의 일부가 아니라
전체와 만나서 기절하는 그 날이.

그 날은 너무나 두렵고 감격스러운 날,
아마도 죽음의 순간 시작하는 날일 것입니다.
그 날이 언제 올는지 누가, 누가 알겠습니까?

낙엽의 계절

지난 밤 잠결에 바람 한번 모질게 몰아치더니,
어느덧 잔디밭에 한 시름 두 시름인양
푹푹 쌓인 낙엽,
허리 시큰 긁어대도 여전히 거기 뒹군다.
푸른 시절 정답게 나누던 말, 그 향기 사라지고
오늘은 어찌 삭막한 가슴에 옷깃만 여미는가?

반가운 이 먼 고향에 두고 그리는 마음,
우울한 나날, 묵은 솜처럼 움츠러들 때,
엽서 한 장이나마 흐뭇해 감사의 미소 띄운다.

그러나 기다리는 소식은 아득하고,
잎새만 허공에 남아
지는 순간 기다리면서도 내 마음을 희롱한다.
어디론가 같이 떠나자고
사각사각 성화가 불길 같기만 하다.

쓸쓸한 바람이 다시 불어 닥치면
목청껏 정든 이름 소리쳐본다.
아무 귀에 들리지 않아도
추억의 풀잎 함초롬히 일어서고,
무수한 사연과 약속과 망각이
이름 없는 꽃으로 뜰을 채운다.

소란하고 안타깝고 따뜻한 정이 어우러져
색색가지 계단이 된다.
하늘 높이 끝도 없이 이어지는 계단
차곡차곡 밟으면, 내 마음은 나그네.

져도 져도 한이 없을 듯 낙엽이지만
조용히 기다려보면 안다.
아무리 나무가 몸부림쳐도
더 벗을 잎새 하나 남기지 못해
서리에 발가벗은 몸 떨 날이 멀지 않았는데,
어떻게 그 날을 모르겠는가?

고독할 때 순한 인내는 지혜의 샘,
고통에도 간직하는 관용은 우리 삶의 참기름이다.

언젠가는 반드시 그 마음에 위로의 꽃이 만발한다.
스스로 넘치는 축복을 이웃에게 골고루 선사한다.

우수수 낙엽을 바라보면서
오늘은 애로에도 좌절하지 말자.
한줄기 추억의 무지개 덧없이 사라져도
절망하지 말자.
우리가 살아있는 한,
희망을 지속할 힘이 우리에게 남아있는 한,
하루 또 한 해 참으며 기다리는 최선은
우리만의 특권,
자비로운 손길이 베푼 크나큰 사랑의 선물이다.

시계와 우리

째깍째깍 초침이 오른쪽으로 돈다.
고요할수록 더욱 또렷이 들리는 소리.
그러나 초침은 원형 울타리에 갇힌
영원한 포로.
우리는 사랑의 무한한 가능성을 지닌
그 시간을 잃어버리고 있다.

째깍째깍 초침이 오른쪽으로 돈다.
돌아도 돌아도 짧아지지 않는 바늘은
우리의 일상적 어리석음이다.
돌아도 돌아도 길어지지 않는 바늘은
싸늘하게 언 우리의 관용이다.
매순간 가슴에 쌓이는 후회의 나이테.

째깍째깍 초침이 오른쪽으로 돈다.
보이지만 않는다면, 소리만 없다면, 우리에게

시간이 손을 댈 수 없을까?
마음대로 생각하고 만족해도 좋다.
그러나 온 세상의 시계를 없앤다고 해도
우리는 원형의 시간에 갇힌
영원한 포로.

불꽃놀이

별 하나 보이지 않는 밤이다.
바람 한 점 스쳐가지 않는 거리다.
막다른 골목에서 시간이 서성거릴 때,
하늘 높이 폭죽이 솟아오른다,
탁한 강물에 제 멋대로 고개 내미는
이기심의 거품처럼 화려하게 무모하게.

신앙과 희망과 사랑은 영원한 것,
그 중에 사랑이 가장 아름다운 진실.
눈물겹도록 감미로운 노래가 들린다.
빙하를 녹일 듯 자신감에 넘치고,
사막에서 양 떼 뛰놀게 하는 정열의,
기아대륙에 빵의 홍수를 일으키는 헌신의 노래.

어두운 밤하늘에 폭죽이 흩어진다.
눈부신 광채가 우주를 뒤덮는다.

난도질당한 평화가 허공에서 폭소한다.
높은 하늘 어느 구석에 영광이 있는가?
마음씨 고운 이에게 언제
안식을 주어본 적이 있는 대지인가?
천사의 무리는 입을 다문 채
재즈에만 귀를 기우린다.

화약연기 매캐한 거리에서 개가 방황한다.
텔레비전 화면에 스치는 뉴스를 바라보지만,
환희도 비극도 전파의 춤일 따름이다.
개가 주인을 찾아다니는 것이 아니라
주인이 개를 만나기 위해서 헤매고 있다.
폭죽놀이에 몰두해 아무도 아랑곳하지 않는다.

시간의 교차로에 지구가 둥둥 떠 있다.
추억과 망각의 바다에서 폭죽이 터진다.
신앙의 찬미가에 교회지붕이 흔들린다.
희망의 촛불이 하나씩 켜지고
사랑의 약속으로 모두 천사가 된다.
그러나 거리는 여전히 싸늘한 얼음판이다.

부질없는 기대

부질없는 기대인 줄 알면서도 내내
당신의 대답을 기다리고 있었습니다.
구름이 피어오르면 가슴이 마구 설레고
꽃 한 송이에도 한숨이 서리고는 했습니다.
언제나 매순간 생각을 기우린다고 해도
당신 가슴에는 닿을 리 없는 메아리인 것을
알면서도 끝끝내 기다려도 보았습니다.

어디선가 불어오는 바람이 내 가슴을 채웁니다.
채워도 채워도 여전히 비기만 하는
그리움의 그릇은 치울 데도 없습니다.
마주 바라보기만 해도 미소 샘 지던 그 시간이
어찌하여 이제는 바다 저편입니까?
지난날의 그림자가 갈라진 오늘보다
더 생생하게 살아 있음은 어쩐 일입니까?

쓸쓸한 바닷가에 떠돌다가 문득 사라지는 낙엽처럼
우리가 한 세상 물을 건너간다고 해도

이곳에 미련은 남기지 않으렵니다.
모진 마음이라 탓해도 원망은 하지 않겠습니다.
누군가가 우리 길을 미리 보아두었다면,
선택이든 아니든 무슨 상관이 있겠습니까,
허전한 영혼도 걸어야만 하는 길이라면?

그러나 아직 촛불이 계속 타오르고
사랑 흡수할 햇솜 부드럽게 남아 있는 동안은
부질없는 기대라도 버리지는 않으렵니다.
언젠가 또는 지금 물거품이 된다고 해도
그리움이란 너무나 소중한 광채,
생명을 받쳐주는 아름다운 손길입니다.
당신에게 닿을 수 있는 유일한 길입니다.

이제 대답은 더 이상 기다리지 않겠습니다.
영영 내게 생각을 기우리지 않는다 해도
당신 자유로운 선택의 풍요함만을
진심으로 기원하며 돌아서겠습니다.
무거운 발걸음 마다 이슬 찬란히 맺혀도 그것은
나의 불운도 당신 매정함도 탓이 아닙니다.
우연한 만남
그 순간부터 잘못이 아닐까요?

늙은 인기가수의 노래

손이 떨리고 목소리마저 탁해
잘 들리지도 않습니다.
화려하게 무대로 쏟아지는 조명등 불빛은
흘러간 시절의 영광 잠시 자극할 뿐,
일그러진 표정을 감출 길이 없습니다.

극장과 전국을 뒤흔드는 박수갈채도
사그라진 정신과 육체를 향해
추억의 재생을 요구하는 연민입니다.
그러나 늙은 가수에게는 새로운 힘이,
별처럼 빛나는 정열이 고일 곳이 없습니다.

아들 손자가 무대를 바라보면서 소리도 없이
중요한 질문을 던지고 있습니다.
인기란 도대체 무엇입니까?
누리는 이도 주는 대중도 깨닫지 못하는

인기의 마력이란 무엇입니까?

한 때 뭇 사람의 심금을 울리던 노래는
가수가 사라져도 남을 것입니다.
추모의 기회가 다시 온다고 해도 가수는
사진과 목소리뿐입니다.
그리고 가깝게 지내던 사람들이 몰래 흘린 눈물.

일단 무대에 올라선 사람이라면 언젠가는
내려설 때가 반드시 오는 법입니다.
사라진다고 해서 서러워 할 일만은 아닙니다.
미모와 건강이 시든다고 해서
하늘을 한탄할 일은 더욱 아닙니다.

오늘 당신의 막이 내렸습니다.
추하게 무대에서 더 몸부림치지 말고
박수가 끝나기 전에 내려서야 합니다.
인기도 노래도 전파와 종이의 아첨도 다 떠나서
당신이 정녕 마지막으로 찾을 것이라고는
자신의 참 모습 이외에 무엇이 있겠습니까?

달빛의 기도

버드나무 가지에 하얗게 실린 달은 어찌하여
차디찬 눈길만 온 누리에 뿌리는가?
눈 덮인 잔디밭 숨소리조차 내지 못하고
가린 입술에 미소 떠오르길 기다리고 있는데,
가슴에 고인 시간 부질없이 출렁일 따름이네.

그대 가슴에 오늘밤 달이 뜨지 않고
먼 곳에서 조용히 타는 촛불 잊어버린다 해도,
바다에 부는 바람이 그리움을 실어간다네,
항구도 비행장도 적막한 이슬에 젖고
누군가 가슴에 뜨거운 눈물 고일뿐이라 해도.

건강도 미모도 재능도 사람이 자랑하는
그 어떠한 것도 한낱 낙엽에 불과하다고
달빛이 속삭여주는 이 밤은 너무나 쓸쓸하네.
그대 음성이 너무 멀고 희미한 까닭에

창가에 드리운 달빛의 휘장을 견딜 수가 없네.

머지않아 모든 생명이 제 모습을 다시 찾고
빛과 형체와 소리 한껏 불태워 잠시나마
무한한 자비를 찬미하는 날, 우리도
부활하는 정열을 아름답게 맞이할 수 있을는지,
기도의 곡괭이로 언 땅 가만가만 고르고 있네.

오늘 밤 그대 눈에 우리의 새로운 미래,
가슴이 닿아 창조하는 열매가 안 보인다 해도,
성숙한 감미로움의 향기, 미세한 속삭임은
달빛의 비단길 따라 고향으로 흐른다네,
원망의 실타래 한 올씩 풀어내자 기도하면서.

고독의 열병

고독의 열병으로 식은땀을 흘리며 한밤에도
문득 잠이 깰 때,
얼음보다 단단한 어두움에 숨이 막힐 때,
어디선가 풀잎에 맺히는 이슬이 있기에
아침이 더욱 찬란함을 기억해 주십시오.

추억에도 기록에도 남을 리가 없는
곧 보이지 않는 세계로 돌아갈 이슬이
작은 생명 적신 뒤 그대 가슴에 닿아
끊임없이 속삭이는 말을 들어보십시오.

고독만이 진정한 용기의 시간입니다.
두려워 말고 물러서지도 마십시오.
고독은 축복받은 사람만 풍성하게 누리는
은총의 시간입니다.
진정한 자유를 보여주십시오.

언젠가 그대 이슬처럼 사라진다고 해도,
이슬과 고독만이 따사로운 이불이 되어
그대가 일생 아름답게 가꾸어온 영혼을
영원히 덮어줄 것입니다,
아무도 보지 않아도.

탄생은 가장 큰 선물

뽀얗게 연분홍 솜사탕이 어느 새 날아와
죽은 듯 마른 가지에 둥우리를 튼다.
보슬비 지나간 거리에는 어린 얼굴이 한 떼
무심히 흔들리는 버들잎 그늘 아래 멈추고,
한 줌 새가 가볍게 날개 짓 하며
솜사탕 속으로 기꺼이 녹아 들어간다.

눈부신 햇살에도 녹지 않는 마음이라면
싱싱한 세월마저 기쁨의 입김을 뿌릴 수가 없다.
명화에 숱하게 등장하는 미의 얼굴이 오늘도
생명 넘치는 이름으로 반복되는 거리,
평범하고 가난한 얼굴이라 해도
아름다운 삶의 과정을 줄곧 보여주는 거리,
지금 우리가 걸어 가는 이 거리를 한 폭 또 한 폭
잘라내면 그대로 명화가 되는 시간인데,
부드러운 바람결에도 새로운 길을 보지 못한다면,

눈을 떠도 공허한 시선 뿐,
열린 귀에는 소음의 파도만 가득 밀려올 뿐.

크고 작고를 비교할 일이 아니다.
많고 적음을 아쉬워하고 원망하면서
피보다 귀한 시간을
허무하게 낭비할 때가 아니다.
빛나는 계절은 늘 반복하지 않고
우리 곁을 단 한번
스쳐지나가는 암시일 따름이다.
익은 열매 문득 가지에서 홀로 빛날 때,
우리는 어디로 가서
부끄러운 가슴을 씻어내려는가?

머지않아 신록의 잎새 기묘한 언어로 지붕에서
머리 위에서 숱한 질문을 던질 것이다.
탄생은 모든 생명 가운데 가장 큰 선물,
자유의 비단보에 싸서 해 이울도록 귀하게 가꾸고
익히고 불려야할 선물이 아닌가?
그런데 지금 그대는 무슨 생각에 잠겨 있는가?
또 지금 무엇을 하고 있는가?

각자 알아들을 언어로 질문할 것이다.

심하게 땀을 흘리다가도 숨을 몰아쉬다가도
우리는 언젠가 그 대답을 마련해야만 한다.
땅거미 잦아들고 어두운 밤이 오기 전에
나름대로 싱싱한 말을 찾아내야만 한다
비록 선물에 걸맞지 않아 초라한 말이라 해도.

독재자와 성자

권력을 휘두르던 이름은
조소와 망각으로 침몰한다.
고문당하던 몸은
아름다운 역사로 계속 익는다.

비겁하게 숨어서
미련에 매달리는 독재자들이
명당자리를 노리고 있다.

쓰레기로 변할 몸과 이름,
살아도 살아있지 못한 사람,
죽어도 편히 쉬지 못할 사람이
우리 땅에 태어난 이유는 무엇인가?

크고 작은 독재자들이
대낮에 유령으로 날아다닌다.

아무도 모르는 구석에서 오늘도
성자들이 일어나고
또 쓰러진다.

난지도가 살아있을 때

난지도가 살아 있을 때,
그 섬을 파먹고 사는 사람들은 신음했고
몸부림치면서 울었다.
난지도가 살아서 숨을 쉴 때,
그 섬에서 아기들이 태어났다.
난지도가 서울의 쓰레기로 매일 몸이 불어갈 때,
그 섬에서 사람들은 각자 하루의 목숨을 끊었다.

그러나 난지도가 강 건너 이렇게 가까운 줄을
우리는 모르고 살았다.
신음소리도 듣지 못했고
통곡소리도 들리지 않았다.
강물이 소리 없이 흘러가면서
번영과 평화를 노래하는가 하면,
독재자들이 보장해준다는 질서에 감사했다.

그리고 우리는 타락했다.
조상이 물려준 강산을 더럽히기만 했다.

난지도가 죽어버렸을 때,
섬을 떠난 사람들이 가슴에 증오를 품고
도시와 농촌에서 먼지처럼 떠 있는 것을,
쓰레기 더미에서 자라난 아이들이
증오를 유산으로 삼아
각자 섬이 되어 떠도는 것을
우리는 아직도 깨닫지 못하고 있다.

그리고 우리는 여전히 타락 속에서 술을 마시고
비겁한 우정으로 울타리를 치고 있다.
우리가 애써 난지도를 망각한다 해도
난지도는 우리를 결코 잊지 않을 것이다.

신촌 로터리

빌딩 위에서 빌딩만한 박카스,
그 병이 회전한다.
빌딩 위에서 빌딩만한 매취순,
그 병이 우뚝 솟는다.
마시고 취하고 속 쓰린 거리.

차라리 박카스 병 위에다가 빌딩을 짓지.
차라리 술병 위에다가 빌딩을 짓지.
토하고 비틀거리고 속 쓰린 거리.
노래하고 잊어버려도 속 쓰린 거리.

저녁 해가 아침 해와 다를 거 있나?
마네킹이나 진열장 밖 여자나 그게 그거다.
헌 것이든 새 것이든 속 쓰린 거리.
아무도 밤을 준비하지 않는다.

허수아비

해마다 보리 고개 넘던 시절에
얄궂은 참새 떼가 얼마나 많았던가!
남의 나락 훔쳐 먹고, 용용 죽겠지, 달아나는
참새는 얼마나 얄미웠던가?
오나가나 이간질 일삼으며 뒷거래에 발이 빠른
참새 떼 극성에 얼마나 시달렸던가!

온 나라가 썩어 무너지던 시절에
허수아비는 외로운 상징.
아무도 돌보지 않는 들판에 홀로 서서
낮이나 밤이나 두 팔 힘겹게 벌린 채
무표정으로 세월을 지켜보는 상징.

그러나 이제 신종 참새 떼가 몰려들어
땅도 빌딩도 마구 먹어치우는 판이기에
빈들에는 허수아비가 사라지고 없다.

낮이나 밤이나 그리스도처럼 두 팔 벌려야 할
허수아비가 보이지 않는 나라에서
산 사람이 허수아비가 되어 방황한다.
시대의 상징으로 인정받지도 못한 채,
미래의 눈물로 사랑받지도 못 한 채,
무수한 허수아비가 거리를 방황하고 있다.

그러나 다시금 뒤돌아보면,
네가 어찌 허수아비란 말이냐?
내가 어찌 허수아비란 말이냐?
시대의 상징으로 변신할 용기도 없는 우리가
어찌 일상의 허수아비가 될 수 있단 말이냐?

신문

신문을 한 장 또 한 장 넘기는 동안
마을이 불탄다.
신음조차 내지 못한 기아.
비행기가 추락한다.
올라가면 반드시 추락하는 법.
땅은 모든 것을 잡아당기고
부수고 빨아들인다.
그러나 모든 것은 싸늘한 활자로
미라가 된다.
숙독하고 해석할 시간 누가 있는가?

신문을 접어 쓰레기통에 던진다.
어제가 죽고
펜이 토한 오만과 긍지도 사라진다.
역사는 하찮은 실수에서 출발한다.
그러나 낙원의 광채로 빛나는 순간을

만끽하지는 못한다.
각종 사기꾼이 무대에서 춤춘다.
오늘도 우리는 실수를 저지른다.
역사를 만든다.
기록은 환상의 바다.
해파리처럼 신문이 표류한다.

모든 뉴스는 망각의 확인,
우리는 변하지 않는다.
남을 망각하고 타인의 망각 속에 잦아들 뿐,
우린 뉴스의 창조자도
조정자도 청취자도 아니다.
뉴스는 거대한 그물,
우리는 거기 갇힌 섬광일 뿐,
뉴스만 팔아먹는 신문도 포로일 뿐,
그리고 망각의 바다는 늘 고요하다.

제4부
우리가 잃어버린 것들
(1996~1997)

PART IV : THE THINGS WE HAVE LOST

추억은 사랑의 신

그대가 다른 사람에게는 몰라도 내게는
완전한 사람이 아니라 해서
실망하거나 원망할 일이 아니다.
그대에게 또 내게 처음부터
환희의 결합이 예정되지 않았다 해서
안타깝거나 서러울 일도 결코 아니다.

수십 년 살과 마음을 서로 섞어가며 살아도
떠날 때는 각자 외로울 따름이 아닌가?
먼저 가는 사람을 따라갈 수도 없고
뒤에 남은 사람을 위로하지 못하는
인간적인 순간, 마지막 순간이 어디서나
차례 기다리며 우릴 넘보고 있지 않은가?

그대가 걸어가는 길을 나는 모른다.
나의 길도 그대에게 전할 길이 없다.
그러나 시간 속에 자맥질하며 흘러가다가

잠시나마 그대를 만난 것만 해도 고맙다.
그대의 추억으로 물들지 않은 것이라면,
이 세상 그 무엇이 내게 사랑스럽겠는가?

그대가 오늘도 행복한지는 묻고 싶지 않다.
나의 행복도 저울질해서 알리고 싶지 않다.
그러나 수 없이 많은 인연과 사람 가운데
그대 이름과 얼굴이 내 가슴에 여전히
따뜻하게 살아있는 것만도 고맙기만 하다.

그대가 나를 알고 내가 그대를 안 그 순간이
바로 우리에게 영원임을 깨닫는다면,
그대가 보이지 않고 나마저 사라진다 해도
한숨과 눈물은 우리를 지배하지 못 한다.
추억은 시작도 끝도 없는 사랑의 신,
그래서 우리가 떠난 뒤에도
우리들의 추억은 아름답게 남을 것이다.

낡은 잡지

1950년대 초 라이프 잡지를 뒤적여 본다.
한적한 산길 아무 데나 걸터앉아
땀 들이며 숨결 고르며 낙엽 하나씩
무심결에 손끝으로 헤집어 보는 심정.
잎새마다 생명과 죽음이 공존하듯
페이지마다 광채와 침묵이 서린다.
잎새마다 젊은 날 지나친 인연이 반사하듯
페이지마다 편집자가 버린 사건이 어른거린다.

우리 땅에는 기이한 살육이 계속되던 시절,
세계 곳곳에서는 바캉스에 관심이 쏠렸다.
40여년이 지난 지금도
기이한 살육이 여기저기 벌어지고,
우리는 거실에서 찬 맥주 마시며 뉴스를 본다.
타인의 죽음은 늘 싸늘한 사실일 뿐,
비극을 느끼고 연민해도

전파는 순식간에 지나간다.
뉴스는 파티장에서 가벼운 화제로 떠다닐 뿐,
우리 의식의 바다에 가라앉는 낙엽일 뿐.

모든 기록은 탄생하는 순간에 죽어버린다.
손가락 사이로 새는 현재에 매달려
영광을 갈망하고 권력과 재산 과시하려 드는
무수한 사람이 낡은 잡지에서
스스로 미라가 된다.
지금은 각자의 무덤이 보이지 않는다.
그러나 우리 눈이 아무 것도 볼 수 없는
그 시간이 오면,
무덤 가 한 잎 두 잎 낙엽이 뒹굴 것이다.
부서진 인연은 끝나는 것이 아니라
한 세대 위해 잠시 정리될 뿐,
낡은 잡지는 고스란히 남아 소리친다.
미라는 영원히 얼어붙어 있다.

우리가 묻힌 자를 닮아갈 때

땅 속에 묻힌 자는 꽃으로만 말을 한다.
긴 겨울도 불모의 침묵은 아니고, 다만
우리 눈이 열리기만 기다리는 불꽃이다.

한 때 우리처럼 걸어 다니던 사람들이
가슴에 묻고 떠났던 그 말들이 이제는
꽃송이로 피어나 소리 없이 속삭인다.
오늘을 생각하라!
오늘은 영원히 오늘로 이어지는 것이 아니다!

그러나 오늘은 아름답다.
아름답게 사는 한 아름다운 것이다.

산에 묻힌 자는 시냇물로만 말을 한다.
하늘로 올라가기 전에는 모두 한 줄기의 물,
그 속에서 흘러가며 투명한 영혼들이

끊임없이 우리 귀에 속삭여 준다.
내일을 생각하라!
영원한 내일이 있음을 기억하라!

그러나 봄은 늘 우리 곁에만
머물러 있는 것이 아니다.
묻힌 자의 말에 귀를 기우릴 때,
비로소 계절이 빛난다.
꽃의 속삭임이 귀에 들어올 때,
시냇물의 속삭임이 가슴에 스며들어 고일 때,
매순간 우리는 묻힌 자를 닮아만 간다.

정나미

정나미는 비눗방울.
눈썹 끝에 찔리면 터지고
입술에 닿으면 녹아버린다.
주먹에는 닿기 전에 몸을 감춘다.

정나미는 나비의 날개.
찬란한 색채로 눈이 부시지만,
억지로 눈에 넣는다면
독 가루에 눈이 멀고 만다.

정나미는 자유롭게 오가는 바람.
혼자서 바람을 독점하려고 하면
바람 들어 병든 무같이 된다.
치유할 길 없는 독감환자가 된다.

정나미는 날카로운 칼.
받기 싫다는 사람에게 억지로 주면
칼이 되돌아와 심장을 찌른다.
어리석은 사람은 제 풀에 죽는다.

정나미는 신비로운 술.
스스로 취해서 병을 깨어버리면
다시는 마련할 수 없다.
순식간에 증발해 버리는 정나미.

혼자 사는 여자

자신만만한 걸음걸이 있는 그대로,
아무 것도 숨김없이 없는 그대로
그대는 모든 사람 앞을 지나간다.
그러나 모든 이가 그대 속 거쳐 간다면,
그대에게 무엇이 남을 것인가?

자유가 남는다.
껍데기, 향기 없는 자유.
쾌감의 여운에 몸이 떨린다.
모든 사람이 그대 망각에 묻을 때,
주름살 골마다 추억이 고인다.
콜드크림으로 지우고 싶은 추한 시간.

오늘도 혼자 드는 커피 잔,
유쾌한가?
어머니의 눈물을 흘려본 적 없다.

그 눈은 여전히 오만하다.
그늘이 진다.
요염한 입술이 일그러진다.
꽃이 시든다.
그대 손톱에 찢긴 언약이
사방에서 뒹군다.

몸도 마음도 피곤하다.
나들이 간다.
콧노래 불러도 나비 떼 날지 않는다.
카드시대에 무엇이 부족하겠는가?
그러나 가슴이 식는다.
피가 얼어붙는다.
멀쩡한 길 헤매다 그림자로 떠난다.

기회가 주어지지 않는다 해도

두꺼비는 두꺼비 끼리 모여서 웃고 즐긴다.
늑대는 늑대 끼리 몰려다니며 고기 뜯는다.
호랑이도 사자도 곰도 언젠가는 사지를 뻗고,
태양이 이름 없는 풀과 꽃과 새와 대화할 때,
지나간 화려함을 꿈꾸면서 흙으로 돌아간다.

두꺼비 무리에 끼일 기회가 없다고 해서,
늑대 떼와 어울릴 기회가 없다고 해서
오늘 한탄할 일은 아니다.
오히려 이름 없는 풀과 꽃과 새를 바라보고
햇빛의 정의와 평화를 노래하는 것이 낫다.

화려한 쾌락과 명예는 마약과 같아서
호랑이, 사자, 곰을 무력하게 만든다.
호랑이도 사자도 곰도 아닌 것이,
겨우 여우나 너구리 밖에 못 되는 것이

온 세상을 자기 손에 쥔 듯이 날뛰는 꼴은
세월이 흙이 무엇인지 모르는 어리석음이다.

그런 무리에 어울리는 것이 좋은 기회인가?
끝까지 이름 없이 살아갈 수만 있다면,
세상에 그처럼 좋은 기회가 어디 있는가?
하루 스물 네 시간이 통 채로 자기 것이고
일 년 그리고 일생의 시간이 모두 자기 것이니까.

부러운 것들

마음껏 어디론가 달려가는 사람이
먼 하늘 바라본다.
한가로이 나는 새가 부럽다.
그러나 걸어갈 기운조차 없어
그늘에 주저앉은 사람에게는
달려가는 사람 얼마나 부럽겠는가!

달려가는 사람은 주저앉은 사람을 보지 못 한다.
주저앉은 사람 역시 보지 못하는 것이 있다.
두 다리 멀쩡하든 절름발이든,
하다못해 외다리로 걷기만 한다면,
그런 사람이 기는 사람에게는 얼마나 부럽겠는가!

그러나 기는 사람에게도
역시 보이지 않는 것이 있다.
누워있는 사람의 부러움.

기어서라도, 기어서라도
몸을 움직이는 사람이
누운 사람에게는 얼마나 부럽겠는가!

그러나 누워서라도 숨 쉬는 사람은
아직 행복한 것이다.
숨도 못 쉬는 사람에게는 얼마나 부럽겠는가!

아, 살아있다는 사실에서 샘 지는 기쁨과 신비여!
숨 쉬고 있으면서도 공연히 남을 부러워하고,
한탄, 짜증, 원망, 욕심으로 세월을 낭비하는
우리의 어리석음과 죄악이여!

별은 빛이다

별은 빛이고 빛은 별이다.
태초에 태어난 빛도 별,
태초에 태어난 별도 빛이다.
내 눈에 보이는 별은 할아버지의 별,
나의 별은 손자가 볼 것이다.
눈에 보이는 별은 모두 대물림하는 우리 유산.

우리보다 먼저 태어난 별은
우리를 위해서 태어난 것이다.
우리보다 더 오래 남을 별도
우리를 위해서 남을 것이다.
사람은 결코 별을 위해 사는 것이 아니다.
별이 사람을 위해 빛나는 것,
우리는 빛의 아들이고
빛은 우리의 영원한 고향이니까.

별은 별빛을 뿌리면서 죽어가지만,
별빛을 보는 우리는 영원한 빛으로 걸어간다.
내 눈에 보이는 별은 할아버지의 별,
나의 별은 손자가 볼 것이다.
아름다운 별이 되지 못하면
빛의 나라로 들어가지 못할 것이다.
아름다운 별이 되고 싶다면
언제나 맑은 눈을 간직해야 한다.

마지막에 지는 별이 가장 찬란하다.
마지막에 별을 보는 사람이 가장 착하다.
별은 빛이고
빛은 별이기 때문이다.

눈에 익은 것들이 사라질 때

하나씩 하나씩 멀어진다.
시야에서도 가슴에서도 눈에 익었던 것들이
어느 새 추억의 뜰,
그 덤불 속으로 사라진다.

귀에 익었던 소리도 들리지 않고
한낮에 밤이 내린다.
생각이 닿으면
불꽃 튀기며 내 가슴 저며 내던 이름들마저
시간 저편에서 가라앉는다.

한밤에 서리가 내린다.
앙상하게 들어난 둥지라 해서
찬바람이 그냥 스칠 리 없다.
그러나 겨울새는 잠이 든다.

새끼들 품고 날개 내린 새에게도
눈에 익었던 것들은 사라지고 있을까?
귀에 익었던 소리 사라지고 있을까?

언 눈으로 먼 봄 바라다볼 때,
한 조각 흰 구름만 새벽을 기다린다.
추억마저 아득한 추억이 된다.
나도 누군가의 희미한 추억일 뿐.

광장과 황혼

광장 한구석 카페 둘이 마주 봅니다.
고요한 카페는 모든 것이 정결합니다.
재즈카페는 담배연기 자욱합니다.
그렇다고 손님을 분류할 순 없습니다.
주인 멋대로 골라 환영할 수도 없습니다.

광장은 우리가 매일 요리하는 시간.
고요한 시간에는 비둘기 떼 모여듭니다.
소란한 시간에는 휴지 흩어져 날립니다.
바람이 불면,
고독한 얼굴도 사랑에 찬 얼굴도
길모퉁이 돌아 어디론가 떠나갑니다.

커피 맛을 비교해야 무슨 소용입니까?
인생은 단 맛 쓴 맛으로만 교직된
그런 모자이크가 아닙니다.

무미건조한 빛이 지혜의 샘 채우기도 하고,
슬픔이 극도에 이를 때
비로소 깨달음이 오기도 합니다.
커피 맛은 각자 선택하는 갈림길입니다.

동전처럼 한나절을 소모하고 나면,
이미 황혼입니다.
마음속에 울리는 노래 선택할 시간,
고독한 밤을 두려워 마십시오.
후회를 주저할 필요도 없는 시간,
각자 자기의 주인이 되어
누워야 할 시간입니다.

아침 커피

블랙커피 잔에 그대 얼굴이 떠오른다.
형체가 없다.
혈색도 머리카락도 보이지 않는다.
죽은 음성만 아득한 벽에 닿아
내 가슴에 부서진다.
문득 가슴이 무너진다.

운명의 파도는 고독인가?
거품에 싸인 한 토막 시간이 자맥질이다.
둥둥 떠가는 무수한 이름은
기억에서 밀려난 죄 또는 죄의식의 그림자인가?

쓴 맛의 여운이 그대 입술에 맴돈다.
길에 흐르는 아침이 고요하다.
언젠가 묘지가 선명하게 보일 것이다.

첫 눈

가로수 가지마다 아직도
떨어질 잎새 이만큼 남아있는데,
우리 가슴마다 아직도
지워야할 앙금 키만큼 쌓여 있는데,
눈발이 어지럽게 흩날립니다.
아, 작은 눈송이들이 눈부시게 하늘에서
춤을 춥니다.

실개천의 시냇물은 아직 가야할 길 너무나 멀고,
남은 세월 동안 우리는 아직도
준비할 일 헤아리기 어려운데,
눈발이 흩날리고 있습니다.
경이와 초조감에 밀려서
머리카락이 하얗게 눈을 닮아가고,
놀란 눈들이 하늘 먼 곳을 바라봅니다.

갑자기 위험해진 길에서
사람들이 충돌하고 피를 흘립니다.
어디선가 총소리 멈추지 않고,
아이들이 무더기 무더기 숨을 거두고
하늘로 올라가 흰 눈이 됩니다.
가로수 가지마다 아직도
푸른 잎새들 추락을 기다리는데,
눈발이 무심히 흩날리고 있습니다.

눈의 노래

우리가 걸어가야 할 길마다
밤새 남몰래 내려쌓인 것은
순수의 빛을 반사하는 흰 눈,
탄생도 죽음도 싸늘한 순결이었다.
얼어붙은 가슴 녹여주려 하늘에서 내려온
부드러운 위로의 손길이었다.

그러나 흰 눈을 덮은 안개는 무엇인가?
순수도 순결도 하루살이처럼 덧없이
사라지게 짓누르는 악취는 무엇인가?
보이지 않는 곳에 검은 손이 내다버린
쓰레기가 돌아와 토하는 저주인가?
보이지 않는 곳에서 버짐처럼 번지는
온갖 죄가 눈송이마다 심는 암흑인가?

발길이 닿지 않는 곳에서도 이제는
흰 눈이 맑은 물의 원천이 되지 못 한다.
먼지와 보이지 않는 독소들이 끊임없이
우리 모두의 신경을 갉아먹고 있다.
흰 눈이 차라리 하늘에만 머물러 있다면,
아름다운 꿈과 애틋한 정이 담긴
찬란한 이상을 우리가 우러러볼 것을.

묘지에도, 산송장의 더러운 땅에도,
시커멓게 썩어 힘없이 흐르는 강물에도,
오만하지만 어리석은 사람들 머리 위에도
여전히 흰 눈이 내리고 있다.
짓밟히고 더럽혀지고
망각 속에 사라질 줄마저 알면서도
여전히 흰 눈은 웃으면서 쌓이고 있다.
연약하고 발가벗은 눈송이 하나하나가
실어오는 축복은 이토록 무한하다니!

우리가 걸어가야 할 길마다
밤낮으로 여전히 흰 눈이 내리고 있다.
우리가 낭비하는 시간의 한 토막 한 자락이

눈발처럼 어지러움을 속삭일 때,
언젠가는 지상에서 말끔히 걸어갈
우리 영혼들의 초상화를 보여주기 위해
태고 시절처럼 흰 눈이 쌓이고 있다.
우리가 모두 잠들고 침묵이 영원할 때에도
여전히 흰 눈은 지상에 내릴 것이다.

관광객

남의 동네를 기웃거리지 않고는
도저히 견딜 수 없는 때가 온다.
초대하지 않아도 호기심은
가슴에 들어앉아 군림하는 폭군.

움직임은 생명의 거울.
걸어가는 다리는 순간마다 방향의 주인이고
동시에 무수한 방향을 잃어버린다.
길은 있으니까 걸어간다.
스스로 선택한 노예의 길.
피로도 즐거움도 기묘한 인연도
일정표에 이미 기록되어 있다.

새로운 사물이 눈에 비칠 때,
충격을 갈망하면 실망이 온다.
기대 버리면 오로지 바람소리만 들린다.

관광객을 구경하는 사람도 관광객이 된다.
사람만큼 신나는 구경거리가 또 어디 있겠는가?

우물 안 개구리는 짙은 안개만 본다.
왜 자기 앞에 길이 있는지, 어디로 향하는지,
깨닫고 몸을 바로 세울 길이 전혀 없다.

그러나 스스로 길을 선택한 사람에게는
모든 것이 부서지고 속살이 드러난다.
그리고 목적지도 도달할 희망도 있다.
바른 방향도 그릇된 방향도 분명히 알고 있다.

인간이 스스로 노예가 되면,
사물이 자유를 회복한다.

자화상

턱에 수염이 까칠까칠하다.
갑자기 야윈 얼굴이 노려본다.
반백 머리카락에 기름기도 없다.
목에는 넥타이도 없다.

오히려 시인다운 몰골인지도 모른다고
죽은 시인이 독백한 적이 있다.
시인답다는 말은 정말 무엇인가?
그런 자화상을 누가 그렸던가?
아니면, 누가 요구했던가?

원하지 않는 시대에 원하지 않는 장소에
우연히도 사람으로 태어난 것은
살아있는 자의 죄가 아니다.
이 세상에 한 가지 죄가 있다면,
목마른 사람에게 물을 주지 않는 것.

그러나 사람답게 살기가 너무 힘들다는
기도가 하늘 높이 봉화로 오르는 세상,
하늘은 오늘도 고요하다.
혼란, 탐욕, 비극이 녹은 뼈처럼 뒤엉켜
화려한 포장지로 싸여 배달되는 세상,
대지는 오늘도 단단하다.

소리쳐도 들리지 않는 비명이
낙엽으로 지는 밤.
원하지 않는 시대에 원하지 않는 장소에
우연히도 사람으로 태어난 것은
살아남은 자의 죄가 아니다.
이 세상에 한 가지 죄가 있다면,
누가 뭐래도 사람답게 살겠다는
그 의지의 결핍이다.

아무도 만족할 수 없는 자화상을
날마다 우리가 그려낸다면,
지상에서 모든 등불이 사라지고
밤이 영원히 군림할 것이다.

토인의 가면

토인의 가면은 거울이다,
악귀의 거울.
악귀는 거울에서 반사할 뿐,
가면 뒤의 얼굴로 침입하지 못한다.

가면을 쓴 얼굴도 거울이다,
가면의 거울.
가면은 그 거울 앞에 놓여있을 뿐,
얼굴 뒤의 영혼으로 들어가지 못한다.

그러나 칼날에서 피가 떨어지는 날,
가면이 얼굴의 거울이 되고
악귀가 가면의 거울이 된다.
악귀가 가면을, 가면이 얼굴을 흡수한다.

질서가 무너지고 순서가 바뀌면,
우리는 제 얼굴을 깡그리 잃어버리고
가면으로 변모한다.
악귀가 영혼 대신 주인이 된다.

가면은 자기 행복을 느낄 수 없다.
얼굴과 하나인 가면은 불행도 모른다.
불행마저 모르니까 더욱 불행하다.
더 큰 불행의 불감증이 최대의 비극이다.

무대 위 토인만 가면을 쓰고 있는가?
우리가 매일 쓰고 다니는
그 가면은 무엇인가?
우리 얼굴은 과연 무엇인가?

정직한 끝

달리면 달리는 만큼 더도 덜도 없이
정확하게 기록되는 주행거리,
길이 정직하기 때문이다.
사람마다 살아온 만큼 더도 덜도 없이
가슴에서 새어나가는 시간,
시간이 공평하기 때문이다.
그래서 시간은 길이고 길은 우리 시간이다.

긴 듯 짧은 듯 보여도 하나 뿐인 길.
더도 덜도 받을 수 없는 시간.
우리의 길, 우리 시간이다.

하늘 저 너머에서 보는 길은 점,
무수한 점 가운데 하나일 뿐,
그 길에 끝이 있는가?
아무리 달려도 끝이 없는 길은 절망,

우리 길이 아니다.

길이라면 어딘가 끝이 있다.
비록 눈에 보이지는 않는다 해도,
새로운 길의 시작을 위해서 반드시
끝이 있어야만 한다.

정직한 끝은 우리 희망,
가장 정확하고 가장 두려운 시간의 매듭이다.

화석

개펄에 바람이 분다. 한 해가 저문다.
모든 것이 부서진 채, 무너진 채,
한 해가 저문다. 겨울바람이 분다.

술잔마다 벙글벙글 웃음의 달이 뜬다.
승리를 축하한다.
황금태양을 기다린다.
온실에서 장님끼리 배신의 악수를 교환한다.

바깥은 캄캄한 밤,
질식의 시간이 고인다.
누가 지금 환희를 노래하는가
모든 귀 피로가 푹푹 절이는 판에?

바람결이 잔다. 개펄이 굳어진다.
썩지 않은 사람만 화석이 된다.

희망도 사랑도 굳는다.
두뇌는 사라진다.

침묵이 내린다. 영겁의 해가 저문다.
화석을 캐어갈 손은 언제나 기다린다.
속일 수가 없다.
화석만 남는다.

악몽

무거운 눈꺼풀은 감당할 길이 있습니다.
그러나 새로운 세상이 보일 리 없고
내 눈이 새롭게 탄생하는 것도 아닙니다.
한낮입니다.
창 밖에 바람결마저 잠든 시간,
선잠 깊어가도 몸은 더욱 괴롭기만 합니다.
내내 쌓인 낡은 시간이 내 삶의 길에
이렇게 많을 줄은 몰랐습니다.
진정입니다.

멀리서 소음이 밀려옵니다.
누군가 죽음에서 멀어집니다.
병원으로 향하는 질주가 오히려
죽음을 맞이하는 것인지도 모릅니다.
그 많은 사연 어찌 다 헤아립니까?
누군가 목적 없이 운전하며 배회합니다.
조금씩 자기 생명을 길바닥에 흘립니다,

권태로 절망으로 낭비하는 삶.

그러나 자유인의 멋 놀림 어찌 다 헤아립니까?
각자 자기 차를 운전하는 길,
그 길이 사방으로 뻗어 있습니다.

잠시나마 행복한 잠에 취하렵니다.
부드러움도 위로의 말도 깃들지 않은 자리에
홀로 누워도 좋습니다.
혼란에 휩싸여 비틀거리던 정신이 쉴 곳이
한 군데나마 있다면 다행입니다.
갈등, 오해, 포기가 피어오르지 않는다면,
맨 땅바닥에도 저리는 등을 뉘이겠습니다.

사랑하는 사람은 보이지 않는 법입니까?
사랑하고 싶은 사람마저 모두 사라집니다.
다가갈수록 팔을 벌릴수록 더욱 멀어집니다.
낯선 거리에는 위협적 얼굴이 진을 칩니다.

빠져나갈 수 없는 꿈의 마을에 갇힌 채,
온 몸이 진흙 수렁에 한없이 가라앉고 있습니다.

숨 막혀도 죽지 않는 생명은 영원한 천벌.
꿈나라가 이렇게 잔혹한 줄 몰랐습니다.
악몽의 포로가 이토록 슬픈 줄도 몰랐습니다.

어디선가 행진곡의 멜로디가 다가옵니다.
수백 만 수천 만 명이 발을 쿵쿵 굴러댑니다.
출생의 자유가 없는 몸은 죽음의 자유도 없다고
펄럭이는 깃발에 뚜렷이 적혀 있습니다.
아, 악몽 꾸는 몸이 담긴 이 세상이야말로
신비와 저주가 교차하는 거대한 악몽입니다.

불안한 비둘기

싸늘한 커피가 입술에 닿는다.
비둘기 한 마리가 살금살금 다가온다.
눈은 공포의 심연 또는 경계의 혈관.
분수 물소리가 잡음을 씻는다.

검은 돌의 촉감이 내일을 예고한다.
석관은 거대한 궁전의 축소판이다.
꽃이 놓이고 촛불이 사방에서 빛난다.
대주교는 수백 년간 누운 채 꼼짝 못한다.
구경꾼이 주위를 배회할 뿐.

맥주와 무기가 어떻게 조화되는가?
강물에 피가 흐르지 않았다면,
고문과 처형이 반복되지 않았다면,
너무나 단조로운 산과 들과 성벽이었던가?

오늘 리에쥬의 비둘기는 불안하다.
오늘은 기계소음이 행복의 지표다.
그러나 커피를 데워줄 맑은 손길이
어디선가 우리를 기다리고 있을 것이다.

북소리

곧은 8차선 도로에서 다가오는 북소리.
축제의 흥을 돋우는 악대가 행진한다.
깃발이 자맥질하고 수평으로 빙빙 돌기도 한다.

청순한 소녀의 다리가 아스팔트에서 춤춘다.
타다닥탁! 쿵쿵쿵! 따다닥딱! 쿵쾅쿵쾅!
나무실로폰 소리에 귀청이 짜릿 흔들린다.
모든 소리가 너무나 감각적이고,
무심한 풍경도 무의식의 잿더미에서
역사의 욕망을 일깨운다.

한 때 폐허였던 거리가
이미 과거를 망각하고 내일만 쳐다본다.
창마다 영원한 오늘의 현수막을 드리운다.
그러나 과거가 무엇인지,
오늘이 무엇인지는 아무도 모른다.

귀여운 소녀도 미래를 알 리가 없다.

북소리만 점점 커지고 난숙한 문명이 비틀거리며
맑은 하늘에 외로운 초상화를 그릴 뿐,
모든 것이 보여도 아무도 쳐다보지 않는다.
아무 것도 보이지 않아도
거리의 신비로운 고뇌는 그대로 머문다.

타다닥딱! 쿵쿵쿵! 따다닥딱! 쿵쾅쿵쾅!
북소리는 심장의 영혼이다.
높이 뛰는 생명의 공의 탄력.
북소리가 멈추면 시간의 해저로
도시가 가라앉는다.
밤이 곧 올 것이다.

매미

매미가 운다고 하는 사람은 웃기를 좋아한다.
매미가 노래한다는 사람은 노래를 싫어한다.

사람들이 듣든 말든 오늘도
매미는 매미 소리를 낼 뿐이다.
지나가는 계절을 향하여 토해내는
삶의 메아리일 뿐.

가을걷이 끝나면 매미 소리 잦아들고,
거친 나무줄기에 외롭게 달라붙은
빈 껍질 하나,
메아리가 남긴 우리들의 추억.

남을 울리는 사람은
겨울 길에서 쓰러질 것이다.
남에게만 노래시킨 사람은

가을을 넘기지 못할 것이다.

이름도 권력도 우리 몸도
한 철 겨우 넘기고 사라지는 매미,
그러나 다시는 돌아오지 않는 매미.

벚꽃의 슬픔

눈부시게 공중에 떠있는 꽃방석들이
이마를 마주한 채,
소리 없이 눈물을 흘리고 있다.

맑은 하늘 점점이 뜯어내면서
힘없이 떨어지는 하얀 비늘들.
봄이 나무를 조금씩 저버리고 있다.

지는 꽃잎에 무슨 순서가 있겠는가?
바라보는 마음마저 기묘한 예감에
자꾸만 뒤를 돌아보기만 한다.

화려한 것이 아름다움이라면,
덧없이 져야 하는 아름다움은
얼마나 슬프겠는가?

바라보는 자와 바라보이는 것 사이에
찬란하게 추락하는 것은
은빛 슬픔의 침묵일 뿐이다.

그림과 액자

화가 수만 명이 제각기 전시회를 열어도
불후의 명작 한 점 보여주지 못한다.
단 한 명이 고독한 방에서 붓을 들어도
명작이란 고향을 발견하는 법.

형편없는 그림일수록 액자만 화려하다.
그러나 액자 없이도,
전시되지 않아도,
명작은 언제나 명작으로 빛난다.
비평가의 아첨 따위 귀를 막는다.

사람이란 누구나 걸어 다니는 그림.
화장품, 장신구, 옷은 액자.
재산, 지위, 명예도 액자.
못난 사람일수록
화려한 액자만 찾아다닌다.

세상이 끝날 때

아무도 보고 싶은 사람이 없을 때,
너는 더 이상 이 세상에 없다.
아무도 너를 그리워하지 않을 때,
네 세상은 이미 끝나버린 것이다.

그러나 네가 없는 세상이라고 해서
모든 사람에게 끝난 것은 아니다.
만나고 사랑하고 헤어질 때까지
각자 웃으며 늙어가는 세상이다.

처음부터 네가 있던 세상도 아니고,
끝까지 네가 지켜볼 수도 없다.
아쉬운 발자국 남기고 떠나는 것이
어찌 너 하나뿐이라고 하겠는가?

보고 싶은 경치나 듣고 싶은 뉴스가
단 하나도 네게 남아있지 않을 때,
네가 더 이상 머무를 필요가 무엇이냐?
네가 대단한 뉴스가 된들 무슨 소용이냐?

그러나 한동안 살아가면서 우리는
무수한 세상을 만나고 간다.
하루하루가 늘 새로운 세상으로 온다.
누가 세상을 하나뿐이라고 하는가?

출발점도 종점도 서로 다르다

두 지점 사이를 왕래하는 버스에게
어디서 오는지 물어보려는가?
어디로 가는지 물어보려 하는가?

어디선가 타고 어디선가 내리면
네가 할 일은 그것으로 충분하다.
출발점도 종점도
우리는 모두 서로 다르다.

한동안 같이 타고 가는 경우도 많다.
잠깐 동안만 같이 타고 가는 것이다.
언젠가는 각자 제 자리에서 내려야 한다.
옆 사람이 문득 보이지 않는다고 해서
서러워할 이유가 어디 있는가?
버스는 영원히 순환하는 것이지만
우리가 영원히는 거기 타진 못한다.

우연히 같이 타고 가는 사람에게
옆 자리를 영원히 지켜 달라 기대하는가?
너 자신도 그 사람 곁에
영원히 앉아있지도 못하는 주제에
무슨 터무니없는 욕심을 그리 부리는가?

타는 곳이 같아도 내리는 곳이 다르다.
타는 곳이 달라도 내리는 곳은 똑같다.
타는 곳 내리는 곳이 서로 다르기도 하다.
두 곳이 같은 경우는 너무나 희귀하다.
그러나 같거나 다르거나 무슨 상관인가?

어디선가 타고 어디선가 내려버리면
네가 할 일은 그것으로 충분하다.

낙엽이 주는 말

미워하는 동안에는 쓸쓸한 법.
남을 해칠 때마다 더욱 쓸쓸해진다.

비록 모진 바람에 우리가
무더기로 땅에 떨어지고
어디론가 몰려가거나 흩날린다 해도,
최소한 우리는 서로 미워하지도
서로 해치지도 않았다.

생명의 대기가 더러워지면 맑게 해주고,
사람들의 눈에 푸른 희망을 심어주었다.

그런데 사람들은 왜 우리더러
쓸쓸하다고 멋대로 단정하는가?
미움, 속임수, 서로 해치고 죽이는 짓이
밝은 곳에서나 어두운 구석에서나

모두 사람들의 일상적인 몫인 것을.

사람들은 우리보다 서로 사랑이 더 깊은가?
우리보다 늘 더 행복하다 자신하는가?
서로 미워할 때마다
서로 해칠 때마다 쓸쓸해지는 것은
바로 사람들 밖에 더 있는가?

우리는 결코 쓸쓸하지가 않다.

연날리기

아침 햇살이 사람을 차별하여
강한 자의 얼굴만 환하게 비춘다면,
약한 자의 얼굴에 그늘만 던져준다면,
지상의 온갖 차별은 승리를 노래해도 좋다.
모든 깃발은 무수한 정의를 외쳐도 좋다.

그러나 아무 것도 외치지 않으면서도
햇살은 모든 것을 정복한다.
한 번도 가혹한 명령 내리지 않았어도
모든 것이 끊임없이 햇살을 갈망한다.
햇살은 공평하게 있는 그대로
모든 것을 모든 것에게 드러낼 뿐이다.

역사의 지평선에 광장이 나타난 이래
인간이 언제 단 한번이라도 그 광장을
지혜와 관용으로 가득 채운 적이 있던가?
허영, 광기, 폭력이 장엄한 곡조에 행진할 때,

인민의 대표와 지도자들이 언제 이 광장에서
진심으로 인민을 사랑한 적이 있었던가?
시간의 무대에서 쇼를 벌이는 사람들이
죽어도 영원히 탐내는 것은 무엇인가?

일요일 아침 천안문 광장에서는
이름 없는 연이 무수히 솟아오른다.
꼬리에는 아무런 구호도 적히지 않고
아무도 자유를 소리치지 않는다.
줄이 끊어지면 연은 땅으로 추락할 뿐.
그러나 태양을 향해 치솟아 오르는 연은
연 날리는 사람의 마음을 안다.
햇살이 바로 자유임도 안다.

연은 스스로 줄을 끊고 살아있는 매가 되어
푸른 하늘을 마음대로 날아갈 수 없을까?
연 날리는 사람을 태우고
차별도 속박도 없는 땅으로 데려갈 수 없을까?

그러나 연 날리는 사람도 줄을 끊지 않는다.
하늘이 머리 위에 있는 것이 아니라

자기와 이웃의 가슴 속에 있음을 알기에,
연 줄이 자기 하늘과 이웃의 하늘을 잇는
생명의 탯줄임을 알고 있기에
오늘도 그 줄을 끊지 않는 것이다.

만리장성

지킬 것이 없으면 성을 쌓지도 않는다.
그러나 성을 쌓으면
지킬 것마저 언젠가는 잃고야 만다.
성 안에 무엇인가 탐낼 것이 있음을
성 안에 있는 사람이 먼저 알고
갈라져 싸우고 스스로 부패하고,
성 밖에 있는 사람도 누구나 알고
밤낮으로 기회를 노리기 때문이다.

길고 긴 성을 국경선으로 삼지 못할 바에야
차라리 성을 쌓지 말았어야 한다.
온 나라를 통 채로 이민족에게 바친 기간이
오백 년, 아니, 천년이나 되는 판에
장성이 만 리에 뻗친들 무슨 소용이었던가?
세계 칠대 불가사의라니!
개미떼가 차곡차곡 돌을 쌓은 것이

누구를 위해 어째서 불가사의인가?

지킬 것이 정녕 있었다면
그것은 바로 백성의 생명과 행복이었다.
그러나 만리장성을 수십 겹 둘러쳐도
그것은 지킬 수가 없었을 것이다.
백성의 생명과 행복을 지키는 것은
백만 리 장성이 아니라,
백성에게 스스로를 지키겠다는 결의와
그 실천의 능력을 충분히 보장하는 지혜였다.
그러나 불행하게도 거대한 돌과
길게 뻗기만 한 석벽에는
그 지혜가 깃들지 않았다.

무수한 석공의 기술만 가지고는
단조로운 역사의 기념비를 남기기는 했다.
그러나 나라와 백성만은 지키지 못했다.
역사의 교훈이란 것이 만일 있다면,
누가 지금 그것을 배우고 실천하는가?

인력거

손으로 끌든 자전거에 연결해서 달리든,
인력거는 여전히 변함이 없다.
택시라고 부른다고 해서
끄는 자와 타는 자가 각각 느끼는 만족이
어떻게 합창을 할 수 있겠는가?

구슬땀으로 움직이는 인력거는 아름답다.
사랑으로 움직이는 인력거는 거룩하다.
희망에 끌려가는 인력거는 건강하다.

그러나 인력거에 오늘 하루만 싣고
내일은 절대로 싣지 못하게 하는
손과 머리는
어리석고 비겁한 천재들의 것이다.

먼지가 무질서를 흩날리는 거리에서는
날라도 또 날라도 여전히 더 많이 남아있는
머릿수가 오늘도
현기증과 혼돈의 계곡 사이로
희망과 절망의 강물만 이끌고 간다.

시골 이발소

수도도 전기도 없다. 간판마저 없다.
그래도 손님들은 찾아온다.
머리만 깎는 것일까? 면도로 만족하는가?

문득 이발소가 사라지고
그 자리에 술집이 들어선다.
시골풍경이 흔적 없이 사라지고
판자촌이 눈부시게 홍수진다.
밤에도 눈을 환하게 부릅뜨는 빌딩이
곳곳에 치솟는다.

냉방이 땀 흘릴 자유를 거두어 간다.
수도가 마을 우물에 뚜껑을 덮고
방마다 자만의 곰팡이가 가득 핀다.
가난한 사람끼리 즐기던 외상도 끊기고
훈훈한 덕담도 말라버린다.

수도도 전기도 없던 시절에는 머리만 깎았지,
마음을 칼로 베어내진 않았다.
그러나 대도시의 이발소에서는
누구나 머리 대신 마음을 깎는다.

시골 이발소는 아직도 거기 서있다.

바람다운 바람

누가 바람은 보이지 않는다고 하는가?
들에 나가 끝없이 펼쳐진 논을 보라!
양탄자인 듯 바다의 수면인 듯
거기 소리 없이 일어나 퍼져나가는
초록색 파도를 바라보라!
가볍게 신선하게 살아서 꿈틀거리는
바람다운 바람은 바로 그 파도가 아닌가!

누가 바람은 보이지 않는다고 하는가?
눈을 감고 우리의 어제와 오늘을 생각해 보라!
부패, 탐욕, 독선의 깃발을 들고
민심이 불어가는 방향을 바꾸려 했던
독재자들의 어리석음이 반복된 것을 보라!

살아도 산목숨이 결코 아니고
죽어도 치욕의 어둠에 영영 묻혀있는,

크고 작은 독재자들의 추잡한 삶을 보라!
그 세력이 이 땅에 쏟아 부은 파괴와 죽음,
이별과 타락, 먹이사슬과 속임수를 보라!

약한 자의 눈물과 한숨,
그리고 정의의 실현을 갈망하는 그 소리가
가장 강하고 또 참된 바람이 아닌가!

바람이 어디서 불어오는지 우리는 안다.
어디로 불어 가는지도 안다.
언제 무섭게 모든 것을 파괴하고
언제 마음이 착한 사람을 위로하는지도 안다.

지금은 크고 작은 배우들이 무대 위에서
제 멋대로 자기모순과 검은 등을 드러낸다.
우리 주머니에서 삶의 수단을 훔쳐갈 때,
목을 졸라 한줌의 행복마저 빼앗아 갈 때,
우리는 힘에 부친 듯 참고 바라만 본다.
그러나 우리는 안다.
언제 세찬 바람이 불어올지를 안다.

마음의 눈이 더럽혀진 사람들만이
바람은 보이지 않는다고 소리친다.
그리고 겁도 없이 부끄러움도 없이
악의 씨를 사방에 뿌려대고 있다.
곧 가을이 온다.
추수의 때가 온다.

바위섬과 파도

바다에는 분열과 반역이 숨어있다.
제 멋대로 날뛰며 승리를 외쳐대지만
끝내 파도는 모래톱에서 숨을 거둔다.
아무리 수없이 파도가 일어서도
바다는 언제나 하나 뿐.

바위섬은 철없이 조숙하게 솟구쳤다가
바람에게 버림받고 얼어붙은 파도인가?
고집을 부릴수록 더욱 고독하고
자유를 노래할수록 더욱 완고해질 뿐,
우리의 어리석음을 반사하는 거울이다.

바다는 파도를 낳지 않았고
삶과 죽음을 가르치지도 않았다.
파도소리가 바다의 노래는 결코 아니다.
바다는 여태껏 말 한 마디 안했고

영원히 입을 열지 않을 것이다.

언제 바다가 바위섬에게
그 자리에 서있으라 지시했던가?
언젠가 사라질 운명 떠맡기지도,
고독의 자유,
자유의 고독을 권한 적도 없다.
바위섬이 제 멋대로 나서서
바다의 한 점을 차지했을 뿐.

파도나 바위섬에게 갈매기는
사랑도 미움도 기우리지 않는다.
파도도 바위섬을 사랑하지 않고
바위섬도 파도를 반기지 않는다.
어쩔 수 없이 뒤엉켜서 하나로 보일 뿐.

무수한 파도가 일어나도 부서지지 않는,
바위섬들이 치솟아도 찢어지지 않는
바다는 우주에 둥둥 떠서
오늘도 묵묵히 제 길을 걸어간다.
누가 자기를 부르는지 분명히 알고 있다.

등대

캄캄한 밤이 수평선을 지우지 않는다면,
뱃길 앞에 암초가 곳곳에 도사리지 않는다면,
누가 등대의 불빛을 그토록 고맙게 여기고,
반드시 필요한 곳에 등대를 세운 손을
누가 지혜롭다고 칭찬하겠는가?

노련한 선장이 열심히 조종하는 배조차
올바른 방향에서 벗어나는 일이 없다면,
누가 처음부터 등대를 세우려고 했겠는가?

등대는 오라고 손짓만 할 뿐,
스스로 부서지는 배를 막지 못하고
익사하는 사람을 구출할 수가 없다.
무수한 배가 바다 밑에 가라앉은 뒤에도
암초 하나 제거해 주지 못하는 등대.
등대지기도 떠나고 내밀 손도 없는 등대.

그러나 한 곳에만 붙박이로 서있을수록
등대는 움직이는 모든 것에게 더욱 소중하다.
외로울수록, 아니, 바로 외롭기 때문에
등대의 손짓은 장엄하게 이어지는 영원이다.

등대는 어둠 속에서도 우리를 바라보지만
우리는 등대를 알아보지 못한다.
그 속마음을 이해하지 못하고
우리는 어리석은 자만의 키로 항해한다.
등대를 무시하거나 불신하는 것은 자유다.
그러나 우리가 탄 배는 어디로 가는가?

사전

입술에서 살살 녹는 달콤한 말,
귀를 간질거리는 기분 좋은 말,
점잖은 말, 성스러운 말,
그런 말만 주어모아서는
훌륭한 사전이 결코 완성될 리가 없다,
어제와 같이 오늘도 그리고 영원히. 아멘!

우리가 매일 뒤적이는 사전은
언어의 헛간 또는 광산.
싫으나 좋으나, 버려도 껴안아도,
욕설, 저주, 섹스, 아첨과 위선의 말,
죽은 말, 잊혀진 말, 새로 태어날 말의 씨앗,
빌려온 말, 밖에서 쳐들어온 말까지
다 함께 어울려 배열된
우리 의식구조의 깊은 호수다.

뿔뿔이 흩어진 낱말은 먼지지만
사전은 꿈틀거리며 살아있는 땅이다.
슬기롭게 진실의 쟁기로 갈면
생명과 창조의 샘이 솟아나고,
거칠게 무관심의 칼로 찍어대면
탐욕과 폭력의 피가 솟아나는 땅.

지상에서 걸어 다닐 때 우리는 각자
한 권의 사전을 가슴에 품고 있다.
사람은 누구나 한권의 사전이다.
그러나 무한하면서도
아니, 무한하기 때문에 영원히 미완성인
우주사전 속에서 우리는 한낱
높낮이도 앞뒤도 없는 낱말에 불과하다.

누군가 우주사전을 펼쳐들고
낱말 하나하나의 의미를 음미할 것이다.
그날 우리는 어떤 말로 남을까?

지구는 한 방울 눈물

캄캄한 허공에 떠있는
한 방울 눈물,
지구.

누가 울고 있는가?
누구를 위해 흘린 것인가?
아무도 대답하지 않는다.
그러나 누구나 알고 있다.

무한한 거리에서 바라볼 수 있다면,
우주도
희미한 허공에 떠있는
한 방울 눈물.

누가 울고 있는가?
누구를 위해 흘린 것인가?
아무도 대답하지 않는다.

그러나 누구나 알고 있다.

존재 자체의 신비는 영원한 벙어리,
가장 어리석고 또 가장 지혜로운
침묵이다.

우리의 생각도 한 방울 눈물,
모든 존재를 녹이고
모든 존재를 사랑하는 눈물,
허공마저 안으로 감싸 안고
함께 부서지는 아픔이다.

목련은 그대 미소

목련은 꽃송이 하나하나가 그대 미소라네.
꽃나무가 통 채로 내 가슴에 들어오면
나는 꽃송이 남김없이 끌어 안네.
꽃송이마다 내 가슴의 피로 젖어
빨갛게 달아오르네.

누구에게나 첫 키스는 터질 듯 터질 듯
향기로운 버찌 맛이던가?
두 번 다시 첫 순간은 오지 않지만,
둘이 동시에 맛본 그 순간은
추억 속에서 영원히 반복한다네.

목련은 꽃송이마다 그대 입술,
내 가슴 속에 촛불 밝혀주고
언제나 위로의 말 속삭이는
촉촉하고 달콤한 입술이라네.

찬 비 내려 문득 꽃잎이 모두 져도
여전히 내 영혼 속에 활짝 피어있는 꽃은
사랑한다는 그 한마디 말,
그리고 시들지 않는 미소라네.

거대한 옥불의 지혜

이토록 거대한 옥을 대지가 낳아 품던 이유를
그 누가 알 수 있겠는가?
그리고 언젠가 때가 되어
사람의 눈에 투박한 덩어리를 드러낸
그 이유를 누가 알겠는가?

조각조각 깨어져 왕관을 장식했다면,
고운 손들이 번갈아 만지작거리는
노리개가 되었다면,
한 덩어리 거대한 옥불은 태어나기도 전에
일찌감치 지상에서 사라졌을 것이다.

아름답다는 말도 정교하다는 말도
상하이의 옥불은 거부한다.
영묘하다는 말마저 미소로 지운다.

너무나 무거워서 애절하고,
너무나 자비로워서 소름끼치는
상하이의 옥불은
탐욕과 어리석음의 광기가 닥칠 때까지
시간의 파도를 타지 않고
거기 그냥 앉아있을 것이다.

옥을 옥으로 보지 않은 눈,
옥으로 부처의 몸을 빚어낸 손,
그리고 옥불을 지금까지 보존해온
무수한 사람의 마음이야말로
눈에 보이는 옥불보다 한없이 아름다운
한 줄기 지혜의 광채다.

구화산_九華山의 밤안개

빛도 소리도 다 죽여 버리고
진공마저 용납하지 않으려 하는 밤안개,
손을 뻗으면 한줌 가득 쥐어질
밤안개의 그 깊이는 아무도 모른다.

한치 앞이 보이지 않는 산길에서는
만남도 헤어짐도 예사롭지 않고
하나 같이 두려운 우연뿐이다.
시작한 곳을 물으면 어리석고
끝날 때를 물으면 더욱 미친 짓이다.

밤이 안개고 안개가 밤인 시간에
길을 걸어가는 이유는 무엇인가?
그런 질문마저 던지지 마라!
네가 나를 볼 수 없고
내가 너를 볼 수 없는데,

무엇을 묻고 무엇을 대답하려는가?

내가 나를 볼 수 없고
또 네가 너를 볼 수 없는데,
무엇을 사랑하고 미워하려는가?

밤안개는 혼돈과 무지의 소용돌이.
보이면서도 보이지 않는
안개의 미립자 속에,
싸늘하면서도 아늑한 그 감옥 속에
무한과 지혜가 갇힌 채 몸부림치는 밤.

아무 것도 원하지 마라!
아무 것도 두려워하지 마라!
아무 것도 생각하지 마라!
그리고 존재하지도 마라!

구화산의 밤안개는 죽음의 끝
그리고 생명의 시작이다.

누군가는 오늘도 행복한 하루

어린 누이에게 알사탕을 사주는
하루벌이 오빠의 마음씨만 가지고도
골목길의 추위는 멀리 달아납니다.

하나 밖에 남지 않은 라면을
어린 동생에게 끓여주는
지친 누나의 손길만으로도
허기를 넉넉히 견딜 수가 있습니다.

입시에 실패한 자녀를 껴안고 격려하는
부모의 건강한 정신만으로도
어디선가 누군가는
오늘도 행복한 하루에 미소 띠웁니다.

우리에게 큰돈은 없습니다.
땅도 없습니다.
어마어마한 액수의 채권도 주식도 어음도

우리는 본 적이 없습니다.

그러나 어디선가 누군가는
오늘도 행복한 하루를 살고 있다고 믿고
우리 자신도 행복해집니다.
행복이 무엇이지 설명은 못해도
그래도 우리는 행복합니다.

사랑이 무엇인지 설명할 순 없어도,
사랑의 참 모습을 본 적은 없어도
우리에게 사랑이 있기 때문입니다.
어디선가 누군가는 분명히
오늘도 행복한 하루를 살고 있기 때문입니다.

검은 물소

어린 소년이 검은 물소를 몬다.
쟁기 날이 검은 흙을 파헤친다.
일만 년의 향기가 아득한 들판을 뒤흔든다.

죽은 자의 침묵, 죽어가는 자의 신음,
그리고 산 자의 비웃음이
산등성이를 타고 어디론가 달아난다.
태어날 자의 호기심은
아직 달력을 넘길 힘이 없다.

물소는 고분고분 진흙 위로 걷기만 한다.
쟁기를 왜 끌어야 하는지,
하루해가 얼마나 더 남았는지
물소는 물어보지 않는다.

트랙터가 보급되는 날,
소년은 도시로 가고
물소는 정육점으로 갈 것이다.
그리고 고요한 세월이 다시는
이 땅에 돌아오지 않을 것이다.

중생

중생보다 더 큰 그릇이 있는가?
일단 중생 속에 태어난 자는
중생을 벗어날 수가 없다.
시간의 사슬에 얽혀 그 그릇을
만들지도 부수지도 못한다.

중생 속에서는
아무 것도 이루어지지 않고
아무도 이루는 것이 없다.

중생을 중생이라고 부르는 한,
구제도 파멸도 한낱 말장난이다.

중생이 누구 눈에 보인단 말인가?
중생이 누구 귀에 들린단 말인가?

중생이란
중생의 구제를 직업으로 삼는다고 자처하는
오만한 무리의 머릿속에 핀
한 송이 신기루 꽃이다.

애처롭고 연약한 꽃,
아름답고 영원한 꽃,
스스로 부서지는 꽃.

목이 마른 산

산은 목이 마르다.
겨울 산은 목이 마르다.
구름에게 눈과 비를 간청한다.
그러나 무심한 구름은
웃으며 비웃으며 달아난다.

너희 메시아는 사람들이다.
너희 메시아는 사람들 마음이다.
그렇게 소리치며 달아나기만 한다.

나무들도 목이 마르다.
산짐승도 목이 마르다.
그러나 무심한 사람들은
나무를 베고 돌을 캐내고
땅의 뼛속 지하수까지 빨아댄다.

산은 너무나 배가 고프다.
겨울 산은 너무나 배가 고프다.
칼날 추위에는 익숙해졌어도
목마름과 배고픔은 어쩔 수 없다.

목마른 산들이 죽어간다.
정의의 비에 목이 타는
무수한 침묵이 죽어간다.
또 한 해의 소용돌이가
우리를 언제까지 침묵시킬 것인가?
저 산과 들을 정녕
침묵으로 죽이고 말 것인가?

서울역의 아침 커피

함박눈이 펑펑 내려쌓인다면,
기적소리가 멀리서 들려온다면,
서울역은 한결 멋있는 배경이 될 것이다.
그러면 사랑하는 사람끼리
이별을 위해서 아침커피 한 잔.

속이는 자나 속는 사람이나
다 같이 죄가 없다고 말하지 마라!
속임수가 무엇인지 알기 때문에
언젠가는 속이고 언젠가는 속지 않는가?
사기치고 도피하는 사내도 아침커피 한 잔,
그 사내를 놓친 사내도 아침커피 한 잔.

죽음이 비극이라고 말하지 마라!
삶이 코미디라고도 하지 마라!
삶도 죽음도 결코 연극은 아니다.

그리고 모든 죽음이 슬픈 것은 아니다.
어디선가 누군가 끊임없이 죽는다.
죽음이 없다면 삶이 어찌 이어지겠는가?

부음을 듣고 달려가는
아낙네에게도 아침커피 한 잔,
죽은 자를 위해서도 아침커피 한 잔,
살아있는 모든 이를 위해서도 또 한 잔.

서울역의 아침커피 한 잔은
매일 반복되는 신성한 제사다.

역사의 심판

어제는 네가 법을 만들고
무수한 사람을 그 법으로 처단했다.
사형! 무기! 몰수!
네 목소리에 온 누리가 침묵했다.
분노와 공포로 부들부들 떨었다.

오늘은 다른 사람이 법을 만들고
그 법으로 너를 심판한다.
사형! 무기! 몰수!
너는 억울하다고 소리친다.
감옥에서 이를 간다.
단식의 잔꾀마저 부린다.

그러나 네 손에 쓰러진
무수한 넋의 외침이 비수가 되어
오늘 네 심장에 꽂히고,

네 가문, 네 후손을 난도질한다.
너를 침묵시킨다.

재판을 하던 사람이
재판받는 날이 반드시 온다.
그 날이 오느냐고 묻지 마라!
그 날이 언제냐고도 묻지 마라!

법이라고 다 좋은 것은 아니다.
악법도 법이라고 외치는 소리도 있다.
그러나 재판의 결과는 언제나 똑같고
언제나 옳은 것이다
최소한 뒤집어지기 전까지는.

역사의 심판은 아무나 받는 것이 아니다.
적어도 너는 아니다.
너만은 그런 자격이 없다.
소리쳐라! 그러면 처벌을 받을 것이다.
침묵하라! 그래도 처벌은 받을 것이다.

지구를 떠난다면

자꾸만 위로 올라간다.
어쩔 수 없이 치솟기만 한다.
버린 것 하나도 없지만,
무거운 것이 모조리 내 몸에서 떠나
나를 허공에 맴돌게 한다.
아무 힘도 없는 허공이 무서운 기세로
정신을 짓누르고
영혼을 산산이 바수어 버리려 든다.

산이 납작해지는 판에
고작 수십 층 빌딩이 큰 소리 치려는가?
강이 티끌로 변하는 마당에
고속도로가 무슨 발전을 상징하는가?
바다가 손톱보다 작아지는 판에
대륙인들 무슨 몫을 주장하려는가?
하물며 섬이나 반도쯤이야!

장난감 나라들이 사라지고 나면
시간이 잠들고 거리마저 무의미해 진다.
전파의 공간만 싸늘한 눈을 뜨고,
사랑의 소리도 미움의 소리도
전혀 들리지 않는다.
암흑은 찬란한 빛으로 변신하고,
구름 너머 우주의 수평선만
한없이 한없이 넓어지고 있다.

기계

기계라면 뭐든지 너는 좋아한다.
하루 종일 기계와 게임을 하고
늘 지면서도 만족한다.
그건 너니까.

그러나 기계는 너를 사랑하지 않는다.
미워하지도 않는다.
게임에 이겨도 만족하지 않는다.
그건 기계니까.

너는 나를 사랑하지 않는다.
미워하지도 않는다.
그러나 게임을 자꾸 걸어온다.
너는 묘한 기계니까.

나는 너를 사랑한다.
미워하기도 한다.
그러나 게임은 절대 걸지 않는다.
나는 결코 기계가 아니니까.

그릇

가득 차야만 하는가?
흘러서 넘쳐야만 하는가?
비우든 채우든 사람의 변덕이고,
그릇에는 언제나 변함이 없다.

그릇을 채우는 것이라면,
비록 보이지 않는 것이라 해도
한 결 같이 허무한 바람이다,
언젠가는 그릇을 저버리는 바람.

스스로 채우든 남이 채우든,
그릇의 크기에는 변함이 없다.
그릇의 광채에도 변함이 없다.
무엇을 욕심내려 하는가?

잡동사니 담다가 이가 빠진다면,
독약을 담아 안에서 삭아지면,
이미 예전의 그 그릇이 아니다.
아무도 거들떠보지 않는다.

그릇이란 말끔히 비어있을 때
비로소 가장 그릇답고 고귀하다.
그러나 스스로 비어 있지 못한다면
그것마저도 탐내서는 안 되는 법이다.

누가 보아도 그릇다운 그릇,
언제나 무한하고 영원한 그릇,
그런 그릇을 가슴에 품고 있다면
누가 만족을 모른다고 하겠는가?

죽음은 작은 것에서 온다

풀 한 포기가 시들면 공룡의 멸종이 시작하듯,
암세포가 한 개라도 나타나면
육체에 이미 끝장이 스며든 것이다.

죽음은 작은 것에서 온다.
왕도 거지도 피할 수 없는 것,
눈에 보이지도 않는 미세한 것,
무수한 제국을 무너뜨리고
무수한 가슴을 눈물로 채우는 것,
살아있는 것과 성장하는 것은
모조리 밑동부터 갉아먹는 것,
죽음은 그 작은 것에서 온다.

우리가 눈이 먼 채 여기 와서
눈 한번 제대로 떠보지도 못한 채
사방을 헤매는 이유는 무엇인가?

슬픔의 혜성인 눈물꼬리 남기고
눈 감은 채 돌아가는 이유는 무엇인가?
어차피 작은 것에게 압도될 뿐이라면
더 작은 것으로 살아가면 안 되는가?

죽음은 작은 것에서 온다.
그러나 생명도 작은 것에서 오고
자비로운 기운으로 무한히 성장한다.

죽음은 두렵지도 더럽지도 않은 것.
육체가 일단 죽은 다음에는
더 없이 작은 씨앗이 된다.
거기서 우리 자신과 더 큰 우리의
새로운 생명이 오기 때문이다.

추억은 소리가 없다

추억은 소리가 없다.
가슴 저미는 추억 간직한 사람마저
먼 곳으로 떠나버리고 나면,
누가 마음의 귀를 열어
그 추억의 부르짖음을 들을 것인가?

추억은 소리가 없다.
생각만 해도 온 몸이 나른해지는
아름다운 추억에 늘 젖던 두 사람이
등 돌려 영영 정이 식고 나면,
누가 추억을 이야기할 것인가?

추억은 소리가 없다.
기억해야 할 것은 무심히 버리고
잊어야 좋을 것은 쓰레기로 모은다면,
추억다운 추억이 고일 리가 없다,

빈 바람만 가로수를 스치고 간다.

그러나 소리가 비록 없어도
추억은 늘 어디서나 남아 있다.
행복을 갈망하는 한줄기 한숨,
촛불 바라보며 혼자 짓는 눈물,
그 속에 추억은 숨어 있는 것이다.

정거장

멈추지 않으면 떠나갈 수 없고,
다시금 멈추지 않으면
영영 돌아갈 수가 없다.

떠나갈 줄 알 때 지혜롭고
돌아설 수 있을 때 아름답다.
돌아갈 줄 알 때 어리석고
마중할 수 있을 때 행복하다.

정거장이 없다면 누가 멈추는가?
멈출 사람마저 없다면,
기다리는 사람마저 없다면
누가 정거장을 손질하겠는가?

정거장은 언제나 우리 곁에 있고
어디서나 우리를 기다린다.
그러나 제동기가 고장 난 열차는
짐짓 외면한 채 스쳐가고 만다.

사람

당신은 우리에게 겸손을 요구합니다.
그러나 왕이나 대통령이 바치는 겸손이
과연 겸손입니까?
무수한 핵탄두로 당신을 위협할 수 있다고
굳게 믿는 사람들이 겸손합니까?
지구의 모든 황금과 다이아몬드를 바치면
당신을 매수할 수 있다고 외치는 사람들이
어떻게 겸손을 당신에게 드린단 말입니까?

그렇다고 해서 헐벗고 굶주리는 사람들,
병들고 가난한 사람들에게서
당신은 참된 겸손을 발견하고 기뻐합니까?
굽힐 수밖에 없어서 굽히는 것을
어떻게 겸손의 이름으로 치장한단 말입니까?

당신 앞에서 우리는 도대체 무엇입니까?
재산도 지위도 권력도 명예도 우리를
고상하거나 고귀하게 만들지 못합니다.

왕이든 거지든 귀부인이든 창녀든,
우리는 선하지도 지혜롭지도 못 합니다.
야수보다 잔인하고 바위보다 완고합니다.
불가능한 욕심을 죽는 순간까지 채우려 하고
불가능한 무한을 당신보다 더 누리려 합니다.
지상의 나라들은 각각 영원하다고 믿습니다.

사람이 도대체 무엇이기에 당신은
사람의 사랑을 갈구하고 그 사랑에 감동합니까?
사람이 도대체 무엇이기에 당신은
그 증오에 몸서리를 치는 것입니까?
사람이 도대체 무엇이라고 당신은
그 비참에 한없는 연민을 느낀단 말입니까?

물론 우리 가슴은 당신의 집입니다.
우리 마음은 당신의 침대입니다.
우리 생명은 당신의 눈물입니다.
당신의 참된 모습을 알아보는 그 순간이
우리에게는 구원의 알파고,
당신을 믿을 때 구원의 오메가에 도달합니다.

그러나 사람으로 태어난 것이 무슨 특권이라고
우리가 구원을 감히 바랄 수가 있습니까?
사람으로 살아가는 것이 무슨 자랑이라고
우리가 당신 자비를 기다린단 말입니까?
사람으로 죽는 것이 무슨 품위가 있다고
우리가 당신 사랑을 믿고 안심한단 말입니까?

당신은 우리에게 겸손을 요구합니다.
우리는 이미 겸손을 전혀 모릅니다.
겸손의 무지를 고백하는 것이 최대의 겸손입니까?
영광과 찬미를 끊임없이 바치라고 합니다.
당신 앞에 우리는 아무 것도 아닙니다.
티끌만도 못한 사람이기에,
우리가 바치는 영광과 찬미가 당신에게는
더욱 아름답고 만족스러운 것이 됩니까?

아아, 사람이 도대체 무엇이라고 당신은
이토록 슬프고 외롭고 더 없이 장엄한 기대를
우리에게 걸고 오늘도 바라보는 것입니까?

검은 육체들의 생각

야자나무 긴 가지가 동작을 멈춘다.
십층 빌딩보다 높은 나무 꼭대기에서도
잎새들이 아교풀로 하늘에 붙어버린다.
새소리 하나 들리지 않는다.
대서양의 숨소리마저 조심스럽다.

태양이 떠오르고 있다.
죽은 언어, 산 언어들이 수천 년간
무수한 이름으로 불러온 신, 그 얼굴이다.
검은 구름을 찢고 대지로 쏟아지는 햇살,
생명의 즙을 나누어 주는 신성한 힘.

그러나 검은 육체들은 무엇을 생각하고 있는가?
무엇을 간절히 소망하고 있는가?
무서운 유혈의 밤이 지나고
한낮의 안전이 보장된다고 해서,

감사하고 기뻐해야 마땅한 육체들인가?

법의 이름으로 또는 무법의 이름으로
던져진 그물에 갇혀
목표 없는 개미떼처럼 움직이는 시간이다.
굶주림을 절망의 혀로 핥아야 할 시간이다.
절망을 굶주림의 혀로 핥아야 할 시간이다.

태양은 영원히 하늘에 머무르지 못한다.
한낮이 이울면 결국 다시 밤이 온다.
잔인한 밤, 야수들이 잔치하는 밤.
뿌리 온통 썩어버린 나무 한 그루가
어떻게 싱싱한 숲을 이룬다 하는가?
모든 것이 침묵과 정지.

그러나 육체들이 무엇인가 생각하고 있다.
지치고 슬픔에 절여진 검은 육체들이
무엇인가 간절히 기다리면서 확신하고 있다.

최고의 여배우

가장 아름답게 또 가장 비참하게,
언제나 인간적으로,
언제나 진실하게 절실하게 살아가는 여인.
속삭임도 절규도 감동적이고
속임수, 배신마저 재미있는 것은
최고의 여배우가 움직이기 때문이다.

우울한 사색의 가시로 우리 가슴을 찌르거나
한숨과 눈물로 우리를 질식시킬 때에도
여배우는 황홀한 광채로 빛날 뿐이다.

그러나 사실 우리는 가장 아름다운 얼굴,
가장 개성적인 표정,
또는 그 멋진 연기에 취하는 것이 아니라,
스크린의 세계에서 살고 변하고 죽는
한 여인의 삶에 흠뻑 취하는 것.

명배우는 주인공의 이름으로 최고상을 받고
화려한 스크린을 떠나는 순간,
가면을 벗어던지고 집으로 돌아간다.
그리고 등지고 떠난 친구와 애인을 생각하며
홀로 고독한 통곡의 길을 다시 떠난다.

스크린에 비치는 모든 장면을 잇는다 해도
명배우의 일생은 결코 되지 못 한다.
명배우의 삶은 한편의 영화가 아니다.
그러나 우리가 걸어가는 평범한 삶은
언제나 무수한 영화를 제작하고 있다.

정치가와 원숭이

참으로 위대한 지도자는 이제 모두
움직이지 못하는 동상으로 변했다.
그러나 동상이 모두
참으로 위대한 지도자는 결코 아니다.

정치가는 원숭이처럼
가장 훌륭한 지도자를 흉내 낸다.
그러나 진짜 원숭이는 되지 못한다.
원숭이가 정치가를 흉내 낼 수 있지만
정치가는 결코 되지 못 한다.
정치가가 되지 못 하는 것이 오히려
원숭이에게는 진실하고 영구한 행복이다.

정치가는 위대한 지도자를 본 적도 없고
알지도 못 한다.
그런 인물이 되고 싶지도 않고

아무리 애써도 될 수도 없다.
다만 자기 자신을 억지로 기형으로 만들어
보이지도 않는 대중의 환심만 사려 한다.

남의 종노릇을 해야만 하는 그 자리에
서로 앉겠다고 다투는 사람들을
누가 제 정신 박힌 사람이라 하겠는가?
자기 능력을 과신하거나, 과대평가하거나,
선천적으로 과대망상 병자가 아니라면,
누가 종의 자리를 탐내겠는가?

그러나 정치가는 저마다 자기만이
그 자리에 가장 적합하다고 선전한다.
얼마나 갸륵한 정성인가!
얼마나 눈물겹게 감동적인 희생정신인가!
얼마나 위선적인 흉내인가!

원숭이마저 정치가의 가면을 알고 있다.
그러나 정치가는 원숭이의 참 얼굴을 모른다.
그러니 인간의 참 얼굴을 어찌 알겠는가!
원숭이는 원숭이기 때문에 흉내 내지만,

원숭이도 결코 못 되는 정치가가
남의 흉내만 내다니 이게 무슨 꼴인가!

참으로 위대한 지도자는 이제 모두
움직이지 못하는 동상이 되고 말았다.
그렇다고 모든 동상이
가장 훌륭한 지도자는 결코 아니다.

안녕! 굿 바이!

이 세상을 영영 떠나가는 날, 그대가
남길 수 있는 것은 정녕 무엇일까?

그대 몸이 흙이 된 뒤에도
여전히 그대를 아쉬워하고
그대를 위해 눈물 흘려줄 사람들에게
오로지 그대만이 줄 수 있는 것,
어느 누구도 그대를 대신해서는 줄 수 없는 것,
오직 그대만이 줄 수 있기에 소중하고
그대만이 남겨주기에 길이 남는,
별빛보다 찬란한 그것은 무엇일까?

누구나 탐을 내지만 아무도 빼앗아 갈 수 없는 것,
누구나 샘내지만 아무도 더럽힐 수 없는,
이슬보다 순수한 그것은 무엇일까?
바람보다 투명하기에 보이지 않고
빛보다 섬세하기에 너무나 고요하지만,

편견, 비난, 배척도, 가난마저 기꺼이 껴안고
죽음마저 처이길 만큼 가장 강한
그것은 무엇일까?

우리가 사랑을 모른다면,
한 세상에 서로 사랑을 하지 않았다면,
그대가 무엇을 남길 수가 있단 말인가?

안녕! 굿 바이! 영원히!
그대와 나 사이에 사랑이 없었다면,
그대와 내가 다시 만날 수가 없다면,
다시 만날 희망 그 확신이 없다면,
그대 하직인사는 얼마나 공허한가!
뒤에 남은 자에게 무슨 위안이 되는가?

사랑했어요! 정녕 그대를 사랑했어요!
오로지 그대만이 남길 수 있는 것,
오로지 그대만이 길이 남겨야만 하는
유일한 보석은
마지막 그 한마디 밖에 없다.
다른 유산은 모두 모독일 뿐이다.

사랑 (2)

사랑은 눈이 없습니다.
그래서 장님이 사랑합니다.
사랑은 귀가 없습니다.
그래서 귀머거리가 사랑합니다.
사랑은 입이 없습니다.
그래서 벙어리가 사랑합니다.

사랑은 머리카락이 없습니다.
그래서 곱슬머리, 검은 머리, 금발, 백발,
모든 머리카락의 사람이 사랑합니다.
사랑은 피부가 없습니다.
그래서 희거나 검거나 누렇거나,
끼리끼리 또는 서로 사랑합니다.
사랑은 코가 없습니다.
그래서 모든 코의 사람이 사랑합니다.
사랑은 얼굴이 없습니다. 아름답든 추하든

각자 자기 얼굴로 다른 얼굴을 사랑합니다.

사랑은 육체가 없습니다.
그래서 건강하든 병들든,
외팔이든 절름발이든, 홀쭉하든 뚱뚱하든,
각자 자기 육체로 다른 육체를 사랑합니다.
사랑은 머리가 없습니다. 그래서 천재든 천치든,
각자 자기 머리로 다른 머리를 사랑합니다.

사랑은 나이가 없습니다.
그래서 철이 없어도 있어도,
젊을 때나 늙었을 때나, 자기 나이는 잊어버린 채,
아니, 잊어버린 척 하며 상대방 나이도 따지지 않고
누구나 나서서 사랑합니다.

사랑은 형체가 없습니다.
그래서 넘지 못하는 선도 없습니다.
사랑은 시간이 없습니다.
그래서 어제도 오늘도 내일도
사랑은 언제나 한결같을 뿐입니다.
사랑은 차별이 없습니다.

그래서 사랑하는 또는 받는 사람에 따라
고상하거나 천해지지는 않습니다.

사랑은 선악이 없습니다.
그래서 악한 사람의 사랑은 악하고
선한 사람의 사랑은 선하다고
반드시 말할 수는 없습니다.
사랑은 정의가 없습니다.
그래서 올바른 사람이 참된 사랑을,
그릇된 사람이 비뚤어진 사랑을 한다고도
말할 수가 없습니다.

사랑은 아름다움이 없습니다.
그래서 미인의 사랑이 아름다운 것도,
추한 사람의 사랑이 더러운 것도 아닙니다.

사랑은 오로지 가슴만 있습니다.
뜨거운 피만 있습니다.
그래서 누구나 사랑할 수 있습니다.
살아있을 때나 죽은 뒤에도
누구나 사랑하는 것입니다.

사랑의 주인은 영혼이고
육체는 한낱 도구일 뿐입니다.
그래서 사랑하는 사람은 주인이고
사랑받는 사람은 하인입니다.
그러나 서로 사랑하면
두 사람이 동시에 주인이 됩니다.
사랑하는 사람은 사랑이 사랑하는 사람이 됩니다.

그렇지만 사랑하고 있다고 해서
자기 사랑에만 자만한다면,
다른 사랑을 무시하거나 온 세상에 눈 감는다면,
사랑이 지혜의 쌍둥이임을 잊어버리는 것입니다.
질풍 같든 부드러운 봄바람 같든, 모든 사랑은
슬기롭거나 아니면 어리석은 것입니다.

우리 몸이 양극 사이에 한낱 시계추로 있는 한,
어떤 사랑을 할런지 매순간 선택해야 합니다.
그래서 사랑은 가장 감미롭고 가장 풍성하면서도
각자에게 딱 맞는 것을 고르기가,
신의 사랑도 아니고 짐승의 사랑도 아닌,
사람의, 사람을 위한, 사람에 의한 사랑을 고르기가

하늘의 별을 따기보다 더 어려운 것입니다.

천사보다 훨씬 못하고 짐승보다 약간 나은 사람에게
이토록 미묘한 사랑을 누가 가르쳐 주었는지,
왜 가르치고 또 사랑하라고 했는지 모르겠습니다.
생각하면 할수록 더욱 깊은 무지로 빠져버립니다.
그래서 결국 사랑은 영원한 신비일 뿐입니까?

하늘은 누구의 얼굴인가?

하늘은 누구의 얼굴인가?
밤만 되면 저토록 수많은 눈을 뜨다니,
초롱초롱 반짝이는 눈을 뜨고
무엇을 찾아내려고 내려다보는가?
별빛 너머 아득하고 또 아득한 곳에
얼마나 많은 별이 숨어서 쳐다보고 있는가?

그러나 우리는 어둠 속에 몸을 각자 감춘다.
남 몰래 안도의 숨을 내쉴 때
우리는 무엇을 부끄러워하고 있는가?
감추고 싶은 것은 정녕 무엇이란 말인가?

낮에는 하늘에 눈이 없다고 하지 마라!
구름도 빗방울도 눈송이도 모두 눈이다.
너의 눈도 나의 눈도 모두 눈이다.
그리고 살기 찬 무수한 눈이 노려보고 있다.

눈부신 햇살 아래서는 몸을 감출 수가 없어,
우린 거짓 미소와 달콤한 말을 뿌리면서
간신히 각자의 마음을 위장하고 다닌다.
태연한 표정을 짓고 악수도 할 때
우리가 불안해하는 것은 무엇인가?
무엇을 정녕 들키고 싶지 않단 말인가?

아아, 하늘은 누구의 얼굴인가?
오늘도 찢어지는 무죄한 자의 살을 보고도
입이 없어 하늘은 말이 없는가?
오늘도 무수한 뼈 부서지는 신음소리 듣고도
내려칠 팔이 없어 하늘은 맑고 고요한가?

육체마다 새겨진 삶의 찌그러진 나이테,
가슴마다 고인 썩은 기운, 뒤틀어진 욕정은
보이지 않는 기록을 장식하는 모자이크일 뿐인가?
아니다! 하늘 전체가 거대한 하나의 입이다.
우리 모두를 집어삼킬 입이기에
오늘도 내일도 또 영원히 말이 필요 없는 것이다.

양귀비

악마가 단 한 가지 확실하게 아는 것이 있다.
자기 마음대로 사람을 요리할 수 있는 시간은
오로지 사람이 살아 있을 때 뿐,
죽음은 자신의 패배를 확인하는 순간,
그것 밖에는 아는 것이 없다.

악마는 무수한 미끼를 던진다.
보물, 재산, 토지와 나라 등 눈에 보이는 것,
지위, 명예, 인기, 쾌락, 장수의 희망 등 보이지 않는 것,
사랑과 증오마저 미끼로 던진다.
어리석기 때문에 사람은 날마다 미끼를 문다.

악마는 안심하고 콧노래를 부른다.
그러나 바로 어리석기 때문에 사람은
무엇이든지 곧 싫증을 낸다.
사랑도 증오도 범죄마저도 재미가 없다.

흔들리는 정복에 불안해진 악마는 결국
싫증마저 방지할 마지막 수단을 쓴다.
황홀한 마취,
싫어도 싫증을 낼 수 없는 도취다.

중독자의 불행은 양귀비의 탓이 아니다.
하얀 진액이 가루가 되든,
바다 건너 밀수되든 사람이 죽든,
피고 지는 양귀비는 알 바가 없다.
꽃은 다만 아름답게 피고만 싶다.
그러나 미지의 대륙을 하나도 남기지 않은
사람이 양귀비의 자연성을 겁탈하고
스스로 무너져 내릴 따름이다.

그러면 악마란 무엇인가?
사람마다 제 머리 속에 멋대로 그린
가장 조잡한 자화상이 아니고 무엇인가?

여행가방

불필요한 것은 하나도 넣지 말아야 한다.
아니, 필요한 것은 하나도 빠지지 말아야 한다.
그러면 무엇이 필요하고
어느 것이 불필요하다는 말인가?
어느 누가 판단하고 분류하고 또 챙기는가?
넘치거나 모자라거나
가방 자체도 필요하지 않다면,
아니, 지상에서 여행마저 필요하지 않다면,
판단도 걱정도 무슨 소용인가?
그럴 때가 온다.
아무도 예측하지 못하고 있을 때,
아무도 예측하기 싫어하는 동안,
밤이 문득 우리를 덮을 것이다.

무색투명한 신

백인은 신이 새하얗다고 믿고
신의 정의도 새하얗다고 주장한다.
그러나 바닷가에서 공원 잔디밭에서
피부를 검게 그을리며, 오래 전에 죽은 전통,
태양숭배를 부활시키고 있다.

흑인은 신이 새까맣다고 믿고
신의 자비도 새까맣다고 내세운다.
그러나 온갖 크림과 비누를 동원하여
피부를 조금 덜 까맣게 만들려 애쓰고,
달의 여신을 찬미한다.

황색인은, 신의 색갈이
적어도 백색이나 흑색만 아니라면
어떠한 것이라도 상관이 없다,
정의는 중용이고 중용은 무색이라 했다.

부모에게 물려받은 피부이기에
원망도 변경도 허용하지 않는다.

눈을 감자마자 누구나 놀란다.
백인이나 흑인이나 황색인이나 한결같이
자기 피부가 더 이상 없음을 발견한다.
그리고 모든 색을 초월하여
모든 색깔을 내쏘면서도 단 한 가지 색으로,
이름도 없고 무색투명한 색으로 빛나는 신,
홀로 모든 이의 모든 것인 그 신 앞에서
놀라움과 부끄러움에 두 번째 죽음을 맛본다.

그 신은 아무도 심판하지 않는다.
정의도 자비도 침묵한다.
그러나 각자 자기 가슴에서 치솟는
심판의 소리를 듣고 세 번째 죽는다.
하얀 신을 믿은 자는 하얀 소리를,
검은 신을 믿은 자는 검은 소리를,
각종 색의 신을 믿은 자는 그 소리를 듣는다.

신은 각자 가슴에서 미화된 허위,
나날이 미루어진 정의,
사랑과 자비로 포장된 증오,
그 모든 것이 소리쳐 요구하는 정당한 대가다.

자기 피부색에 자만한 자는 수치를,
부끄러워한 자는 절망을,
무관심을 가장한 자는 고독을 안고 운다.
다른 피부를 학대한 자는 자학을 발견하고,
다른 피부에게 자비롭지 못한 자는
결코 신을 보지 못 한다.

신은 사랑이 아니라 생명이고,
생명은 피부가 아니라
단 한 가지 색깔밖에 가질 수가 없는
붉고 또 붉은 피에 있기 때문이다.

도마뱀 (1)

사람이 너를 보고 용을 그렸다고 해서
네가 바로 용은 결코 아니다.
몸통보다 꼬리가 두 배나 길다 해서
네 꼬리가 천하를 휘감는 것도 아니다.

불쑥 튀어나온 눈망울에 아무리 힘을 준들
어느 누가 움찔 겁을 내겠느냐?
땅바닥에 찰싹 배를 깔고 엎드린들
누가 네 꾀에 속아 넘어가겠느냐?

겨우 한 뼘쯤 달려가서는
온 세상을 다 돌아본 듯 할딱거리는 너,
오로지 상상력을 타야만 날아다니는 너,
구석으로 어둠 속으로 숨기만 하는 너,
그러나 너를 우습게 보는 사람들 가운데
너보다 못난 치들이 얼마나 많은가!

용을 그릴 줄 안다고 해서 결코
사람이 용보다 위대한 것은 아니다.
신을 생각해 냈다고 해서
사람이 신을 소유하는 것도 아니다,
그러나 사람이란 속는 줄 알면서도
속임수에 만족하는 능력이 얼마나 위대한가!

모기

정성껏 목욕을 하고 나면
그때마다 깨끗한 살을 모기가 문다.
탐욕스럽게 피를 빠는 모기,
아프리카에는 모기가 유난히 많다.
하는 일이라고는 하나도 없이
남의 피로만 배 채우는 모기,
독재라는 이름의 모기,
종족이라는 이름의 모기,
무책임이라는 이름의 모기,
아프리카에는 독한 모기가 많다.
대륙 전체가 모기 눈 같다.
그러나 신통한 모기약이 없다.
아니면, 누가 영영 감춰버렸던가?

먼지

먼지가 사회악이 아니라 사회악이 바로 먼지다.
거리마다 먼지가 비처럼 내려 그치지 않을 때,
무죄한 희생자들이 쓰러지게 마련이다.
신이여, 우리 간절한 기도는 모두 어디 갔는가?
그렇게 울부짖어도 아무런 소용이 없다.
기리에 엘레이손!

신은 무한히 자비로운 눈으로
언제나 사람을 내려다보고 있다.
사람이 스스로 깨닫기를 그 겸허한 상상 속에서
자기와 만나기를 기다릴 뿐이다.
언제나 어디서나 누구와도 만나고 있는 신은,
수십 억 광년 저쪽 우주 한 끝에서든
어디서든지 또는 존재하지 않는 곳에서든,
사람이 자기를 발견하고
자기와 만나기를 기다릴 뿐이다.

기리에 엘레이손!

신이 만일 무한한 사랑이 아니라면,
창조도, 창조의 의욕도 불가능했을 것이다.
사악함이 어떻게 창조를 한단 말인가?
신은 이름이 무수해도, 아무 이름이 없어도 좋다.
그러나 사람은 저마다 신에게 단 하나의 이름,
자기 입에 편리한 이름만 주려고 한다.
신의 이름이 이제는 먼지가 된다.
신마저 거리마다 색다른 먼지가 된다.

누군가 무더기 희생물로 쓰러진 다음,
신이여, 우리의 간절한 기도는 어디 갔는가?
그렇게 울부짖어도 아무 소용이 없다.
고통과 가치를 사람이 어떻게
신의 눈으로 바라볼 수가 있단 말인가?
기리에 엘레이손!
기리에 엘레이손!

바나나

태초에 신이 인간에게 말했다,
다른 것은 다 자유롭게 먹어도 좋다.
그러나 바나나만은 안 된다고.

정글에서 사람들끼리 수군거렸다.
신이 그런 말을 안 했더라면
우린 바나나를 쳐다보지도 않았을 것이다.
아니, 바나나가 있는지도 몰랐는데
신이 우리에게 새삼 가르쳐 주었다.
바나나가 얼마나 맛있기에 신은
우리를 죽음으로 위협까지 하는가?
자, 죽어도 좋으니 먹어보자고.

바나나는 죽음이 사는 집이었다.
신은 죽음을 먹어도 죽지 않고 오히려
죽음을 가장 맛있는 음식으로 즐기지만,

사람은 바나나를 먹은 뒤
언젠가는 죽을 운명을 뒤집어썼다.
시간을 먹어도 죽고 행복을 먹어도 죽는다.

사람들이 정글에서 다시금 수군거렸다.
바나나가 이토록 맛있는 것이라면
죽을 때까지 실컷 먹어야겠다.
우리가 죽음을 두려워해서 바나나를
멀리 할 것으로 믿었다면, 신이 어리석다.
우리가 죽든 영원히 살든, 결국은
신이 마음대로 정할 일이 아닌가?
우리를 멸종시킨다면 신은
혼자 바나나를 먹는 재미도 없을 것이다.
음식이란 남이 훔쳐갈 가능성이 있을 때
가장 맛이 있는 법이니까 라고.

신이 과연 어리석었을까?
아니면, 사람이 더 없이 용감했을까?
어느 쪽이 더 진실한 미식가인가?

패션모델 걸

투명한 얇은 분홍색 옷만 허리 위로 걸친
패션모델 걸,
눈부시게 흰 여자의 알몸이
겨우 무화과 잎사귀만한 팬티에 걸린 채
텔레비전 스크린을 스쳐간다.

모델이 오만하게 날리는 미소 아래
무수한 허영의 비눗방울이 터지고,
돈다발이 녹아 거대한 강물을 이룬다.

변기에 물을 틀면 흐물흐물 펄프로 변해
쓸려 내려가는 분홍색 화장지처럼
오늘 밤도 모델은
혼돈의 욕망에 녹아 가라앉는다.

상품은 상품의 비애를 알고
탄생과 동시에 죽음을 맛보고 있다.

문명은 우리 가슴을 겨누는 비수,
쾌감의 마지막 신경세포까지 도려내어
당당히 햇빛에 말린다.

익명의 무수한 사람이 날마다 뒤집어쓰는 것은
모델이라는 이름의 화려한 가면.
그러나 모델이 홀로 방에서 울 때
아무도 같이 울어주지 않는다.

자서전

사람마다 기억의 우주 속에 자기 나름대로
동그라미 하나만 그리고 간다
때로는 굵은 선으로,
때로는 보이지 않는 선으로.

동그라미는 모든 것을 흡수하고
아무 것으로도 차지 않는다.
황금으로 채우려던 자는 사막을 만들고,
명성으로 채우려던 자는 허공을 낳는다.
힘이란 힘은 동그라미를 채우기는커녕
오히려 날로 축소하기만 한다.

무수한 동그라미는 각자의 우주,
오로지 겸손만이 그 속에 가득 차고
사랑만이 영원한 광채가 되어 넘친다.
가득 차 빛나는 동그라미를

영혼의 별이라 불러도 좋고,
추억의 태양이라 불러도 좋다.

그러나 텅 빈 검은 동그라미 남기고
그 안에 머물지도 못하는 사람이라면,
원 주위를 정신없이 달려간다 해도
원점에 부딪쳐 부서지기 밖에 더 하겠는가?
어느 배우든 언제나 대역해 줄 수 있는
그런 삶이라면,
굳이 자서전을 남길 이유가 어디 있는가?

1달러의 행복

1달러로 달걀 여덟 개를 산다.
점심으로 여덟 명이 한 개씩 먹고 나면
달걀 한 개만한 행복이
각자 뱃속에 자리 잡는다.

1달러로 빵 두 덩어리를 산다.
저녁으로 네 명이 반 덩어리씩 먹으면
빵 반 덩어리만한 행복이
각자 꿈속에서 날아다닌다.

1달러로 담배 한 갑을 산다.
골초가 혼자서 다 피우고 나면
스물네 시간만큼의 생명이
허공에 흩어져 사라진다.

1달러로 초 석 자루를 사서
불 없는 집에 하나씩 나누어준다.
창마다 어둠이 물러서고
가슴마다 희망이 새삼 샘 진다.

물론 백만 달러도 1달러로 시작한다.
1달러씩 매초 은행에 저금한다면,
지구만한 행복이 통장에 담길까?
그 행복이 달걀 하나의 행복보다 더 진할까?

열쇠

문이 닫혀 있다 성벽처럼 단단하게.
절벽처럼 위협적으로
문은 네 손으로 닫았다 오늘.

열쇠를 짐짓 잃어버렸다면,
열쇠를 빼앗기거나 잃어버렸다면,
아니, 열쇠를 스스로 내다버렸다면,
너의 집은 성이 아니라 감옥.

자신이 죄수인지도 모르고 웃는 주인은
바로 그 무지를 마시며 만족하는 천치.
너의 미래는 모조리 과거의 시간이다.

문은 보일 때도 있고 안 보일 때도 있다.
눈도 마음도 사랑도 모두 문이다.
네 손에 든 열쇠는 자유 자체다,

한없이 가볍고 더 없이 연약한 자유.

행복이 문 밖에서 기다리고 있다.
행복은 문을 열 수가 없다.

병과 약

우리가 무슨 병에 걸렸는지 누가 모르랴?
무슨 약이 좋은지를 몰라서
온 나라가 이렇게 시끄럽고 요지경이냐?

시름시름 앓기만 하는 것은,
이 동네 저 마을에서 떼죽음이 나오는 것은
약을 살 돈이 없어서 그런 것이냐?

아니, 우리는 약방에 갈 힘조차 없다.
아니, 약방에 자격 있는 약사가 없다.
아니, 약방은 문이 닫혀 있다.
아니, 약방에 불이 났다.
아니, 약방에는 애당초 약이 없었다.

자기 병이 뭔지 뻔히 알면서도
돌팔이 의사에게 몸을 맡긴 게 잘못 아니냐?
의사가 돌팔이인 줄 훤히 깨달은 뒤에도

그 처방을 들고 약방으로 간 것이 어리석었다.

어리석음을 지적하는 사람을 감옥에 보내고
텅 빈 약방을 철석같이 믿은 것은 무슨 짓이냐?
병도 약도 다 알면서도 스스로 못 고치는 우리에게
이제 남은 희망이란 무엇이란 말이냐?

오라질 놈들!
지지리도 못난 놈들!

철새

일직선으로 날아가는 철새의 눈에는
한강의 물줄기만 보일 뿐,
강이라는 말도 한강이란 말도 모른다.
차량도 건물도 다리도 사람도
나는 모른다고 한다.

그런데 아래서 올려다보는 사람들은 너나없이
철새더러 가엾은 바보라고 수군댄다.

그러나 누가 더 바람보다 자유로운가?
누가 더 참된 행복을 삶 위에 수놓는가?
깃털 옷 한 벌로 만족하며 날아가는 철새인가,
욕망의 포탄 안고 땅을 기는 사람인가?

하늘 전체가 자기 집인 철새에게는
그 하늘이 보이지 않는다.

지구 전체가 자기 무덤인 사람에게는
그 지구가 눈에 보이지 않는다.

사람은 자기 이외에 다른 존재를
가엾다고 말할 자격이 결코 없지 않은가!

사라지는 것들

사라지는 것들을 슬퍼할 때마다
언젠가 우리도 사라질 것임을 기억하고,
사라진 것들에게 자신의 소멸을
결코 슬퍼하지 말라고 다짐한다.

그리고 언젠가가 언제가 되는지 씹어본다.
가까운 또는 먼 미래가 언젠가 인가?
혹시나 지금 당장이 그 때가 아닌가?

지금이란 언제나 우리를 휩싸고 있는
순간과 순간의 추상적 연결고리일 뿐,
현재는 끊임없이 과거에 묻히는 신기루,
미래는 이미 예정된 과거의 그림자.
그러면 언젠가는 미완성의 과거,
지금이 아니고 무엇인가?

사라지는 것들을 바라볼 때마다
우리는 언제나 자화상 앞에 서 있다.
그리고 소멸이 한없이 부드러운 축복이라고,
슬픔은 우리가 믿는 신이 결코 아니라고
정녕 깨달을 때, 우리는 비로소 완성된다.

행복

마음 한 구석이 무너지거나 찢어질 때,
참을 길 없는 슬픔에
눈물마저 무기력할 때, 그대는
영혼의 싱그러운 풀밭이 싸늘한
한숨으로 시드는 것을,
희망도 우정도 사랑도 불행의 쓴 즙으로
변질되는 것을, 그대는 먼저 깨닫고
홀로 탄식하며, 달빛과 햇빛 사이로,
눈 감은 채, 하염없이 방황할 뿐 아니라,
누군가를 원망하고 모든 것을 저주하게 될 것이다.

그러나 얼마나 많은 사람이
그대보다 더 비참한 처지에서 신음하고,
내일의 희망도 없이 목숨을 이어가는지 바라보라!
얼마나 많은 사람이 또 그대보다
더 행복한 운명 안에서도 불평하고, 짜증 살에

심술마저 부리며, 치고받는지 바라보랴!

행복이 은쟁반의 수정잔 가장자리에 찰랑거리면서
그대만을 위해 향기 내뿜는 포도주라고 믿었던가?
황홀하고 감미롭고 또 더없는 만족이 날이면 날마다
그대 가슴 힘차게 두드리는 것을 행복이라 믿었던가?

행복은 아무 손끝도 닿을 수 없는 허공에
둥둥 떠 있다가 바람처럼 구름처럼,
아니, 이슬처럼 사라지는 무지개.

그러나 그대 가슴이
이웃의 눈물로 저릿저릿 젖을 때,
먼 나라를 흔드는 탄식이
그대 귀에서 메아리칠 때,
의지할 곳 없는 사람에게 그대가
찬 손이나마 내밀 때,

그대는 단단한 계단처럼 무지개를 걸어 올라가,
그대만의 행복이자
모든 이의 행복인 맑은 물이 바다 이루고,

우주 그리고 그 너머 현재와 미래의 모든 존재가
한 줄기 무념의 미소 안으로 사라지는 것을 볼 것이다.

행복이란 탐낼수록 그대 눈이 더욱 멀어
볼 수가 없고, 사양하면 할수록
한층 밝은 눈으로 바라볼 수 있는 것,
행복이란 곧 그대 마음에서 흘러나오는
만족과 무욕의 빛, 그것 외에 무엇이겠는가?
무엇일 수가 있단 말인가?

동트는 대도시

동이 트면 열대림 거목들이 몸을 떨고
잎새마다 눈을 뜬다. 시뻘겋게 충혈 된 눈을 떠
멀리 강가에 웅크린 야수 대도시를 바라본다.
욕망의 각종 페인트로 울긋불긋한 고층빌딩들이
밤새 저지르던 죄악의 치부를 황급히 가리고,
천지사방에 널린 빈민가 움막 위로
황금빛 불타는 화살이 야속하게도 쏟아진다.

이름도 없이 쓰러진 전사자를 누가 기억하는가?
굶주림도 하나 둘 모이면 함성이 된다 하는가?
악취를 하늘 높이 거만하게 내뿜어대면서
야수가 으르렁대고 팔다리를 내뻗는다.
치부도 부끄럽지 않은 자들이 나체로 내달린다.
그러나 아무도 감히 사진을 찍지 못한다.

증언은 누구에게나 법이 보장하는 권리지만,
아무도 증언대를 살아서는 내려올 수가 없다.
침묵의 옷 입고 고개 숙인 채 걷는 자를 보라!
밤에도 낮에도 가슴이 찢어진 자를 보라!
목숨이 한 방울 이슬처럼 거미줄에 매달려,
죽은 자 애도할 기력마저 소진된 자를 바라보라!

슬픔이 큰 길로 흘러 모이면 홍수가 난다 하는가?
오늘도 동이 트는 대도시에서 황금화살에 맞아
무수한 사람이 눈이 멀고 귀청이 뚫어진다.
누구나 소리치지만 아무도 듣지 못 한다.

증언을 잃어버린 입이란 먹이가 통과하는 구멍일 뿐.
동굴에 숨은 바퀴벌레에게는 결코 새 날이 없다.
풀잎도 강물도 시뻘겋게 충혈 된 눈을 뜨고
오늘도 반복되는 미친 야수의 춤을 노려보고 있다.

죽은 자와 산 자가 두려움 없이 한 목소리로 증언할
그 날이 다가오고 있다 조금씩 한 치도 어김없이.
황금벽돌의 댐도 쾌락의 우라늄의 원자로도,
훈장, 명예, 지위 등 죽음보다 강한 마약의 입김도,

쿠데타의 사생아인 공포의 먼지그물도 막을 수 없는
아, 그 날이 동트는 도시를 보라!
슬프고 연약하고 비참한 백성의 심장을 보라!

수천 년이 지나도 길 하나 곧게 내지 못한 채,
야수는 목이 잘려 황야에서 늑대 밥이 될 것이다.

후회하는 신

사악한 인간의 갖은 꼴을 수천 년간 보다 못해
신이 어느 날 탄식하며,
태초에 창조한 일을 후회했다고 하네.
과거, 현재, 미래를 꿰뚫어 모조리 안다는
신마저도 후회할 수가 있는 과거의 일이 있다면,
신에게 후회당한 우리 인간쯤이야 날이면 날마다
어제 일을 후회한다 해서 뭐 그리 부끄럽겠는가?

그러나 뒤집어서 생각 좀 해보게나.
어제도 오늘도 내일도 없는 신에게는 수백 만 년도
아니, 수천 억 년도 눈 한 번 깜빡할 순간이라던데,
겨우 수천 년 정도 지켜보다 후회할 건 뭐란 말인가?

후회할 일이라면 태초부터 말았어야 지당하고,
후회했다면 그 순간에 취소했어야 마땅하네.
그래야 그 이후 태어난 사람들이 약탈과 겁탈,

노예와 피살 신세를 면할 수가 있지 않았겠나?

게다가 후회하는 순간 신의 한숨소리
누가 들었으며, 그 한숨에
후회의 뜻 담긴 줄은 누가 판단했던가?
태초에 이러했다고 겁도 없이 자신 있게 떠들지만,
태초의 그 순간을 누가 감히 안다고,
누가 감히 알 수가 있다고
수십 억 년 뒤에 장담하는가?
신이 후회했다는 인간기록이 남았다고 해서,
신의 후회를 반드시 믿을 의무는 없지 않은가?

그렇지만 우리가 보고 듣고 느끼는 것에서
거슬러 올라간다면, 후회했어도 신은
수천수만 번 후회했을 법도 하긴 하네.
어쩌면 신은 너무 스스로 흥에 겨워 껄껄 웃다가
엉겁결에 세상을 창조했는지 누가 알겠는가?

지고의 행복이 최대의 웃음을 낳고,
또 영원한 웃음이 우연하고도 행복한 눈물 자아내고,
그 눈물 한 방울이 어쩌다가 세상을 물들여

무지개를 냈는지도 모른다네.
눈물의 골짜기라는 이 세상에 왜 무지개가 뜨겠는가?

순수하고 거침없는 대화 또는 독백을
영원에서 영원까지 신이 자기 자신과 더불어
즐겁게 할 수 밖에 없다고 한다면,
우리 세상이나 한 번 창조해 볼까? 악의 없는 농담이
슬그머니 끼어든 순간이 없다고
누가 감히 단정하겠는가?
그렇지 않다면, 악의가 있든 없든, 우리가 즐기는
농담이 어디서 나오고 우리가 어찌 알겠는가?

무지개와 농담은 우리에게
영원한 수수께끼 또 보석이라네.
두 가지가 있는 한
우리는 절망의 그물에서 벗어나고,
두 가지를 통해서 우리는
누구나 고향으로 돌아간다네.
진흙탕이 더럽다 해서 비를 원망하진 말게나.
죄악이 넘친다 해서 세상을 더럽다고 하진 말게나.

창조란 얼마나 인간적이고
또 위대한 업적이었던가!
만물은 또 얼마나 아름다운가!
죽든 살든 얼마나 협동적인가!
신은 결코 후회한 적이 없네. 후회할 수도 없다네.
후회한들 다른 묘수가 없지 않은가!

아름다운 감옥

끊어버리고 싶어도 그럴 수가 없고,
오히려 더욱 매달리게 만드는 것은 무엇일까?
보이지 않는 한 가닥 올이 날이 갈수록 굵어져
우리 목을 칭칭 감아 옭죄는 동아줄 세월일까?

장군과 장관, 왕과 황제도 소리 없이 피어오르는
그 독기에 미치고, 발가벗고, 죽이고, 춤추다가
기진해서, 영원한 침묵의 늪으로 가라앉게 하는
신비하고도 무시무시한 욕망일까?

벗어나고 싶어도 그럴 길이 없는 곳이 감옥이라면,
살아서도 죽어서도 떠날 수 없는 이 지구란 별은
무한을 무한히 갈망할 수밖에 없고
영원을 영원히 꿈이나 꾸는 우리에게
과연 무엇일까?

우리에게 선택의 자유도 능력도 권리도 없는 곳,
요구도 예측도 수락도 거부도 할 수 없는 곳,
어느 날 갑자기 주어지고
그것도 지금까지는 유일한 이 별이
우리에게 끝없이 매력적인 까닭은 무엇일까?

비록 언젠가는 우리가 따로따로 사라진다고 해도,
이별과 소멸의 슬픔을 처음부터 알고
미리 맛본다 해도, 세월의 올가미에
부질없는 저항 따위 하지 않은 채
욕망의 밤에 속고 울고 미치고 후회하면서도,
허공에 둥둥 떠가는 이 별이
아름다운 감옥이라 믿고
아침마다 희망의 넥타이를 매는 이유는 무엇일까?

내가 너를 만날 수 있는 곳,
무수한 사람 가운데 오직 너를 사랑할 수 있는 곳,
사랑이 끝나도 끝나지 않았다고 확신하고,
삶이 끝나도 끝나지 않았다고 부득부득 우기며,
추억 속에서 우리가 서로 부활할 수 있는 곳은
이 눈부신 감옥 밖에 또 어디가 있단 말인가?

유럽인은 어디 있는가?

30년 50년 또 100년 하는 세월이
사람 눈에 영원하고 불변으로 보인다.
성당과 석조 연립주택 그 정다운 거리가
어린 시절이나 지금이나 늙은 뒤에도
늘 변함없는 모습이라고 믿어야 한다.
사람이 세월 속에 갇혀 살고
세월이 사람을 버리지 못하기 때문이다.

유럽인, 아니, 유럽의 각국 사람이 나름대로
고정된 시각으로 세상을 내다본다.
그러나 진정한 유럽인은 어디 있는가?

파괴하고 변형하는 작업의 반복에서
증오와 혐오감의 뿌리가 땅 밑에 깊다.
아직 세계대전의 그늘이 가시지 않았는가?
번영 속에 출렁이는 불안의 파도는

어디로 힘의 분출을 유도하고 있는가?

가장 귀중한 것이 그동안 쉴 새 없이 무너지고,
순수, 조화, 성스러운 것의 질서마저
아이스크림처럼 무책임한 혓바닥에 녹아버렸다.
보이지 않는 마음의 고향이 이제는
거의 흔적도 남지 않았다.

속세문화의 격랑에 까불려 삐걱대던 과거가
낡은 뼈로 각자 가슴에 묻히고 말았다.
그러나 망각은 평화의 모태가 결코 아니다,
불안의 시대를 기르는 비료다 위기의 비료.
위기를 절감 못하고 외면하는 번영이라면,
평화는 노아의 배를 삼킨 거친 파도다.

태풍의 고향은 언제나 바다가 아니라
어리석고 비겁한 사람의 마음에 있다.
고요한 태풍의 눈이 언제까지나
이 하늘 이 땅을 바라보기만 할 것인가?

행복과 번영은 한 지역 또는 몇몇 민족이
영원히 독점하는 역사의 장난감이 아니다.
매일 지구가 돌기 때문이다.
빛과 그늘의 교차,
우주에 둥둥 떠가는 작은 별의 운명,
그리고 유한한 인간 목숨을 기억해야 한다.

진정한 유럽인은 아직 탄생하지 않았는가?
아니, 진정한 지구인은 언제 출현하는가?
누가 이런 질문을 매일 던져야만 하는가?

지뢰의 천국에서

다리를 노리고 팔을 노리고
내장과 두개골을 노린다.
사람을 분해하려고 숨어있는 지뢰들은
봄이 돌아와도 생명의 싹이 트이지 못한다.
불구의 마음이 심은 불구,
죽음의 증오가 심은 죽음이다.

돈만 들어온다면,
더 우수한 신종무기를 더 많이 만들 수 있는
외화만 손에 들어온다면,
누구 몸이 가루가 된들 내가 알 바냐?
누구 억장이 무너진들 내가 알 바냐?

지뢰를 묻어야 유지되는 평화라면,
그런 평화는 말장난이다.
이미 미라가 된 염원,

어리석은 인간의 헛된 희망이다.

무한한 탐욕이 야수성과 춤출 때,
증오를 품은 사람이 하나하나
걸어 다니는 폭탄일 때,
절망의 무력한 사람이 잡초처럼 쓰러질 때,
50억인들 백억인들
머리 수 만큼 지뢰를 묻는다 해서 단 하루가
비극 없이 지상에 깃들 수 있단 말인가?

우리는 지뢰의 천국에서 술을 마신다.
펑 터지는 소리 듣지 않으려고 귀를 막는다.
그러나 끊임없이 들려오는 소리,
팔다리가 날아가는 소리, 마지막 숨소리,
오늘도 대량생산된 지뢰가 어디론가 선적되고
남몰래 구석구석 묻히는 소리.

우리는 여전히 애를 낳는다.
그리고 조금씩 또는 갑자기 죽는다.

여자의 얼굴 (2)

장미가 가장 아름답다고 해서 꽃이라고는
온 누리에 장미 한 가지만 남긴다면,
사람은 비교와 다양성의 미를 상실한 채,
미적 감각이 완전히 퇴화하여
가장 불행한 야생동물에 불과할 것이다.

백합이 가장 순수하다고 해서 꽃이라고는
이 세상에 백합 한 가지만 남긴다면,
핵무기보다 더 무서운 굶주림에 못 이겨
지구는 인류의 거대한 무덤이 될 것이다.

꽃은 시드는 것이기에 아름답고
금세 시들기에 애처로우며,
언젠가는 시들기에 결실 남기고
시드는 것이기에 우리가 사랑한다.

호박꽃이 피고 져야 호박을 얻고
아카시아가 피고 져야 꿀을 얻는다.
장미가 어떻게 해바라기 씨를 낳겠는가?
튤립이 어떻게 메밀을 주겠는가?
누가 감히 호박꽃을 꽃이 아니라고 하는가?
누가 감히 깨꽃을 꽃이 아니라고 하는가?

미모의 여자만 잘 먹고 잘 입고 잘 사는
그런 세상은 장미꽃만 피는 땅.
잘 생겼다고 으스대는 얼굴은 너나없이
발에 채이는 돌멩이에 불과하다.
아름다움도 행복도 사라지고
순결도 사랑도 떠난 뒤,
시든 장미 꽃잎만 가랑잎처럼 날리는
멸종의 사막이다.

꿀칼

꿀을 얼려서 한 자루 칼을 만든다.
양날이 선 칼은
살이 아니라 마음을 벤다.
마음에 날카롭게 꽂히는 꿀칼,
그러나 마음은 상처받지 않는다.
마음은 피를 흘리지 않고
꿀칼을 끌어안아 녹여버린다.
꿀칼은 원래
감미로운 사랑이기 때문이다.
당신의 꿀칼은 어디 있는가?

무명_無明의 빛을 위하여
– 통도사_通度寺 인상

바라보는 눈이 모두 달라졌는데
퇴색한 나무기둥인들 어떻게
천 년 전의 세월을 전해 주겠는가?
듣는 귀가 모두 어제와 같지 않은데
대웅전에서 흘러나오는 독경소리인들
어떻게 불변의 진리 전해주겠는가?

청류교_淸流橋 아래 시냇물 맑게 흐르는데
신라의 물고기 떼 자취 하나 남기지 않고,
관광버스에 실려 온 철없는 아이들만
깔깔거리며 기념사진을 찍고 있었다.
사진인들 천 년을 증언해 주겠는가?
천 년 뒤 누가 우리 숨결을 이어받겠는가?

장대로 연시 따는 어린 중들이
산에 깃든 가을의 품에 매달리는 동안,
볕든 돌담 옆 고요히 늘어선 장독대들이
버려야 할 번뇌의 향기를 응축시켰다.
무명_無名의 손길이 흙벽에 남긴 탱화 두 점만
산정을 향해 소박한 미소를 날려보냈다.

오솔길 늙은 소나무들이 지친 몸을 꼬면서
초록의 바늘로 득도의 오만을 터뜨리고 있었다.
일주문의 안과 밖을 구별할 필요도 없이
가슴에 한 아름 먼지만 품고 사는 중생이
즐거운 여행이었다고 안심하고 걸어갈 때,
머루주와 무명_無名의 빛이 승리를 노래했다.

낚시꾼

넓은 잔디밭에 반달이 내려앉고, 낚싯대 드리운
낚시꾼의 표정이 근엄하다.
고기보다 많이 몰려든 낚시꾼의 시선에 부딪쳐
휴일의 연못은 파문 잘 틈 없다.

팔뚝만한 고기가 풀밭에서 숨을 할딱댄다.
여기 네 마리, 저기 일곱 마리,
고기와 연못 사이 한 아름 그 거리에는
유희와 죽음이 격류를 이룬다.
인식의 조각배로도 건너갈 수 없는 강.

뚱보여인이 한꺼번에 두 마리를 낚아 올려
수건으로 몸통을 싸잡고는 돌바닥에 탁탁탁
머리를 태질한 뒤 풀밭에 툭 던진다.
마지막 숨 몰아쉴 틈도 주지 않는 무표정.
곁에 선 노파가 입을 딱 벌리고 구경한다.

깡마른 사내가 다가와 엉킨 줄을 풀어낸다.
미소도 없이 기계적인 동작만 진행되고
다시 반달 가운데로 죽음을 던진다.
미끼를 무는 입의 자유도 자유인가?

둥근 플라스틱 통에 바글거리는 구더기 떼는
결국 고기에게 죽음 선물하는 미끼로 먹히려고
지금 잠시 살아서 움직이고 있을 뿐.
구더기는 자유도 선택도 죄도 없다.

잔인한 먹이사슬의 한 고리,
애처로운 삶의 운명 그 그림자일 따름.
낚시꾼의 팔뚝에 짜릿한 쾌감을 주기 위해서
잡히고 팔리고 던져지고 사라지는 것.
죽음 없이는 유희도 무의미한 것인가?

우리를 물고기로 보는 눈도 있다.
타인의 생명을 유희의 떡밥으로 가지고 노는 손.
자기 일생마저 미끼로 이용하는 오만과 어리석음.
낚싯대가 아니라 죽음의 그물 대량생산하여
당당하게 몰래 거래하며 훈장 움켜쥐는 손.

평화의 호수에서 자유로운 물고기 씨를 말리는 손.

스스로 구더기가 되어 죽음 뿌리는 인간 지능이
우리 코를 먹이사슬로 줄줄이 꿰어간다.
태질당하는 물고기를 동정할 때가 아니다.

보이지 않는 어머니

연못에 잔잔한 파문 번질 때마다
부드러운 숨결을 느낍니다.
어디선가 날아온 검불 하나
투명한 물 위에 떨어질 때도
섬세한 손길을 느낍니다.

보이지 않아도 어디서나 보고 있는
고요한 시선을 의식합니다.
들리지 않아도 언제나 속삭여 주는
다정한 목소리에 귀를 엽니다.

영혼이 이름 모를 갈증으로 타오를 때면
당신의 눈물을 기억합니다.
고달픈 나날 어느덧 외로움에 짓눌려도
당신의 슬픔을 다시 만져봅니다.

믿음직한 남편을 사별하던 아픔도,
외아들의 치욕적인 죽음 목격하던 고통도
이제는 당신만의 시련이 아닙니다.
처녀이자 어머니인 미묘한 신비마저
이제는 당신만의 영광이 아닙니다.

사랑을 낳은 분이기에 사랑을 알고
구원을 낳은 분이기에 고통을 겪은
당신은 무한한 바다,
우주보다 더 넓은 빛의 바다입니다.
거기서 우리 눈물이 증발하고
거기서 우리 죄가 가벼워집니다.

어디선가 꽃잎들이 수면에 지고
무수한 동심원이 서로 어깨 부딪칠 때,
향기로운 숨결을 느낍니다.
보이지 않아도 어디서나 우리를 바라보는
어머니의 따뜻한 시선을 느낍니다.

타임머신

시간은 참으로 잔인한 인도자였다.
담배연기처럼 눈에 보이기나 할 것을,
바람소리처럼 귀에 들리기나 할 것을,
힘도 없는 우리 몸을 스쳐
혼자서 저만큼 흘러가 버린 시간.

내륙으로 들어가면 갈수록
20년, 30년, 아니, 그보다도 훨씬 멀리
과거로 우리를 끌고 들어가는 시간.

마을도 가축도 사람도
그리고 눈에 보이는 것과 보이지 않는 것이
한데 어우러져 이루는 삶 그 자체가
우리는 이미 잊어버리고 또 잃어버린
아득한 그 시절 속에 동결된 채,
평화로운 광기의 춤을 추고 있었다.

연민의 정마저 사치스러웠다.
그리운 시절이라는 말마저 엉뚱했다.
발전과 약진은 더 더욱 허무했다.

무엇인가 보려고 찾아온 땅이 아니라 해도,
눈에 비치는 영상은 모두가 죄의식,
살아있다는 것이 이토록 큰 죄일 줄이야!
귀에 들리는 소리는 한 결 같이 속임수의 속삭임,
멀쩡한 몸이 이토록 무거운 짐일 줄이야!

시간은 차마 정면으로 대항할 수 없이
매정한 인도자였다.
따라오라는 대로 따라가고
한없이 추억의 눈물을 바람에 날려 보냈다.

볼펜 한 자루

무심코 내민 발끝에 툭 차이는 볼펜 한 자루,
얼마나 흙탕에 뒹굴었는지
긁히고 깨어진 채 더러운 혓바닥을 빼어 물었다.

진리를 토하던 기백은 사그라지고
사랑을 속삭이던 정열도 메말랐다.
이제는 눈물조차 남지 않았으니,
한 때 자기를 아껴주던 그 손마저
원망할 한숨이 막혀 버렸다.

쓸 모가 없어지면 저버리는 것,
싫증이 나는 순간 내버리는 것,
세상인심이란 원래 그런 것.

체념으로도 다 씻어 내리지 못할 미련,
하소연으로도 메우지 못할 공허,

가녀린 물건으로 태어난 운명,
그래서 소리 없이 울음을 안으로 삼키는
볼펜 한 자루.

연민의 마지막 한 방울마저 날려버리고
휘파람 따라 인생의 백화점으로 간,
새 볼펜을 사려고 종종걸음 달려간
옛 주인을 향하여
헌 볼펜이 외마디 저주를 했다.
너도 내 뒤를 따라 올 것이다
달이 뜨기 전에!

갑자기 내 발끝이 몹시 저렸다
혹시 나도 어디선가
볼펜을 버리지나 않았을까 하고.

신비로운 의문

평화로운 얼룩말의 무리를 향하여
암사자가 무서운 기세로 달려간다.
목표는 단 한 마리,
가장 어수룩한 그 한 마리가
마지막 비명을 내지른다.

반드시 산 것을 죽여서야 고기를 씹는
사자의 입맛은 어디서 나왔는가?

여왕개미 한 마리를 위해서
무수한 일개미가 쉴 새 없이 일한다.
여왕개미는 하루에 알을 3만개 낳는다.
그리고 개미 핥이는 긴 주둥이로
그 알만 냠냠 먹어치운다.

여왕개미가 알을 그렇게 많이 낳지 않는다면
개미 핥이는 굶주려서 멸종할 것이다.
그런데 왜 매일 알을 낳는가?

사람은 각종 동물을 바라보며 침을 흘린다.
각종 식물을 바라보면서도 침을 흘린다.
애완용 동물이 늙고 추해지고 죽을 때까지
쓰다듬고 껴안고 귀여워한다.
완상용 식물과 꽃이 시들 때까지
아끼고 바라보며 즐거워한다.
그리고 동물도 식물도 내다버린다.
동물 속에는 사람도 포함되어 있다.

그러면 맛과 멋과 아름다움을 즐기는
사람의 능력이 왜 이토록 위험하기만 한가?
위험한 능력이라면 어찌하여
각자 가슴 속에 무한한 것으로 심어졌는가?

삶은 그림엽서가 아니다

절 앞에서 관광버스가 떠난다.
엽서 파는 사람들이 눈을 부라리며
싸우기 시작한다.
기운 없는 소년이 비실비실 피한다.
천 원 천 원 하고 외치던
그 소년의 엽서를 팔아줄 것을.

버스는 이미 떠났다.
나는 어디선가 맥주를 마시고,
소년은 밤하늘의 별을 바라보며
눈물로 배고픔을 적실 것이다.
나에게도 그런 눈물이 있었다
영원히 기억하는 그런 눈물이.

삶은 그림엽서가 아니다.
삶은 아름다운 꽃이다.
그러나 눈물로 피지 않은 꽃은
결코 향기가 없다.

비탈에 선 대나무

그늘진 산비탈은 비옥한 대지의 품이 아니라고
누가 함부로 말을 하는가?
저기 곧게 치솟은 대나무 숲을 보라!
하얀 입술로 미소하는 산_山 목련을 보라!

모르면서도 아는 척 할 때,
알면서도 모르는 척 할 때,
사람은 얼마나 완고하고 어리석은가!

무시한다고 무시당할 대나무는 아니다.
가늘게 쪼개서 바구니를 만들든
톱질하여 붓통을 만들든,
사람의 손을 말릴 재주는 없지만,
무시당할 대나무는 결코 아니다.

모든 사람이 다 사라진 뒤에도
대나무는 푸르게 솟아날 것이다.
그늘진 산비탈이면 어떤가?

잊혀진 뒷마당 한구석이면 또 어떤가?
대나무가 언제 사람을 가려서 솟아오르던가?

더러우면서도 깨끗한 척 할 때,
미련하면서도 남을 가르치려 할 때,
사람은 얼마나 비겁한가!

대나무는 자만도 않고 사람을 비웃지도 않는다.
바라만 보고 있을 뿐이다
사람이 스스로 쓰러질 때까지.

간절한 소망

한밤중 가파른 계단을 오른다.
계단 끝에서 나를 기다리는 것은 무엇인가?
내가 기다릴 것은 무엇인가?

구화산_九華山에 오면 아무 것도 묻지 마라!
아무 것도 기다리지 마라!
온 가슴이 터지도록 그토록 간절한 소망이라면
반드시 이루어진다 하지 않았더냐?

소망은 품고 다니는 것이 아니다.
버리고 또 버려도 남는 것이라면
소망이 아니라 욕망이 아닌가?
간절하고 또 절실해도 이루지 못할 소망이면
그 그릇이 너무 허전하지 않겠느냐?

보이지 않는 구름을 향하여 촛불을 켠다.
어느덧 홰치는 소리가 들린다.
지혜가 때를 알려준다 했지만,
손은 아직 어둠에 젖어있고
마음은 마른 가랑잎이다.

간절한 소망도 포장을 풀고 나면
한줌 허공이다.

안녕, 지하철! (2)

안녕, 지하철!
네가 떠난 곳으로 내가 간다.
어딘지도 모르면서 알려고도 하지 않은 채,
아니, 네가 정말 떠났는지 아무 것도 모르면서,
안녕, 지하철!
네가 떠난 곳으로 내가 간다.

안녕, 지하철!
내가 떠난 곳으로 네가 온다.
그러나 어찌 네가 그 곳을 알겠느냐?
갈아타는 역에서 따로 따로 내려버리거나,
아니면, 서로 엇갈려 인파에 밀려서 간다.

나더러 오라하는 그 곳, 네가 떠난 그 곳이
진정 평온하고 아늑한 낙원이라면,
네가 먼저 떠난 이유는 무엇이냐?

나를 기다리지 못 한 이유는 무엇이냐?

목적지는 각자 머릿속에 그린
초원과 샘물과 바람일 뿐,
안녕, 지하철!
그 곳을 우리는 알 수가 없다.
아무도 가르쳐 주지 않는다.

안녕, 지하철! 안녕, 지하철!
우리가 겨우 아는 것은 방향뿐이다.
그 방향마저도 옳은지 그른지 알 수가 없다.
아무도 가르쳐 주지 않는다.
아무도 가 본 사람이 없다.

여자의 머리카락

여자의 머리카락은 파도,
바다를 향하여 줄달음질친다.
폭풍우에 찢겨 피 흘리는 바다,
모험가의 욕정을 수장하는 바다,
우리 눈물이 고였다가 증발하는 바다,
그 바다의 가슴을 향하여
온갖 색깔의 파도가 내달린다.

여자의 머리카락은 낚싯줄,
잔챙이든 대어든 뭐든지 낚아 올려
그리움의 절벽에다 패대기친다.
미련 또는 시련의 낚싯밥을 물고
한 때는 행복하던, 한 때는 황홀하던 물고기가
흘러간 세월의 소금기에 절여진다.
세계 어디서도 건어물 가게는 늘 번창한다.

여자는 머리카락을 모른 척 한다.
바다에 관심이 전혀 없고

물고기에게는 도통 흥미가 없다.
여자가 오로지 노리는 것은
생명의 획득 그리고 그 포기 뿐.
나머지는 환상과 착각이 서로 꼬리 물고
제 멋대로 벌이는 장난이다.

생명이 있는 한 죽음이 그치지 않고
죽음이 있는 한 탄생이 그치지 않지만,
여자는 그것도 모른 척 한다.

여자의 머리카락은 거대한 입,
왕국을 지구를 우주를 삼킨다 해도
끊임없이 입맛 다시는 입.
누가 그 먹성을 만족시키겠는가?
누가 그 식도락에 마침표를 찍겠는가?

여자의 머리카락은 모든 것이고
또 아무 것도 아니다.
결국 여자는 머리카락이다.
자기마저 먹어도 만족하지 못하는
비극의 먹성 그 자체이다.

토사구팽

구두가 낡아빠지면 두 눈 딱 감고 버린다.
그리고 두 눈 딱 뜬 채 새 구두를 산다.

헌 것 새 것 가릴 것 없이 쓸 만한 것이라면
모조리 남의 구두를 훔쳐서라도
가게를 차리는 사람도 있다.
새 가게라고 으스대면서 온 동네에
광고지를 돌린다.

구두는 일 년도 못 가 풀기가 완전히 풀어진다.
그러나 토사구팽의 전문가 가게주인은
30년이든 50년이든
기가 무기한 펄펄 살아서 돌아다닌다.

헌 구두 새 구두를 다스리는 위대한 지도자,
구멍가게의 좁쌀영감 주인이
때로는 헌 구두를, 때로는 새 구두를 삶아댄다.

그러면 맛있는 진국이 나온다.
오늘도 혼자서만 국물을 즐긴다.

좁쌀영감에게 사실 새 구두란 없다.
모든 구두는 낡은 것,
언제든지 버림받아 마땅한 것.
영감 자신도 사실은 낡은 것,
수십 년 전에 제일 먼저
버림받았어야 마땅한 헌 구두다.

목화밭

힘겹게 보릿고개를 넘은 아이들이
봉천동 고개 목화밭으로 갔다.
까까중머리처럼 맨송맨송한
어린 목화송이를 따서 아작아작 씹었다.
아, 달콤하고 향기로운 그 맛이란!
허기진 배가 더욱 쓰렸다.

엉클 톰스 캐빈을 읽고 나서부터
목화밭은 낭만의 서리 무대에서 살벌한
돈의 채석장으로 변했다.
탁 터진 목화를 바라보면서
솜틀집의 먼지를 연상했다.
가난한 가슴이 더욱 아팠다.

서울이 뭔지 꾸역꾸역 모여들어
목화밭은 달동네가 되고
다시 재개발지역으로 둔갑했다.

재개발이라니! 언제 개발은 했던가?
온 몸이 찢긴 인형이
크레인 이빨에 다시 찍혔다.

울며 떠난 철거민들이 어디선가
또 별 동네를 이루고 있다.

개펄

절벽으로 막을 수 없는 곳에 육지는
개펄을 마련해 바다와 타협한다.
두 세계의 생명들이 거기서 만나
서로 다독거리며 함께 번식한다.
개펄은 아름다운 패배
또 부드러운 승리의 자궁이다.

우리는 인공절벽 제방을 쌓아
바다와 육지를 억지로 이혼시킨다.
제방과 인간을 미워하는 바다가
언젠가는 엄청난 해일로 덮칠 것이다.
개펄은 거세당한 사생아,
밤낮으로 반역의 틈을 노리고 있다.

보이지는 않지만, 정직, 믿음, 인정은
사람과 사람 사이의 개펄이다.
무수한 생명이 거기서 만나

위로하고 돕고 맘껏 생을 누린다.
무형의 개펄은 삶의 기쁨을 노래하고
죽음마저 번식의 마당으로 찬미한다.

그러나 개펄이 사라지고 있다.
위가 아래를 속이고
아래가 위를 믿어주지 않고,
대문마다 죽은 개펄이 쓰레기로 쌓인다.
버림받은 개펄은 허공에 떠다니다가
우리 각자를 불모의 주검으로 만들 것이다.

건널목

건너도 좋을 때가 있고, 건너가야 할 때가 있고,
또 건너서는 안 될 때가 있다.
차단기가 없는 건널목은 언제나 침묵,
신호등만 규칙적으로 바뀔 뿐,
각자 자기 때를 선택해야 한다.

느닷없이 엉뚱한 무리가 나타나
멀쩡한 신호등을 마구 뽑아버린 뒤
여기저기 제 멋대로 갈아치운다.
그러면 신호는 선택의 기회가 아니라,
가라면 가고 서라면 서야하는
폭군의 무자비한 명령이다.

그 무리는 자기네 신호마저 무시한다.
건너가야 할 때가 따로 없고
건너가선 안 될 때는 전혀 없다.

건너가기 싫을 때는 갖은 구실을 대고
남마저 건너가지 못하게도 한다.
누가 차단기를 만들자고 하며,
신호등이 있든 없든 무슨 상관이냐?

길이란 길이 모두 끊어져도,
열차와 고속버스가 충돌을 해도
그 무리는 청소차나 보낼 따름이다.
제 목숨은 하늘보다 더 소중하지만
남의 목숨은 사고통계의 한낱 숫자다.
나라가 무너진들 남의 일이 아니냐?

그러나 건너도 좋을 때는 여전히 있고,
건너야만 할 때도 변함이 없고,
건너서는 안 될 때가 반드시 있다.
건너가든 말든, 막아버리든 망설이든,
건널목은 언제나 상처받지 않고
제 자리를 말없이 지킬 것이다.

과수원

아이들이 유치원에 모이듯 나무들이
제 발로 찾아온 곳은 아니라 해도,
아늑하고 안전한 보금자리.
언제나 목마르지 않고,
흙의 힘이 쇠할까 걱정거리 없이,
경쟁도 다툼도 시샘도 없이
정답게 나무들이 어울려 사는 마을.

주인이 흘린 땀만큼 보답하고,
보살피면 보살피는 대로 더도 덜도 없이
크게 달게 윤기 나게 과일을 준다.
늙어서 못 쓰겠다며 베어버려도
나무가 불평은커녕 얌전히 쓰러진다.
어진 주인 다음에 모진 주인이 와도
나무는 제 자리를 뜨지 못 한다.

지구는 대기의 울타리가 둘러쳐지고
나라라는 나무들이 옹기종기 모여 있는
거대한 과수원이다.
우리는 각자 한 알의 열매.

그러나 주인이 보이지 않는다고 해서
나라들이 서로 다투고 싸우고 삼킨다.
자기 나무에 탐스러운 열매 맺기보다도
다른 나무 열매를 빼앗으려고만 한다.

늘 변함이 없고 공평한 주인은
남의 열매 빼앗거나 훔쳐다 늘어놓고
자랑하는 나무를 칭찬하기는커녕
무서운 채찍으로 후려갈긴다.
나무 가지들이 피 흘리며 뚝뚝 부러지고
제 열매를 들짐승 먹이로 준다.

나라가 나라답지 못할 때
거목이 어떤 운명인지 아직 모르는가?
하늘 높이 치솟으면 솟을수록
제일 먼저 벼락 쐐기에 쪼개진다.

무성한 가지 멀리 뻗으면 뻗을수록
제일 먼저 땔감으로 잘려나간다.
야생 과일나무가 과수원의 거목 따위를
어찌 늘 부러워한다고 말하겠는가?

수제비

삭정이 같은 손으로 밀가루를 반죽하고
할머니가 한 점씩 떼어 끓는 물에 넣었다.
마른 멸치 몇 마리가 마지막 살신성인,
쉰 김치 한 종지나마 그 수제비는
천하에 어느 나라님도 부럽지 않았다.

구로동 벌판에서 보리이삭 줍고
노량진 철로 가에서 석탄 줍던 할머니,
어린 손자 위해 무쇠 솥에 옥수수나 감자
또는 보리밥 한 그릇 마련해 놓던 할머니,
등 굽어 떠난 지도 벌써 십년이 넘었다.

그 손맛 담긴 수제비는 이 세상에 없다.
그러나 할머니가 남기고 간 것이
정녕 수제비 맛 하나뿐일까?
한 세상 사는데 필요한 것이 뭐가 그리 많겠느냐?
혹시라도 그 말은 아닐까?

장터

욕심, 욕망, 호기심이란
참을수록 누를수록 더욱 커질 뿐이다.
장터는 닷새 동안 뭉친 무수한 응어리가
한꺼번에 툭 터져 소용돌이치는
정신의 거대한 목욕탕이다.

깎고 깎아도 늦춰서 크게 받는다.
남들이야 다 얼간이, 팔푼이, 병신이고
자기만이 거래의 명수라고 확신하며,
자기만 재수 좋은 날이라 단정하면서
하루 이익에 슬그머니 만족한다.

그러나 장터는 이익만 주는 곳인가?
무엇을 잃는지 아무도 정녕 모르는가?
방물장수 눈짓에 눈 흘기며 웃는 주모,
어슬렁 기웃 모여드는 산 너머 건달패,
장터에는 입장료도 자격제한도 없다.

파장 무렵 팔려간 황소만은 그래도
자기가 잃은 것을 분명히 알고 있다.
예전에 꼴 베어주던 소년이 먼 곳에서
대학에 다니기 때문에, 하숙비 때문에
자기가 죽어야 한다고 알고 있다.

욕심, 욕망, 호기심이란 밑 빠진 항아리.
얼마나 많은 황소가 팔려나가야만
장터의 질서가 잡히겠는가?
웅어리 터진 물이 깨끗해질 것인가?
닷새마다 누구나 야수처럼 자유로운 장터.

가난과 철학자

아무 것도 가진 것이 없다는 사람에게,
그래서 남에게 줄 것이 없다는 사람에게
철학자가 묘한 웃음으로 질문을 던졌다.

당신은 아직 격려의 말을 해 줄 입이 있고
동정의 눈물 흘려 줄 눈이 있지 않은가?
쓰러진 자를 부축해 일으킬 손이 있고
남을 대신해 걸어갈 두 다리가 성하지 않은가?
남의 짐을 지어줄 넓은 등이 있고
남 대신 버려도 좋을 목숨이 있지 않은가?
남의 불행을 슬퍼해 줄 마음이 있고
남을 위해 기도해 줄 시간도 있지 않은가?
누가 이보다 더 많이 가질 수가 있는가?

아무 것도 가진 것이 없다는 사람이
철학자를 흘겨보며 싸늘하게 반문했다.

당신이야말로 언제 입으로 남을 격려해 주고
눈에 날마다 동정의 눈물을 머금었던가?
쓰러진 자를 어김없이 손으로 부축해 주고
주저앉은 사람 대신에 두 다리를 움직였던가?
무거운 짐을 언제 대신 지어준 적이 있고
남을 위해 언제 목숨을 버렸던가?
언제 당신이 남의 불운을 슬퍼했고
가장 높으신 분에게 기도를 바쳤던가?
당신보다 더 지독한 위선과 이기주의를
보여준 사람이 어디 또 있단 말인가?

어이없다는 듯 철학자가 돌아서서
힘없이 걸어가며 중얼거렸다.

내가 비록 실천은 못 한다 해도
진리만은 제대로 가르쳐 주는데, 어찌하여
어리석은 사람들이 깨닫지를 못 하는가?
아무 것도 가진 것이 없는 사람은
이 세상에 단 한명도 없다는데!

흰 소

꽤나 길고 끝도 날카로운 뿔이
우리 황소와 다르다.
공연히 그렇게 생긴 것은 절대 아니다.
아프리카 초원에서, 밀림과 사막에서는
불개미 더듬이 하나마저 공연한 것이 없다.

있으면 있는 대로,
생김은 생김대로 모두
나름대로 분명한 이유가 있다.
살아남기 위해 적을 죽이기 위해서도,
작은 것은 작은 대로,
큰 것은 큰 대로 까닭이 있다.

그러나 일단 길들여진 뒤 소의 뿔은
이미 이유 있는 뿔이 아니라
공예품의 재료로 자라고 굳어지고 잘릴 뿐.

창도 방패도 활과 화살도 이제는 관광기념품.
무섭고 다양한 가면도 주술의 힘을 잃었다.
신들이 자유롭던 숲도 시들고
천둥도 번개도 댐 밑바닥으로 가라앉았다.

잡목처럼 몰려들어
사람들이 새로운 숲을 이루면,
그 속에서 새로운 신들이 군림한다.
총과 대포로 독재자들이 번개를 내쏘며
황금빛 유혹으로 저수지를 채우면서
스스로 전능의 신이라고 선포한다.

허기진 배 채우려 길들여지고 나면,
흰 소는 신성하고 순수한 뿔을 잃는다.
있으면 있는 대로,
생김은 생김대로 이유가 있던
그 뿔이
이제는 한 덩어리 재료일 뿐이다.

체면의 칼날

무심한 체면의 칼날을 벼려 날마다
수염을 깎아 버리고, 또 정기적으로
머리카락을 잘라서 버리고는 했다.
손톱과 발톱을 깎아서 버릴 때
단 한 번도 아까운 줄 몰랐다.

내 몸에서 돋아나 잠시나마
나의 일부로 빛나던 것들이
흙이 되었는가? 바람이 되었는가?
한 순간의 관심도 기우리지 않았다.
아까움도 안타까움도 침범 못한 나의 기억은
편안하게 잊어서는 버리고 말았다.

아무도 내게 더 이상 필요하지 않을 때,
나도 남들에게 전혀 필요하지 않고
나 자신에게마저 버려야 할 짐이 된다.

기다리지 않아도 차례는 오는 법,
예외를 본 사람은 아무도 없다.
우리는 매일 누군가를 잊어서 버리고
차례대로 각자 잊혀져 버림받을 것이다.

더러는 살아서도 나보다 먼저 잊혀지고,
더러는 나보다 조금 더 햇빛을 바라보다가
아무도 곁에서 거들어 주지 못하는 순간,
탁하고 꺼지는 스위치를 볼 것이다.
그러나 다음 장면에는
전혀 새로운 얼굴만 등장할 것이다.

아낌없이 버렸던 머리카락 한 올보다 내가
더 오래 기억되어야 할 이유가 무엇인가?
곧 잊혀질 사람들의 머리 또는 가슴 속에
몇 순간 더 추억으로 남는다고 해서
내가 머리카락 한 올보다 나은 것이 무엇인가?
살아있는 동안 내가 여기서
기억할 가치가 있는 것을 얼마나 심었던가?

자기만은 언제나 유일한 예외라고 하는
환상을 우리는 스스로 만들어내고, 믿고,
그 속에서 날마다 자기기만과 숨바꼭질한다.
이 게임에서 벗어난 사람은 아무도 없다.
그리고 여기서 기만을 누르고
이긴 사람은 아무도 없다.

가난과 코끼리

코끼리가 코끼리로 두려움 없이 돌아다니다가
스스로 선택한 곳에서 쓰러질 때,
사람이 사람으로 부끄럽지 않게 살다가
그리운 사람들에게 마지막 인사하고
조상의 나라로 편안하게 돌아갈 때,
아무도 가난하지 않았다.
코끼리도 사람도 가난하지 않았다.

그러나 코끼리가 상아의 멍에 때문에
쫓기고 살육되고 멸종에 다다를 때,
사람이 사냥감이 되어 노예로 팔려가고
또는 스스로 굴복하여 노예가 될 때,
가난은 문득 왕이 되었다.
아무도 타도할 수 없는 독재자로 군림했다.

대륙의 하늘 높이 자유의 깃발이 나부낀다지만

그 깃발 아래 자유를 만끽하는 자는 누구인가?
사람이 자유의 쓰레기 더미를 만들어 놓고 나서
나이와 크기 떠나 사람을 마구 내다버릴 때,
노예로나마 부리며 먹여주지도 않을 때,
사람들이 우는 것은 가난 때문이 아니다.
가난에 절망해서 우는 것도 결코 아니다.

음모의 손이 가난을 파종한다고 소리치는가?
다른 대륙이 가난을 수출한다고 믿는가?
스스로 가난하다고 믿을 때 사람은 가난해진다.
가난은 길 가에 돋아난 잡초,
황폐한 마음의 숲에 번식하는 잡초더미.
탄식과 원망은 예리한 낫이 될 수가 없다.

웅장하게 두려움 없이 걷는 코끼리를 보고 싶다면,
축복받은 이 광대한 들판을 더 이상 더럽히지 마라!
하늘은 사람에게 가난을 내려준 적이 결코 없다.

재벌회장의 꿈은

누가 낳은 알인지는 물어볼 것도 없다.
자가용 제트기에서 내려다보면
지구는 영락없이 달걀 한 개.
탁탁 테이블에 두들겨 껍질 깰 것도 없이,
프라이팬을 달구어 부칠 것도 없이
날 것으로 통 채 삼키고 싶다.

그러면 온 몸에 황금 비늘이 돋고
두 팔은 순금의 거대한 날개로 변한다.
다이아몬드 뼈를 루비 살이 감싸고
순수 우라늄 액체가 피 대신 혈관을 돈다.

영원히 죽지 않는 신종 불사조가 힘차게
태양을 향하여 날아간다.
태양계의 모든 혹성이 차례차례로
불사조의 뱃속으로 사라진다.

태양도 결국은 달걀 한 개.
만져보고 튕겨보고 할 것도 없이
날 것으로 그것도 통 채 삼키고 싶다.

태양을 먹고 나면 새는 이미 신이다.
우주를 삼키는 것은 시간문제다.
우주 밖의 무한 허공은 문제도 아니다.

그러나 아무리 천재적이고 정력적인 재벌회장도
무엇이든지 먹어치우는 자는 자기가 아니라
바로 꿈이라는 사실은 모르고 있다.
꿈이 재벌회장마저 집어삼키고 있다.
자가용 제트기를 타고 즐기는 것은
회장님이 아니라 오로지 꿈뿐이다.
허망한 꿈이 살모사인 줄 정말 몰랐던가?

보석

머리 빈 사람들이 자랑하는 보석만 보석이고
진흙에 묻힌 보석은 보석이 아닌가?
천년을 바위 속에 갇혀도 보석은 빛을 잃지 않고
언젠가 갈고 닦아줄 손을 기다리고 있다.

스스로 보석이라 큰소리치지도 않고
사랑과 인정을 구차하게 구걸도 않은 채,
찬란한 빛이 어둠으로 얼어붙어 있어도
기죽기는커녕 어둠을 오히려 가련하게 여기고
자신의 가치를 늘 겸허하게 음미한다.

그러나 유리조각이나 플라스틱 구슬이
지금은 보석의 자리를 찬탈하고 으스댄다.
날마다 거리에서 벌어지는 패션쇼를 보라!
징그러운 쇠붙이마저 알몸으로 날뛰고 있다.

알파벳과 전파가 무릎을 꿇고
황금과 지폐가 다투어 아첨경쟁을 한다.
이윽고 아첨은 아편이 되어
쇠붙이의 주인들을 중독 시킨다.
땅과 바다에서, 하늘과 시간 속에서
무수한 시체가 먼지처럼 둥둥 떠다니지만,
눈 먼 사람들은 아무도 슬퍼하지 않는다.

보석은 썩지 않고 녹지도 않으며
자신을 비굴하게 축소하지도 않는다.
그러나 보석에 탐욕하고 헛되이 자랑하는 자들은
자신이 썩었어도 썩은 줄을 모르고,
날마다 조금씩 사라지고 있는 것도 깨닫지 못한다.

보석은 자신의 참 모습을 알아보고
사랑하는 사람에게만
영원한 가치를 함께 누리도록 초대한다.
진흙도 바위도 모래산도
보석을 질식시킬 수가 없다.

착각

잔디 위로 희고 동그란 것이 솟아
골프채로 힘껏 내려쳤다.
골프공이 하늘 높이 포물선 그리기는커녕
버섯 대가리만 맥없이 박살나고 말았다.

착각은 작은 생명의 죽음을 부르고,
사람은 부끄러움도 자비도 미련도 없이
자기 공을 향해서 뚜벅뚜벅 걸어갔다.
구두에 밟혀 죽는 개미들은
항변이나 비명의 권리도 없다.

독사 알을 황금 알로 착각하고 품었다가
얼마나 많은 사람이 어둠 속에 사라졌던가!
한 나라를 주머니 동전처럼 만지작거리다가
얼마나 많은 사람이 망각으로 침몰했던가!

우리가 곧바르다고 믿는 길들이 휘어지고
절벽에 이르러 끊어지는 경우가 얼마나 많은가!
우리가 진리라고 확신하는 것들 가운데
몇 개나 착각에서 벗어나 영원한 것일까?

전 세계의 위선자와 거짓말쟁이를 모아서
한 가닥 밧줄을 만든다면
해까지 닿을 것이다.

착각의 군단은 거대하고 번식력이 과연 놀랍다.
착각하는 자들의 말, 눈짓, 문서의 방사선으로
무수한 생명이 맥없이 사라지고 있지만,
사라진다고 해서 정말 사라지고 마는 것일까?
버섯도 개미도 사람을 위한 장식품에 불과할까?

남을 죽이는 시간

순리대로 흐르지 못하는 물이 거대한 웅덩이에 고여
수십 년간 썩으면서 부글부글 끓는 소리가 들린다.
그 어느 경계선도 못 가두는 밤이 대신 흐른다.
어른들이 잠들고 아이들도 잠이 든다.
모든 것이 망각되고 모든 육체가 고통을 벗어난다.

그러나 잠시 이어질 따름인 평온은 곧 깨질 것이다.
누군가는 잠들지 않고 거리에서 숲에서 빌딩에서
약탈하고 죽이고 음모한다.
무수한 악몽이 침대마다 스며들어 기억을 지배하지만,
어느덧 달아나버려 하나도 기록되지 않는다.

새벽이 야자나무 꼭대기에서 눈을 뜰 때,
무수한 도둑, 강도, 고문자들이 신사로 돌변하고,
창녀들이 저명인사의 침대를 벗어나 화장한다.
날개 잃은 천사들은 멍하니 초점 없는 시선을 던지고,

새벽이 왜 오늘도 어김없이 찾아오는지 이해 못한다.

자, 이제 깨닫지 못하는 자에게는 절망도 없다.
절망할 힘마저 없는데 어떻게 일어서란 말인가?
미워할 시간마저 빼앗겼는데
어찌 대항하라고 하는가?

밤과 낮을 뒤섞어 파인애플 칵테일을 만들어 즐기는
무수한 왕과 황제와 총독 그리고 귀족들의 식탁에서
새벽이 은쟁반에 받쳐진 제물이 되는 오늘,
범죄와 형벌을 마음대로 요리하는 사람들이
시간인들 술잔에 타서 마시지 못하겠는가?

그러나 남을 죽이는 시간이 썩은 물처럼 독이 되어
자기네 혈관을 타고 흐르는 것을 누가 막겠는가?
훈장, 금반지, 화려한 목걸이가 저주의 낙인으로 남아
각자 가문의 대가 끊어질 때까지
악몽의 유산으로 이어지는 것을 누가 부정하겠는가?

등신불

색즉시공이라 석가모니마저 누더기 같은 몸을
세상에 남기지 않고 훌쩍 떠났다.
그런데 감히 네가 등신불로 남았느냐?

무량겁을 헤아려도 모자랄 텐데, 겨우 3년 지나
썩지 않았다 해서 그 몸이 어찌 부처란 말이냐?
새까맣게 옻칠이 웬 말이며, 그 위에
황금 물을 붓는다니, 아직도 깨닫지 못 했느냐?

태워 없애야 마땅할 육신을 남겨
등신불로 영원히 지상에 앉아있겠다니,
무슨 욕심이 그리도 많으냐?
개금이 무엇이며 등신불이 다 무엇이냐?
백 년 간의 염불인들 인간의 욕망 가운데
가장 큰 욕망 앞에 무슨 소용이냐?

그러나 마지막 욕망만은
가장 커야 가장 거룩한 법.
구제받을 사람이 한 명이라도 있는 한
열반을 포기한 등신불은
스스로 지상에 유배된 슬픈 증거,
중생의 어리석음이 반복되는 한
보이지 않는 불로 자신을 태워 미혹의 세계를
비추는 가장 아름다운 빛의 샘이다.

그렇지만 한 번 더 묻는다면,
석가모니마저 몸을 남기지 않았는데
금칠한 네 몸이 어찌 부처이겠느냐?
세상에 미련이 전혀 없다지만, 무릎 저쪽에 쌓이는
새전을 네 눈은 어찌 지금도 바라보고 있느냐?

출가든 중생 구제든 백 년 간의 수도든,
염불보다 잿밥에 마음이 더 끌린다면
말짱 도로아미타불이다.
제 마음도 도둑맞고 남의 마음도 훔쳐가는
마음 도둑놈의 미친 잠꼬대다.

진품의 신기루

육교 난간에 한 손 걸친 채
유리창 거리를 내려다본다.
진짜 골동품, 진짜 서화에 눈 먼 사람들이
가게마다 휩쓸며 들락거린다.

진품의 신기루로 찬란하게 빛나는 것은
베이징의 한 모서리가 아니라,
탐욕이 날마다 마지막 대홍수 지는
화려한 개미떼의 가슴이다.
돌아갈 시간이 채찍으로 후려쳐
머릿속 환율을 번개 치게 만든다.

결국은 속았다고 욕할 것이다.
그러나 중국인들은 말한다.
우리가 언제 진짜라고 했느냐?
물건이 물건으로서 좋다고만 했지 라고.

그리고 또 수천 년 손님을 기다릴 것이다.

사람마저 진짜가 아닌 주제에,
그리고 잠시 지나가면서, 어쩌자고
물건만 진짜이기를 바란단 말이냐?

고향의 발견

땅이라고 어찌 다 똑같다고 하는가?
밟을 데가 있으면 누울 데가 있고,
세울 곳이 있으면 무너질 곳이 있다.
불나방 떼가 몰려드는 곳이 있으면,
모든 이에게 버림받은,
그러나 스스로 버린 적이 결코 없는
툭 터진 고독의 바다도 있다.

구름이 잠시 그늘을 드리웠다 가도
산마루는 한 치라도 깎인 적이 없다.
치솟고 꺼지고 퍼져나가도
형체와 움직임은 그림자일 뿐,
땅을 조금도 가져갈 수가 없다.

모든 생명이 물에서 태어났다가
땅에 묻혀 죽음으로 돌아간다지만,
죽음 없이 어찌 삶이 나오겠는가?

아무리 넓다고 해도 땅은 테두리가 있어
우주의 저울에 놓인 한낱 작은 공.
우리 몸은 부드럽고 연약한 그 분신,
무수한 수증기.

그러나 거기 도사리고 있는 우리 마음은
영원과 무한을 향해 치닫는 정열이다.
갇혀도 갇히지 않고 묶여도 묶이지 않고,
스스로 불타는 자유와 사랑이다.

나도 마음을 휘어잡지 못하고
너도 마음에 평안을 심지 못하는데,
어찌하여 땅을 모두 똑같다고 하는가?
어찌하여 땅에 탐욕을 부리는가?

아무리 작은 땅에도 각각 때가 있어,
머물 때가 있으면 떠날 때가 있고
부서질 때가 있으면 쉴 때가 있다.
땅을 밟아도 밟고 있지 않을 때,
땅을 차지해도 차지하지 않을 때,
비로소 우리는 고향을 발견한다.

빈 공

일 이 삼 사 오 륙까지 숫자가 붙은 공은
처음부터 빈공이다.
죽이 맞고 눈이 맞고 배가 맞아, 주거니 받거니,
매달리고 빼앗고, 밀어내고 자빠지고,
한 오십 년 한심하게 잘들 놀던 시절이다.

칠 팔 구 십 십일마저 빈공에 붙은 숫자일까?
쓸개 빼고 배알 빼고,
죽이 맞고 눈이 맞고 또 다시 배가 맞아,
형님 먼저 아우 먼저, 끼리끼리 돌아가며
빙글빙글 돌려가며, 한 오십년 어지럽게
진짜 놀아볼 심보일까?

숫자놀음에 도끼자루 썩고
빈공 놀음에 생사람 잡는다.
죽이 맞고 안 맞고,

눈이 맞고 안 맞고,
배가 맞고 안 맞고,
어디가 어때서 앙탈하는가?

빈공은 어디까지나 빈공,
역사가 냉정하게 심판한다.
선수란 언젠가 퇴장하고
빈공은 언젠가 버림받는다.

일 이 삼 사 오 륙까지 숫자가 붙은 공은 빈공이다.
칠 팔 구 십 십일마저 빈공에 붙은 숫자일까?
일 이 삼 사 오 륙은 지루하고 지겹고 부끄러웠다.
칠 팔 구 십 십일은 모르긴 몰라도 걱정꺼리다.

빈공 장단에 어영부영 하다가는
본전은커녕 뼈도 못 추릴 인생이다.
네 인생, 내 인생, 억울한 인생.

주인이 없는 집

악몽인 듯 암흑인 듯 온 누리 덮어 누르던
악취가 사라져야 할 때,
선택에 밀려 벌써 여섯 번,
아니, 여섯 번이나 기다렸던가?
여린 줄기 6층 꼭대기까지 뻗어 올라
비겁과 비명이 고인 베란다를 조롱하고 있다.

유리창 하나의 안전 때문에
우리 손을 떠난 정의와 지혜가
낙엽으로 진다.

푸른 잎새는 희망의 이슬을 맺는 사랑,
질긴 뿌리는 눈물만 건지는 그물이었던가?
썩은 뿌리, 썩은 줄기, 썩은 잎이 아직도
한낮의 영광을 반사하고 있는가?
대지에 충만한 자비의 부식력은 언제까지나

쓰레기의 수집을 기다리고 있는가?

한잔 술의 미각 때문에
우리 손을 떠난 언약과 신의가
낙엽으로 진다.

계절 무수히 바뀌어도 베란다는 여전히 난장판.
원래 주인이 없는 집인가?
구경꾼조차 이제는 흥미가 없다.
미친개가 침 흘리며 쳐다보는 집,
불모의 영혼만 울타리에 서성거린다.

수표 한 장의 숫자를 위해
우리 손을 떠난 사랑과 생명이
낙엽으로 진다.

오합지졸의 노래

우리는 쪽팔리는 미남미녀가 아니다.
우리는 아무 개처럼 돈도 땅도 없다.
우리는 아무 개처럼 지위도 명예도 없다.
우리는 아무 개처럼 학벌도 없다.
우리는 오합지졸이다.

일부러 되고 싶어서 된 오합지졸은 아니다.
어쩌다가 보다 그렇게 되고 말았다.
세상에 태어난 것이 어쩌면
호적에 이름 석 자 남기고 끝날지도 모른다.
아무 개 아무 개 하는 사람들도
호적에 이름 석 자나 남기고 갈 것이다.

그러나 우리는 오합지졸 신세를 결코
한탄하거나 부끄러워하지 않는다.
아침, 점심, 저녁, 하루 세끼 찾아먹고

오합지졸 끼리 사랑을 나눈다.
아무 개 아무 개 부럽지 않게
자식새끼도 까고 잘만 기른다.

집이 사글세든 전세든 상관하지 않는다.
차가 있든 없든 관심도 없다.
두 팔로 껴안지도 못할 땅은, 세금이다 상속이다,
골치가 아파서 탐내지도 않는다.
명예도 명예 나름이지, 유명하면 다 명예라더냐?
좋은 학벌이 그렇게 잘나서 우리 같은
오합지졸의 등이 이렇게 휘어진단 말이냐?

우리는 날 때부터 죽을 때까지,
그리고 대대손손 마르고 닳도록 오합지졸이다.
그러나 우리가 나라의 주인이다.
아무 개 아무 개는 인정하려 들지 않겠지만
우리는 당당히 이 나라의 주인이다.
자자손손 마르고 닳도록 우리는
이 나라의 주인이란 말이다.

그래서 혁명이다, 민주다, 독재다 어쩌고,
정권이 바뀔 때마다,
정권은 어차피 바뀌게 마련이지만,
언제나 푸대접 받는 오합지졸이다.

벗 (2)

30년 만에 만난 중학 동창은 훤한 대머리,
40년 만에 만난 불알친구는
벌써 손자들을 보았다고 한다.
전쟁이 우리를 갈라놓았던가?
아니면, 먹고 살기 바빠서 정신없이
흘려보낸 세월 때문인가?

출세라는 게 뭔지,
살아남는다는 게 뭔지...
소주 한잔에 누군가가 내뱉었다,
살아있으면 다 만나는 거야!

해방둥이들 너털웃음과 흘러간 옛 노래.
속절없이 밤은 깊어가고
풋사랑의 추억만 애절한 별로 뜬다.

6년만 지나면 21세기.
역사책에 묻힌 사람들처럼 이제는 우리가
세기와 세기의 갈림길에 서게 되는데,
10년 또는 20년 후 우리 가운데
몇이나 남아서 서로 얼굴을 알아보겠는가?

밤 유리창에 비친 공동의 자화상을 바라보며
누군가 한마디 내뱉겠지,
우린 꿈속에서 만난 친구들이었어!

여자의 얼굴 (1)

얼굴이 못났다고 비관 자살한 여자에게
한 마디 해봤자 소 잃고 외양간 고치기다.
그러나 소 잃고 나서라도 외양간은 고쳐야
다른 소를 또 잃지 않을 것이다.

물론 자살한 여자는 소가 아니고
앞으로 자살할 여자 역시 소가 아니다.
더욱이 나의 소도 아니다.
그러나 말을 해서 외양간 고칠 수만 있다면
한마디 못할 것도 없지 않은가?

이 세상에서 얼굴이 "제일" 못난 여자는
결코 자살해서도 안 되고,
자살한다면 너무나 큰 인류의 손실이다.
그렇게 정말 자기가 "제일" 못났다고
자살할 정도로 확신에 찬 여자가 있다면,

머리가 "제일" 좋은 여자가 아닌가!

그럭저럭 못났으면서도 못난 여자라는 사실을
아무도 인정하려 들지 않는 세상인데,
못 나기로 "제일" 간다고 스스로 감히 나서다니!
그런 여자는 "제일" 못난 것이 아니라
"제일" 훌륭한 여자가 아닌가!

그런데 "제일" 못생기지도 못한 주제에
어물전 망신시키는 꼴뚜기처럼 자살이라니!
자기보다 더 못 생긴 여자가 얼마나 많은 세상인데,
누구 약 올리자는 건가? 건방지게 비관이라니!

세계추녀대회에 나가 1등은커녕
입상도 못할 주제에 그 못 생긴 얼굴을 비관하다니!
그것도 부모님이 물려준 하늘의 보배 같은 얼굴인데,
부모를 뭐로 알고, 수술이다 뭐다, 병신 짓인가?

자기 얼굴이 세계에서 "제일" 못생겼다고
자신만만하게 나설 여자가 있다면,
그 여자야말로 둘도 없이 용감하고 지혜롭고

아름다운 여자다.

그러나 이 세상에는 불행하게도
"제일" 못생긴 여자를 판정할 자격이
아무에게도 없다. 물론 본인에게도!

물건은 만질수록 커진다

물건도 물건 나름이긴 하지만
만지면 만질수록 더욱 커지는 것이 있다.
나중에 나온 물건이 먼저 나온 것보다
한층 싱싱하고 굵고 단단하며
또 오래 오래 버틴다.

미끄러지듯 배가 호수로 들어가면
호수는 신음을 토해낸다.
노를 소리 없이 저으면 저을수록
더욱 넓어지는 호수.
노를 힘차게 저으면 물결은
거칠게 일어서기도 하고
절망적으로 부서지기도 한다.

안개가 낀다고 해서 어찌
달콤한 향기가 침묵하겠는가?

정신이 가물가물 멀어진다고 해서 어찌
축축한 단세포의 떨림이 멈추겠는가?
밤이 새도록 팽창을 갈망하는 물건에게
호수의 뜨거운 비명은 황홀한 노래.

그러나 명심하라!
물건이란 크다고 반드시 좋은 것이 아니고
질기다고 반드시 뛰어난 맛도 아니다.
호수란 넓다고 반드시 아늑하지는 않고
물결이 거칠다고 제 맛도 아니다.

들어갈 때의 노래와 나올 때의 노래가
서로 조화를 이루지 못한다면,
아래 위에서 흘린 땀이 무슨 소용인가?
신음과 비명은 욕망의 잡음일 뿐이다.

황혼의 사랑

땅거미 스며드는 한적한 골목길에서
문득 걸음을 멈춘다.
뒷머리에 서리 하얀 한 쌍이 저만치 걸어간다.
다정하게 손잡고 걸어가고 있다.

함께 늙어가는 것만 해도 아름답고 부러운 일.
오가는 따사로운 정은 얼마나 고귀한가!
부부든 단순한 연인이든 무슨 상관인가?

야망도 미련도 사그라진 삶의 길에서
두 사람이 만나고 다정하게 손을 잡았다면,
황혼도 사랑 앞에 부끄러워 낯을 붉힐 것이다.
황혼의 사랑에도 신의 모습이 깃들어 있다.

사랑하는 가슴에서는 시계바늘이 정지한다.
서리든 삭풍이든 아무 것도 두렵지 않다.

그러나 부러움을 간직한 가슴에는
서리가 내릴 뿐이다.
골목 저 끝까지 혼자 걸어가야 한다.

플라타너스 잎새 (1)

아무리 넓다 해도 잎새 하나 가지고는
한 여름 하늘을 가릴 수 없다.
우리도 그렇게 요구하지 않고,
잎새끼리 모여 그늘 드리우면 만족이다.

난지도에서 피어오르는 먼지로
하얗게 화장하고
때 아닌 새벽안개에 얇은 몸 떨고 있을 때,
땅 속에 숨은 지렁이가
잎새의 죽음을 예견하는가?

소나기에 무심코 아스팔트로 기어 나왔다가
땡볕에 말라죽은 지렁이들이
가지에서 춤추며 한나절 노래하는
잎새의 운명을 동정하다니!

산 것은 자기 생명에만 몰두하라!
땅에 떨어져 진흙에 덮이든 구두에 밟히든,
플라타너스 잎새는 제 갈 길이 있다.
잎새가 가도 나무가 남는다.
나무 밑동 베어져도 씨앗은 남는다.
플라타너스는 내일을 굳게 믿는다.

나무가 넓은 잎새들 자랑하지 않는데
우리는 그 그늘에서 무엇을 자랑하는가?
세월의 잔물결에 밀려 조금씩 쓰레기로 변하는
우리의 몸과 정신을 담아줄
성숙한 난지도는 어디 있는가?

플라타너스 잎새 (2)

정이 그리워, 따사로운 인정이 그리워
어두운 구석에 숨어 남 몰래
흐느끼는 사람이 있다면,
비록 한 줌 밖에 안 되는 나의 정이나마
플라타너스 잎새에 싸서 드리고 싶다.
이 넓은 세상에서 푸근한 정
목마르지 않은 사람이 어디 있겠는가?

눈부신 경쟁의 바다에서 길을 잃고
두 어깨 축 늘어뜨린 채
힘없이 걸어가는 사람이 있다면,
비록 내게도 모자라는 용기나마 한 줌
플라타너스 잎새에 싸서 드리고 싶다.
누군들 그런 순간이 없었으며,
언젠가 그런 모습으로 걷지 않겠는가?

모진 상처에 피 흘리는 사람 있다면,
넓은 잎새에 나의 눈물을 담아
쓰린 상처를 감싸매 주고 싶다.
가슴의 깊은 상처로 번민하는 사람 있다면,
플라타너스 잎새에 나의 부서진 세월 담아
목 놓아 함께 울어도 좋다.
먼지 날리는 거리에서 누군들 상처받지 않으며,
누군들 가슴이 베이지 않겠는가?

플라타너스 잎새 (3)

검은 비닐자루가 터져라 꾹꾹 눌러 담는다.
잎새끼리 모였지만 숨이 막힌다.
아직도 붙어있는 목숨 차라리 길바닥에서
서늘한 바람이나 쏘이게 했다면,
잎새들은 가을과 다정한 대화 나누면서
사람들에게 흘러가는 시간의
지혜로운 노래 가르쳐 주었을 것이다.
그러나 눈여겨보려고 하기는커녕
그저 귀찮은 쓰레기로 푸대접만 한다.

사람들 닫힌 마음이 너무나 무서워서
한껏 오그라든 몸인가?
나날이 더욱 아름다운 꿈을 꾸기는커녕
악몽 속으로 곤두박질치는 사람들이 안쓰러워
스스로 일찍 시들어버린 갈색의 잔해인가?
찬비에 시달리고 구두 뒤축에 찢긴 채

잎맥 마디마다 툭툭 끊어진 잎새들은
말없이 우리 자화상을 그리고 있는가?

플라타너스 잎새들이 말끔히 사라진
포장 인도 위로 불길한 예감이 강을 이룬다.
끝내 토해내지 않은 진실의 말 때문에,
스스로 베푼 적이 없는 사랑 때문에,
한 번도 포기한 적이 없는 탐욕 때문에
무수한 사람이 낙엽처럼 사라질 것이다.
그러나 무수한 발자취와 죄악만은
냉동실에 갇힌 채 고스란히 남을 것이다.

은퇴의 준비

찬란한 날들은 영원히 지속하지 않는다.
희망과 야심의 채찍으로 나를 때리고
남에게 상처 주는 나날도
언젠가는 황혼에 잦아들고 만다.

다만 양심에 거리낌 없이 살아왔다면,
교묘한 합리화로 정의를 굽히거나
체념의 논리로 아첨하거나
강한 자 앞에서 비굴한 웃음 헤프지 않았다면,
약한 자의 손과 목을 사정없이
비트는 짓을 하지만 않았다면,
다가오는 밤이 결코 두렵지 않을 것이다.

누구에게나 한번은 마셔야 할 잔이 있다.
때로는 고독의 텅 빈 잔,
때로는 울분의 쓰디쓴 잔,
그러나 대개는 아쉬움과 후회가 소용돌이치며

가슴을 아프게 쥐어짜는 잔이다.

빛나는 날들이 언제까지나
우리 머리를 장식하지는 않는다.
피할 길 없는 잔이 다가오는데
애써 외면한들 무슨 소용이 있는가?
차라리 두 팔을 활짝 벌린 채
미소로 그 잔을 환영하는 편이
멋지고 보람차고 참으로 인간다운
추수의 모습이 아니겠는가?

이제는 겸허하게 고개 숙이고
짙어가는 어스름에 대비할 때다.
서두를 것도 초조할 것도 없는
자연의 목소리에 순응할 시간이다.
빛나는 날들만이 어찌하여
우리 삶의 전부가 되어야 하는가,
그늘에 가린 채,
두어 걸음 멀리 뒤에 처진 채,
한층 가치 있는 나날을 마련할 수 있는
가능성과 힘이 아직 남아 있는데?

등짐

등이 휘도록 등짐을 진 노인이
난지도 그늘에 묻힌다.
카메라 렌즈가 따라가다가
안개에 싸여 눈을 감는다.
버림받은 배추는 외롭기만 하고
멀리 강물이 차게 식는다.

언젠가 내려놓을 짐이라면
어디까지 지고 가려 하는가?
노인이 지고 갈 것이 등짐뿐이기를
혼자 가만히 소망 던져본다.

빗나간 사랑, 헛된 물욕은
언제나 무겁기 짝이 없는 마음 짐.
벗어도 또 벗어도 다 벗을 길 없어
수의로 칭칭 동여 땅 속에 버리는 짐.

쓰레기로 태어나 왕처럼 군림하는 짐이
적어도 난지도에서는 보이지 않는다.
그런 짐 어디 굴러다니는지 누구나 안다.
알면서도 짐이라 손가락질 않고,
오히려 그 앞에서 굽실거린다
쓰레기 부스러기나마 얻어먹으려고.

등짐이 추억의 그늘에 묻혀버리면,
오늘도 추억도
우리의 난지도가 된다.

한밤에 내리는 비

한낮에 외출했던 고독이 귀가한다.
망상과 약속이 발목마다 휘어 감는다.
누구나 돌아가는 길목에서
한번쯤 망설이는 까닭은
가슴에 묻은 갈망 때문인가?

입술이 탄다. 목이 마르다. 머리가 어지럽다.
비틀거린다면 아직 먼 길이다.
누군가 손을 내밀고 있는 듯,
어디선가 웃음소리 들려오는 듯,
자꾸만 몸이 가라앉는다.
넋이 주저앉는다.

밤이 내린다.
어느덧 한밤에 비가 내린다.
지금까지 어디서 헤맸는지 누가 알겠는가?

얼마나 외로웠는지 알 리가 없다.
얼마나 많은 착오의 톱니바퀴에 걸려 정신이
갈가리 해어지고 피 흘렸는지 누가 알겠는가?

한 걸음 또 한 걸음 겨우 여기까지 온 길,
삭막한 가슴에 바람결만 싸늘하다.
어둡고 거친 길,
앞이 전혀 보이지 않는다.
홀로 가는 길에 어찌 끝이 보이는가?

밤이 깊어간다.
가슴에 멍이 더욱 번진다.
잎새에 떨어지는 빗방울은 잎새의 운명을 아는가?
매정하게 뿌리치고 떠난 계절이
다시 돌아와도 그 잎새는 보지 못할 것이다.

이별은 언제나 영원하다.
슬프고 허전하다.
지혜가 모자라서, 용기가 없어 손을 놓았던가?
한밤에 내리는 비는
무엇을 갈망하는 눈물인가?

돌아가려 해도 아늑한 집이 없는 사람에게
어찌하여 빗물은 괴롭다 괴롭다 애소하는가?

하얀 침대보로 몸을 덮는다. 눈을 감는다.
창을 두드리는 빗소리는 장송곡이다.
오늘 하루가 죽는다. 내일도 죽을 것이다.
빗소리는 갈망,
사랑을 갈망하는 신음소리다.

누군가 손을 내미는 듯하다. 전혀 보이지 않는다.
이름을 부르는 소리가 있다. 무수한 이름을 부른다.
대부분이 가던 길을 멈춘다. 앞으로 나아갈 수 없다.
몸부림친다. 공포에 질린다. 통곡을 한다.
길이 없다.
한밤에 내리는 비는 공평하다.
거지도 왕도 입을 다문다.

생명의 보호막

바싹 자른 손톱 끝이 설거지대 물속에서
자릿자릿하다.
오이 자르던 칼에 베인 손가락이
아릿아릿하다.
몸 어느 한 구석이라도 감싸는 피부,
한 틈이라도 생기면 온 몸이 아프다
터진 둑이 무너지는 듯.

평소에는 의식 못하던 살갗,
오로지 잘 보이려 아끼고 다듬어온 살갗이
생명의 보호막인 줄 새삼 깨닫는다.
고통의 방파제인 줄 겨우 인식한다.
살갗 따로 몸 따로 노는 것이 아니라
서로 모르고 무시한다 해도
한 덩어리 생명이다.

나는 누구의 보호막인가?
누가 나의 보호막인가?
어디 있는가?
절실한 질문을 지금까지 누가 막았던가?

당신의 사랑을 감싸주는 살갗으로 내가,
나의 사랑을 감싸주는 살갗으로 당신이
이 땅에서 빛나지 않는다면,
우리가 언제 진정 아름다운 삶을
기대할 수 있단 말인가?

손 밑이 터져도 서러울 일 아니다.
손가락이 곱아도 견딜 만하다.
쓸쓸하고 고달프고 허전해도 불평하지 않는다.

사랑의 보호막이 어딘가 있다면,
누군가 남의 살갗이 되어 자기 몸이 닳아진다면,
오늘 내일의 고통은 아무 것도 아니다.
그만큼 우리 구원이 다가왔기 때문이다.

스스로 죽이는 신앙

오늘도 한 뼘이나 시들었습니다.
삭막한 가슴에서 신앙이 죽었습니다.
고문이나 칼날에 스러졌다면 서러울 리 없지만,
우리 손으로 스스로 죽인 신앙이기에
오늘 밤도 남 몰래 눈물 흘립니다.

방울지는 눈물이 불꽃으로 변해
가슴을 태운다면 얼마나 좋겠습니까?
먹고 사는 걱정이 탐욕의 격류 되고
작은 안일의 소망이 쾌락의 바다 넓힙니다.
온갖 공해에 찌든 정신은 불이 붙지 못합니다.

오늘도 모질게 밟아서 죽였습니다.
소리쳐야 할 때는 비겁하게 입 다물고
침묵할 때는 시건방지게 떠들어대고,
남의 신앙마저 죽여 버렸습니다.

어리석은 한숨이 나무에 알알이 열립니다.

신앙은 유행가도 합창도 아닙니다.
광장에서 벌이는 굿거리는 더더욱 아닙니다.
각자 가장 고독한 절벽 끝에 서서
마지막으로 외치는 절규입니다.
당신을 믿습니다,
당신만 영원히 믿겠습니다 라고.

신앙은 사랑의 고백입니다. 너무나 귀중하고
아름다워 목숨과도 바꿀 수 없는 고백.
고문이나 칼날이야 피할 수가 있지만,
우리가 날마다 조금씩 죽인다면, 그처럼 억울하고
허망한 사랑의 포기가 어디 있겠습니까?

군중 속에 고독한 십자가

첨탑은 원래 고독이다.
상징의 번갯불 내쏘지 못한다면
첨탑의 십자가는 죽은 쇠붙이,
역사의 맹장이다.
피뢰침보다 실용성이 없고
무심한 새 지나가다 더럽히는 장소.

고난, 사랑, 영광이 풍화한다.
늘 보이면서도 늘 망각되는 십자가,
그 고향은 제대 너머 흰 벽이다.
돌 뚜껑 굳게 닫힌 무덤.

나날이 안전한 빵을 씹고 포도주 즐기며
상징의 힘 믿지도 않는 사람들이
사랑을 외쳐대고 있다.
사랑도 모르면서 부활마저 비웃는다.

부활이 없다면 왜 사랑해야 하는지
질문하지 않고 아늑한 침대로 만족이다.

동서양의 인파가 뒤섞이고 호기심과 거래가
합류하는 시장에서는 각자가 판단한다.
죽은 자는 호기심도 거래도 없고
오만 가지 물건만 남겨줄 따름,
물건의 원래 주인을 아무도 묻지 않는다.
그것이 산 자의 신성한 특권이다.

시장바닥에 널린 청동, 구리, 나무 십자가는
한 결 같이 침묵을 지키면서
밀려가는 군중 그 발 뿌리에서 고독을 흡수한다.
뜨거운 가슴에서 고향을 발견 못하고
고뇌하는 영혼에 정착 못하는 물건,
아무도 거들떠보지 않는다.

삶에 지친 아버지가 그 앞에서 기도했다.
병든 아이 위해 어머니가 눈물 흘렸다.
버림받은 여인의 애절한 시선이 가시관에 닿았다.
사랑에 물든 처녀 입술로 발등이 뜨거웠다.
떼 데움_Te Deum 찬미가 우렁찰 때는 몸이 떨렸다.

그 시절은 적어도 고독하지 않았다.
축복의 힘은 망각을 두려워하지도 않았다.

그러나 이제는 추억뿐인가?
마이크와 스크린을 숭배하는 종족이
산 자의 특권을 독점하는 시대,
과거를 해부하고 매매하고 파묻고는 잊는다.
새로운 시대에 새로운 것이 전혀 없다.
야만인과 문명인 누가 더 동물에 가까운지
단언할 사람마저 보이지 않는 시대.

십자가는 어디서나 고독한 법이다.
보석이 박힌다고 해서 달라질 것도 없다.
사람이 인정하거나 말거나, 믿어주든 말든,
십자가는 영원히 십자다.
고독이 상징과 축복을 잉태하고 있다.
망각하고 무시하는 사람, 나라, 민족도 사라진다.

그러나 십자가는 어디선가 갈구의 목소리 듣고,
첨탑에서 흰 벽에서 또 장바닥에서
해방될 것이다.
마음의 문 하나씩 여는 고독한 부활.

광복 50주년

한 세기 전에는 왕조가 무너졌다.
반세기 전에는 쌍둥이가 태어났다.
그리고 싸우다가 대들보를 꺾었다.
가난한 집구석에 남은 유산이라고는
수백 만의 시체와 폐허뿐이었다.

상처는 아직도 생생하게 쑤신다.
증오는 밤마다 도깨비불로 되살아나고
불신의 계곡에는 건너갈 다리가 없다.
어리석은 총구는 굶주림을 낳고
약삭빠른 탐욕은 무질서를 낳는다.

50년이면 원숙해질 어른의 나인데도
쌍둥이는 아직도 철이 들지 않았다.
다시금 눈 먼 왕조들이 무너지고 있다.
쌀은 평화의 전당포가 아니다.

돈이면 무슨 땅이든 살 수 있단 말인가?

피고름 짜듯 감격을 억지로 짜내기 위해
화려한 쇼를 연출하는 손들은
결코 아름답지도 깨끗하지도 않다.
반세기를 기다리며 갈망하던 것이
고작 몇 가지 천박한 쇼에 불과했던가?

하늘로 올라간 여인

세상에서 가장 축복받은 여인,
고통이 축복임을 가장 생생하게 보여준 여인,
우주도 담을 수 없는 주님을 모신
아늑하고 무한한 집,
구원의 멀고 먼 터널이 끝나는 곳에서
끊임없이 솟아오르는 맑은 은총의 샘,
하늘로 올라간 여인.

그러나 어찌하여 하늘로 올라갔습니까?
연약한 그 몸이 하늘에서 필요하겠습니까?
차라리 황량한 들판 한 구석에 묻혀
이별을 축복해 주었으면 더 좋았을 것을,
파괴와 부패로 몸부림치는 이 별을
당신의 살과 뼈로 축복해 주었다면, 지금
우리에게 얼마나 큰 위안이겠습니까?

당신은 대지의 기저귀에 싸여 태어났습니다.
역사의 젖줄기를 물고 자랐습니다.
한 지역의 계시로 깨끗이 목욕했습니다.
아들의 피와 눈물에 젖는 별을 바라보았습니다.
그리고 이 별을 사랑했습니다.
이 별의 모든 사람을 사랑했습니다.

그런데 누가 당신을 하늘로 올렸습니까?
무수한 아들을 지상에 남겨둔 채
당신 홀로 하늘로 올라갔단 말입니까?
스스로 기꺼이 올라갔단 말입니까?

파티마에서 루르드에서
그리고 이별 구석구석에서 오늘도
마음이 가난한 이들에게 다가오는 당신은,
고운 미소와 맨발로 다가오는 당신은
우리 같은 자녀들에게 아직 미련을 두고
미진한 모성애가 남아있기 때문입니까?

무죄한 눈물이 별보다 찬란함을 보여준 여인,
가난과 멸시의 세월이 간절한 기도로 익으면

군대도 성벽도 영웅들의 이름마저
한낱 먼지로 만든다고 말없이 가르쳐준 여인,
가장 약할 때 가장 강한 여인,
그러나 하늘로 올라간 여인,
언젠가는 우리가 만나야 할 여인.

금빛 기와지붕

황금이 영원하다고 해서
황금의 빛마저 영원할 수가 있는가?
자금성_紫禁城의 모든 지붕을 금빛 기와가 아니라
순금의 기와로 뒤덮었다고 해도,
옥좌가 텅 비는 날이,
옥좌가 관광객에게 구걸하는 날이
언젠가는 오고야 말았을 것이다.

그 날이 이미 왔다고 해서
안타까운 사람이 지금 어디 있는가?
만수무강의 함성이 들리지 않는다고 해서
누가 가슴을 치며 통곡하는가?

보이지는 않아도 백성의 마음이야말로
아무도 허물지 못하는 가장 단단한 성벽.
그런데 돌로 쌓은 성벽은 무엇이고

금빛 기와는 또 무엇이란 말인가?

아무도 쳐다볼 수 없는 자리에 앉았다 해도
지상에는 하늘의 아들이 없다는 것을
아무리 모든 사람이 인정한다 해도,
아무도 하늘의 아들이 될 수 없다는 것을
정녕 몰랐다면 그대는 가장 찬란한 바보였다.

지상의 인간은 모두 다 하늘이 낳은
하늘의 아들임을 전혀 몰랐다면,
그대는 그 하늘의 아들도 되지 못하고
지상에서 가장 비천한 인간에 불과했다.

하늘은 원래 바람의 샘이고 인간은 바람,
성벽과 궁전 그리고 정원까지
천하가 기꺼이 바친,
아니, 긁어모은 순금으로 만들었다 해도
그대와 주위의 모든 사람은 역시 바람,
언젠가는 이 땅을 떠나야만 했다.
천세 만만세의 함성이 내일의 장송곡임을
처음부터 깨달았어야 했다.

바람처럼 떠나가야 할 인간에게는
황금도 황금의 빛도 영원하지 않다.
그런데 하물며 한낱 자금성 따위야!

호수와 여자

바람과 구름과 물고기의 자유가 보장된 호수는
평화와 자비가 넘치는 생명이다.
그러나 병사들이 지키는 여름별궁 한 가운데
드넓게 자리 잡은 호수는
거대한 무기이자 독기 서린 감옥이었다.
무수한 백성의 하소연이 거기서 익사하고
무수한 충언이 거기 가라앉았다.

여자란 얼마나 깊고 아름다운 신비인가!
그러나 고독하게 늙은 여자가
모든 남자를 합친 것보다 더 강할 때는
그 질투와 의심과 사치와 잔혹함을
어느 누가 견디어낼 수 있겠는가?

기둥마다 썩고 대들보마다 무너져도
오만과 태평성대의 아첨이 어우러진 노랫가락은

잔잔한 호수 위로 여전히 흘러갔다.

가장 강하고 가장 탐욕스런 인간은
온 나라를 자기 무덤으로 만들고야 만다.
이 별궁에서 누가 언제 얼마나 오랫동안
자기도취와 어리석음을 즐겼는지는
안전한 시간거리의 구경꾼에게 아무 상관없다.

그러나 바로 지금마저, 예전과 조금도 다름없이
자기도취와 어리석음과 잔인함이
다른 형태의 호숫가에서 반복되지 않을까?
다만 그 점이 궁금할 뿐이다.

왕들의 명당자리

죽은 왕들이 모인 들판은 결코 유쾌하지 않았다.
살아있는 왕들이 모인 거대한 정원에 들어선다 해도
역시 그리 유쾌하지는 않을 것이다.
왕이란 죽은 것이든 산 것이든 언제나
명당자리를 독차지하려고 노리기 때문이다.

어디가 명당자린지 나는 모른다.
왕들이 누워있다는 그 자리가
과연 명당다운 명당인지도 알 리가 없다.
도대체 명당이 운명을 좌우하는지는
더더욱 믿을 수가 없는 것이다.

그래도 명당자리를 독차지하려는
왕들의 영원한 탐욕만은 괘씸하기 짝이 없다.
죽은 정승은 산 개만도 못하다는데,
왕이 뭐라고 명당을 혼자서만 차지하는가?

천하에 빼어난 명당을 모조리 줄줄이
왕들이 차지했다 해도,
천하에 다음 가는 명당을 모조리 줄줄이
정승들이 다투어가며 차지했다 해도,
빛나던 왕조, 으스대던 가문이 한결같이
수백 년 전에 이미 모조리 망해버렸다.

그렇다면 명당자리란 무엇인가?
허영과 과시욕과 연약함의 상징인가?
아니면, 무책임한 자들의 교활한 자기기만인가?

왕릉의 건축과정을 알리는 비석만
매서운 모래바람에 깎여나가고,
알아도 그만 몰라도 그만인 설명에 묶여
외로운 돌짐승들과 사진을 찍는 사람들이
그곳이 명당임을 증명하고 있었다.

거대한 초상화

신도 아닌 것이,
이제는 인간도 아닌 것이
살아있는 무수한 눈을 속이기 위해서
마치 살아있는 듯 미라로 누워있다.

죽은 뒤에도 썩지 못하는 시체는
생전에 그토록 열광적으로 외친 진리,
모든 사람이 평등하다는 단순한 진리를
영원히 부정하는 모순의 우상이다.

얼마나 거짓되고 허약한 힘이기에,
또 얼마나 비겁한 힘이기에
거대한 초상화를 성벽에 내걸지 않으면
하룻밤도 마음을 놓지 못하는가?

황제와 계급을 부정하고 타파한 세력이

이름만 다른 동일한 제국을 만들어낸 것은
변증법의 필연적 결과였다.
그러나 빈곤과 노예의 사슬 그 수단을
바꾸지 않은 것도 천재적 지혜라고 하는가?

천안문에는 하늘도 평안도 없다.
평등과 행복으로 들어가는 문도 없다.

성벽은 이미 죽어 보호의 성벽이 아니라
거대한 감옥의 벽일 뿐이다.
거대한 초상화도 이미 낡아서
더 이상 신도 신화도 아니고,
거대한 감옥을 지키는 거대한 간수의
신경질적인 비명의 메아리다.

마음의 평화를 주지 못하는 지도자는
아무리 영웅이라고 해도,
아니, 영웅이면 영웅일수록 더욱
병든 공룡의 거대한 몸이다.
살아서나 죽어서나, 썩어가는 그 이름이
드넓은 광장을 악취로 채우고 있다.

해파리

바닷물에서 하늘하늘 흔들리는 해파리는
몸속마저 낱낱이 투명하게 드러내는
이 세상에서 가장 정직한 꽃,
그림자도 없이 음악도 없이
영원히 춤추는 무명의 댄서.

가엽게도 조금씩 흩어지는 얇은 구름은
드러내고 말고 할 몸도 없는,
저 하늘에서 가장 아름다운 해파리.
스스로 사라져도 슬퍼할 눈이 없고
다른 구름에 합쳐져도 반길 손이 없다.

누군가를 해방하기 위해 하늘에서 떨어지는
무수한 낙하산은 허공에 핀 순간의 꽃,
언젠가 또는 언제나 떨어져야만 하는
이 세상에서 가장 고독한 해파리.

바람과 운명은 이름을 물어보지 않는다.

이유도 방향도 목적지도 알지 못한 채
오늘도 우리는 길을 걷기만 한다.
타성과 방황으로 우리는 해파리가 된다.
가슴 속에 먹물을 잔뜩 숨기고
밑으로 밑으로 가라앉기만 하는 그림자들.

기암절벽

기이한 바위를 보았다고 해서
나의 시선이 더욱 예리하게 성숙하여
사물의 핵심을 꿰뚫는 것은 아니다.

녹아내리는 듯 몸부림치는 듯 치솟은
절벽을 향해 감탄의 메아리를 던져도,
바다 바람에 흔들리는 나의 몸은
조금도 예전과 변함이 없다.

갈매기가 구름에 둥지 틀 수 없듯이
나도 절벽에 은거할 수가 없다.
수백 만 년 전 한번 꿈틀대다가
바위는 태어나자마자 굳어버렸고,
나는 아직 이리저리 돌아다니고 있다.

운명이 정해준 항로를 따라
움직이든 정지해 있든,
우리는 각자 미세한 점일 뿐.

거대한 힘에 가까이 갔다고 해서
사람이 위대해지는 것은 결코 아니다.
멀리서 보면 평범한 섬 해금강은
유람선에 탄 사람들에게 관심이 없다.

우리 가슴에서 아름다움의 용암을 끓여
그 빛으로 새삼 비추지 않는 한,
기암도 절벽도 그저 돌무더기일 뿐,
맑은 바다에 빛나는 보석이 될 수가 없다.

16세의 소녀

산고양이 같은 회색 눈의 소녀는
수줍음을 몹시 타면서도
온 몸이 불에 타고 있었다.

고량주의 기운이 기름으로 변하고
호기심이 부싯깃이 될 때,
밤안개가 몰아온 관능의 불꽃이 튀어
앵두처럼 동그란 얼굴의 중국소녀는
목소리마저 불에 타고 있었다.

"샤오지에_小姐"라는 말이 얼마나 맑게
내 귀를 뒤흔들었던가?
외국 돈의 무서운 힘이 얼마나 세차게
거룩한 산까지 뒤흔들었던가?

은밀한 눈짓과 웃음으로
시간과 육체를 요리하는 사내들의
한없는 욕망은 얼마나 심각하게
한적한 밤을 더럽혀 놓았던가?

샤오지에는 어디론가 흘러갈 것이다.
그리고 언젠가는 샤오지에를 낳을 것이다.
대륙은 잉태와 죽음을 반복하고
하늘은 운명의 길을 무심히 열 것이다.
그리고 샤오지에는
다시금 온 몸이 불에 타오를 것이다.

잠시 머물 호텔방으로 돌아가다가
문득 눈을 들어 쳐다보았을 때,
가로등마다
샤오지에의 슬픈 얼굴이 걸려 있었다.

빨래터의 아낙네

새 옷이 반드시 좋은 것은 아니다.
내 몸에 맞지 않는 것이라면
수백 만 벌이 무슨 소용이 있겠는가?
옷이란 금세 더러워지는 것,
우리가 모르는 사이에 구겨지고
찢어지고 닳아서 해어지는 것.

소리마저 닿지 않는 먼 냇가에서
아낙네가 빨래를 하고 있다.
방망이 소리도 흘러오지 않고
산등성이에 걸린 구름도 무심하다.
바람에 앞머리가 날리던가?

그러나 거기 빨랫감 있고
맑은 물이 몸을 헐어 희망을 준다.
몇 가지 안 되는 옷이나마 내일 아침을 위해

깨끗한 옷을 기다리는 남편과 아이들.
빨래터에는 사랑이 아지랑이진다.
정성의 땀방울이 솟는다.

텔레비전 화면의 패션쇼는
텅 빈 가슴, 메마른 욕망을 스치고 사라지는
밤하늘의 유성이다.
무수한 별똥별이 춤춘다 해서
하늘이 더욱 아름다워지지는 않는다.

물에 젖은 손과 건강한 팔뚝이
자동세탁기를 비웃고 있다.
삶은 그렇게 빠는 것이 아니라고,
사랑은 그렇게 가꾸는 것이 아니라고,
날마다 세탁해야 할 진짜 빨랫감은
바로 찌그러진 우리 마음이라고.

양자강에 반지를 던지고

흔히는 보이는 것을 통하여
보이지 않는 것을 그리워한다.

양자강 위로 카페리를 끌고 가는 것은
보이지 않는 것이었다
수천 년 동안 거기 다리가 없었기에.

떠나온 강둑을 바라보며
바람을 맞고 있는 여인은
거친 손마디 넘어 반지를 뺐다.
그리고 미련 없이 강물에 던졌다.

때로는 보이는 것을 통하여
보이지 않는 것을 버린다.

가난도 혁명도 삼켜버린 물결이
그 작은 반지 하나 못 삼키겠는가?
여인이 몸을 던진다 해도
강물은 크게 환영할 것이다.
슬픔의 여운이 아무리 길다고 해도
양자강 자락보다야 더 멀리 갈 수 있는가?

결코 보이는 것을 통하여
보이지 않는 것을 원망할 일이 아니다.
보이지 않는 것을 통하여
보이는 것을 괴롭힐 일도 아니다.

누구나 강물은 바라보면서도
아무도 강을 보려고는 하지 않는다.

자전거 부부

1만 년의 고독이 깔린 황토길,
젊은 부부가 자전거를 타고 간다.
손을 나란히 잡은 채
정답게 대화를 나누면서 간다.
자전거가 둘이지만 마음은 하나 뿐,
길 가 닭 한 쌍이 맴을 그린다.
밤에는 어디선가 비가 내릴 것이다.
바람이 불고
생명의 소용돌이가 칠 것이다.
씨가 싸늘하게 죽으면
알은 더욱 따뜻해질 것이다.
하루의 피로가 깔린 가난의 길,
젊은 부부가 자전거를 타고 간다.
산수화를 본 적도 없는 부부가
스스로 산수화를 그리고 있다.

딸아기의 손을 흔들어 주는 여인

쌍계사 대흥화상은 등신불이다.
그러나 우리에 갇힌 돼지는 오늘도 돼지.
구공탄 위 라면냄비를 바라보는
착한 눈은 오늘도 착한 눈이다.
등신불을 구경하러간 사람들은
오늘도 여전히 구경꾼이다.

딸아기 손은 때에 절어 있다.
그러나 그 손을 대신 흔들어 주는 여인은
살아있는 보살,
가난하면서도 가장 마음이 부유한
살아있는 보살이다.

등신불은 한 때 죽었어도
여전히 살아서 빛을 던진다.
그러나 살아있는 보살이 죽으면,

그런 보살이 슬픔에 쓰러지고
외로움에 떨며 죽는 세상이라면,
보살의 태양인 딸아기도
고사리 손이 썩을 것이다.

죄에 물들지 않은 손이 썩을 때
우리 눈에 반사하는 빛은
한 결 같이 어둠일 뿐이다.

폭죽

새벽이슬이 목련에 매달린 채
자비의 불심 기다릴 때,
지장보살의 육신보전 앞마당에서
펑 펑 폭죽이 터진다.

악마는 물러가라!
마구니가 되지 마라!
성불의 욕심마저 버리고 또 버려라!
탑돌이를 수천 번 반복한다 해도
단 한 번의 선행만 못한 것이다!

지장보살이 깨어 일어나 말하기를
지장보살이 되지 말라고 한다.

죽어도 죽어도 죽지 않는 길을 찾으면,
살아도 살아도

살지 못하는 길을 발견할 것이다.

폭죽은 우리의 욕망, 우리는 찬란한 연기,
눈에 보이는 이슬은 소리 없이 터지는 폭죽.
산이 홍수에 잠기고
영혼이 구름을 타고 날아간다.

채워도 채워도
채워지지 않는 그릇을 찾으면,
비워도 비워도
비지 않는 그릇에 담길 것이다.

지장보살이 깨어 일어나 말하기를
지장보살이 되지 말라고 한다.
지장보살도 한낱 폭죽이라고 한다.

우리 집

어찌 지붕 아래만 집이 있다 하는가?
몸 하나 누이는 곳이라면
어디나 방이고 집인 것을,
어찌 지붕 아래만 집이 있다 하는가?

온 마을이 우리 집이다.
정이 들면 눌러 산다고 하지만
살다보면 그냥 정이 드는 것이다.
그러나 정이야 든들 안 든들,
집이 없는 사람에게 무슨 상관인가?

온 나라도 우리 집이다.
정이야 들든 말든, 죽어도 살아도 상관없이
온 나라는 정녕 우리 집이다.
언젠가는 지구도, 우주 전체도
우리 집이 될 것이다.

누가 뭐래도 가장 넓고 위대한 집은
네 마음과 내 마음,
그리고 우리 마음이다.
그러나 누가 이 집을 잘 가꾸고
늘 푸근하게 유지하겠는가?

골동품의 마력

골동품을 바라보면서
엄청나게 불어날 돈을 생각하거나,
혼자서만 즐기려는 소유욕
또는 으스대려는 허영에 사로잡힌다면,
한마디로 턱없이 욕심을 부린다면
주인이 될 자격이 없다.

굳이 손아귀에 넣는다고 해도 결국
자기 자신이 골동품이 되고 만다.
아무 가치도 없는 모조품.

골동품의 참 가치가 별처럼 깔린 세계는
싸늘한 죽음이 지배한다.

죽음을 사랑하고 언제든지
죽을 준비가 되어 있는 사람만이

그 세계로 들어갈 수 있다.
거기서 진정한 위안을 발견한다,
흘러간 영혼들이 주는 캄캄한 위안.

세대교체

눈을 뜨자 활짝 핀 개나리,
또 한 번 눈을 뜨자
어느덧 매화가 다 지고 없다.
오늘 바라보는 배꽃은
십 년 전에 핀 그 꽃이 아니다.

어느 시대든 어느 장소든 세대교체를
거창한 깃발처럼 꼭 내걸어야만 하는가?
세대교체란 언제나 어디서나
이미 이루어진 것.

세대교체를 부르짖을 때
너는 이미 교체의 제1호 대상이다.
사방을 둘러보라!
너보다 더 낡은 인물이 어디 있는가?

코흘리개들이 고층 아파트에서
세상을 내려다본다.
낡고 더럽고 치사한 세상,
자기 손으로 모조리 뜯어 고치고 싶다.

세대교체란 언제나 어디서나
이미 이루어진 것.
소리치는 무리만 모르거나
모른 척 할 뿐.

먼동이 트면

먼동이 트고 아침노을 피어오른다.
상여를 맴도는 구슬픈 가락처럼
불그스름히 구름이 하늘가에 매달린다.
금화 같은 보름달은 아직
지상에 미련 뿌리고,
산중턱 고층아파트 무리가
유령의 미소를 흘리고 있다.

새 날은 밝았지만
아무도 눈 뜨고 일어나지 않는다.
무수한 토끼장에서
누구는 임신하고 누구는 불임에 운다.

태어난다고 모두 행복하겠는가?
죽는다고 모두 허무하겠는가?
풀잎에 맺힌 이슬의 노래에서

우리가 배우는 지혜는 무엇인가?

아무도 바라보지 않는 동안
해는 조금씩 솟아오르고,
썩은 것 모조리 태워버릴 날을
차근차근 확실히 준비하고 있다.
거짓과 우상 그리고 외면은
아침 이슬이다.

아쉬운 육체

생각하면 할수록
참으로 이상한 일이다.

우리 몸에는 어째서 머리가 하나뿐인가?
하나쯤 여분이 있다면
굳이 생명보험에 서둘러 가입 않아도 좋고,
하나가 떨어져도
다른 하나로 본인확인이 쉬울 텐데.

특히 삼풍 참사 같은 떼죽음 현장에서
실종자로 분류되는
처량한 신세는 면할 것이다.

열 손가락 가운데 단 하나만이라도
영원히 썩지 않는 것은 왜 없을까?
그런 손가락만 있다면

피해자 가족의 눈물도,
찢어지는 가슴도 없을 것이다.
살인자는 범죄 전에 적어도 한번은
다시 생각해 볼 것이다.

그러나 다시 생각해 보면
지금 있는 육체가
그래도 가장 좋은 것이다.

머리가 둘이라면 사랑하는 사람이
어느 입술에 키스할 것인가?
머리 둘이 동시에 키스할 수 있을까?

게다가 두 입이 동시에 떠들어대면
어느 말에 귀를 기우려야 할 것인가?

하기야 한 입을 가지고도
어제는 이 말, 오늘은 저 말 하는 사람도
버젓이 지도자로 행세하는 판국이니,
모든 것이 걱정도 팔자인 모양이다.

어차피 머리가 둘이 아니고
썩지 않는 손가락도 없을 바에는
지금 이 육체만이라도 고이 간직하자.
스스로 더럽히지 말고
스스로 욕되게 하지 말고,
버려야 할 때는 미련 없이 버리자.

육체도, 목숨을 잃을까 두려워하는 자아도
언젠가 연기처럼 사라지는 것이라면,
지푸라기에 황금도금이 무슨 소용인가?

초가지붕

달은 먹구름 속에 숨고,
아기는 포대기 속에 숨고.
만월인 양 하얀 박이 찬비에 터질세라,
초가지붕 촉촉이 적시고도 남아
처마에 똑똑 듣는 빗물.
소박맞은 여인이 냉방 아랫목에 누워
만삭의 배를 쓰다듬으며 남 몰래 짓는 눈물.

가난이란 원래가 서러운 거라.
고독이란 내내 쓰디쓴 거라.

먹구름 터지면 홍수가 오고,
양수가 터지면 울음소리 오고.
누구 보라고 달맞이꽃은 피는가?
누구 죽으라고 밤만 깊어 가는가?

불 깡통 돌리던 아이들 귀밑에
어느 새 흰 서릿발 매섭게 돋고,
초가지붕 다 버리고 깡그리도 잊어버린 채,
두더지인 양 꿈속에 코를 박은 채,
이건 내 땅이야! 내 땅이라니까!
고래고래 악을 쓸 때.

눈에 핏발 서면 삶이란 쓰라린 거라.
달이 지면 밤이란 적막한 거라.

볏짚 같은 사내는 소주잔 속에 숨고,
구겨진 여인은 몸살 알약에 숨고.
헐값에 넘긴 초가집이 그리워도,
지붕 위 하얀 박이 못내 그리워도
사방 천지에 뻗은 것이라고는
검은 아스팔트 길 뿐.

돈

돈을 탐내지 않은 시대가 언제 있었던가?
돈을 싫어하는 사람이 어디 있는가?

그러나 돈은 형체도 없는 추억,
각자 잠시 되씹어 보는
한 순간 소유의 기억일 뿐.

천만 원이 세 사람 손을 차례로 거쳐 가면,
각자 나름대로 만족감을 맛보고
각자 그 추억만 간직한다.
돈은 통장에 찍힌
흘러간 숫자에 불과하다.

돈 때문에 살인하지 않은 시대는 없다.
돈 때문에 배신한 사람은 너무나 많다.

그러나 누구나 그토록 탐내는 돈은
우리 자신의 욕망의 상징일 뿐,
돈은 욕망을 알아주지 않고
또 채워주려고도 하지 않는다.

무한한 욕망이 제 멋에 겨워
세상을 불안하고 위험하게 만든다.
사람이 있는 한 늘 그 타령이다.

사랑 사슬

내가 너를 좋아한다는데
너는 왜 그 사람을 좋아하는가?
그 사람은 너 말고 딴 여자를 좋아하다니,
그 여자가 나를 사랑한다면 우린 서로
꼬리 물고 맴도는 사랑 사슬의 포로들인가?

처음부터 사랑이 없었다면
사랑 사슬로 엮일 턱도 없다.
셋 넷 다섯 토막이든 갈래갈래
사랑 사슬이 우리를 얽어맨다면,
그 그물이 비록 안 보인다 해도
분명 우리 사이에 사랑은 있고
끊임없이 임자를 찾아서 헤매고 있다.

내 바다에서는 사랑이 증발하기만 할 뿐,
네 하늘에서는 사랑의 단 비가 없다.

네 가슴마저도
늘 허전한 채 사랑의 뜨거운 즙을 갈망한다.
사랑 사슬은 영원히 무정한가?
빙빙 에돌기로 작정한 사슬인가?

처음부터 사랑이 없었더라면
아직도 널 그리며 한숨 질 게 무엇이냐?
사슬만 모질게 탓할 게 무엇이냐?
처음부터 기대 못 할 사랑이었다면
여태껏 너를 기다릴 게 무엇이냐?
네 정 훔쳐간 자 미워할 게 또 무엇이냐?
어쩌다가 정 잃고 너마저도 이 꼴이냐?

사랑 사슬에 꽁꽁 묶여있는 한
몸이 병들고 마음도 뒤틀리고 마는데,
사랑의 병에 치료약은 오직 사랑 뿐.
그래도 흘끔흘끔 곁눈질이나마 하면서,
사랑하는 사람을 고쳐주기는커녕
스스로 더 깊이 병들기만 하는 우리는 도대체
이 무슨 희한한 꼴들이냐?

산불

산불이 무섭게 치솟을 때마다
무심한 담배꽁초나 탓을 하다니,
천하에 무식하고 무책임한 말씀!
화산이 터져야만 산이 불탄다.

가슴마다 가뭄이 들어 쩍쩍 갈라지면
이글대는 용암이 거리에 넘친다.
어리석은 힘으로 눌러대면
용암은 지하로 숨어들어 뭉친다,
더 뜨겁게, 더 단단하게, 더 무모하게.

커다란 황금자루를 누더기로 감싸며
나는 깨끗하다, 너도 깨끗해져라!고 하는
네 말을 누가 믿어주겠느냐?
사람이라고 다 사람이냐? 나만 사람이지.
그런 신념으로 으스대는 너와 네 무리를

누구더러 밀어달라는 말이냐?

화산이 터져야만 산불이 난다.
가슴마다 불신, 불만, 불안으로 찌들면
거리마다 증오의 불꽃이 튄다.
가면의 힘으로 짓누른다면
사람마다 온 몸이 불덩이가 되어
끼리끼리 소곤소곤 뭉쳐버린다,
더 뜨겁게, 더 비겁하게, 더 무자비하게.

담배꽁초나 탓하더니 이제 무슨 낯짝으로
산불예방을 외치고 있느냐?
천 년 만 년 모든 힘을 독점하겠다며
흰 머리도 검게 염색하는 주제에
바로 네 발밑에서 꿈틀대는 화산을
느끼지도 못하느냐? 두렵지도 않으냐?

화산이 터져야만 산불이 난다.
산불이 치솟아야 네가 쓰러진다.
천하에 무식하고 무책임한 욕심이 너를 삼키고
허공에 흩어진다.

이 땅에 그림자도 하나 남기지 말고,
다시는 돌아오지 마라!
다시는 돌아오지 마라!

터널

비명도 없이, 몸부림도 치지 않고,
머리에서 꼬리까지
온 몸이 터널 속으로 빨려 들어간다.
암흑이 따뜻한 양수인 양
흐르는 열차를 감싸 안는다.
누구나 쾌락의 절정에서 몸을 떨고
터널은 침묵한다.

새카만 유리창 너머 유령의 무리가
안을 기웃거리며 야릇하게 웃는다.
고통도 야망도 모르는 그림자들이
각자의 초상화를 찾아 헤맨다.
그러나 두 세계를 차단하는 벽을 넘으려면
불안이라는 암호를 풀어야만 한다.

터널이 무한히 늘어날지도 모른다.
저쪽 끝이 바위산으로 막혔을지는
그야말로 아무도 알 수가 없다.
터널은 아무 것도 보장하지 않는다.
열차도 흐르기만 할 뿐,
쾌락에 물든 사람이나 유령에게도
안전한 통과를 보장할 수 없다.

우리가 전적으로 신뢰하는
두 줄기 단단한 철로마저 터널 속에서
언젠가 사라질지 누가 아는가?

논둑

묘판에서 갓 옮겨 심은 벼가
어찌 논둑 너머 옆 논을 알겠는가?
자기네만 농부의 사랑을 받고,
자기네만 위해서 아침 해가 뜨고
단 비가 내린다고 굳게 믿는다.

한참 자랄 만큼 자라고 나면
드넓은 들판에 비로소 놀라고,
자기보다 낮은 논둑을 경멸한다.

허수아비가 벼를 어리석다 하고
사람은 허수아비를 바보라고 한다.

그러나 논둑은 속인 적이 없다.
달아나려는 물을 잡아 뿌리 적시고
모진 바람 막아서 벼를 보호했다.

우러러보든 깔보든, 논둑은
침묵으로 제 구실을 지킬 뿐이다.

이윽고 이삭이 패면 부끄러워
벼가 점점 고개를 깊이 숙인다.
곧 논을 떠날 것이다.

허수아비가 벼를 위선자라 하고
사람은 허수아비더러 헛수고했다 한다.
그러나 사람을 배불리는 것은 벼.
논둑은 미소하며 여전히 침묵.

종점

처음부터 목표삼아 달려온 곳
그래서 종점.
더 이상 갈 수도 없어,
기다림도 시련도 끝나
푸근하게 마음 쉬는 휴게소.

그러나 되돌아 설 수만 있다면,
아니, 되돌아서기만 한다면,
곧장 출발점이 되는 종점.

그대는 나의 종점,
그대만이 영원한 나의 종점,
그 황홀한 말에 얼마나 많은 영혼이
눈을 감은 채 벼랑에서
기쁨의 바다로 뛰어내렸던가?

그러나 자신이 종점은커녕
새로운 출발점도 되지 못하고
징검다리에 불과한 것을 깨닫는 순간,
그대는 나의 종점,
그대만이 영원한 나의 종점,
그 메아리에 찢긴 채 얼마나 많은 영혼이
절망과 비탄을 껴안고
고독을 지팡이 삼아
방황의 길을 떠나고 말았던가?

처음부터 목표삼아 달려온 곳
그래서 종점.
내가 자신마저 종점으로 믿지 않는데
어떻게 남의 종점이 될 수 있겠는가?

당산나무

정월 대보름 줄다리기가 끝나면
동구 밖 당산나무에 치렁치렁 굵은 줄 걸치며
마을의 풍년을 빌고는 했지.
어둠 속에서 지켜보던 수호신이
슬그머니 나무기둥으로 스며들 때,
잔가지들이 놀라 와들와들 떨었지.

초가집 아랫목에서 잠든 아이들이야
귀신이든 도깨비든 알 바 없었지.
신작로가 뚫리고 칙칙폭폭 치칙폭
검은 연기 뿜으며 철마가 달리자,
고무신에 알사탕 새 바람이 불어
당산나무 밑동이 싹둑 잘렸지.

도깨비마저 호랑이 타고 떠나버린 땅에,
똥구멍 찢어지게 가난한 집 제사 돌아오듯

홍수다 가뭄이다 뻔질 나는 덮치는 마을에
어느 누가 남아서 산 송장되려 했겠나?
무당도 배가 고파 고향 등지고
하나 둘 정처 없이 괴나리봇짐을 졌지.

그러나 바다가 변해 뽕밭이 된다 했지.
아파트다, 고속도로다, 뜨거운 바람이 불어
자빠진 놈이 코가 깨지기는커녕
큰 대자로 돈방석 위에 털썩 떨어졌지.
참으로 귀신이 곡할 노릇이지.
농투성이가 의젓한 사장님이 안 되나,
옹이진 마누라 손에 번쩍번쩍 가락지들.

뽕밭이 변해 바다가 된다고도 했지.
엎치락뒤치락 뒤죽이고 박죽이고
아침저녁 바뀌는 하잘 것 없는 팔자야
누가 뭐래도 제 멋대로 굴러갔지.

그런데 갑자기 선무당 떼가 쏟아져 나와,
당산나무든 아니든, 도깨비야 오든 말든
아무 데서나 굿판을 벌려댔지.

풍년이나 가뭄 누가 걱정인들 했겠나,
복채 뜯기에도 홀랑 정신이 나갈 판에?

살았을 때도 우리 집이고 죽은 뒤에도
영영 우리 집인 바로 이 땅이
달걀귀신보다 더 독한 사람들의 탐욕으로
찢기고 뚫리고 중독되어 시름시름하지.

언젠가 집 버리고 다들 떠날 작정인가?
괴나리봇짐 다시 메고 종살이 갈 것인가?
몇 그루 안 남은 당산나무 외로움에 떨며
남 몰래 한숨만 내쉬고 있지.

술고래

한강 백사장에 내 동무가 벌렁 누웠다.
나도 벌렁 누운 채 뭉게구름을 쳐다보았다.
물에서 갓 나온 우리는 팬티 바람,
지나가는 아이스케이크 통에 침만 꼴깍,
아침 점심 다 거른 빈 배에
온 몸이 나른했다.
행복도 불행도 없었다.

내 동무가 야무진 목소리로 불쑥 말했다.
우리 아버진 술고래야!
아저씨 딸기코가 술 코인 줄 처음 알았다.
게다가 쌈패야!
날마다 싸워 아무 하고나 싸워!
재봉틀 아줌마가 울던 이유도 처음 알았다.

삼십 년 뒤에 만난 내 동무도 아버지 따라
역시 딸기코였다.
그러나 쌈패는 절대로 아닌 듯 했다.
아들도 생맥주 집에서 제 동무에게 불쑥
우리 아버진 술고래라고 말할까?
녀석 마누라도 날마다 울고 있을까?

다섯 살 때 전사한 우리 아버지를
코도 얼굴도 나는 기억하지 못한다.
딸기코나마 늘 곁에 있어 주었더라면!
못내 아쉬움이 세월 따라 붙어 다닌다.
우리 아버진 술고래야!
게다가 쌈패야!
얼마나 그립고도 지긋지긋한 말이던가!

고물장수

고물이면 뭐든지 다 사가는 아저씨에게
고물이 뭐냐고 물었다.
새 거 아니면 다 고물이야.
한번 쓴 건 다 고물이야.
쩔렁쩔렁 무쇠가위 울리며 소리쳤다.
헌 그릇, 냄비, 솥, 라디오 삽시다!
삼박자로 절묘하게 맞아 떨어지던
구수한 그 가락이란!

그러나 밀짚모자 쓴 아저씨는
훔쳐다 내민 물건은 대뜸 알아보고
아무리 싸게 불러도 거들떠보지 않았다.
굶어 죽어도 남의 건 훔치는 게 아냐!
가위만 철거덕거리는 아저씨의 침묵은
판사의 판결보다 더 매서웠다.

헌 거 새 거 다 긁어모으는 아저씨에게
물건이 뭐냐고 물었다.
팔아서 돈 되는 건 다 물건이야.
내 손에 들어오면 다 내 물건이야.

그 아저씨는 무쇠가위도 없고
구성진 목소리로 외치지도 않는다.
보이지 않는 것도 쏙쏙 긁어모으고
남의 것도 서슴지 않고 마구 훔친다.
훔쳐도 모자라면 빼앗아 간다.

고물장수가 이 땅에서 사라지고 이제는
무서운 아저씨들이 눈을 부라리며 활보한다.
헌 그릇마저 빼앗길까 가슴 졸이며
꼭꼭 문이나 닫는 힘없는 사람들은
새 아저씨들이 헌 물건이 될 날을
손꼽아 기다리고 있다.
그 때 고물장수가 다시 올 것이다.

대장간

슬금슬금 풀무질, 활활 석탄불에야
천하의 무쇠도 녹는 수밖에 없다.
시우쇠로 쇠 문고리 만들어 두드려대는
대장장이 이마에 구슬땀이 맺힌다.
식칼, 낫, 호미, 곡괭이, 삽과 쟁기,
대장간에서 나오지 않은 것이 무엇인가?

대장장이가 없다면, 농부가 밭을 갈고
아낙네가 김치 한 폭이나 썰며,
양반인들 그 입에 김치 한쪽 넣었겠는가?
그런데도 대장장이를 상것이라 했다.

그러나 요즈음의 대장장이는 사람을 만든다.
무쇠보다 더 단단한 사람을 녹이고
아이도 어른도 사람답게 만들어 준다.
가르침의 대장간을 누가 거치지 않았는가?

그런데도 사람들은 은행잔고나 믿으며
대장장이를 별 볼 일 없다 웃는다.

제 구실 못하는 쇠붙이는 거두어다가
다시 용광로에 처넣으면 된다.
그러나 제 구실은커녕 남을 해치는,
쇠 찌꺼기보다 못한 무리들은
어떻게 해야 우리 모두 속이 편할까?
방부제로 미라 만들어 천 년 만 년 보존할까?
싸늘한 땅 속에 묻어 구더기 밥을 만들까?

지혜의 대장간에서는 여전히 풀무질이고
활활 정열의 불길이 확확 치솟고 있다.

해녀

물에서 자란 아이는 물에서 살고
뭍에서 자란 아이는 뭍에서 묻힌다.
팔자란 다 더러운 거라,
그렇게 불평할 시간마저 없다.

여러 길 바다 속으로 쑤욱 들어가
미역, 해삼, 소라, 멍게 그리고 전복
망태에 따 넣고, 솟구쳐서는 휴우!
늙은 해녀도 비바리도 하늘을 본다.

얼핏 보기에 너무나도 단순한 동작,
깊이 생각하면 고되고 슬픈 반복.
유전도 아닌 것이 줄줄이 대를 이어
여자 발목만 잡아채는 야속한 바다.

물에서 큰 아이는 뭍이 그립고
뭍에서 큰 아이는 물에 빠진다.
팔자란 참 모르는 거라,
그렇게 갸우뚱할 겨를도 없다.

파도가 추근추근 온 몸을 핥아대도
해녀 마음은 이미 열 길 저 아래.
죽음을 거부한 채 번식에 몰두하는
모든 생물은 비바리의 벗이다.

냉면

좁다란 원통에 반죽을 떼어 넣고,
치약 짜듯
우물에서 펌프질 하듯
무쇠 손잡이를 내려누른다.
소년의 창백한 얼굴이 시뻘개 질 때
꼼지락 꼼지락 냉면발이 삐져나와
가마솥 아가리로 가라앉는다.

뭉클 뭉클 치솟는 하얀 김은
막연한 미래 뒤흔드는 예언인가?

열탕에서 한번 천성이 꺾인 뒤에야
냉면은 비로소 쫄깃쫄깃하고 더욱 맛있다.
육수에 간장에 양념은 그 다음이다.

그러나 소년이 본 것은 죽음이다.
살아있는 한 어쩔 수 없이 더러운 몸,
일단은 죽어야만 아름답게 부활하는
새로운 몸을 본 것이다.
냉면은 언제나 평범한 예언자.

메주

콩으로 메주를 쑨다고 하면
요즈음 아이들이 믿어나 줄까?
아저씬 농담도 잘 하셔, 정말!
간장, 된장, 고추장도 메주로 만든다고 하면
요즈음 아이들이 다시 쳐다보지나 않을까?
아저씬 고인돌 밑에서 나오셨나 봐, 정말!

그러나 콩으로 메주를 쑤어
온돌방 윗목에서 여러 날 띄운 뒤,
새끼줄로 묶어서 처마에 매달고는 했다.
교수대에 목 매달린 이단자들처럼 얌전히,
비가 오나 눈이 오나 누런 메주는 익었다.
그리고 변신의 날을 기다렸다.

메주 쑤던 여인네 모두 어디 갔는가?
이제는 처마가 없어 매달지 못 하는가?

아파트에서 자란 아이는 메주를 모른 채
평생 아파트에 웅크렸다가 떠나간다.
콩으로 메주를 쑨다고 하면,
누굴 바보로 아나? 화를 내며 산다.

무식도 제 멋에 겨우면 행복이라지만
행복도 제 멋에 겨우면 애들 장난이다.
알아야 할 것을 알지 못하고
몰라야 할 것을 훤하게 안다면,
언젠가 세월의 교수대에 매달릴 것이다.
무식한 다수결은 결코 구원하지 못한다.

신기료장수

발고랑 내 난다고 외면할 것인가?
도둑놈의 구두라고 거절하겠는가?
삶에 지치고 욕정에 굶주린 사내 발을
맨 발로 애무해 녹여주던 창녀
하이힐을, 재수 없다 퉤퉤! 내던지겠는가?
말도 없이 바늘에 실 꿰는 신기료장수.

혼자 걸어가면 너무나 피곤한 길,
더러운 몸 깨끗한 몸 한데 어울려
서로 부축하면 한결 수월하게 걸어가는 길.
언제나 새 구두만 신을 수는 없다,
헌 것도 고치면 오히려 더 편해지는 법.
가장 아래 밑바닥을 고쳐주는 신기료장수.

그러나 짚신도 고무신도 다 팽개치고
조금만 낡아도 금세 싫증내고 투덜대며

발에 길든 헌 구두를 아낌없이 버린다.
새 구두가 어찌 늘 제 발에 딱 맞겠는가?
오가는 사람 모두 절룩거리며
부딪치고 욕 퍼붓고 괴로워한다.

사랑, 사람, 세월도 한낱 구두인 것을
어찌하여 우리는 깨닫지 못한 채
새 사랑, 새 사람, 새 시대만 찾아 헤매는가?
태양 아래 그 무엇을 새 것이라 하겠는가?
싸구려 가짜에 사라져 가는 신기료장수가,
십리도 못 가 발병 나는 날,
우리 모두를 기다리고만 있다.

무한하고 어리석은 것

평생을 파헤쳐도 한이 없는 대지.
아무리 마셔도 전혀 줄지 않는 대기.
산과 강, 바다, 구름, 해와 달이 무한하고
물과 빛이 무한하고,
또 모든 것이 언제까지나 깨끗했다.

모든 사람이 그렇게 생각하고, 믿고,
대자연을 영원히 청결한 어머니라고 불렀다.
사람들은 무한과 영원을 거기서 배우고,
스스로 만족했다
무한과 영원은 그것으로 완성된 것이라고.

그래서 몇 안 되는 사람들끼리 서로 죽이고
눈에 보이는 것을 하나씩 파괴하기 시작했다.
아무리 부수고, 또 아무리 불태워도
모든 것이 무한하고 깨끗하다고 믿었다.

안심하고 전쟁과 살인을 직업으로 삼으며
승리, 영광, 그리고 훈장을 대량생산했다.
영웅시대란 광대놀음이었지만
아무도 웃지 않고 거기 목숨을 걸었다.
유한한 자들이 무한한 것을 전리품으로 걸고
죽기 살기로 내기를 거듭했다.

횃불과 칼의 힘이 지배하는 시대를 지나
수증기의 힘을 발견한 뒤부터
전기, 전파, 원자핵의 힘마저 암흑에서 끌려나와
지상에 새로운 암흑을 만들어 냈다.

유한한 자들이 무한한 힘의 가면을 쓰고
여전히 광대놀음을 즐기고 있는 동안,
대지도 대기도 물도 빛도, 차례차례,
또는 한꺼번에 암흑에 물들어 죽어가고 있다.

반딧불처럼 한 때 반짝이는 우리 정신이 알고
이해하는 우주란 얼마나 보잘 것이 없는가!
아무 것도 무한하지가 않다.
아무 것도 영원하지 않고

영원히 깨끗하지도 않다.

그러나 우리는 아직 굳게 믿는다,
우리 자신이 영원하다고,
어리석게도, 참으로 어리석게도.

나이지리아의 노래

1. 노예들의 합창

어느 가슴에 묻힌 고향인들 모두
언제나 그리움 고여 넘치는 샘이 아닌가!
정든 고향으로 우리를 돌려보내 달라!
조상의 얼이 모여 숨 쉬는 신성한 숲에서
발가벗은 몸에 맨발로 거닐고
우리 넋은 지혜와 안식을 누리고 싶다!

강요된 문명은 인형의 옷에 불과하다.
당신네 빵이 우리에게 생명을 주겠는가?
자유가 없는 빵보다는 차라리 죽음을 달라!
원시와 가난이 도사린 땅이라 해도
우리는 고향에서 **뼈**를 묻고 싶다!
정든 고향으로 우리를 돌려보내 달라!

예수 그리스도를 가르친다고 해서
우리를 노예로 잡아가지 마라!
자비와 사랑의 이름으로 우리를
모진 운명의 십자가에 매달지는 마라!
우리 자식들마저 대대로
말하는 가축으로 죽게 하지도 마라!

총과 대포와 군함의 미소 아래
검은 상품으로 실려 가는 우리에게도
당신네가 말하는 고귀한 영혼이 있다면,
당신네가 말하는 구원이 우리에게는
오로지 고통의 나날과 죽음일 뿐이라면,
상품에게 그 구원이 무슨 의미가 있겠는가?

늙고 병들고 쇠약해져 폐기처분된 뒤에야
비로소 누리는 그러한 안식과 구원보다는
살아서 정든 고향으로 돌아가게 해 달라!
당신네 빵은 우리에게 생명을 주지 못한다.
당신들이나 마음껏 구원을 받고,
우리는 살아서 정든 고향으로 돌아가게 하라!

2. 생각하는 자유인

한번 끌려간 뒤에는 돌아오지 못 했다.
민족의 샘에서 흘러나오는 물을
다시는 마시지 못하고
영영 고향을 잃고 말았다.
언어도 풍속도 고유한 신앙도
바다 건너 희미한 신기루로 떠돌 뿐.

그러나 노예선의 무수한 후예는
아직 검은 피부를 유산으로 간직하고 있다.
슬프고 아름답고 질기디 질긴 세월 속에
여전히 고향과 이어주는 검은 옷을 입은 채,
새로운 땅에서 새로운 자유를 누리고 있다,
고향에서는 꽃피지 않은 그 자유를.

그렇다고 해서 노예선의 후예는 행복한가?
조상들의 얼과 흥겹게 어울릴 수 있는

원시의 그 영혼을 되찾았단 말인가?
신음소리가 아멘 할렐루야로 바뀌었다 해서
참된 구원으로 축복을 받았단 말인가?
뿌리 잘린 무리에게 자유는 무슨 의미인가?

두개의 대륙을 잇는 물의 고속도로,
대서양의 파도가 마지막으로
노예무역선을 본 것은 1864년,
불과 130년 전의 일이다.
그러나 노예라는 이름은 사라졌어도
노예로 일하는 사람들은 사라지지 않았다.
노예의 고향에서도 사라지지 않았다.

3. 간절한 눈물의 기도

하늘의 항구도 바다의 항구도
고향에 남은 자들에게는 꿈의 언저리일 뿐,
아무도 그 꿈의 현실 속으로 들어갈 수 없다.
누군가 지상에 멋대로 그어 놓은 경계선이
충돌과 좌절과 죽음을 불러오고,
아름다운 꿈은 언제나 다른 사람들 몫이다.

그러나 항해하지 못하는 꿈의 파도 위에
아침마다 희망과 염원을 띄워 보낸다.
우리 아이들만은 배고프지 않는 나날을!
일터다운 일터에서 누구나 일할 수 있는 나날을!
한밤에 어디론가 끌려가지 않는 나날을!
한낮에 총에 칼에 곤봉에 피살되지 않는 나날을!

여자라는 이유만으로 나이에 상관없이
눈 먼 열대성 욕정의 먹이가 되지 않는 나날을!

대주교의 이마가 강도의 망치에 깨지지 않는 나날을!
말라리아, 황열병, 에이즈에 쓰러지지 않는 나날을!
아편에 몸과 가정이 파괴되지 않은 나날을!
아아, 부패와 무능의 사슬에서 풀려난 나날을!

간절한 기도는 파도의 물거품으로 부서져
9천 킬로 굽이굽이 무심한 해안선에
날마다 눈물을 뿌리고 있다.
강하고 부유한 자는 그 눈물을 무시한다.
그러나 가난한 자는 눈물을 알고
하늘도 내려다본다고 굳게 믿는다.

4. 오늘은 내일을 잉태한 동굴

스스로 일어서야 할 때 주저앉는다면,
소리쳐야 할 때 침묵한다면,
땅과 바다에 넘치는 신의 축복을
무시하고 더럽히고 오용 또는 낭비한다면,
드넓은 고향땅은 거대한 노예선이 된다.
국경선은 노예선의 검은 윤곽이다.

한 치 앞을 내다볼 수 없는 운명의 바다에서
1억의 생명을 실은 배가 지금 표류하고 있다.
선장은 대대로 자비롭지도 지혜롭지도 않고
찾아갈 항구가 어딘지도 모른다.
짐을 부려놓을 항구도 보이지 않고
누가 짐을 훔쳐 가는지 알지도 못 한다.

자제할 수 없는 탐욕은 정신병,
아무도 견제할 수 없는 압제는 정신 암이다.

어느 항구에서 난파선에게 예포를 쏘겠는가?
나라를 되찾은 뒤에도 고향에 남은 자들이
노예선의 후예를 부러워하다니,
이 얼마나 야릇한 역사의 모순인가!

그러나 배에 탄 사람의 영혼이 모두
난파한 것은 결코 아니다.
버릴 수 없는 양심에 몸부림치는 사람,
하나 밖에 없는 목숨을 당당한 깃발로 내건 채
옳은 것은 옳다, 그른 것은 그르다 외치는 사람이
마르지 않는 샘처럼 끊임없이 솟아나고 있다.

5. 잠자는 힘

해저에 고인 검은 황금을 힘이라고 하는가?
아프리카 대륙 전체를 태워버릴 만큼
엄청난 천연가스를 힘이라고 하는가?
수만 개의 총구와 대포를 힘이라고 믿는가?
외국에 숨겨둔 재산과 돈을 힘이라고 하는가?
최고의 지위와 아첨의 조직을 힘이라고 하는가?

육체를 다스리는 힘은 언젠가
육체가 끝날 때 더불어 증발하는 법.
불을 토하는 힘은 스스로 사그라지고,
공포를 강요하는 힘은 아무도 공포를 더 이상
느끼지 못할 때 소리 없이 무너진다.
쾌락을 보장하는 힘은 쾌락 속에 녹아버린다.

진정한 힘은 정신을 다스리는 힘이다.
마음을 휘어잡고 든든하게 격려하는 힘이다.

짓눌리고 질식하고 부서져 땅에 묻히는
무수한 육체 속에 깃든 강인한 정신이
거대한 강물로 합류하여 폭발할 때,
아무도 막지 못하는 참된 힘이 솟구친다.

이제 그 힘은 먼지에 싸여 추억으로 숨 쉰다.
갈망의 시선을 생명의 이슬처럼 받아
흐느끼며 탄식하며 외롭게 몸부림치다가
열대의 햇살과 습기에 잠식되면서
가슴마다 묻혀 오늘 밤도 잠이 든다.
그러나 새벽에는 어김없이 눈을 뜰 것이다.

상징

하늘을 아버지라고 부를 때,
우리가 참된 하늘을 깨닫지 못하고
또한 참된 아버지도 모른다고 한다면,
하늘이 어떻게 아버지가 될 수 있겠는가?
하늘은 다만 우리가 머릿속에서 그리고,
틀에 집어넣고 독단으로 규정하는
헛된 하늘에 불과하다.
아버지도 우리의 한계에 짓눌리고
우리 욕망으로 일그러진 모습일 뿐이다.

대지를 어머니라고 부를 때,
대지가 상징하는 이미지와
어머니가 상징하는 이미지가 일치한다고
우리가 철없이도 굳게 믿을 때,
미지의 대지가 상징하는 미지의 이미지가
미지의 어머니가 상징하는 미지의 이미지와

일치는커녕 뒤섞여 혼란을 일으킬 따름이다.

네가 참된 너를 상징하지 못하고
내가 참된 너의 상징을 알지 못할 때,
너는 나에게 영원한 미지,
나도 너에게는 영원한 수수께끼.
너와 나는 합칠 수도 없고,
합해도 우리가 결코 되지 못한다.
우리는 참된 우리를 상징하지 못하고
공허한 그림자를 포개놓을 뿐이다.

상징의 어려움은 진리에 있다.
우리가 진리라고 믿는 그 진리는
오로지 상징을 통해서만 드러나지만,
얼마나 희미하고 단편적인 것인가?
대부분이 허구에 억압의 가면이 아니라고
누가 자신 있게 단정할 수 있는가?

진리가 무엇인지 모른다면 차라리
상징을 포기하는 것이 정직하다.
흰 것은 희다, 검은 것은 검다,
그렇게 말해야 가장 솔직하다.

인간은 어리석은가?

더 착하게, 더 지혜롭게,
더 진실하게 살려고 하기는커녕,
더 많이 가지고, 더 맛있게 먹고,
더 오래 살려고 발버둥치고 남을 해치는
악착같은 욕심 때문에
인간을 어리석다고 하는가?

한 수 아래 사람은 등쳐서 먹고
한 수 위인 사람은 숨어서 모략한다.
어리석게 보이지 않으려고
금칠한 가면을 늘 뒤집어쓰다 보니,
어느 새 가면이 얼굴로 변한다.
그래서 인간을 어리석다고 하는가?

바닷물을 모조리 소금으로 만들어도
그 소금을 혼자 차지할 수는 없다.

쓸 데도 팔 데도 없다.
세월을 드라이아이스로 냉동시켜
창고에 쌓아둘 수도 없다.
그러나 이제는 별마저 서로 내 것이라 한다.
그래서 인간을 어리석다고 하는가?

남을 속이는 것은 어리석음이 아니다.
자신을 속이는 것이 가장 큰 어리석음.
온 세상을 지배하고
우주마저 손아귀에 넣으려는 욕망은
어리석음이 아니라 비참이다.
그런데도 인간을 어리석다고 하는가?

물론 인간은 날 때부터 어리석다.
그러나 어리석다는 것을 알기 때문에,
알면서도 애써 외면하기 때문에
그 어리석음을 벗어날 길이 없다.

물론 인간은 죽을 때까지 비참하다.
자신의 비참을 모르기 때문에,
가르쳐 주어도 성내며 부정하기 때문에

그 비참에서 영원히 벗어나지 못 한다.

그러나 인간이 어리석든 비참하든,
무정하고 무관심한 당신에게는
아무 상관도 없는 일이다,
당신만이 인간이라고 자부하니까.

조용히 살고 싶은 사람

요란하게 잔칫상 벌려놓고
술이야 계집이야 돈 마구 뿌린다면,
그것은 네 멋이다, 네가 차지한 오늘의 몫.
아무리 잔치가 흥겹다고 해도
날마다 영원히 계속될 수 있겠는가?

권력의 꿀에 한번 혀를 대고나면,
황금의 광채로 일단 몸을 감고나면,
그 맛에 취하는 것도 네 멋이다,
네가 차지한 오늘의 몫.

그러나 별도 없는 밤이 내리면
혓바닥의 감각도 마비되고
네 몸의 광채도 사라지고 만다.
내일이란 단 한 번도 보장되지 않기에
대통령도 재벌회장도 불안하지 않은가?

빛나는 네 이름을 자랑해도 좋다.
천둥 같은 갈채에 한껏 가슴을 펴라!
들통 나지 않은 더러운 짓으로 훈장을 따고
약한 자의 눈물과 무죄한 자의 피를 짜낸
네 영광의 손, 강철 같은 손가락으로
아내의 허벅지를 주무르고
어린 자식 머리를 쓰다듬어라!
그러면 오늘만의 행복이 바로 네 몫이다.

그러나 내게는 아는 척도 하지 마라!
네가 던지는 어떠한 미끼도 약속도 보장도
한밤중 전화벨처럼 짜증스러울 뿐이다.
나는 다만 조용히 살고 싶다.
시래깃국에 보리밥을 말아먹든
그나마도 없어 사흘을 굶고 버티든,
그것은 나의 멋이다,
나만이 차지한 오늘과 내일의 몫.

네 이름을 가졌던 내 친구는 이미 죽었고
나도 이제는 네 찬미자가 결코 아니다.
신기루에 사로잡혀 충혈 된 미친 자의 눈빛으로
감히 나를 쳐다보려고도 하지 마라!

체감온도

속을 때마다 1도씩 올라간다.
하루에도 수십 번 속고나면
울화통에 온도계는 터지고 만다.
밤마다 끙끙 앓는 몸살이 따로 있는가?
속으면 속을수록 예민해지는 체감온도.

신열이 올라 용암처럼 이글대는 사람들이
거리에 사무실에 넘쳐흐른다.
지하철은 차라리 용광로,
라이터를 켜면 펑하고 폭발할 것이다.

속일 때마다 1도씩 내려가는가?
그렇다면 사기꾼은 얼마나 행복하겠는가?
그러나 하루에도 수십 번 속이고 나면,
우월감의 도깨비춤이 순식간에 끝나고,
너도 언젠가는 속을 것이다 아주 호되게.
불안의 수양버들이 칭칭 가슴을 휘감는다.

사기꾼 눈에는 너나없이 모두가 사기꾼 뿐,
말과 글과 화면이 한결같은 속임수다.
영원히 사기 칠 수 있는 자는 결코 없다고
굳게 믿으며 사기꾼은 뺑소니를 준비한다.

몸이 우선 성해야만 열도 오른다.
온도도 규칙대로 오르내려야 잴 수가 있다.
그러나 무엇보다 체감을 느끼고 반응할
정신이 없다면, 정신이 나갔다면,
체감이고 온도고 탱크에 갈린 오징어다.

속여도 속아도 올라가는 체감온도라면
속임수의 올가미는 뭐 하러 빙글빙글 도는가?
몸이 제 몸인 사람이 하나도 없으니까,
온도도 눈치 보며 오를락 말락 하니까,
아니, 정신마저 다들 돈독 올라 오락가락 하고
섹스에 스포츠에 눈들이 게슴츠레 풀어졌으니까,
속아도 그만, 속여도 그만, 그런 말인가?

사기꾼은 뺑소니가 늘 준비되어 있는데
속는 사람 속절없이 무슨 짓을 하는가?

천하잡놈 천하잡년

천하잡놈이란 원래 천하 잡욕을 다 듣고도
변명 한마디 없이
너털웃음 웃는 배포 큰 사람이다.
천하를 손아귀에 쥐고 콩떡 팥떡 주무르듯,
밀고 당기고 궁굴리고 튕기며
부수고 찢고 찧고 찌고 울리고는
혼자서만 싱글벙글 하는 천하장사다.

강도의 손으로 무수한 별을 만들어내고
역적의 발로 시계바늘도 거꾸로 돌린다.
천하의 모든 천재가 그 앞에서 엎드리고
눈부신 각종 훈장을 구걸한다.
천하잡놈은 제 가슴에 제 손으로 달다가 싫증나서,
남은 찌꺼기를 여기 하나 저기 하나,
연못에 퐁당퐁당 조약돌 던지듯이 흩뿌린다.

천하잡놈은 원래가 영웅이다.
그러므로 천하잡년하고만 짝짜꿍 어울린다.
예전에는 치마 두른 것만 천하잡년이었지만,
요즈음은 얼굴 반반하고 목이 야들야들한 사내들도
아랫것 떼고 연지곤지에 분칠 잔뜩 하고는
아르바이트가 아니라 풀타임으로
기꺼이 밤낮으로 천하잡년이 된다.

천하잡놈이란 원래 천하에 강포한 잡식이라
잡년이든 잡놈이든 가리지 않고 먹어치운다.
천하잡놈에게 돌팔매질할 용기가 있는 사람은
누구든지 어디서든지 나서 보아라!
새로운 스타일의 천하잡놈이 되어 보아라!
천하의 피라미가 모두 박수갈채할 것이다.

청탁 불문하고 청탁하기

까짓 거! 이왕 청탁하기로 마음먹었다면
청탁 불문에 생사 불문 아닌가?
청탁해서 출세한다는 보장도 없고
청탁해서 꼭 걸린다는 법도 없을 바에야,
까짓 거! 내친 김에 사생결단 아닌가?

세상이 맑다한들 언제까지 맑을까?
더러운들 제까짓 게 얼마나 더러울까?
청탁, 혼탁, 결탁, 목탁은 따져 뭐하고,
출세, 말세, 인간세, 비인간세는 뭐하는 걸까?
인생이 참으로 일장춘몽이라면
꿈속에서 내 멋대로 하는데 누가 뭐라나?
이불 속 활개 치는 것도 죄란 말인가?

원 세상에!
별 해괴한 잡소리 다 듣겠네.

미친 수작도 작작해야 몽둥이를 아끼지.

그러나 청탁타령보다 더 지독하고 뻔뻔한
사설, 잡설, 논설, 망설이 점잖은 가면을 쓰고,
심심하면 툭툭 잡초의 비위를 거스른다.

자유란 아무나 아무 때나 내거는 깃발.
민주란 아무 놈이나 올라타는 한강의 나룻배.
인물이란 명함만 크게 박으면 아무나 되는 것.
문제는 돈,
먹어도 걸리지 않는 엄청난 돈이 아닌가?
그런데 겨우 입에 풀칠할 자리 하나 청탁이
어째서 난장 맞을 죄라고 까탈 잡는가?

원 세상에!
문법에 맞는다고 다 말인가?
인쇄기를 거쳤다고 다 글인가 말이다!

도마뱀 (2)

이제는 더 이상 동서남북 가리지 않고
햇빛 속에서도 별빛 아래서도
날마다 마른벼락이 마구 떨어진다.

누군가의 아버지들이 쓰러지고
누군가의 남편들이 흙을 입에 문다.
누군가는 자기 생일을 원망하고,
누군가는 낙엽처럼 거리를 떠돌다가
예고도 없이 한줄기 연기로 사라진다.

무수한 사람이 공포에 질린 채
도마뱀이 되어
아스팔트에 납작 배를 깔거나
거친 풀숲 아무 데나 몸을 숨긴다.

소나기 같은 벼락이 지나가면
도마뱀 떼는 불사조로 다시금 부활하여
아침거리를 메울 것이다.

그러면 변신, 침묵, 인내는
사람들의 비겁 탓인가?
삶 자체의 불가피한 탓인가?
아니면, 날개 없는 불사조를 위하여
하늘은 마냥 기다리기만 하고 있을까?

골프 그리고 처녀 볼

반짝반짝 희게 빛나는 처녀 볼을 노려보며
긴 채로 사정없이 후려갈긴다.
처녀의 볼이 찢어지고
빈 하늘에 쾌감의 무지개가 뜬다.

처녀는 무지개를 부르지 않았지만,
처녀는 하얀 볼이 되고 싶지 않았지만,
처녀와 볼은
페어_공정하지도 않은 페어웨이에서
함께 정사한다.

처녀는 볼.
우드와 아이언의 대가리는
긴 막대기와 한 패가 되어
처녀 볼마다 상처를 낸다.

똑같은 무지개는 두 번 뜨지 않지만
처녀의 비명은 언제나 고통스럽다.
그러나 페어웨이에서도 러프에서도
그 비명소리 들은 자는 하나도 없다.

노을처럼 떠서 흔들리는 판자촌
– 라고스 풍경

강다짐으로 말없이 강밥을 먹어도
마음만은 푸근한 시절이 있었다.
어린 아이가 하나만 울어도
온 마을이 달려 나와 달래고 어루만지고
흙 마당에 눈물이 떨어지지 못하게 했다.

바닷가 물결 위에 노을처럼 떠서 흔들리는
판자촌에 비록 전기불이 들어오진 않았지만,
평화와 정직은 주름살에서도 야윈 뺨에서도
해보다 찬란한 빛을 내쏘고 있었다.

가난을 부끄러워하는 사람 하나 없었고
죽음을 두려워하면 누구나 수치스러웠다.
희망으로 밤을 녹이며 아침 해 기다릴 때
맑은 바다 물결은 언제나 자비로웠다.

아, 쓰러져도 마지막으로 보고 싶은 얼굴은,
서러움에 목메어도 불러보고 싶은 이름은
더럽고 비좁은 그 판자촌에 모두 있었다.

그러나 어쩌다가 이렇게 변해버렸는가?
여울 건너 가로등이 밤을 부수고
긴 다리 덕에 나룻배 위험이 사라졌는데,
어찌하여 불안은 낮에도 하늘 뒤덮고
공포는 집집마다 유리창을 깨는가?

온 마을이 통곡해도 내다보는 사람 없고,
대지가 갈라져 암초가 되도
정녕 아무도 걱정하지 않는단 말인가?

어린 아이 눈물이 흙 속으로 잦아들고 나면
아무도 내일의 추수를 맛볼 수가 없다.
물 위에 노을처럼 떠서 흔들리는 판자촌은
어둠 속에 가라앉는 추억의 그림자일 뿐.

붉은 초롱꽃

귀빈실 입구에 우뚝 솟은 초롱꽃 나무,
길 가 여린 바나나 나무들을 비웃고 있다.
공항의 소음과 전파를 흡수하고
소문과 소식을 제 구미대로
토해내는 붉은 초롱꽃은
여기저기 땅에 떨어진 동료들도 비웃고 있다.

비행기를 통 채 삼켜도 여전히 허기진 듯
붉은 입술 당당히 벌리고 있는 유일한 꽃,
바닷물을 다 마셔도,
해저의 단 즙을 모조리 빨아먹어도
성에 차지 않는 듯 입맛 늘 다시는 꽃,
유일한 꽃은
아름답지도 고귀하지도 않다.

바나나 나무에는 바나나가,
코코넛 나무에는 코코넛이
열리는 것도 모른다.
십 년 가뭄이 들면 꽃나무는 말라죽고
유일한 꽃도 땅에 떨어져 짓밟히고 만다.

누가 지나가든 빈자리만 남는 아스팔트,
닳고 패이고 끊기고 버림받는 길,
사막 한 가운데서 묻히고 마는 외길,
그것이 자기 운명인 줄도 모르고 있다.

귀빈실 입구에 서 있다고 해서
그 꽃이 언제나 귀빈은 결코 아니다.

그림의 떡

바라볼수록 허기만 더욱 키워주는
그림의 떡은 떡이 아니다.
얄밉고 독살스런 미끼,
도박의 규칙보다도 정직하지 못한
법이라는 이름의 그늘 아래
마음껏 무책임의 잔칫상을 차리는
권력꾼들의 양념이다.

껴안을수록 팔만 더욱 허전해지는
그림 속의 미인은 미인이 아니다.
추억이라는 이름의 안개에 가려
거울 저쪽에서 마냥 손짓하는 여인을
우리가 어떻게 사랑할 수 있겠는가?
되넘어올 수 없는 벽을 넘어간다면
이승에 남긴 약속이 무슨 의미인가?

그러나 누구나 떡을 좋아한다.
남자는 절굿공이로 열심히 떡을 치고
여자는 날름날름 떡을 받아먹는다.
떡치는 소리가 들리는 한 문명이 지속되고,
떡이 남아있는 한 떡장수가 활개 친다.

떡은 우리의 생명, 부패, 그리고 죽음이다.
남녀가 떡을 좋아하는 것보다도
떡이 남녀를 더 한층 좋아할 때는
그림의 떡도 떡은 떡이다.

우리가 참된 굶주림을 잊어버린 채
풍요의 신기루로 날마다 가면을 만들어 쓰면,
그림 속의 미인이 우리 몸을 애무해 준다.
구석구석 털끝까지 사이버 행복으로 가득 채워준다.
우리는 그림의 떡에 체해 쓰러지고 만다.
황홀하게 사이버 우주에 울려 퍼지는 장송곡이
그림자 로봇들을 어디론가 몰고 간다.

별들의 전쟁에는 별도 전쟁도 없다.
모든 것은 한 조각 거대한 환상.

누구나 무책임을 주장할 수 있고
또 누구나 무수한 부활을 자랑할 수 있다.
그러나 환상 속의 죽음은 그림일 뿐인데
죽음도 없는 부활이 무슨 자랑거린가?
아이들 장난이라고 웃어넘기기에는
너무나도 무시무시한 세상에서 여전히 우리는
그림의 떡도 떡은 떡이라 외치고 있다.

독재자

귀엽다면서 네가 아이들 머리 쓰다듬을 때,
아이들은 감격의 미소를 띠울 수밖에 없다.
그러나 여린 눈마다 눈물이 폭포지고
머리마다 껍질 채 홀라당 벗겨진다.
네 손바닥은 강철의 고슴도치 구둣솔이니까.

사랑한다면서 네가 미녀들을 껴안을 때,
누구나 새로운 세계에 눈을 뜨고
한껏 오르가즘에 취할 수밖에 없다.
그러나 젖가슴마다 순결의 즙이 메마르고
뇌세포마다 달콤한 약속에 중독된다.
네 말은 신전에서 올려 나오는 신탁이니까.

믿는다면서 네가 사람들에게 키스할 때,
누가 차마 눈을 뜬 채 바라볼 수 있겠는가?
누가 감히 불타는 입술을 거절하겠는가?

그러나 키스하는 동안 누구나 입술을 잃고
다시는 말다운 말을 하지 못한다.
네 입은 침묵의 씨를 뿌리고 다니니까.

너의 신뢰는 배신의 연료탱크 꼭지.
너의 사랑은 굶주림과 저버림의 마술 담요.
너의 희망은 묘비마다 매달린 천한 훈장.

네 식탁에서 과음 과식의 도깨비들이 춤추고
매독과 망상의 깃발이 사열, 행진할 때,
황금신전, 무수한 장거리포, 네 정력의 심벌도
고드름처럼 녹아 고름을 흘리고
너는 세포들의 반란에 패배하여 쓰러진다.

그래도 너는 네가 누구인지 모른다.
죽었다 깨어나도 또 모른다,
신도 인간도 도깨비도 아닌,
짐승도 바위도 바람도 불도 아닌,
살코기 한 덩어리,
잠깐 스치는 악몽인 너 자신을.

코코넛 나무

목마른 사람이 나무 그늘에서 꿈꾼다.
그늘은 갈증을 그림자로 만들지 못하고
갈증은 그림자를 천사로 만들지 못한다.
그러나 사람은 구름의 평원을 갈면서
영원한 생명을 노래한다.

성숙은 더 없이 아름다운 영광이지만
너무 익다보면 자기도 모르게 썩기 시작한다.
더 이상 익어서는 안 된다고 깨달은 코코넛이
고향을 향해 탈출을 시도한다,
죽음이 생명을 노래하는 대지를 향해.

코코넛이 꿈꾸는 자의 이마 한가운데를 친다.
설익은 지혜가 머리에서 튀어나와 흩어진다.
사람도 코코넛도 어두운 흙 속으로 돌아간다.
그러나 다시 일어서는 것은 코코넛 뿐,

사람은 꿈속에서만 천사가 된다.

목이 마를 때는
코코넛 나무를 믿을 것이 아니다.

체념

이념에 체하면 체념이 되고
유행에 체하면 체면의 포로가 된다.
척하는 데 능숙하면 모든 것이 체하고
무식한 체 할 때마다 아첨이 온다.

세상은 물구나무 서기.
알아도 모른 체 하면 끼리끼리 잘 살고
몰라도 아는 체 하면 잘난 맛에 산다.

세상은 더듬더듬 기어가기.
잠든 사람 골에서 혼을 빼가고
웃는 사람 목에서 혀를 뽑는다.

체념하라! 그러면 평화!
척하라! 그러면 만능 챔피언!
상념에 체하면 샌님이 되고

정의에 체하면 죄수가 된다.

세상은 규칙 없는 고스톱.
못 먹어도 고!
죽어도 스톱!
화투장을 찢는 것도 누구나 자유.

뭐든지 족족 체하기만 하는 사람은
세상을 거꾸로 살 수가 없다.
언제나 척하지 않고는 못 배기는 사람은
세상을 똑바로 걸어갈 수 없다.

세상도 체념도 추잉검,
단물이 빠지면 뱉어버린다.
그러나 하나 뿐인 추잉검,
이빨이 다 닳도록 씹을 수밖에.

미완성 건물

닭의 울음소리에 지쳐 어둠이 스스로 무너지고
새벽이 새로운 하늘을 창조할 때마다,
사람들이 짓다가 내버리고 간
고층건물 사각형 눈들이 새삼 꿈에 잠긴다.

남의 손에 완성을 기대할 수도 없고
자기 힘으로는 실현하지 못 하는 꿈,
그러면서도 뱀이 허물을 벗듯이
거기서 마음대로 빠져나갈 길도 없어
노예 사슬인 양 평생 끌고 다녀야만 하는 꿈.

미완성 건물은 우리 자화상.
아직 꿈을 꿀 시간이 남아 있는 동안은
숨결이 생명의 불꽃으로 타오르고,
완성도 파괴도 신이 손대지 못 한다.

어리석은 자의 평화

문이란 문 하나도 남김없이 닫아걸면
고요함이 흐르는 소리마저 들리지 않는다.
오로지 그것을 너는 평화라 부르고
혼자 만족의 미소를 짓는다.

높은 담에 철조망을 두 겹 세 겹 올려치고
구석마다 대포와 기관총을 숨겨 놓는다.
오로지 그것을 너는 안전이라 부르고
밤마다 아내를 사랑한다.

그러나 너의 창 밖에 담 너머에는
전혀 다른 생각에 슬퍼하는 이웃들이 산다.
문을 닫아도 자물쇠가 없고
자물쇠를 채워도 침입자에겐 바람의 벽,
아니, 닫고 말고 할 문조차 없다.
단죄와 처벌은커녕

자기 몸 하나 지킬 무기도 없다.

크든 작든 어디 있는 나라든
각자에게 안전한 침실을 보장 못 하고,
신호등이 제 구실하는 길을 열지 못 한다면,
누가 아이들에게 선과 정의를 가르치겠는가?

오로지 너의 집에 평화가 넘치고
행복과 풍요가 정원의 나무에 열매 맺는다.
그러나 네가 아무리 귀를 막아도
네 가슴의 숨소리가 천둥으로 변한다.
네가 밤마다 눕는 침대에서는 이미
아무 것도 두렵지 않은 구더기가 알을 깐다.

너 홀로 위대하고 너 홀로 강하고
너 홀로 가장 높다고 확신하겠지만,
한 발 앞서 너보다 더 위대한 자가 있었고
너보다 더 강한 자가 쓰러졌고,
너보다 더 높은 자도 심연으로 추락했다.

아무런 소리 들리지 않는다고 해서
온 누리가 평화라고 믿는다면,
이 나라가 너의 집 하나만을 위해서
끝까지 굶주림과 분노 참으리라 믿는다면,
너의 유일한 무기,
생존의 본능은 얼마나 어리석은가!

마지막 비

풀잎 지붕 아래 비에 젖는 사람들에게
비오는 계절은 이제 끝났다.
이번이 마지막 비다.
어제 당신은 자신 있게 단언했건만
오늘도 천둥치고 폭우가 쏟아진다.

비애를 품은 사람들은 실없이 비에 젖고
먼 강가에서는 둑이 무너진다.
두 눈 부릅뜬 황토 탁류에
집이 떠내려가고,
가난한 자, 힘없는 자의 영혼들도
하나씩 물결 아래 잠든다.

소리가 없어도 무수히 하늘로 솟구치는
비명의 기도가 당신 귀에는 닿지 않는가?

사람의 탈을 쓴 야수 또는 악귀는
당신으로 이제 마지막이기를!
죽음보다 더 무자비한 거짓말은
당신 같은 사람 입에서 더 이상 없기를!
이것만이 우리의 마지막 소망이다.

질식

어항 속에서 물고기가 독을 토해낸다.
독을 먹고 다시금 토해낸다.
물은 어느덧 독으로 변하고
독은 물고기를 더욱 독하게 만든다.

독을 먹기도 토하기도 싫은 물고기,
맑은 물만 토하고 싶은 물고기는
일찌감치 배를 뒤집고 수면에 뜬다.
물고기 채가 거두어 거름통에 처넣는다.

독으로 가득 찬 어항 속에서
생존에는 경쟁도 심판도 없다.
있다 해도 공정할 수가 없다.

평화의 물고기가 사라진 다음에는
독고기만 남는다.

몇 마리나 남을까?
그 생존과 자만은 얼마나 오래 갈까?
누군가 어항을 깨어버릴 것이다.

달과 해

달이 해를 태울 수가 없는데
달빛이 어찌 햇빛을 가린단 말인가?
제 정신을 가지고 어찌 달을 해라고 하겠는가?

그러나 사자 앞에서 춤추는 여우들은
달을 해라고 소리친다.
여우들을 두려워하는 작은 짐승들도
덩달아 달을 해라고 합창한다.
사자마저 여우들의 말에 귀가 솔깃하여
달을 해라고 믿어 버린다.

그러면 동물의 숲에 평화가 깃든다.
빛나는 것은 모두 해가 되고
반짝이는 것은 모두 황금이 된다.
무슨 짓을 하든지 모두 정의로 포장되어
숲에는 범죄가 하나도 없다.

그러나 달은 스스로 달인 줄 알고
해는 자기가 해인 줄 언제나 안다.
숲이 시들고 사자마저 땅에 묻히고 나면
여우들이 작은 짐승들을 잡아먹는다.
달을 해라고 외치던 위선과 독선이
빈 메아리로 황야를 헤맬 뿐이다.

여행

그 도시가 저기 보인다고 해서
내가 그리 가고 싶어지는 것은 아니다.
그 모퉁이가 눈에 선하다고 해서
내가 거기 서있고 싶어지는 것도 아니다.
그 자리 아직 거기 남아 있다고 해서
내가 거기 머물고 싶어지는 것도 아니다.

도시도, 그 어떠한 도시도
내가 너를 그리워하게 만들 수는 없지 않느냐?
결코 그렇지가 않지 않느냐?

그 도시로 내가 가고 싶어 하는 까닭은
바로 내가 너를 그리워하기 때문이 아니냐?
우리 추억이 그 거리에 외롭게 남아서
둘이 또는 혼자서라도 빨리 오라고
애타게 손짓하고 있기 때문이 아니냐?

여행을 떠날 때마다 나는 믿는다,
너를 사모하는 정열이 식지 않는 한
우리에게 어제는 오늘이라고.

완벽한 골프 게임

골프는 역시 18 홀이다.
마지막 구멍으로 공이 사라질 때 비로소
완벽하게 게임이 끝난다.

골프를 인생항로에 비유한다면
첫 번째 티샷은 아기의 출생,
마지막 퍼팅은 유언이 끝나는 순간이다.
도중에 그만 두면 영원한 미완성,
골프를 쳤다고 말하지도 마라.

골프는 반복이 가능하다.
내일 가서 또 칠 수 있고
다른 골프장으로 가도 그만이다.

그러나 우리의 삶이라고 하면
두 번씩이나 펼쳐볼 초원은 없고,

처음부터 다시 시작할 내일도 없다.

단 한 번 진행되는 골프 게임.
한 타 또 한 타 정성껏 치지 않으면
시간의 지평선 아래 저녁 해 떨어질 때,
한숨과 눈물의 칵테일 각자 마실 뿐,
아무도 동정하지 않는다.
그리고 밤은 영원하다.

나뭇가지

땅에 떨어져 가랑잎처럼 죽어버린 나뭇가지는
썩거나 타거나 흔적도 없이 사라질 때,
오로지 다른 생명으로 스며들어
마지막으로 헌신할 수 있다.
얼마나 자비로운 기회이며 아름다운 법칙인가?

그러나 날이 갈수록 더욱 딱딱하게 굳어진 채
채찍과 몽둥이로 변신하여 신음소리를 낳고,
칼과 창의 손잡이로 둔갑하여
죽음을 부르기도 한다.

도끼의 자루가 되면 자기 부모며 형제자매인
나무기둥을 찍어내는데 앞장서고도
뻔뻔한 낯짝 뿐,
마치 홀로 영원히 살아남아
모든 것을 지배한다고 믿고, 착각하고,

자만하면서 자기를 속이고 만족한다.

노년에 소박한 자족함을 버리고,
또한 늙는다는 것이 얼마나 소중하고
필요한 절차인 줄 못 깨닫는 노인은
기력이 쇠할수록 더욱 권력에 매달리고,
눈 먼 재산에 스스로 노예가 되어
별별 추한 짓을 다 저지르고 다닌다.

이 세상에 불로초가 어디 있고
불사약이 또 어디 있는가?
오만과 노욕에
벌레만도 못 한 괴물로 변신한 노인은
대지에서 잘못 솟아났다가 분해되는
나뭇가지일 뿐이다.

개미집

나무 아래 들판에
기이한 형상으로 솟은 개미집,
서까래도 시멘트도 철근이나 기둥도 없이
오로지 황토와 모래만 쉴 새 없이 물어다가
정교하게 차곡차곡 쌓아올린 그 집은 개미에게,
피라미드고 바벨탑이고 만리장성이고
따질 것도 없이,
세상에서 가장 높고 가장 멋진 고층빌딩.
아니, 로마도 당나라도
징기스칸의 제국도 하잘 것 없는,
세상에서 가장 위대하고 가장 영구한 왕국이다.

개미는 오늘도 무수한 개미집을 짓고 있지만
신생왕국에 아무런 이름도 붙이지 않고 만족한다.
그러나 개미 눈에 공룡처럼 보이는 인간들이란
대륙마다 갈가리 찢어서 철조망을 치고 들어앉아

공화국, 왕국, 기타 허망한 명칭을 붙이고는
떵떵거린다.

개미도 자기 집을 등기하는 일이 없는 판에
인간이 등기한 집이
도대체 얼마나 오래 간단 말인가?
공룡이 멸종한 이유를 정말 모르기 때문에
인간은 오늘도 어리석음의 연못에서
스스로 익사하는 것일까?
개미를 밟아 죽이면서
우리가 배우는 것은 과연 무엇일까?

부자들의 화려한 지옥

부자라야 날마다 더 많이 긁어모을 수 있고,
아들 손자 결혼식이나
심지어 애비 에미 마누라 장례식마저
거액을 축적하는 기회로 삼을 수가 있다.

부자라야만 권력자를 친구로 삼고
범죄를 저질러도 덮어주는 친구가 많다.
평소에 그럴 듯한 집에다가 고루고루 빠짐없이
황금사과 한 상자씩 보내주었고,
어깨 힘이 센 사람의 경조사에는 큰 봉투 들고
혀를 깨물고 죽는 한이 있어도 먼저 달려갔으니까.

저명인사 명단의 대부분이 친구 아닌가!
그러나 돈으로 만든 친구가 정말 친구일까?
부자는 자기 장례식마저 치부의 수단으로 삼을까?
태양 아래 영원한 권력이 가능하다고 진정 믿는가?

거대한 재산, 거대한 권력이 신의 축복이라면
어찌 그 사람들은 날마다 행복에 겨워 웃지 못할까?

너무 가난해서 도둑질하지는 말게 해 달라고,
너무 부자라서 방탕에 몸을 망치지 말게 해달라고
겸손하게 기도하는 사람이 몇이나 될까?

정직하게 돈을 벌고 또 정직하게 돈을 쓰기란
얼마나 어렵고, 그러기에 얼마나 가치 있는 일인가!
탈세, 살인, 강도, 도둑질, 사기, 뇌물 등으로 번 거액을
인간답게 쓰리라는 기대는 얼마나 허망한 것인가!

부자라야만 머리 좋은 사람을 모두 자기 부하로 삼고
권력자는 당연히 언제나 큰 봉투를 받을 수 있다는,
그런 사회는 거대한 공동묘지에 불과하다.
눈에 보이는 평화가 잠시 거리를 스칠지라도
마음의 평화는 영원히 빈민가에서만 방황하고 있다.

예루살렘

수천 년 전에도 한 부족의 양떼를 살찌우기 위해
온 땅이 피로 물들었다.
적이란 적은 모조리 멸종시킬 힘을 달라고 외치는
기도 소리, 찬미의 노래 소리와 함께
번제의 연기가 하늘로 치솟을 때,
예루살렘은 평화의 집이었다.

한 부족만이 누리는 평화,
한 부족만이 즐기는 번영,
그리고 한 부족만이 섬기는 신.

그러나 오늘 탱크가 촘촘히 언덕에 포진해도,
무적의 제트기가 마을을 불바다로 만들어도
예루살렘에는 평화가 없다.

적의 섬멸을 기도하는 마음이
하나라도 남아 있는 한,
자기 부족만 여기 살 권리가 있다고 주장하는 한,
한 부족의 번영에 적의 피가 묻어있는 한,
다른 부족의 고아, 과부, 불구자들의 울부짖음을
신은 듣고 있어도 인간이 외면하는 한,
예루살렘에는 평화가 영원히 없다.

땅은 위치나 역사 때문에 저절로 성지가 되는가?
배타적 독선, 이기심과 증오를 버리지 않는 한,
예루살렘은 결코 거룩한 땅도 아니고
젖과 꿀이 흐르는 축복의 땅도 아니고, 오히려
피와 눈물이 영원히 흐르는 저주의 땅이다.
인간의 탐욕이 만들어낸 모순,
진리를 스스로 죽이는 인간들의 장례식장이다.

아멘은 세상이 어떻게 되라고 하는 소리고
할렐루야는 누구더러 들으라고 외치는가?
오늘날 누가 아벨이고 누가 카인인가?

귀에 걸면 귀걸이, 코에 걸면 코걸이 식으로
신의 이름을 각자 제 멋대로 외치면서
오늘도 사람이 사람을 죽이고 있다.
언제까지 계속될 어리석고 잔인한 번제인가?
예루살렘이 참된 평화의 집이 될 날은 언제인가?

인내

물이 흐르는 길이 뒤틀릴 때마다,
특히 흙탕물이 난데없이 쏟아져
온 몸을 더럽힐 때마다,
억울하게 갇히고 매 맞고 살해당할 때마다,
정의를 부르짖는 입이 단근질을 당할 때마다,

사악한 무리가 법을 만들고
총칼을 휘두를 뿐 아니라
나라의 모든 재산을 독점하고
편안히 장수하는 꼴을
멀거니 속수무책으로 바라보아야만 할 때마다,

굶주린 아이들의 울음이 애간장 끊는
나날이 계속되어도 자신의 허기와 허탈은
슬퍼할 겨를이 없을 때마다,
우리가 쉴 새 없이 외쳐야 할 말이 있다.

하나도 인내, 둘도 인내, 천만 번도 인내다!

그러나 인내란 무기력한 기다림에 불과한 것인가?
노예들의 공허한 시선이 어찌 인내란 말인가?
증오보다 한없이 넓고 깊고 강한 지혜를,
자만보다 한없이 부드럽고 미세하고 약한 겸손을,
이기심보다 한없이 아름답고 천하고 비옥한 헌신을
두 손으로 받들고 인내하는 사람을 누가 이기겠는가?

인내는 모든 허위를 불살라 버리고
새로운 나라를 세우는 창조적인 무기.

황금의 신기루로 포장된 고속도로 질주하는 사람은
오로지 최고급 차에서만 번식하고 즐기고 썩다가
이름도 시체도 남기지 못한 채 허공으로 사라진다.
지상에 참된 나라가 매일 아침 찾아온다고 해도
그것은 끝까지 인내하는 사람의 앞마당일 뿐이다.

낙천주의

세상 돌아가는 꼴이 하도
어처구니가 없어 날마다 웃는 것을
사람들은 낙천주의라고 한다.
세상이 어떻게 돌아가든
속 편하게 밤마다 웃는 것도
사람들은 낙천주의라고 한다.

천치와 천재의 경계선이 사라진지
몇 십 년이 지났는데도
사람들은 아직 경계선이 있다고 믿으며
그것도 낙천주의라 부른다.

홍수가 나든 태풍이 닥치든
모두가 하늘의 뜻이라고
놀고 마시고 뭐든지 세우고 잠드는 것도
역시 낙천주의.

나라를 들어먹든 뭇 사람을 죽이든
무슨 짓이든 저지른 뒤에
물의를 일으켜 죄송하단 한마디로 낙천주의다.
아, 이 얼마나 편리하고
무책임하고 달콤한 말인가!

하늘을 쳐다보지도 않는 자들이
하늘의 뜻을 조작하고,
땅을 갈지도 않는 자들이 특상미로
자기 배만 채우면서도,
암행어사 마패처럼
낙천주의를 대문마다 문패로 내건다.

이런들 어떠하며 저런들 어떠하리가
진정 낙천주의인가?
하늘이 무너져도 솟아날 구멍이 있다도 그런가?
구멍으로 솟아나면 뭐가 보인다고 천하태평인가?

암행어사 마패마저
돈 보따리 앞에서 흐물흐물 녹던 시절,
암행어사들을 감시하러

또 다른 암행어사를 파견하던 시절이
역사책에서 튀어나와
우리와 우리 아이들을 지금 위협한다면,
이 얼마나 기막히고 숨 막히고
눈물 나는 현실인가!

그럼에도 불구하고 우리는 껄껄 웃으며
내일을 기다리고,
낙천주의 그 그늘 아래
너와 나의 공동묘지를 건설하자는 말인가?
비판, 반성, 처벌의 지혜가 시들어버린
낙천주의란 결국 허울 뒤집어쓴 비관주의,
그 도깨비가 아니고 무엇인가?

그러나 사람들은 오늘도 먹고 마시고
춤추고 배설하고 잠든다.
하늘의 뜻도 모르는 자들이
하늘을 즐긴다고 자부하면서,
낙천주의의 해부대에 오른 시체처럼
평안히 자고 있다.

연못

하늘에서 외롭게 떠돌다 지친 물이 모였습니다.
폭풍에 온 몸 찢긴 물도 말없이 모여들고,
시궁창에 휘말려 부글부글 끓기만 하던 물도,
옹달샘에서 축복으로 태어났다가 겉만 번지르르한
신사숙녀의 내장을 통과하며 구역질에 전 물도
여기 모두 풀이 죽은 채 평등하게 모였습니다.

물 한 방울에게는 우주처럼 드넓은 연못이기에
각자에게 넉넉하고 아늑한
집을 마련해 주었습니다.
한동안 평화가 잔잔한 수면을 어루만지고
싱싱한 풀밭이 다가와 생명을 함께 노래했습니다.
때때로 물새가 날아와 파문을 일으킨다고 해도
물갈퀴의 자유는 아무도 방해하지 않았습니다.

폭우가 무섭게도 쏟아 붓던 어느 날 기어이
물은 연못이 비좁다고 불평을 시작했습니다.
바닥에 깔린 물은
수면에서 노는 물을 게으르다 하고,
윗물은 아랫물을 더럽고 천하다고 욕했습니다.
세상에 영원한 것은 없다고 했지만
이 작은 연못에서 끔찍한
소용돌이가 일어날 줄 누가 알았습니까?

아무 조건 없이 너그러운 품을 벌렸던 연못은
애가 달아 조금씩 서로 참아가며
오순도순 살자고 타일렀지만,
풍요와 편리에 익숙해진 물은 오만까지 알아
연못이 자유를 빼앗았다고 소리쳤습니다.
초대받지도 않은 채
제 멋대로 모여든 물이 겁도 없이
연못보다 더 넓은 세상을 찬미하고 사모했습니다.

하늘에서 떠돌던 물은 시궁창으로 떠나가고,
시궁창 물은 점잖은 신사숙녀의 내장 끝에 머물고,
바람에 찢기던 물은 허공에서 버림받았습니다.

그러나 연못은 오늘도 맑은 물로 가득 차고
수초도 자라,
물고기 떼가 한가롭게 재미있게 몰려다닙니다.
떠나가는 물을 연못은 말리는 법이 없습니다.

개구리와 두꺼비

개구리가 개골개골 개울에서 소곤댑니다.
두꺼비가 꾸럭꾸럭 도랑에서 중얼댑니다.
두 눈만 컸지, 온 몸에 걸친 것 하나 없이
마주 보고 엎이며 사랑을 실천합니다.

장수개구리라고 해서 장군이 아니고
왕 두꺼비라고 해서 왕일 리도 없는데,
사람들은 개구리가 어디로 뛸지 모른다며,
두꺼비가 어디로 숨을지 알 수 없다며
웃고 비웃고 고개를 갸웃거립니다.

그렇지만 알고도 모를 짐승은 사람입니다.
개구리도 먹고 두꺼비도 잡아먹는 사람을
작은 짐승들이 어떻게 이해하겠습니까?

세상에서 오로지 사람들만이 저지를 수 있는

거짓말, 배신, 고문, 학살, 그리고 전쟁을 보면서
짐승이 어떻게 사람을 존경할 수 있겠습니까?

그런데도 조상과 천사들, 심지어는 신에게마저
자기편이 되라고 강요하는 기도를 바치다니!

장군이 쿠데타 일으키며 정의와 구국 소리칠 때,
장수개구리는 개골창에서 하염없이 개골개골.
왕이 날마다 잔칫상에서 청렴과 양심을 설교할 때,
왕 두꺼비는 도랑에서 왕창왕창, 꾸럭꾸럭.

사람과 짐승의 자리가 뒤바뀐다면, 이 세상이
지금보다는 한결 평화로울지도 모르겠습니다.

제5부
개 같은 대통령들
(1998~2008)

개 같은 대통령들

개처럼 생긴 지도자들을 보고 모두 웃는다.
허리를 잡고 웃어댄다.
그런 지도자를 모시는 자기 자신이
개만도 못하다는 사실에 절망하기 때문이다.

그러나 지도자처럼 생긴 개들을 보면
모두 공포에 질려 뒷걸음질 친다.
자기 자신이 사람임을 새삼 깨닫고
열등감에 사로잡혀 너무나도 괴롭기 때문이다.
아니, 그런 개가 정말 지도자가 된다면
사람 꼴이 말이 아니기 때문이기도 하다.

지도자처럼 생긴 개 앞에서는
개처럼 생긴 지도자들마저 꼬리를 내린다.
가짜 개가 진짜 개를 알아보고
본능적인 비겁함에 설설 기는 것이다.

그러면 개들이 왕왕 짖어대는데,
선진국 언어로 번역하면:
이 개만도 못한 인간쓰레기들아!
감히! 함부로! 개를 흉내 내려 하지 마라!
우린 죽어서도 몸을 일용할 양식으로 내어주는
살신성인의 고귀한 족속이다.
그런데 너희는 도대체 뭐냐?

어제도 오늘도 개 같은 하루였다.
내일은 개만도 못한 하루일 것이다 분명히!
진짜 개가 아니라
개처럼 생긴 지도자나 모시고 있으니까!

개만도 못한 대통령들

유럽에서 수 천 만을 죽인 총통 각하는
분명히 개만도 못한 대통령이었다.
러시아에서 수 천 만을 굶기고 얼려 죽인
친애하는 동지 각하도 역시 그랬다.
아프리카에서 수 백 만을 밀림에 거름으로 쓴
그들도 개만도 못한 대통령들이었다.

동남아에서 붉은 깃발 아래 몽둥이로 죽창으로,
물구덩이에 처박아 수 백 만을 청소한 그도
역시 개만도 못한 대통령이었다.
홍위병을 거느리던 자도, 인종청소 주도한 자도
개만도 못한 최고의 각하들이었다.

그런 대통령들이 과거에만 있는 것인가?
다른 대륙이나 먼 나라에만 있는 것인가?
오늘도 수 백 만을 굶겨 죽이는 각하는 무엇인가?

그런 자와 손을 잡는 무리는 또 무엇인가?
어느 나라 대통령이든 그 자리에 앉았다고 해서
광 땡 잡고 얼씨구!
반드시 훌륭한 인물로 평가되지는 않는다.
개 같은 대통령들이 있는가 하면
개만도 못한 대통령들도 적지가 않다.

어느 나라 대통령이든 당선될 때나 좋은 거다.
대통령 노릇 해 먹기가 그리 쉬운 줄 아나?
그리고 대통령은 아무나 하나?
하기 싫어도 도중에 그만둘 수 없으니,
정말 죽을 맛이겠지. 안 그래?

개만도 못한 대통령이 안 되기는 쉽다.
후려치든 짓밟든 죽이지만 안으면 되니까.
그러나 개 같은 대통령이 안 되기는 정말 어렵다.
개 같은 대통령이 무엇인지 깨닫고 나면,
벌써 날은 다 새고 말았으니까!

개보다 더한 대통령들

고기 덩어리를 물고 가던 개가 다리 위에서
강물에 비친 물속의 개를 향해 짖었다.
그 고기 덩어리를 뺏고 싶었던 것이다.
그러나 자기 고기 덩어리마저 물속에 처넣고 말았다.
이것은 누구나 아는 이솝이야기다.

가난한 나라의 돈 몽땅 긁어 해외로 빼돌린 대통령들.
백성이야 굶어죽든 말든 혼자만 똥배 채운 대통령들.
아들딸들 친인척들 너는 한 탕 나는 두 탕,
알고도 모르는 척 고개 돌린 대통령들.

정치자금 사업자금 평화자금 통치자금,
고대 그리스의 궤변철학자들마저 울겠다.
개는 개니까 고기 덩어리 하나만 탐냈지,
개보다 더 한 대통령들은 백성을 통 채 삼켰다.
그런데 그들이 어떻게, 얼마나 먹어치웠는지는

아무도 모르고, 알아볼 길은 막혀 있다.

개보다 더 한 대통령은 누구나 할 수 있다.
너무나도 쉬운 일이다.
그러니까 대개는 그렇게 한다,
나라에 따라 극히 예외적인 경우도 있지만.

그래서 언젠가는 새로운 이솝이야기가 나올 것이다.
고기 덩어리를 물고 가던 개가 다리 위에서
강물에 비친 개를 향해 짖다가 고기를 잃었다.
영리한 개는 물속으로 텀벙 뛰어 들었다.
그리고 고기 덩어리를 문 채 익사하고 말았다.

이런 개보다 더 한 대통령들은
앞으로 무슨 짓을 할까?
바로 그것이 참으로 궁금하기만 하다.

국회란 개새끼들이 모인 곳인가?

검은 개가 흰 개를 향해 무섭게 짖어댄다.
"이 개새끼야!"
흰 개는 흰 이빨에 침 흘리며 절대 기죽지 않는다.
"야, 그럼, 넌 개새끼 아냐?"
흰 장갑 낀 여자가 검은 개는 불알 까고,
그 섹시한 손가락 놀려 흰 개에게는 재갈 물린다.

국회란 개새끼들이 모일 리가 절대로 없는 곳.
그런데도 툭하면 여당 의원이 야당 의원에게 삿대질.
"이 개새끼야! 입 닥쳐!"
졸지에 개가 된 그는 입을 더 크게 벌리고 게거품을 뿜는다.
"너야 닥칠 입도 없지.
그러니까 너, 진짜 강아지 맞지?"

80대 염색 흑발 의원이 여당의원에게 찬사를 띄운다.
"잘 했어! 충성스러워!
그래서 선생님이 널 좋아하는 거야."

국세청 직원들이
몇몇 신문사를 잡아먹을 듯 노려보는 한 해.

빨간 가방을 들고 흰 장갑을 낀 여자는 검은 개가
자기에게 여당인지 야당인지 헷갈리기만 한다.
검은 개가 왜 자기 뒤를 졸졸 따라오는지 깨닫지 못한다.

그러나 개는 어디까지나 개지,
그 이상도 그 이하도 결코 아니다.
구린내 나는 비단 팬티 입고
그런 개를 달고 다니는
그녀는 도대체 뭐 하는 여자일까?

도둑놈과 장관님

여러 해 도둑질 하다가 꼬리 밟힌 한 가지 죄 때문에
유죄판결까지 받고 감옥생활한 사람이
정치탄압이다, 희생물이다, 나는 억울하다고 외쳤고,
그게 아니라고 부인하던 사람은
도둑을 사면에 복권까지 했다.
그래서 도둑이 정당의 지도자나 국회의원도 되었으니,
어제는 도둑놈이 오늘은 장관님이다.

대통령이 할 일이란 고작해야
도둑을 성인으로 둔갑시키고
힘없는 조무래기 잡범은 계속
감옥에 처박아두는 것일까?

큰 도둑인 자기 아들을 법의 공정한 심판에 맡긴다더니,
불면 꺼질까 쥐면 터질까, 아들은 역시 아들이랍시고
법의 이름으로 슬쩍 빼돌려 아랫목에 모심도

대통령의 일일까?
그런 것도 정당하고 타당하고 당당한,
사나이다운 짓일까?

어제는 도둑놈이 오늘은 장관님이라니!
천하의 도둑들이 벌벌 떨고 설설 기며
도둑질을 잘도 그만 두겠다.
끼리는 끼리끼리 어울리고, 배신하고 때려잡는다는데!
도둑을 가장 잘 아는 것들은 바로 도둑놈들이라는데!

개에 관한 명상 또는 망상

잘 될 나무는 떡잎부터 알아본다는 거야!
개 꼬리는 삼년 두어도 황모 못 된다잖아!
그런데 저 높은 곳에서 천하를 굽어보면서,
개만도 못한 시래기 아들놈들이 회전의자 돌리면서
지금 무슨 생각을 하고 있는 거야?

어느 놈 등을 쳐서 수백 억불쯤 요절낼까, 그 생각이야?
어느 년 하고 줄행랑치려고 개떡 같은 속 수작이야?
돈맛에 걸신들린 연놈이 아무리 사랑을 속삭여본들,
살맛_肉味이 살 맛을 돋구어 준다 목청껏 외쳐본들,
자기네도 모르는 개 쇠 발괄을 누가 알아본다는 거야?

개뼈다귀에 은 올리는 짓거리나 척척 해대면서도
부정부패 뿌리 뽑겠다니,
백년하청 연목구어 아니야?
개 못된 것은 들에 가 짓는다더니!

개가 머루 먹듯 일하고
국물 구멍이나 쫓아 다니는 주제에
개 보름 쇠듯 하는 축들은 북어 패듯 윽박지르면서도
단결과 화합을 합창하자니!
소가 웃을 노릇 아니야?

까딱수에 장땡 잡고 나서 공자 왈 맹자 왈 주절거린다면,
강똥이나 눌 대변인이 개 방귀 같은 시시한 발표나 하고
은근슬쩍 거짓말로 법에다가 똥칠이나 한다면,
높은 자리란 개 발에 편자 아니야?
독재가 지겹다고, 개 꼬락서니 미워서 낙지 산다더니,
지금 벌리고 있는 굿판은 도대체 어느 산골 굿이야?

개 하고 똥 다투랴?
말리는 사람도 많기는 하다만,
개가 안방차지하고 사람이 길거리로 내몰린 판국이라면
개하고 똥 다투는 게 뭐가 창피하다는 거야?

개꿈 속에 멍석말이가 제격인 작자들이
어쩌다가 때 만나
망나니 칼을 마구 휘둘러 준마들의 목을 치고,
똥개들 몸은 비단으로 칭칭 휘갑쳐도
쥐새끼처럼 아무도 찍 소리 못하니 이상하잖아?

잡소리 제하고 한마디만 더 한다면,
개에 관한 명상은 사람만이 할 수 있는데,
그 명상을 개들은 죽었다 깨도 이해 못하는 거야!
그러니 깨어나지 못할 개꿈 속에서 개헤엄 치는 거야!

잔인하고 어리석은 폭군

절경의 계곡과 울창한 숲으로 둘러싸인 들은
한없이 드넓고 또 비옥한 농토였다.
그 한 가운데 우뚝 솟은 산은 삼면이 가파른 절벽.
성문에 이르는 통로라고는 오직 오솔길 하나뿐.
백만 대군이 포위해도 겁낼 것 하나 없기에
젊은 성주는 온 세상이 콩알 만 하게 보였다.

오만은 방탕과 잔인함에 닿는 지름길이 아닌가?
산꼭대기란 힘겹게 올라갔을 때, 그 기쁨 더욱 크고,
땀의 보람 더 많이 추수할 수 있지 않겠는가?
절정이 높을수록, 떨리는 다리로, 겸손한 마음으로
마을에 내려와야만, 비로소 소박한 백성들이
서로 나누는 인정을 알고, 때로는 고단한 그 삶도 맛보고,
시련의 때일수록 더욱 견고한 그 사랑을 받지 않겠는가?

그러나 고생도 고통도 모른 채,
상속받은 무적의 성과 무수한 금화의 힘만 믿고,
성주는 날마다 더욱 무시무시한 폭군으로 변했다.
늙었으나 충성스러운 신하들이 교수형을 당하거나,
절벽에서 내던져지거나, 스스로 칼로 자결하였다.
곁에 남은 것은 로봇 같은 얼간이와 아첨꾼뿐.

성이란 밖에서만 무너지는 것이 아니라 오히려
안에서부터 더 쉽게, 더 허망하게 무너지는 법이다.
비옥한 들판에서 백성들이 거의 모두 도망치고,
숲과 계곡에서는 새도 짐승도 그림자를 감추었다.
이윽고 40일간 밤낮으로 장대비가 퍼부어
노아의 홍수보다 더 무서운 물이 절벽을 타고 올라갔다.

온 세상이 물에 잠겨 적이 모두 전멸한다면서,
자기만은 살아남아 천하를 정복할 것이라면서,
환희에 젖은 성주가 날마다 술에 취해 노래 불렀다.

적군이 단 한 번도 넘지 못한 그 성벽이지만,
흙탕물이 타고 넘어, 외로운 첨탑 꼭대기
폭군의 거실만 남기고 모두 휩쓸어 버렸다.

성주는 꿈에도 상상하지 못한 적에게 패배했다.
굶어 죽은 것이다 바보 같이!

후세 사람들은 그 성을 최고급 관광호텔로 만들었다.
화려한 방에서 먹고 자고 절경을 감상하려면
그만큼 비싼 대가를 치러야만 자격이 있다는 교훈을
부자와 지도층에게 대대로 가르치려는 것이다.
폭군이란 스스로 만든 감옥 안에서 사자처럼
으르렁거리던 악몽의 허깨비에 불과했다고도.

신문지를 물어뜯는 개

싸움 잘 하는 개는 콧등 아물 날이 없다.
사람 물어뜯는 개는 몽둥이에 후려 맞지.
신문지만 보면 물어뜯는 개는 신문지나 둘러쓰고
그슬려서 보신탕이나 될까?

싸움도 버릇되면 안 하고는 못 배기지.
개는 개니까 그래.
물어뜯는 것도 재미 들리면 좀이 쑤시지.
가만히 얌전히 있을 턱이 있나?

개 버릇 남 주는 거 봤어?
무슨 갠데 버릇이 그리 고약해?
사냥개야 불독이야? 아니면, 똥개야?
꼴은 영락없는 똥개인데 종류가 아주 요상해.
똥개가 절대 아니라고 주인이 우기니까 말이야.

믿거나 말거나! 불쌍한데 믿어줄까?
어차피 좋은 세월 지나면 토사구팽 아니겠어?
토끼 고기 삶던 바로 그 솥에 제 몸이 들어가지.
아아, 침 넘어간다.
토끼보다 더 맛 좋은 개고기! 개고기!

몰매 맞는 게 개 팔자

온 동네 싸돌아다니며 심부름도 썩 잘 했지.
돼지 입에 주먹코에 지지리도 못났지만,
목청 하나 기차게 좋아 산과 들에 쩌렁쩌렁,
초상집에서 떡 얻어먹고 기생집에서 고기 먹고
밤길에는 눈이 밝아 술 취한 놈들 구해줬지.
누구에게나 꼬리 치며 살금살금 뒤따르니,
어느 누가 요놈 개를 귀엽다고 안 하겠나?

그러다가 어느 날 문득 개가 웃기 시작했지.
동네사람 노는 꼴이 너무 너무 우스웠지.

밥그릇 싸움, 물싸움에 걸핏하면 패싸움.
복권이다, 아파트다, 돈이라면 눈에 핏대.
코흘리개 새끼들조차 주먹 마구 휘두르고,
힘 센 놈이 돈 빼앗고 성희롱도 다반사라.
거짓말로 찜 쪄어 먹고

걸핏하면, 기억 안 나.

참다 참다 개마저도 미친 듯이 웃어댔지.
꼬리도 안 흔들고 아무나 보고 짖어댔지.

멍석말이, 몽둥이찜질, 그게 바로 개 팔자다.
뼈도 하나 못 추리게 흠씬 얻어맞는 거다.
깨갱깽깽 울다가 지쳐 기절해버리고 말았지.
몰매 맞기는 난생 처음, 그럴 줄이야 몰랐지.
안 하던 짓 자꾸 하면 몰매란 당연하지.

사람들이 귀여워할 땐 그 속셈을 알아야지.
건방지게 비웃거나 마구 짖어대다가는
아무리 무쇠 뼈도 성한 게 하나도 없지.
어차피 죽을 몸이라면 몰매 맞아 죽는 것이
개 팔자 가운데는 상팔자가 아니겠나!

고관들 저택의 개들

동양이든 서양이든 또 어느 시대든,
고관들 저택의 개들은 털도 가죽도 좋다.
살찐 몸통에는 근육도 튼튼하다.
침을 질질 흘리는 이빨은 무시무시하다.
귀가 빳빳이 서고 눈에 살기를 띄는 것은
고관들이 날마다 큼직한 고깃덩이를 던져주기 때문.

그들은 자기 돈으로 사서 고깃덩이를 던져줄까?
그렇다면 그들은 충신이다.
재빨리 밀려날 것이다.
그러나 세금을 축내서 고깃덩이를 마련한다면,
그들은 영악한 간신이다.
나라는 망치고 자기만은 산다.

고관 집 개들은 민가의 똥개들을 물어 죽인다.
자기 이빨의 힘을 유지하려는 유쾌한 스포츠,

또는 이빨의 힘을 과시해서 주인에게 아첨하고
더 큰 고깃덩이를 얻어먹으려는 보신책이다.
고관들도 그들 저택의 개들도 보신책에는 명수다.

그러나 고깃덩이란 무한정 나오는 것이 아니다.
온 나라 방방곡곡 목장들이 모조리 문을 닫고
가축이 사라지고 나면,
고관들은 자기 집 개들로 보신탕을 만든다.

이윽고 늑대들이 몰려와 고관들을 잡아먹는다.
똥개들마저 씨가 말라버린 나라에서
왕이 갈 곳은 어디인가?
늑대들 눈에 왕이 과연 무엇으로 보이겠는가?

돈에 환장한 개새끼들

암캐가 곁눈질하며 몸을 비비튼다.
수캐가 침을 질질 흘리면서 달려든다.
두 마리 개새끼가 한 몸이 된다.
산에서도 들에서도, 공원이든 광장에서도
둘은 황홀하게 한 몸이 된다.
하늘이 무너져도 한 몸이 된다.

발가벗은 여자가 몸을 비비꼰다.
후끈 단 사내가 침을 질질 흘린다.
그리고 둘은 한 몸이 된다.
안방이든 호텔이든, 고위층 저택이든
둘은 찰싹찰싹 한 몸이 된다.
천장이 무너져도 한 몸이 된다.

돈 생기는 건수들이 방귀를 뀐다.
투기꾼, 권력층, 정치가, 재벌들이 침을 흘린다.

이놈 저놈 딱 붙어서 한 몸이 된다.
몸통 깃털 분간 없이 한 몸이 된다.
아무리 정권이 바뀐다 해도,
어느 놈이 어느 놈인지 구별할 수 없다.

공자, 맹자, 석가, 예수, 예언자도 팔아먹고,
천당, 천국, 극락, 낙원, 지옥마저 팔아먹고,
교회도 절도 십자가도 양심마저 팔아먹는다.
그러고도 밤이 되면 둘이 한 몸이 된다.
천지가 개벽해도 둘은 한 몸이 된다.

발정한 개새끼들에겐 몽둥이가 만병통치!
돈에 눈먼 남녀에겐 쇠고랑이 특효약!
둘이 한 몸이니 한꺼번에 철거덕!
하늘이 무너져도 골방에다 처넣은 채,
돈방석 돈 침대에서 한 몸으로 썩게 하라!

버림받은 개새끼들

어쩌자고 주인 하나 잘못 만나 충성을 바치다가,
늙거나 병들거나 기운도 털도 다 빠져서,
피도 눈물도 없는 주인한테 버림을 받았던가?

평소에 온 동네 사람 사랑을 받았더라면,
딴 집에서나마 밥은 얻어먹을 것을!
길거리 쓰레기통이나 기웃거리며
썩은 생선 대가리에 허겁지겁 달려드나?

주인이 개가죽마저 벗겨 팔아먹지 않았다 해서
그토록 감격하여 아직 충성을 맹세하나?
가을비에 지는 낙엽 머지않아 찬바람인데,
암캐들은 달아나고 강아지 떼는 흩어졌나?

작은 개집 하나면 평생 편히 살 것을,
무얼 많이 얻어먹자고 큰 재산을 욕심냈나?

양떼, 소떼, 돼지 떼, 보는 족족 몰아다가
주인 혼자 먹으라고 푸주를 채워줬나?

버림받을 짓 안 했어도, 버림받는 게 개 팔자다.
버림받을 짓을 한다면, 맞아죽을 팔자다.
이래도 맞고 저래도 터지고, 이판사판 죽을 판.
일단 버림받으면 개 족보가 무슨 소용?

진돗개든 똥개든 난장판에서 피 본 개,
거적에 둘둘 말려 하수도에 버림받을 신세.
그제야 주인새끼, 개 손자보다도 못한 새끼,
거품 물고 저주한들, 그게 무슨 소용이냐!

개새끼들의 호화 무덤

부잣집 개들은 개들의 공원묘지에 묻힌다.
살아서는 날마다 고깃덩이에 샴프 목욕 즐기다가
죽어서는 값비싼 관 집을 삼아 잔디밭에 눕는다.
그 얼마나 멋진 개들의 일생이냐!

국가발전! 애국애족! 주둥이 나팔 불어대며
서민들에게는 화장하라 위협하던 권력층은
이웃 사람 죽어도 눈물 한 방울 안 흘리더니,
자기 개가 죽으면 구슬피 통곡한다.
가난한 집 개들은 살아도 산목숨이 아닌데,
부잣집 개들은 죽어도 죽은 목숨이 아닌 것이다.
특권층의 개 사랑이란 갸륵하고 거룩하다.

공원묘지 개들 몸은 썩지도 않는단 말인가?
가난한 집 개들 몸이야 어디선들 안 썩는가?
이래도 썩고 저래도 썩을 짐승들의 몸인 것을!

남녀노소 불문하고, 개를 사랑하던 사람들마저도
언젠가는 땅 속에서 썩어버릴 몸인 것을!
산 사람 입에 친 거미줄도 걷어주지 않는 주제에
개들의 공원묘지라니! 얼씨구절씨구 잘도 논다!

개를 개답게 대우하지 않고, 사람처럼,
아니, 이웃 사람보다 더 극진히 취급하는 것은
개에 대한 모욕이고 사람에 대한 모독이 아닌가!
개는 그런 사람을 자기 동족으로 보거나
개만도 못한 것으로 여겨 비웃을 것이다.
개를 사랑하면 개들에게 짓밟히고 만다!

똥개들의 운동대회

동네 똥개들이 운동장에 모두 모여 운동을 한다.
똥을 빨리 싸기 많이 싸기 운동을 한다.
각양각색 궁둥이를 까놓고 열심히 괄약근 운동.
누가 똥개를 똥개라고 불러주지 않을까 봐,
똥개운동대회! 커다란 현수막도 내걸었다.

달밤에 누가 제일 요란하게 짖는지 시합한다.
누가 제일 야하게 낑낑대는지 내기한다.
맵시 있게 꼬리치기, 우아하게 하품하기,
조용히 방귀뀌기, 자기가 토한 오물에서 나뒹굴기,
누구 귀가 제일 긴가, 누구 콧구멍이 제일 깊은가,
별별 내기와 시합에 정신없이 날뛰다가
2년! 2년! 합해서 4년이 정신없이 달아난다.

관람석을 가득 채운 것도 역시 암캐 수캐 똥개들.
선수 똥개들은 자기와 죽이 맞는 똥개들만 초청했다.

그러니까 선수들이 아무리 개판을 쳐도 우레 같은 박수.

똥개들이 벌려봤자 개판밖에 또 있겠나?
똥개들이 치는 박수 그렇게도 영광인가?
개판에는 개평 없고 영광 굴비 다 썩었나?
환호하는 똥개들 눈에는 똥개밖엔 안 보인다.

이 세상에 똥개 없으면 무슨 재미로!
달이 떠도 똥개! 해가 떠도 똥개!
똥개가 최고야!
응원가 소리에 온 동네 지붕이 무너진다.

똥개 축에 못 낀 잡개들 억장이 무너진다.
똥개들이 날마다 밤마다 즐기는 똥을 잡개들은
한 덩어리도 얻어먹을 수가 없기 때문이다.

똥개운동대회는 참으로 위대한 장관이다.
동네 문화행사 가운데 가장 멋진 예술 걸작이다.
그래서 위대한 똥개 두목들이 시상식장에 나타나
우수한 똥개들 목에 금메달을 달아준다.
그 중에서도 최고 금메달은 역시

가장 구린 똥을 가장 많이 싼 똥개가 차지한다.

똥개 두목들을 비롯하여 선수 똥개들,
관람석의 암캐 수캐 똥개들이 만세 삼창을 한다.
똥개 동네 만세! 마르고 닳도록 만만세!
그리고 감격의 눈물 흘리며 개집으로 돌아간다.
캄캄한 밤이 더욱 깊어만 간다.

청렴결백 시합

청렴한 관리는 청군, 결백한 관리는 백군이 되어
어느 가을 날 웅변대회를 열었다.
막상막하, 난형난제, 마지막 순간까지 동점.
드디어 승부는 관중의 박수로 결정하기로 하고
다음 날 아침까지 쉬기로 했다.

귀뚜라미 우는 가을밤은 고요한 줄 알았다.
청군은 청렴하니까, 백군은 결백하니까,
모두 조용히 집에 가서 자는 줄만 알았다.
그러나 승부 전날 밤 어느 바보가 잠을 자나?
양쪽 진영에서 돈이 강물처럼 흘러나갔다.

다음 날 아침, 관중은 정확하게 둘로 갈라졌다.
박수소리 크기도 양쪽이 정확하게 똑같았다.
남은 길은 단 하나, 주먹뿐.
관중들이 치고받기 시작하자 운동장이 피로 물들었다.

청군과 백군도 드디어 백병전을 벌였다.

친척, 친지, 동창에, 동원부대마저 전국에서 몰려들어
치고받고, 받고 치고, 난장판이 확대되었다.
경찰이 포위하고 주모자들을 체포했다.
그들은 경찰마저 매수하려 은밀히 공작했다.

그들은 하나도 청렴하지 않았다.
그들은 조금도 결백하지 않았다.
청렴결백 시합?
하하하하! 아이고!

거짓말하는 지도자들

책이 없어서 공부하지 못하는 것은 아니다.
책이 너무 많아서 오히려 헛갈리는 세상이다.
공부하지 못해서 거짓말하는 것은 아니다.
오히려 공부를 너무 많이 했기 때문에,
남보다 더 똑똑하다고 자만하기 때문에
거짓말을 떡 먹듯 해대는 지도자들 아닌가!

그들은 잘못된 책만 일부러 골라서 읽었고,
좋은 책을 읽어도 잘못 읽었으며,
공부를 아무리 많이 했어도 의도가 불순했고,
생각을 많이 했다고 해도 소경의 편견일 뿐.

문화가 없어서 그렇다고 말하지 마라!
그것은 예전에도 있었고, 미래에도 있을 것이다.
다만 지금, 여기, 그들에게만 없을 뿐이다.
그것은 지도자들이든 대중이든,

바보상자, 컴퓨터, 영화 스크린에서
돈, 인기, 투표 따위에만 눈독들이기 때문이다.

책다운 책이 없다고 함부로 까불지 마라!
동네마다 사람다운 사람이 없을 뿐이다.
신도시에 아파트, 교회와 대학교가 날로 늘어도
쓸 만한 사람은 더욱 드물어지는 이유는 무엇인가?

애견센터와 저명인사 명단

애견센터 진열장에서는 참으로 다양한 개들이
우리에 갇힌 채 재롱을 떤다.
나를 골라 가세요!
말 잘 듣고, 즐겁게 해드릴 게요!
팔려 가면 살고, 안 팔리면 보신탕!
개들이 떠는 아양은 목숨을 건 도박이다.

저명인사 명단은 참으로 다양한 인물들이
이력서의 감옥에 갇힌 채 노래하는 곳이다.
나를 골라 가세요!
말 잘 듣고, 목숨 바쳐 충성하겠어요!
발탁되면 고위층 실세, 떨어지면 찬밥 신세!
그들이 떠는 아양도 목숨을 건 서커스다.

아무리 귀여운 강아지도 언젠가는 버림받게 마련.
애완용 강아지처럼 놀면 사람도

언젠간 강아지 신세로 전락하게 마련 아닌가?
주인이라 해서 쥐뿔 나게 더 나을 것도 없다.
그 역시 더 힘 센 주인의 강아지에 불과하니까.

애견센터 진열장은 그야말로 개판.
오늘도 개끼리 서로 물고 뜯는다.
나를 골라 가세요!
충성! 충성!
그 난장판에서는 아무도 살아남지 못한다.

개혁 행진가곡

개혁이란 무엇인가? 청춘은 즐거워!
개혁하면 할수록 온 세상은 춤을 춘다.
부수고 또 부수면 그 얼마나 속 시원해!
썩은 것은 도려내고 낡은 것은 불태워라!
이 밤이 가기 전에 몽땅 개혁하자!

얼씨구~ 절씨구~ 씨구~씨구~ 들어간다.
너도 먹고 나도 먹고, 모두 먹고 배터지자!

개혁이란 무엇인가? 신세대는 행복해!
개혁! 개혁! 말만 해도 온 세상이 믿어준다.
소리치고 또 치면, 뭐든지 우리 맘대로!
기성세대 타도하고 새 나라를 건설하자!
이 밤이 새기 전에 몽땅 몰아내자!

얼씨구~절씨구~ 씨구~씨구~ 들어간다.
너도 나도 한 자리씩 빙글빙글 돌려먹자!

개혁이란 무엇인가? 사랑은 멋있어!
우리 님이 위대하니 온 세상이 감격한다.
사랑하면 할수록 님은 더욱 위대해.
온 세상을 확 바꾸고 깨끗하게 전진하네.
천년만년 만수무강 개혁 만만세!

얼씨구~절씨구~ 씨구~씨구~ 들어간다.
잘들 논다 시기해도, 우린 행복해!

똥파리들의 축제

거대한 도사견들이 가로수 아래 검은 똥을 갈기고 간다.
오만한 악취를 풍기는 그 똥에 대해 주인들은 무책임.
일간지, 주간지나마 펴서 덮으려 하지도 않는다.
그들도 서민들의 안방보다 더 으리으리하게 꾸민
저택, 빌라, 대형 아파트의 화장실에서
날마다 검은 똥을 갈기고 있기 때문.

도사견 똥이든 권력자 똥이든 똥은 똥이다.
자기 뱃속에 똥을 넣고 거리를 활보하는 잘난 사람들이
자기 똥마저 더럽다고 고개를 돌린다.
그러나 개미와 똥파리에게는 똥이 기막힌 먹이일 뿐,
땅 위에서는 개미 떼가, 공중에서는 똥파리의 무리가
검은 똥, 흰 똥, 된 똥, 묽은 똥을 가리지 않고
마음껏 포식하며 한 여름의 축제를 벌이고 있다.

정신 나간 장관이 이민 간 여자에게 연애편지를 보냈다.
태평양 해변의 추억을 고이 간직하자고 절규했다.
섹스는 어디까지나 사생활, 결코 뇌물이 아니라고
역시 정신 나간 사내들이 변호의 넋두리를 풀어낸다.
아래로 검은 똥 갈기는 자들의 입이 위로 토하는 것은
거짓말과 궤변 이외에 그 무엇이겠는가?

그 무렵, 아니, 어쩌면 날마다,
한 때 서슬이 시퍼렇던 전직 고관들, 재벌 회장들이
예약된 영안실을 독차지하기 위해 숨을 거두고 있다.
이제는 검은 똥마저 한 번 더 갈길 기회가 없다.
먹이 사슬의 한 고리에 불과한 그들 자식들이
그들의 재산과 자리를 노리고 있다.

입이 토하는 속임수와 위선, 모략과 저주는
아래로 배설하는 똥보다 한층 더럽고 구리지 않은가?
도사견 똥을 핥아먹는 벌레들은 차라리 정직하다.
그러나 거짓 인간의 입이 토해내는 배설물을 핥아먹고,
패싸움이나 일삼고, 그리고 날마다 조금씩 죽어 가는
노예들은 똥파리보다 못한 자기 처지를 알고 있을까?

왕 개구리도 죽었다

왕 개구리가 느닷없이 연못에 풍덩 뛰어들었다.
황금비늘로 뒤덮인 왕 개구리 앞에서
잉어와 메기가 배꼽을 잡고 하루 종일 웃었다,
황금 갑옷이라니, 그 무슨 괴상한 옷을 입었느냐면서.
그러자 피라미도 송사리도 덩달아 비웃기만 했다,
높이뛰기 자랑하려면 뭍으로 나가 재주피우라면서.

왕 개구리는 들쥐 떼에게 패배해서 피신한 몸,
연못 밖으로는 한 치도 나갈 수가 없었다.
화가 치민 왕 개구리가 개구리 떼를 은밀히 모아
피라미와 송사리부터 하나씩 잡아먹기 시작했다.
잉어도 메기도 무더기로 밥이 되었다.
소문이 파문을 타고 순식간에 퍼지자, 너나없이
진흙 깊숙이 숨어버렸다.

허기진 왕 개구리가 이제는 개구리를 하나씩 잡아먹었다.
더 이상 잡아먹을 것이 없어 텅텅 빈 연못.
30년에 걸친 대가뭄으로 초원이 말라버린 뒤라
바닥을 거의 드러낸 연못의 물은 뜨겁기만 했다.

수초마저 모조리 말라죽자, 왕 개구리는
그 찬란한 황금 비늘에도 불구하고 스스로 자초한
기아에 지쳐 사지를 뻗더니 드디어 익사하고 말았다.

뻘 밑 어두운 구석에 숨은 채, 숨도 쉬지 못하고
왕 개구리와 누가 먼저 굶어죽나 내기하던 물고기들이
만세를 외쳤다, 이제는 살았다고.

이윽고 왕 개구리 시체가 썩어 악취는 물론
먼지 같은 살덩이를 잔물결에 실어 땅 끝까지 보냈다.
그러나 연못의 물은 이미 철저하게 썩어버린 뒤였다.
새로 떨어지는 빗방울마저 금세 썩어버렸다.

물고기들은 숨이 막혔다.
신선한 물방울을 썩히는 것이 왕 개구리의 시체가 아니라,
닥치는 대로 잡아먹던 그 습성이었음을 깨닫지 못한 채,

송사리와 피라미 뿐 아니라 잉어도 메기도 배를 뒤집고
헐떡거리다가 모조리 질식하고 말았다.

왕 개구리는 갔어도
연못은 여전히 텅텅 비었다.

사랑은 걱정하지 마라!

한 세상 살아가다 보면 보기 싫은 사람들이 있게 마련,
찢어죽이고 싶도록, 간을 내어 젓 담그고 싶도록
그렇게 미운 놈들도 나타나게 마련 아닌가?

그렇다고 우리가 스스로 자책할 필요는 없다.
다만 내가 남들을 싫어하고 증오할 때는
누군가도 나를 지긋지긋하다며 미워한다고,
그런 사람이 한 둘이 아니라는 사실만 명심하라!

모든 사람을 사랑하지 못한다고 해도 걱정하지 마라!
모든 사람에게 사랑받지 못한다고 해도 걱정은 마라!
그 두 가지는 예수, 석가, 공자도 못한 일이 아닌가?

되지도 않을 사랑을 걱정할 시간이 있다면, 차라리
날로 깊어가고 확대되는 증오부터 걱정하는 것이 낫다.
사랑을 지상에 영원히 잡아둘 수는 없어도

미움을 조금씩 없애기는 우리에게 가능하기 때문,
사랑이 너무 이기적 추상적이고
오랜 시간이 걸리는 반면
혐오와 증오는 당장 눈앞에 칼을 들이대기 때문이다.

사랑은 걱정하지 마라!
1만 년이 걸려서도 지상의 문명이 고작 이런 꼴이라면,
신의 이름을 부르기 시작한지 5천년이나 지났다면서
오늘도 각종 신의 이름으로
살인을 서슴지 않는 인간이라면,
무슨 자격으로 사랑 걱정은 하며,
되지도 않을 사랑을 걱정해선 또 무슨 소용인가?

사랑은 걱정하지도 마라!
아니, 사랑이란 말을 함부로 입에 담지도 마라!
한 때 너무나 거룩해서 이제는 너무나도 천해진 말.
한 때 너무나 숭배해서 이제는 누구나 깔아뭉개는 말.
그러나 더러워질 대로 더러워진
우리 입술과 마음속으로
피신해야 할 정도로 아직 사랑이 비참해지진 않았다.

당신과 나, 우리 모두가 걱정해주지 않아도
사랑은 결코 죽지 않고 제 길을 뚜벅뚜벅 걸어간다.
사랑은 내일 걱정을 해 본 적이 없다.
내일을 두려워하는 것은 짐승도 천사도 아니고,
오로지 우리 인간뿐이다.

여자를 따르는 사람

여자를 따르는 사람들이 너무나 많다.
여자를 따른다?
여자의 에센스를 쥐어짜서
술잔에 따라 신종 칵테일로 마신다는 말일까?
그렇다면, 그 맛은 언제까지 달콤하고 황홀할까?

아니면, 강아지처럼 벼랑까지 따라가다가
함께, 대부분은 혼자서,
끝도 없이 곤두박질한다는 것일까?
그렇다면, 그 맛은 너무나 쓰지 않을까?

여자를 따르기보다 차라리
건지는 사람이 더 낫지 않을까?
건질 가치가 있는 건더기가 얼마나 되는지는 모르지만,
잘못 따르다가 코가 깨지는 경우보다는 다행일 것이다.

남자를 따르는 여자들의 경우도
이와 크게 다르지는 않을 것이다.
그래서 세상은 한번 살다가 떠나가도
그리 아쉬울 것이 없는 놀이터가 아닌가?

자유의 여신이 임신했다

남을 자유롭게 해줄 마음은 눈곱만큼도 없고
오로지 나 홀로 자유를 맘껏 즐기는 여신.
짐승도 사람도 아닌 주제에
그 이름만은 황홀하게도 자유의 여신이다.

무수한 가슴에 비수를 꽂아놓고도,
내 마음이야! 큰소리 탕탕 치는 게 일쑤.
남의 가정이야 파괴되든 피눈물을 흘리든,
내가 알 게 뭐야! 매정하게 외면하기 일쑤.

사람은 고사하고 짐승만도 못한 주제에
머리에는 승리의 월계관을 쓰고 있는 여신.
이름만은 온 누리에 빛나는 자유의 여신이다.

그녀를 지극한 정성으로 평생 섬기다가
헌 신짝처럼 팽 당한 사람은 얼마나 많은가!

그녀의 이름 목메어 외치며 돌아다니다가
제 정신 잃고 낙엽처럼 사라진 자 헤아릴 수 있는가?
그녀만 애타게 짝사랑하다가
그녀의 성스러운 단두대에 목을 바친 자 또 얼마인가!

갈 데까지 가서 온 세상을 휘어잡은 그녀가
드디어 임신을 하고 말았다.
어디서 어느 개뼈다귀 씨를 배었는지는
그녀 자신조차 알 길이 없는 노릇.
더욱 기가 찰 일은
아무도 그 사건을 보도하지 않았다는 사실.

방앗간 참새들은 다 어디로 숨었던가?
목숨보다 진리를!
그렇게 외치던 저명인사들은 모두 잠이 들었던가?
자유를 잃을까 겁을 집어먹었던가?
자유가 보장될 때도 누리지 못하던 그 알량한 자유를!

에이즈가 두려워 그녀는 낙태를 할까 하다가
이것도 내 마음이야! 큰소리 탕탕 치며 출산했는데,
궁금한가 어떤 괴물이 태어났는지?

원래가 함정인 그녀의 그곳에서 튀어나온 것은
짐승도 사람도 천사도 신도 아닌
빈 바람이다.
그 이름도 눈부시게도 허무라고 한다.

자유의 여신 앞에 향을 피우던 우상숭배자들이
이제는 대를 이어 허무마저 받들어야 한다.
남의 자유 따위 제 멋대로 짓밟으면서도
나 홀로 자유 맘껏 누리겠다고 날뛰는 무리에게
자유의 여신은 오늘도 엄청난 선물을 준비한다.

궁금한가 그 선물이 무엇인지?
그것은 형체도 빛깔도 맛도 일체 지니지 않고
영원히 달라붙어 떨어질 줄 모르는 바로 그 허무인 것.

줄까 말까 그것이 문제

줄까 말까 그것이 문제다.
준다고 아주 주는 것은 아니고,
안 준다고 영영 안 주는 것도 아니다.
주어도 그만, 안 주어도 그만일까?

먹을까 말까 그것도 문제다.
맛좋으면 자꾸만 먹고 싶을까 두렵고,
맛없으면 버리는 것이 더 큰 고민이다.
먹어도 그만, 안 먹어도 그만일까?

빼앗길까 말까 그것은 문제가 아니다.
아까우면 움켜쥐고 있으면 그만,
아깝지 않으면 빼앗겨도 그만 아닌가?
먹힐까 말까 그것도 문제가 아니다.
기분 좋게 내어주면 먹히고,
끝까지 버티면 아무도 못 먹게 마련 아닌가?

무엇을 먹을까 걱정하지 마라!
무엇이 먹힐까도 두려워하지 마라!
먹고 먹히는 것만이 세상만사는 아니고,
뺏고 뺏기는 것만이 일생의 전부도 아니다.
가진 것이 무엇인지, 그것부터 챙겨라!

사랑이라고 안 변하나?

우린 모든 것을 알고 싶어 안달이 났지.
그러나 아무 것도 캐어묻진 않았어.
알면 알수록 더욱 겁이 났기 때문일까,
세상에 겁나는 게 하나도 없던 그 시절에?

우린 사실 너무나 서로 몰랐지만,
마주 보기만 해도 가슴이 마구 뛰었어.
무지개는 우리만을 위해 뜬다고 믿었고,
흰 눈도 우리만 축복하며 춤춘다고 속삭였지.
가로수 그늘 아래 나란히, 손을 꼭 잡은 채
하염없이 바라보던 뭉게구름이 어찌 그토록
눈부시게 황홀한 계시였을까?

하늘이 무너져도, 바다가 온 땅을 뒤덮는다 해도,
우리만은 서로 사랑한다고 말했지.
젊은 날의 아름다운 약속은 영원하다고,

먼 산 우람한 바위에 걸고 맹세도 했지.
강물이 마르면 말랐지 우리 사랑은 늘 충만하다고,
남몰래 자부하며 짜릿한 흥분에 젖고는 했지.

가을 낙엽마저 익어만 가는 우리 사랑 증언했어.
앙상한 겨울나무마저 우리 정열 한껏 부추기는
숙명의 장작, 마냥 활활 타오르는 듯 보였어.
아무리 빙하의 계곡에서 조난당한다 해도,
뜨겁게 달아오른 두 몸으로 부둥켜안는다면,
그렇게 하나 되어 떨어지지만 않는다면,
영원히, 영원히 함께 살 수 있다고 우린 믿었어.

서로 너무 몰랐기에 우린 사랑하기 시작했어.
그러나 꽤 많이 안다는 생각이 들자 어느 덧
우린 등진 채 따로따로 먼 산을 바라보았어.
거기 무수히 갈라진 길을 처음 발견하고는
순식간에 두 가슴은 터질 듯 얼어붙었어.

성급했던 약속을 후회했기 때문일까?
의혹과 불안에 밀려 미래가 두려웠기 때문일까?
아니면, 나 혼자만의 행복에 눈이 멀었던 탓일까?

너무나 행복에 겨워 아침을 초조히 기다리던 나날,
눈빛이, 얼굴이, 목소리가, 따뜻한 손이 그리워
언제나 마주보며 달려가기만 하던 두 마음,
순간순간이 짜릿한 흥분에 들떠
화려한 폭죽으로 마구 터지던 그 시절,
두 뺨을 스쳐지나간 빈 바람이었나?
스치고 지나갈 수밖에 없는 숙명의 입김이었나?

우리 어찌 그 시절로 돌아갈 수 있겠어?
돌아간들 두 마음이 어찌 다시 하나 되겠어?
그래, 모든 건 한번이면 충분한 거야.
다만, 잊지는 마,
우린 한 때나마 정녕 사랑했음을.
추억이 간직되는 한,
사랑은 아직 끝난 게 아냐.

여자의 허리와 무릎 사이

여자의 허리와 무릎 사이
뭐가 있을까?
허연 허벅지? 아니다.
미니스커트가 있다.

미니는 얼마나 위로 올라가야 가장 좋을까?
허리까지? 그러면 미니 자체가 사라진다.
허벅지 중간까지?
그러면 검은 숲이 위험하다.
깊은 샘마저 미꾸라지 놀이터가 될지 모른다.

미니 끝자락과 무릎 사이 길이는
여자가 품은 가장 날카로운 칼.
사내들의 호기심은 풍선이 되어
그 칼에 베여 펑 터지고 만다.

호기심이 사라지면
남녀의 모든 동작이 멈추고 만다.
그래, 그것이야말로 역사의 끝이다.

사랑한다고 말하지 마!

사랑한다고 쉽게 말하지 마!
너무 무책임하고 시건방지잖아!
나를 알면 얼마나 알아?

또 언제부터 알았다는 거야?
한두 번 만나 얼굴이나 기억한다 해서
그렇게 함부로 말해도 되는 거야?

사랑한다고 말장난하지 마!
대책도 없이, 사랑한다면 다야?
단물이나 쪽쪽 빨아먹은 뒤에
껍데기만 남긴 채, 혼자 튀려는 심보야.

진심으로 사랑한다는 말도 하지 마!
진심이 뭔지 알기나 해?

사랑한다고 눈물 짜지 마!
싸구려 손수건조차 내주기가 아까워.
코흘리개도 아니 속을 그런 건 왜 짜는 거야?

불쌍한 사람들 보고도 흘리지 않더니,
무수한 사람 못살게 굴면서도 눈썹 까딱 않더니,
이제 와서 울긴 왜 울어?

혼자서는 죽어도 못 산다고 엄살떨지 마!
남을 사랑하지 않고서도 잘 살아왔잖아!
사랑 따위 모르고도 얼마든지 속 편했잖아!
나 따위 있어도 그만, 없으면 더 좋았지.
다 가져가라는데 왜 갑자기 앙탈이야?

사랑했다는 말도 절대 하지 마!
이 거짓말쟁이야!

백치가 당신을 사랑하는 이유

당신은 세상에서 가장 아름다운 것도 아니고
가장 착하지도 않습니다.
그러나 나는 당신을 사랑합니다.
당신은 가장 지혜로운 사람도 못 됩니다.
그래도 나는 당신을 사랑합니다.
당신은 엄청난 재산도 막강한 권력도 없습니다.
그러니까 나는 당신을 사랑합니다.

당신만이 나를 위로해 주는 것도 아니고
당신만이 나를 알아주는 것도 아닙니다.
그러나 나만은 당신을 사랑합니다.
당신만이 내게 꿈과 미래를 주는 것은 아닙니다.
그래도 나만은 당신을 사랑합니다.
오로지 당신만이 사랑 받을 사람은 아닙니다.
그러니까 나만은 당신을 사랑합니다.

당신은 늘 제멋대로 말하고 행동합니다.
그래도 나는 당신을 사랑합니다.
위선의 미소를 띠우거나 거짓말도 잘 합니다.
그래도 나는 당신을 사랑합니다.
화를 내고 욕하고 저주하고 위협은 물론
언제든지 등을 돌려 멀리 달아나기도 합니다.
그러니까 나는 당신을 사랑합니다.

당신을 사랑하는 까닭은 나도 모르겠습니다.
내 눈에 당신이나, 당신 눈에 내가 똑같고,
당신도 나를 사랑하기 때문이겠습니까?
당신이나 나나 서로 사랑하지 않는다면,
우리가 태어난 보람이 전혀 없기 때문입니까?
우리는 사랑만을 위해 태어나진 않았습니다.
그런데 내가 당신을 사랑하는 까닭을
당신만은 정녕 잘 알고 있단 말입니까?

지들이 사랑을 알아?

천하의 최고 바보가 하는 말,
네가 먼저 나를 사랑해 봐!
천하에 가장 어리석은 미녀가 대꾸하는 말,
너는 나만 사랑해야 하는 거야!

천하의 최고 바보가 대답하는 말,
너만을, 오직 너만을 사랑해!
아무도 안 믿는 미녀가 쏘아붙이는 말,
네 목을 바쳐서 그 말을 증명해 봐!

천하의 최고 바보가 등을 돌리며 내뱉는 말,
웃기네! 너만 여자냐?
양쪽에서 동시에 대포 쏘는 말,
너만 인간이냐? 너만 잘 났어?

주인 몰래 아파트에서 빠져나가 길에서 만난
암캐와 수캐가 자기들끼리 주고받는 말,
저것들 우리보다 영 못났어!
아무렴, 그렇지!
지들이 사랑을 알아? 우리야 알고말고!
아무렴, 그렇고말고!

미녀 마사지, 미남 마사지 전단이
아스팔트길에 어지럽게 널려 있다.
미녀가 마사지를 한다? 미녀를 마사지한다?
미남이 마사지를 한다? 미남을 마사지한다?

도대체 미남 미녀는 뭐야?
아무개의 남자? 그거 몸 파는 창남 아냐?
아무개의 여자? 그것도 몸 파는 창녀 아냐?
암캐 수캐가 웃는다.
길에 오줌 갈기며 웃는다.

숨길 것이 많은 당신의 웨딩드레스

당신의 웨딩드레스는 눈보다 더 순결한 백색입니다.
그러나 그토록 길게 늘어진 옷자락은
자기 몸이 눈처럼 순결하지 못하기 때문에
가리려고 늘어뜨린 것은 아닐까요?

거미줄처럼 면사포가 투명한 이유는 두 가지.
순결한 육체를 음탕한 시선으로부터 보호하는 것.
육체의 과거를 남들이 혹시나 알아보는지
몰래 내다보기 위한 것.

당신의 웨딩드레스는 눈보다 더 순결한 백색입니다.
그것이 만년설처럼 눈부신 이유는
마음속에 도사린 온갖 비밀을
남들이 보지 못하게 막으려는 만리장성 때문인가요?

드라이아이스가 뿜어대는 안개는
또 무엇을 감추려는 연막탄인가요?
당신의 웨딩드레스에 부딪쳐
소리도 없이 터지는 비눗방울들은
찬란하게 소멸되는 아린 추억,
이별의 순간들인가요?
잊어버려야만 하는 이름과 얼굴들인가요?

아니면, 아무에게도 고백할 수 없는 죄들이
속죄양으로 허공에 바치는
불길 없는 번제의 예식인가요?

오늘, 당신은 꽃보다 더 아름답지만,
오늘밤이 순식간에 지나가버린 뒤
내일, 당신은 부러워하겠지요 이름 없는 들꽃을,
아무도 꺾으려 하지 않아
들판에서 자유롭게 숨 쉬며 노래하는 들꽃을,
아무도 알아주지 않는
그 들꽃의 자유와 순결을.

거짓 예언자들

그들은 확신에 차서 소리친다 날이면 날마다.
다른 사람은 모두 거짓말을 떠벌리지만
오로지 자기만은 진실을 가르친다고,
오로지 자기만이 세상을 구할 수 있다고.
어리석은 자들아, 나를 따르라!

많은 사람들이 그들의 말을 알아듣고 믿는다.
너무나 감격해서 아낌없이 바친다,
돈도 권력도, 몸도 마음도,
심지어 영혼까지도!

그들의 손은 참으로 억세서 모든 것을 움켜쥐고,
일단 쥔 것은 결코 놓지 않는다.
그들의 입은 참으로 커서 모든 것을 삼키고,
결코 토해내려 하지 않는다.

참으로 어리석은 사람들은 이렇게 말한다,
그들은 자기가 무슨 말을 하는지도 모른다고.
그들은 남들을 속이기에 앞서서 자기를 먼저 속인다,
자기 말에 스스로 속은 것을 언젠가는 깨닫고
흘러간 세월이 억울해서 눈물로 후회한다고.

과연 그럴까? 천만에 말씀!
그들이 얼마나 영리한데!
빈말로 남의 것을 훑어 먹기만 하는 자가 어찌
자기 속임수가 속임수인 줄 모르고 남을 속이겠는가?

그들만은 자신이 거짓 예언자인 줄을 잘 알고 있다.
다만 그들이 죽었다 깨도 알 수가 없는 것은
누군가 그들의 속마음을 꿰뚫어보고 있다는 사실이다.

그는 과연 무죄인가?

사실 그는 발가벗긴 채 나무에 매달려 죽었다.
아무런 죄도 없는데
권력자들의 시기와 모함 때문에,
동원된 군중의 고함소리가 돌팔매로 빗발치는 바람에
식민지 총독의 비겁한 기회주의에 희생되어
그는 가장 수치스럽게 처형되었다고 한다.

그럴지도, 그렇지 않을지도 모른다.
어쨌든 죽은 자에 관해 살아남은 자가 떠드는 말이란
언제나 아전인수 식 해설에 불과하지 않은가!

가난한 사람들에게 희망을 준 것은 죄가 아닌가?
굶주린 군중에게 빵을 준 것이 왜 죄가 아닌가?
불구자를 치유하고 죽은 자마저 되살려낸 것보다
더 큰 죄가 어디 있는가?

그가 참으로 하느님의 외아들이라면,
사람으로 태어날 때부터
언젠가는 죽을 운명의 사형수가 아니었던가?
그가 만일 하느님의 외아들이 아니라면,
인류에게 기쁜 소식을 선포한 것은 과연 무죄인가?

어느 거지가 그보다 더 가난하게 살았으며,
어느 성자가 더 겸손하게 행동했던가?
무수한 왕들 가운데 그 누가
그보다 더 큰 야망을 품은 적이 있었던가?
수많은 황제들 가운데 단 한 명이라도
그보다 더 크고 영속적인 제국을 건설했던가?

그의 말, 그의 행동은 예외 없이 하나 하나가
모조리 참혹한 처형을 자초하는 것,
아니, 지상에 그가 존재하는 사실 바로 그 자체가
역사상 가장 큰 범죄가 아니었던가!

오로지 그에게만은 아무도 사랑할 자격이 없고
위로의 말을 남에게 해줄 권리가 없기라도 하듯,
모든 사람을 사랑한 그의 사랑마저도

역사상 가장 흉악한 범죄일 뿐.
그는 분명 무수한 죄를 저질렀고,
그래서 죽어 마땅한 사형수였다.

아무 것도 가질 필요가 없어 모든 것을 버렸다.
모든 것을 내준 뒤 빈손으로 두 팔을 벌렸다.
친구들을 믿었지만 그들은 삼십육계 줄행랑.
하늘을 믿었지만 하늘엔 먹구름만 가득.
그는 마지막으로 외마디 비명을 지르고,
외롭게, 버림받은 개처럼 죽었다.

그런데 그의 죽음이 확인되는 순간부터
절망의 사람들이 희망을 품기 시작하고,
비겁한 사람들이 용기를 되찾아 목숨마저 내놓았다.
냉혹한 사람들은 사랑과 자비를 몸으로 느꼈다.

그 까닭은 아무도 설명하지 않았다.
살아 있을 때는 결코 이루지 못할 듯이 보였던
너무나도 엄청난 일을 그는
죽은 뒤에야 비로소 모두 해내고 말았다.

그의 죽음은 결코 기적이 아니었지만,
그가 죽었다는 사실,
무수한 죄를 뒤집어쓴 채 개처럼 죽었다는 그 사실만은
아무도 부정할 수 없는 최대의 기적이었다.

소위 속세를 버렸다는 사람들

속세를 버렸다면 문자 그대로 버려야지,
대중 사우나탕에서 나올 건 또 뭔가?
포동포동한 팔뚝에 부드러운 살결하며
촉촉하게 물기 밴 얼굴은
묵은 때를 잘 벗겼다고 분명 증언해주는데,
마음에 낀 때마저 말끔히 제거했을까?

속세의 편리함도 다 누리고
맛있는 음식마저 골라서 드신다면,
게다가 어리석은 속인들에게 진리를 가르친다면서
명예와 존경을 덤으로 즐긴다면,
그들이 버린 것이란 도대체 무엇인가?

그것도 아직 모른다면, 너 정말 바보다.
그들이 버린 것은 속세의 번거로움,
속인들의 운명인 노동과 고뇌가 아닌가!
그럴듯한 말이나 잘 해주고,

점잖게 앉아서 넘겨짚거나 은근한 미소 지으면,
무엇인들 그들 손에 굴러들지 않겠는가!

지상에 그 어느 구석이 속세 아닌 곳이 있는가!
멀쩡하게 돌아다니면서 무슨 속세를 버렸단 말인가!
배우는 사람보다 가르치는 사람이 더 많은 학교란
머지않아 반드시 문을 닫는 법.
학교가 모조리 문을 닫는다 해도
배울 사람들은 항상 어디서나 배우게 마련이다.

남들이 안 입는 옷을 몸에 걸쳤다고 해서
반드시 속세를 떠난 것은 아니다.
남들보다 특이한 내용 조금 더 잘 안다고 해서
가르칠 자격이 있는 것도 결코 아니다.
남을 가르치고 있다 해서
그 가르침을 자신이 완전히 깨달은 것도 아니다.

속세를 정말 버렸다면,
버렸다는 그 말조차 하지도 마라!
속인들에게 정 지혜를 가르쳐주겠다면,
지혜를 아는 척도 하지 마라!
차라리 침묵만이 가장 위대한 스승이 아닌가!

성지순례란 헛된 짓이 아닐까?

빛나는 얼굴로 무수한 사람들이 성지순례를 떠난다.
거룩한 피가 적신 땅을 하루 종일 걸어 다녀도
그 피의 향기로 축복 받았다는 만족감에
부르튼 발바닥도 아플 리가 없다.

그러나 그들은 정녕 모르고 있다,
피가 아니라 사람이 거룩하다는 것을,
아니, 사람보다는 그가 실천한 진리만이
참으로 거룩하다는 것을.

그래도 그분의 피는 역시 거룩하다고,
온 세상을 거룩하게 만들고도 한없이 넘치는
무한한 바다라고 정녕 믿고 선포해도 좋다.

그렇다면 어찌하여 몇몇 마을이나 어느 지역만이
성지라고 감히 말할 수가 있는가?

한 때 그분이 머물다 간 이 작은 별
그 구석구석이 온통 성지가 어찌 아니겠는가?

눈에 보이는 성전을 그분은 싫어했는데도,
우리는 거대한 성전을 사방에 세워놓는다.
뉘우치는 마음이 바로 성전이라고 가르쳤는데도,
우리는 오만과 야망의 신전에서 기도한다.
그분은 맨발로 평생 걸어 다녔지만,
우리는 자동차로 비행기로 성지마다 누비고 있다.

피란 거룩하게 흘려야만 거룩한 피가 된다.
그리고 모든 것을 버리고
그분의 가르침을 올바로 실천한 사람만이
피를 거룩하게 흘릴 수가 있지 않은가!

그런데도 무작정 피란 거룩한 것이라 소리친다.
마치 속죄의 제물로 어린양을 잡아 피를 뿌리던
먼 옛날의 제사를 날마다 반복하려는 듯,
오늘도 무죄한 사람들을 잡아 피를 뿌린다.
먼 훗날 관광객을 유치하려고
미리 숱한 성지를 만들어둘 속셈인가?

진리를 모르면 성지는 결코 보이지 않는다.
성지에 몰려가 감격해서 기념촬영이나 한다면
성지가 무엇인지조차 알 리가 없다.
자기 마음의 문을 열고 홀로 들어앉아
그분 앞에 참회의 눈물 흘리지도 않은 주제에
언제 성지에 발을 들여놓았단 말인가!

지상에 성지가 헤아릴 수도 없이 많다지만
정작 그 축복을 받은 사람은 열 명도 안 될 것이다.

거룩한 일을 한다고 자만하지 마라!

하늘나라의 일을 한다고 해서 반드시 네가
그 나라에 들어갈 것이라고는 생각하지 마라!
일은 일이고, 너는 너다.
무수한 사람을 구원했다고 해서
네 영혼이 자동으로 구원되는 것은 아니다.

세례가 곧 구원은 아닌 만큼, 세례를 받은
무수한 사람 가운데 과연 몇 명이나
그 나라에 들어갔는지 누가 알겠느냐?

주일마다 거룩한 말씀을 가르친다고 해서
네가 늘 거룩한 사람인 것은 결코 아니다.
네 입에서 나오는 말은 네 말도 아니고,
또 네 행동을 변호하기는커녕 오히려
너에게 질책의 불화살이 되지 않느냐?

사제의 옷, 주교의 지팡이, 교황의 삼층 관이
하늘나라의 문을 자동으로 여는 열쇠라면,
그 나라는 이미 만원,
빈자리가 더 이상 없어야 마땅할 것이다.
그러나 지금, 채워진 자리보다 빈자리가
수천 만 배나 더 많은 이유는 무엇이냐?

참된 진리와 생명, 그리고 길이 인류에게
엄청난 선물로 부여된 때가 언제냐?
2천 년이 지나도록 아직도 깨닫지 못한 채
제 자리에서 맴돌기나 하면서
온갖 죄와 악행을 거듭하는 인류라면,
거룩한 일을 한다는 자들은 그 동안 무엇을 했느냐?
소돔과 고모라의 최후,
노아의 대홍수가 정녕 다시 필요하단 말이냐?

무수한 별 가운데 매우 작고 아름다운 별
이 지구는 결코 저주받은 별이 아닌데,
어찌하여 하찮은 인간들 때문에 자주
재앙으로 몸살을 앓아야만 한단 말이냐?

염불보다 잿밥에 눈이 가다니!

염불보다 잿밥에 시선이 더 쏠리는 것은
중생의 인지상정.
그들은 어리석으니까 그렇다고 치자.
염불을 모르니까 그렇다고 치자.
원래 더러운 탐욕의 무리니까 그렇다고 치자.

그러나 어리석지 않다고 자부하는 사람들,
진리의 경전을 달달 외운다는 박사들,
더러운 욕망의 속세를 버렸다는 이유 하나로
모든 명예와 존경을 독점하는 사람들,

그들이 오히려 중생보다 더 게걸스러운 시선으로
잿밥을 노려보는 이유는 무엇인가?
혹시 누가 잿밥을 가로챌까 의심하며
그들 눈에 핏발이 서는 까닭은 무엇인가?
잿밥은 곧 권력이고 권력은 곧 생명줄인가?

돈은 곧 힘이고 힘은 곧 구원의 메시아인가?

예수는 지금도 말하고 있다.
나는 너희 발을 씻어 주었다.
너희도 발을 서로 씻어 주라고 가르친 것이다.
그러나 지금 너희는 아랫사람의 발목을 자르고,
양 떼의 털가죽을 벗기고 날고기마저 구어 먹는다.

나는 너희에게 은총의 선물을 공짜로 주면서
그것을 공짜로 사람들에게 나누어주라고 했다.
그러나 너희는 불화와 불신, 절망과 증오,
그 씨를 뿌리면서도 허위와 위선으로 포장된
가까 은총을 비싼 값으로 팔아먹고 있다.

돌팔이들아! 차라리 돌멩이를 팔아라!
어리석은 중생은 돌을 사 모았다가
너희를 그 돌로 칠 수라도 있지 않은가!
먼저 구원을 받아야 할 사람들은
중생이 아니라 바로 돌팔이 너희가 아닌가!

오늘도 제사상은 차려지고 잿밥은
하찮은 손에 넘어가고 있다

대궐 같은 교회를 짓지 마라!

비닐하우스에 사는 아이들,
습기 차고 통풍도 안 되는 지하 단칸방에서
월세가 밀려 쫓겨날 판인 아저씨, 아줌마,
할아버지, 할머니,
그들이 대궐 같은 교회에 들어서자마자
나를 뭐라고 보겠는가?
노숙자, 행려환자 등은 과연 교회에 오는가?

아버지? 나는 물론 그들의 아버지다.
형님? 물론 나는 그들의 형님이다.
오빠? 아저씨? 친구? 물론 그렇다.
나는 모든 사람의 모든 것이다.

왕? 그러나 나는 그들의 왕이 아니다.
내 이름으로 집을 대궐 같이 짓지 마라!
나는 왕은커녕 사형수다!

그들 대신에 처형당한 33세의 청년,
가난한 목수의 아들일 뿐이다.

길바닥에서 얼어 죽는 사람들,
그들은 너희 형제다.
자유도 없이 굶어 죽는 사람들,
돈 몇 푼에 몰려 자살하는 사람들,
그들이야말로 바로 너희 형제가 아니냐?

가난하고 비참한 사람들이 수도 없이 많은 한,
무관심과 이기심의 성벽 저 밖에서
어둠 속에서 소리 없이 시드는 영혼들
그들의 흐느낌이 그치지 않는 한,
나는 대궐 같은 교회를 나의 집으로 삼지 않는다.
나는 거기 살지 않는다.

새는 둥지가 있고 여우는 굴이 있어도
나는 머리 누일 곳조차 없는 사람이 아니냐?
온 우주가 나의 집인데,
너희가 지상에 하찮은 돌무더기를 쌓은 뒤
감히 그것을 나의 집이라 하느냐?

너희가 짓는 교회는 바로 너희 무덤,
너희 양심의 무덤이다.

철면피들 같으니!
천국에 갈 자격을 본다면,
차라리 바리사이들이 너희보다 백배나 낫다.
오십 보와 백 보는 다르다? 무식한 소리 마라!

산 제물

자신의 최고 걸작인 대리석 상들이 모두 꿈틀거리며
산 사람이 된다면, 바다의 모래보다 더 많이
조각을 초월하는 아름다운 자손을 낳는다면,
그리고 무수한 자기 분신으로 아들과 딸을
얻는 길이 있다면, 어느 조각가가
외아들인들 산 제물로 하늘에 바치지 않겠습니까?

하늘의 아버지인들, 자기 숨결을 불어넣어
자기 모습으로 빚어낸 최초의 사람들이
비록 오만하게, 어리석게, 너무나 야속하게도
고향을 버린 채 아버지 손길을 뿌리치고
떠나갔다 해도, 언젠가는 아들딸로
다시금 불러 껴안고 싶지 않았겠습니까?

아버지는 우리를 아들딸로 고향에
부를 수밖에 없었습니다. 그러나 거기 이르는 길이

태초부터 너무나 더러운 피에 젖어,
무지와 허영, 탐욕과 잔인, 배신과 속임수의
너무 독한 악취에 절어, 무죄한 피, 평화의 피로
단 한번만은 깨끗이 씻어내야만 했습니다.

그래야만 비로소 사람의 눈에 그 길이 보이기 시작하고,
아기들도 마음 놓고 그 길을 웃으며
걸어갈 수가 있었습니다. 바다의 모래보다 많은
무수한 자기 분신을 노예에서 해방하려면,
아버지는 오로지 외아들만
산 제물로 원할 수밖에 없었습니다.
다른 길은 그 어디에도 없었습니다.

그러나 당신은 어찌하여 그분 외아들로
태어날 수밖에 없었습니까? 온 누리의 운명마저
당신 앞에선 한갓 허무한 빈 바람에 불과한데,
태어날 장소와 시기를 스스로 선택하지도
못했단 말입니까? 하기야 한 때 진짜 왕이
되었다 한들 당신에게 무의미했을 것입니다.
일단 외아들로 태어난 이상 산 제물이 될 수밖에 없었고,
또 그 길은 태어나기 전부터

당신이 간절히 원하던 것입니다.

아무리 우리가 고향으로 가는 길이
더없이 고귀하다 해도, 무수한 인간의 해방과
자유보다 더 가치 있는 사업이 태초부터
우주의 종말까지 절대로 있을 수가 없다고 해도,
자비와 사랑의 아버지라면 진정 외아들의 산 제물로
만족했는지, 오로지 참혹하게 흘린 그 피로만
우리 길이 정화될 수 있었는지, 여전히 더럽고
잔인한 길을 걷는 우리는 알 길이 없습니다.

어쩌면 인간의 상상력의 무대에서 벌어진
단막극인지도 모릅니다. 뿌리 깊은 유혈의 제사 관습
또는 제사를 통한 복수 심리의 만족을 위해
대대로 가르치고 배우고, 모든 무의식이 두 손을 든 뒤에
당신이 마지막으로 산 제물이 되어 인류의 유치한
연극을 소멸시켰는지 누가 압니까?
누가 어두워진 마음의 눈으로 볼 수가 있단 말입니까?

그러나 당신은 그 때나 지금이나 변함없이
아버지의 외아들. 일단 외아들로

지상에 태어난 이상 산 제물이 될 수밖에 없습니다.
비록 우리 길이 아직 구부러지고 더럽고
평화와 너무나 멀기는 해도, 무수한 사람이
당신의 죽음을 여전히 소리쳐 요구하기는 해도,
가장 안전한 사랑의 길, 눈부신 광채의 길을
사람들에게 보여준 것은, 그 길을 오늘도
모래보다 많은 사람들이 기꺼이 걸어가고 있는 것은
우주의 탄생, 아니, 부활보다도
더 위대하고 유일한 당신만의 기적입니다.

이제는 당신만이 아버지의 외아들이 아니니
더욱 기뻐할 때입니다. 당신의 길을 걷는
우리 각자가 모두 그분의 외아들이 된 오늘,
당신과 똑 닮은 형제자매들이 떼 지어 합창하며
고향으로 가는 오늘, 이제 당신은
더 바랄 것도 없고 더 베풀 기적도 없지 않습니까?

날마다 고치고 닦지 않으면 패이고 위험해지는
길인 줄도 잘 압니다. 당신은 가고 이제
우리가 산 제물이 될 때인 줄도 깨닫고 있습니다.
마음은 하늘을 향해도 몸은 땅에서 기는

우리 자신도 바라봅니다. 마지막으로 당신에게
기적을 청한다면 건방지다고 나무라겠습니까?

지상의 길은 대대로 우리 자신의 피로 깨끗이 씻도록
내버려 두고, 당신이 외아들로 탄생하는 일이
다시는 영원히 일어나지 않는 바로 그 기적을
간청하는 것도 당신을 시험하는 일이 됩니까?

우리는 영광도, 영원한 보상도 요구할 자격이 없습니다.
당신이 기적의 힘을 자제한 채 은총만
내려주기를 바랄 뿐입니다. 은총이야말로
우리에게 가장 적합한 최대의 기적이기 때문입니다.

사람은 빵만으로 살 수 없다

사람이 빵만 먹고는 살 수 없다는 것은
세 살 난 아이도 누구나 다 안다.
고기도 야채도 먹어야 몸이 튼튼해진다고
어느 누가 모른단 말인가?
콜라, 주스, 술도 마셔야 할 게 아닌가?
그렇다! 그래야만 멋진 인생이 되는 것이다!
나자렛의 목수는 참으로 멍청한 말을 한 것이다!

그래서 빵만으로는 살 수 없는 자들이
꿀맛 같은 금화, 은화, 동전을 먹기 시작했다.
자식들을 잡아 신들에게 제물로 바치고,
노예사냥과 매매에 재미를 붙였다.

전쟁은 거창한 기업 활동이자 최고의 도박,
착취와 학정은 그 자본조달의 스포츠가 되었다.
백성의 목숨이란 어차피 바람에 날리는 검불일 뿐.

아무도 돌보지 않는 메마른 들판,
아무라도 불을 지르고 달아나면 그만 아닌가!

빵만으로는 살 수 없다고 믿는 다른 무리들은
진리와 정의와 자유를 내걸고 칼을 휘둘렀다.
여기저기 일컬어 지상천국을 건설하고,
한 때 번영을 과시하기도 했다.

그러나 그것은 칼자루를 쥔 자들만 누리는 번영일 뿐,
진리를 깨달은 자도 정의로운 자도 없고,
아무도 안전하지 못하고 자유도 누리지 못했다.
그들만의 진리의 기록 자체가 바로 절대적 우상,
무수한 사람을 탄압하는 괴물이 아니었던가?

사람은 빵만으로도 살 수 있다고 외치는 무리가
드디어 나타나 세상을 뒤집어 놓으려고 했다.
가족끼리 친구끼리 밀고하고 해치고 강탈하고,
온갖 쾌락에 절어 자기 몸마저 학대하며 즐기고,
돈, 권력, 대량 살상무기 따위가 신으로 승격했다.

인기만 얻으면 천치도 미친놈도 신으로 둔갑했다.
어디선가 빵이 에베레스트 산처럼 쌓이는가 하면,
어디선가 굶주림과 죽음이 사막을 휩쓸었다 .

빵이 넘치는 곳에서는 배가 터져 죽고,
빵이 없는 곳에서는 절망과 증오에 말라죽었다.
어리석은 자들의 목숨이란 원래 마른 풀과 같은 것,
살아도 산 것이 아닌 바에야 죽음은 당연한 운명.

사람은 빵만으로는 살 수가 없다.
고기도, 야채도, 술도 분명히 필요하다.
그러나 고기, 야채, 술이란 과연 무엇인지 모른다면,
자기 배의 크기와 소화능력을 무시하고 욕심만 부린다면
빵이 아무리 넘쳐도 비참하게 죽을 것이다.

빵만으로는 살 수 없다는 말도,
빵만으로도 살 수 있다는 말도 무서운 구호지만,
빵이 없어도 영원히 살 수 있다는 말이야말로
세상에서 가장 파괴적인 혁명구호가 아닌가!

가난은 하늘의 축복이다!

지배세력이 바뀔 때마다 착취와 약탈이 반복된 땅에서,
끌려간 자들이든 남은 자들이든 모두 노예인 땅에서
그들은 대대로 가난에 시달릴 대로 시달려왔다.
이제는 차라리 죽음마저 반가운 손님처럼 여겨졌다.

희망이란 말 자체가 사치스러운 장식품이 되었지만,
그나마 버리면 하늘을 모독하는 산송장이 되기에
오직 거기 매달려 모진 목숨 이어오던 그들이었다.

가난은 하늘의 축복이다!
그들은 자기 귀를 참으로 의심했다.
아, 고작 저런 말 들으려고 여기까지 따라왔던가?
그러나 젊은 목수는 계속해서 외쳤다.
물질적이든 정신적이든 가난은 모두 축복이다!
기뻐하라!

그들은 자기도 모르게 돌멩이를 집어 들려고 했다.
그 때는 정말 이렇게 외치고 싶었을 것이다.
가난 따위는 개나 물어가라!

그러나 모두 잠잠했다. 아무도 몸을 움직이지 않았다.
어디선가 훌쩍훌쩍 우는 소리가 들렸다.
그들 가운데 가장 가난한 과부가
흐느끼기 시작한 것이다. 가난의 서러움,
천대받는 신세의 한탄 때문이 아니라,
자기가 하늘의 축복을 받은 몸이라는 말을
난생 처음 듣고 너무 기뻐 주체하지 못하는
흐느낌이었다. 어느덧 모두 얼싸 안고
기쁨의 통곡이 들판을 뒤흔들었다.

가난한 사람들 가슴에 증오를 부추겨
파괴와 파멸을 자초한 선동가들은 얼마나 많았던가?
하늘은 가난한 사람들을 사랑한다!
새롭지도 않은 그 말이
그토록 군중의 마음을 감동시킨 것은
젊은 목수 자신이 그들보다 더 가난했고,
그들을 진심으로 사랑했기 때문이 아니었던가?

증오 대신 사랑의 씨를
가슴마다 심어주었기 때문이 아닌가?

하늘의 사랑을 깨달은 그들은 자부심을 되찾았다.
노예가 아니라 자유인들이 하늘을 사랑했다.
그리고 서로 사랑하기 시작했을 뿐만 아니라,
사랑의 기쁨과 보람을 풍성히 추수했다.

하늘나라가 이미 그들 가운데 자리 잡았고,
거기에는 가난한 자도 부자도 모두 사라지고 없었다.
바로 그것이 가난의 축복이었던 것이다.

정의에 굶주리고 목마른 사람들

칼과 금화가 정의의 가면을 쓰고 지배하는 시대에
참된 정의가 힘이라고 외치는 사람이 있다면,
그는 목이 백 개라도 모자랄 것이다.
그러나 그는 단호한 목소리로 소리쳤다.
정의에 굶주리고 목마른 사람들은 축복받았다!

그는 과연 그 위험을 몰랐던가?
자기를 따르는 무리에게 죽음을 요구하는 것인가?
그렇다! 자기 목숨을 버리는 자는 얻고,
자기 목숨을 구하는 자는 잃을 것이다.
정의에 굶주리고 목마른 사람들은
영원한 생명으로 축복을 받을 것이다.

그렇다면 그가 말하는 정의는 무엇인가?
남에게 당하기 싫은 것은 남에게 하지도 마라!
남을 속이지도 해치지도 마라! 억압도 착취도 마라!
피눈물을 흘리게 하지도 말고 죽이지도 마라!

그의 정의가 고작 이 정도에 그친다면
굳이 목숨을 걸 이유가 어디 있겠는가?

굶주림이나 갈증에 쓰러져 죽어가는 사람들을
팔짱 낀 채 구경만 한다면 그것이 정의인가?
가난과 질병에 허덕이는 힘없는 민초들의 구제란
나라가 해야 마땅하다고 외치면 그만인가?
무수한 이웃들을 괴롭히는 불의, 부정부패, 폭력도
나의 일이 아니라고 외면하거나
오히려 거기서 단물을 빨아먹는 것이 정의란 말인가?

아무 일도 하지 않는 것은 정의가 될 수 없다.
입으로만 외치는 정의는 죽은 것이다.
이웃을 위해 자기 목숨을 내어놓지 않는 자의 말이란
아무리 그럴듯해도 모두 거짓말이니 믿지 마라!
남을 가르치거나 지도하는 자들에 대해서는
말이 아니라 행동을 보고 판단하라!

축복의 조건은 매우 명확하고 또 준엄한 것이다.
그는 그렇게 외쳤다. 그리고 자기 목숨을 내어놓았다.
그러니까 그의 정의는 오늘도 힘차게 살아 있지 않은가!

너희는 세상의 소금이다

사막이 마치 무한한 소금의 바다처럼 보인다 해도
모래는 결코 소금일 수가 없다.
그런데 사막 아닌 그 어느 곳에서
소금이 더욱 절실히 필요하단 말인가?
사막에서는 땀이 아니라
소금이야말로 생명 그 자체가 아닌가?

사람은 육지에서 이동하는 한 마리 생선.
끊임없이 반성하고 수양을 거듭하지 않는다면,
하루해가 저물기 전에 썩어 악취를 풍기게 마련.
그래서 사람이 온전히 자신을 보존하는 데는
소금보다 더 시급한 것이 무엇이란 말인가?
돈, 지위, 명성이란 바로 부패 촉진제가 아닌가?

수많은 사람이 한 때 소금처럼 보이기는 하지만,
사실은 불모의 모래알일 뿐.

스스로 소금이라 자처하는 사람일수록 오히려
썩은 생선으로 드러나는 경우가 얼마나 많은가!
그들은 자신만 파멸하는데 그치는 것이 아니라,
무수한 사람을 벼랑 끝으로 끌고 가지 않는가!

소금이란 영혼의 비료인 진실 이외에 무엇인가?
사람과 사람의 관계를 바로 세우는 정의,
사람을 누구나 하느님의 아들로 만드는 사랑이 아닌가?
지금 우리는 과연 순수한 진짜 소금인가?
썩은 생선으로 가득 찬 세상에서 우리마저도
짠 맛을 잃은 가짜 소금,
밖에 내다버려 짓밟힐 쓰레기는 아닌가?

너희는 세상의 소금이다!
너희가 싱거워져 세상을 절이지 못한다면,
내 이름을 모르거나 부인하는 사람들보다 오히려
너희가 한층 더 나를 모욕하고 박해하는 것이다.
나를 주님이라 부르지도 마라!
너희는 구원을 외칠 자격조차 없는 것이다!

오른뺨을 치거든 왼뺨을 돌려대라!

눈에는 눈으로, 이에는 이로 갚아라!
너희는 그런 것을 정의라고 주장하지만,
그것은 인간의 정의,
불완전한 일시적 정의에 불과하다.

그런데 너희는 그나마도 지키지 않고, 오히려
눈에는 팔다리로, 이에는 목으로 보복하지 않느냐?
거듭되는 전쟁과 살육, 무수한 폐허와 노예는 무엇이냐?
피는 더 많은 피를 부르고,
증오는 무수한 왕국을 파멸시키지 않았더냐?

오른뺨을 치거든 왼뺨을 돌려대라!
양쪽을 다 맞는다 해서 너희가 죽는 것은 아니다.
속옷뿐 아니라 겉옷마저 내어준다 해서
너희가 당장 얼어 죽는 일도 없을 것이다.
오 리뿐 아니라 십 리를 같이 걸어간다고 해서

너희 성한 다리가 부러지기라도 하겠느냐?

달라는 사람에게 준다고 너희가 거지가 되겠느냐?
설령 거지가 된들 굶어 죽기야 하겠느냐?
꾸려는 사람의 청을 물리치지 마라!
너희가 파산해도 다시 일어날 기회는 얼마든지 있다.

오늘 너희가 불의를 참고 견디는 것은 허약해서가 아니라,
보복의 악순환 고리를 너희 손으로 끊기 위한 것이다.
모든 것을 내어주는 것은 공연히 빼앗기는 것이 아니라,
모든 사람의 마음을 영속적으로 휘어잡기 위한 것이다.

누군들 뺨을 이리저리 맞고 싶겠느냐?
누군들 재산 아까운 줄을 모르겠느냐?
그러나 누군가는 참된 정의와 질서를 회복해야만 하고,
그 길은 오직 솔선수범의 자기희생 밖에는 없지 않느냐?

올바른 일에 자기를 희생하는 사람들은 축복받았다!
그들의 선의를 악용하는 자들은 파멸할 것이다.
매 맞거나 모든 것을 내어주는 사람들은 위대하다!
명성을 탐낸다면 그들도 파멸할 것이다.

무리를 이루어 다른 사람들을 억압한다면,
차라리 선행을 시작하지 않은 것만 못할 것이다.
옳은 일을 할수록 더욱 자신을 낮추어라!
선한 일을 할수록 더욱 자신을 감추지 않으면,
헛고생만 하다가 수치 속에 사라질 것이다.

원수를 사랑하라!

여태껏 이웃과 형제들은 충분히 사랑했으니
이제는 원수들을 사랑할 때라는 그런 말이 아니다.
사랑이란 아무리 베풀어도 언제나 남는 것,
아무리 많이 받아도 한없이 갈증을 일으키는 것,
시작은 있어도 끝은 없는 것이 아니냐?

사랑할 상대가 없어서, 너무나 고독하여
원수나마 사랑하라는 말도 아니다.
원수는 언제나 구석구석에 도사리고 있으며,
심지어 애인도 친구도 자주 너희 원수가 아니냐?
아니, 너희 자신이야말로 언제나 너희 원수가 아니냐?

사랑스러운 사람보다는 원수가 더 많은 세상,
너희가 만일 원수를 사랑하지 않는다면, 너희에게는
사랑을 실천할 기회란 평생 한줌도 안 될 것이다.
박해자들을 위해 진심으로 기도하지 않는다면,

너희 선행도 희생도 언제나 공허한 것으로 그칠 것이다.

사랑은 하나가 되는 것.
원수를 용서하지 않은 채 어찌 하나가 되겠느냐?
용서할 줄 모르면서 어찌 용서 받기를 바라느냐?
또한 용서 받지 못한 채 어찌 하나가 될 수 있느냐?
하나가 되지도 못하면서 어찌 사랑한다고 말하느냐?

원수를 사랑하라!
너희를 미워하고 괴롭히는 자들을 위해 기도하라!
너희가 아버지의 참된 자녀가 되는 길은 오직 그것뿐.
그러면 원수들도 너희를 죽이려는 자들도 언젠가는
그 길을 통해 아버지의 자녀가 될 것이다.
너희는 서로 사랑하라! 그리고 하나가 되라!

자선의 나팔을 불지 마라!

정의를 위해 박해를 받았다면 참으로 좋은 일이다.
정의의 아버지 앞에 떳떳한 아들이 될 것이다.
가난한 사람, 억압받는 사람들의 권리를 되찾아주려고
피를 흘리고 목숨을 바쳤다면 참으로 좋은 일이다.
아버지의 한없는 자비와 용서를 받을 것이다.

그러나 좋은 일의 대가로 칭송과 명성을 바란다면,
보상금, 연금, 지위, 심지어 권력을 요구한다면,
사악한 위선자들과 다른 점이 전혀 없지 않느냐?

자선을 베풀 때 나팔을 불지 마라!
의연금을 걷는답시고 장바닥에서 종을 치지 마라!
신문, 잡지, 텔레비전에 이름도 사진도 내지 마라!

왼손과 오른손 사이에 네 머리가 버티고 있는 것은
눈으로는 앞을 똑바로 보고 두뇌는 지혜롭게 써서

왼손의 일을 오른손도 모르게 하라는 뜻이 아니냐?
인기와 세력을 악용하여 코앞의 작은 이익을 얻는다면,
네가 아버지께 바랄 것이 어디 남아 있겠느냐?

좋은 일을 했으면 즉시 잊어버려라!
옳은 일을 했으면 그것만으로 만족해라!
지상의 대가란 바라지 말고, 준다 해도 받지 마라!

훈장, 포상, 지위 따위란 오히려 네게 모욕이 아니냐?
세상 사람들이 모두 네 공로를 외면한다 해서
하늘에서 굽어보시는 아버지마저 너를 잊어버리겠느냐?

참된 자녀답게 아버지를 한없이 신뢰해라!
그러면 네가 비록 크게 자선을 베푼 것이 없다 해도
그분의 사랑을 듬뿍 받을 것이다 언제나 어디서나!

일용할 양식

내일 모레가 아니라 오늘 주십시오!
다른 사람들이 아니라 바로 우리에게 주십시오!
일 년 치가 아니라 하루치만 주십시오,
일용할 양식을!

그러나 일용할 양식이란 도대체 무엇입니까?
누구에게, 언제, 어디서, 왜 필요한 것입니까?

너무 많이 먹고 마셔서 병드는 사람들이 많습니다.
그들에게는 먹을 것을 줄여 주시고,
남는 것을 남들과 나누려는 착한 마음을 주십시오!
사람이 빵만으로 사는 것은 아님을
그들도 이윽고 깨달아 영혼이 건강해질 것입니다.

무수한 사람들이 굶주림에 시달린 나머지 병들고,
무수한 아이들이 쓰러져 죽어 가고 있습니다.

그들에게는 진리와 거룩한 길을 가르치기보다
목숨 이어가는데 오늘 당장 필요한 빵과 물을 주십시오!
그러면 언젠가 선행과 자비를 그들도 깨달을 것입니다.

가난한 자를 멸시도 학대도 하지 않는 마음,
그것이 바로 부자의 일용할 양식이 아닙니까?
부자를 선망도 시기도 증오도 하지 않는 마음,
그것이야말로 가난한 자의 일용할 양식이 아닙니까?

약한 자를 무시도 억압도 착취도 않는 일,
그것이 바로 강한 자의 일용할 양식이 아닙니까?
강한 자의 악행을 참고 견디며 용서마저 해주는 일,
그것이야말로 약한 자에게 절실한
일용할 양식이 아닙니까?

거대한 교회 건물, 금은보화로 장식된 십자가와
성상들은 허기진 몸과 영혼에게 일용할 양식이
결코 될 수가 없음도 당신 이름을 내세우는
목자들에게 먼저 가르쳐 주십시오!
가난과 겸손을 실천하고 양떼를 위해 목숨을 바치는 일,
그것이야말로 목자들의 일용할 양식이 아닙니까?

사람이면 모두 한 아버지의 똑같은 자녀, 형제자매임을
깨닫고 실천하는 일이
바로 우리의 일용할 양식이 아닙니까?
각자 잘못을 뉘우치고, 서로 화해하여 평화를 이루는 일,
그것이야말로 진정 우리에게 필요한
일용할 양식이 아닙니까?

소경이 소경을 인도하다니!

그들은 전통을 지킨다는 핑계로 계명을 어긴다.
말단 지엽적인 것을 내세우고 근본을 무시한다.
사리사욕은 채우면서 이웃 사랑은 외면한다.
그들은 눈먼 지도자들이다!

그들을 따라가는 사람들 역시 눈먼 소경이다.
소경이 소경을 인도하면 둘 다 구렁텅이에 빠진다.
그러나 그들은 구렁텅이에 빠지기를 오히려 바라고 있다.
거기 그들이 좋아하는 것이 모두 들어 있기 때문이다.

오늘날 그들은 사람의 아들의 대리인으로 자처한다.
그들의 입은 곧 사람의 아들의 입이다.
그러나 그들은 사람의 아들의 가르침을 위해서가 아니라,
자신의 사리사욕을 위해서만 입을 연다.

그들의 귀는 곧 사람의 아들의 귀다.
그러나 그들의 귀는 진리의 말은 배척하고,
허위와 아첨의 말은 가뭄의 단비처럼 빨아들인다.
그들의 눈은 곧 사람의 아들의 눈이다.
그러나 그들은 정의의 빛은 외면하고 탄압하면서도,
불의의 암흑은 반기고 그것과 기꺼이 어울리고 있다.

그들은 소경에 그치는 것이 아니라
벙어리에 귀머거리에 절름발이다!
그들을 따르는 사람들 역시 마찬가지다.
그들은 모두 구렁텅이에 빠지고 말 것이다.
그러나 아무도 구렁텅이를 걱정하지 않는다.
오히려 그들이 구렁텅이에 빠지는 것을 염려하는
사람의 아들이야말로 소경이라고 비웃고 있다.

그는 지상에 하늘나라를 세우려 했지만,
그들은 지상의 왕국을 건설하고 무수한 왕이 되었다.
하늘나라는 이미 우리 가운데 와 있기는 하지만,
소경이 소경을 인도하는 한,
어제도 오늘도 내일도 영원히 미완성의 이상일 뿐이다.

이웃을 자기 몸같이 사랑하라!

너희가 비록 율법의 모든 계명을 지킨다 해도
이웃을 자기 몸같이 사랑하지 않는다면,
율법의 모든 계명, 아니, 율법 자체가
너희와 이웃에게 무슨 소용이 있겠느냐?

날마다 너희는 배불리 먹지만 이웃은 굶주린다면,
그것이 이웃을 자기 몸같이 사랑하는 것이냐?
그가 추위에 떨며 길거리에 쓰러져 있는데도
너희는 따뜻한 방에서 입술로만 기도하고 있다면,
그것이 어찌 이웃을 자기 몸같이 사랑하는 것이냐?

아이들에게 허위를 가르쳐 편견과 증오를 심어준다면,
툭하면 거짓말을 토해내 백성을 선동하고 속인다면,
그것이 어찌 이웃을 자기 몸같이 사랑하는 것이냐?
건물, 성전, 도시들의 건설을 큰 업적으로 자랑하지만,
그것은 너희 끝없는 권력욕과 탐욕에서 나온 것일 뿐,

어찌 이웃을 자기 몸같이 사랑했기 때문이라 하느냐?

너희가 비록 세상의 모든 지식을 얻는다 해도,
모든 재물, 토지, 권력을 자기 손아귀에 넣는다 해도,
이웃을 자기 몸같이 사랑하지 않는다면 헛될 뿐이다.
너희가 비록 주님을 위해 목숨마저 버린다 해도,
이웃을 자기 몸같이 사랑하지 않는다면 헛될 뿐이다.

너희가 진심으로 주님을 사랑한다면,
이웃도 자기 몸처럼 진심으로 사랑하라!
너희가 이것을 깨닫지 못하고 실천하지도 않는다면,
율법의 모든 계명도, 모든 예언자들의 말도
결국 너희에게는 티끌보다 못한 것이 아니냐!

누가 나의 이웃입니까?

너희는 이웃이 누구인지 정말 몰라서 묻는 것이냐?
이웃집에 사는 사람만이 어찌 네 이웃이겠느냐?
이웃사람의 이웃도 역시 네 이웃이 아니냐?
같은 마을, 같은 지역, 같은 나라 사람만이 네 이웃이냐?
인종도, 나라도, 언어도, 피부색도 모두 초월하여,
온 세상의 모든 사람,
사람이면 누구나 네 이웃이 아니겠느냐?

이웃이 너를 이웃으로 대하지 않는다고 해서
그가 네 이웃이 아닌 것은 결코 아니다.
그가 너를 원수로 여기고 미워하면 미워할수록
오히려 너는 그를 더욱 네 몸 같이 사랑하라!
너를 심하게 괴롭힐수록, 네게 피해를 많이 줄수록
오히려 너는 더욱 친절하고 더 많이 베풀어 주어라!
너를 죽인다 해도 용서하고, 그를 위해 기도하라!

그래야만 너희는 참으로 아버지의 아들이 되며,
세상은 너희를 통해서 아버지를 보게 될 것이며,
사람들이 회개하여 너의 참된 이웃이 될 것이다.
이웃이란 너희에게 그냥 주어지는 것이 아니라,
너희가 스스로 노력해서 만들어내는 것이 아니냐?
모든 것을 버리고, 참고, 희생하여 이웃을 만들어낸다면,
너희야말로 나의 진정한 이웃이 되는 것이다!

너희는 아직도 이웃이 누구인지 묻고 있느냐?
너희가 찾고 있는 이웃이 바로 나인 줄을 모르느냐?
가난한 사람, 병든 사람, 버림받은 사람, 학대받는 사람,
소외된 사람, 낙오된 사람, 모자라는 사람, 우는 사람,
고통 받는 사람, 불행한 사람,
그들 모두가 바로 나다!
그들이야말로 너희가 찾는 이웃, 바로 나 자신이다!
언제나, 어디서나 그들에게 착한 이웃이 되라!

노인들이 퍼뜨린 전국의 피부병

한두 군데 근질근질할 때 선뜻 의사에게 고백했다면,
별다른 고생 없이 하루 만에 깨끗이 치료받았을 병.
그러나 감추고 속이며 미루기만 하다가 어느덧
좁쌀 만 한 종기가 온 몸에 돋더니 곪아터지고,
흉한 반점들이 저마다 다투어 영역을 확대하는 통에
온 세상이 시퍼런 두 눈으로 쳐다보게 되었다.

수치는 둘째 치고, 얼마나 가렵고 괴로운 일인가!
가까운 사람에게 전염되니, 얼마나 두렵고 못할 짓인가!
그런데도 싸구려 연고로 여기저기 임시로 땜질하고,
태연하게 날마다 가면 쓴 채,
그토록 오래 오기로 버티었다니!
핏 속에서 박테리아가 백배 천배 불어나 신열이 급상승,
드디어 온 몸이 구겨진 휴지처럼 무너지고 말았다.

한 동네 사람들이 죽는다고 문 밖에서
아우성을 치지 않나, 동정은커녕
이웃 마을에서 무수한 돌팔매가 날아오고,
뒤늦게 의사를 불러도 달려올 의사가 없다.
의사들마저 병이 옮아
제 몸 돌보기에도 여념이 없으니까!
비서들이 귀하신 몸을 병원으로 급히 운송해 갔으나,
마지막 성한 의사가 진단한 뒤 하는 말이 무엇이겠는가?

너무 늦었다!
어리석게도 너무 오래 병을 키우기만 했다!
평소에 가면 쓰기를 좋아했으니,
건강한 피부를 통 채 갈아치운 더러운 종기에 뒤덮여
조용히 갈 길을 갈 수밖에 없다.
피가 나도록 긁어대든, 담뱃불로 지지며 몸부림치든
그것은 환자의 자유.
유일하게 남은 자유는 그것뿐이다.

그러나 온 나라를 무서운 피부병으로 무너뜨리고 나서도
존귀하신 환자는 뉘우침이 없다니!
망신살이 뻗쳐 수치와 저주와 망각의 훈장,

스스로 만든 유일한 그 훈장을
가슴에 달고 사라지면서도
자기 이름이 역사에 길이 남는다고 굳게 믿는다니!
폭군, 우군_愚君, 살육자, 간신과 창녀, 거부와 강도 등
역사에 길이 남는 이름은 쓰레기처럼 얼마나 많은가!

어릿광대 패거리가 내쫓긴 뒤에도
이 난장판에는 오래 오래
눈 시린 반점의 흔적들이 남아 미래를 경고할 것이다.
그리고 눈에 보이지도 않는 신종 박테리아 무리가
누군가의 가면 뒤에 숨어서 후려칠 기회만 노리고 있다.

그러나 철없는 패거리는 전염병이 말끔히 물러갔다고,
다시는 이 땅에서 창궐할 리 없다면서 기뻐 날뛰고,
세균학자들은 해고, 전문의들은 추방,
병원은 모두 철거한다.

병은 숨기지 말고 널리 선전하라고 옛사람들이 말했다.
그런데도 칠순 노인들은 왜 바보짓을 했던가?
젊은 것들은 방금 지나간 전염병을
왜 잊어버리고 마는가?

손자들이 더 지독한 피부병으로 쓰러지는 것은
시간문제.
우리에게 맞는 치료약 준비하는 사람은 하나도 없고,
뒤늦게나마 특효약을 수입하려 해도 파는 나라가 없다.

독불장군 국수 한 가닥

마른 국수 가락은 일으켜 세울 수가 있다.
다발로 엮으면 차곡차곡 골판지 상자에 넣은 뒤,
한 가족이 다리 뻗을 아늑한 집도,
매운 삭풍 막아주는 만리장성마저 쌓을 수가 있다.

그러나 다발을 거부한 채 뿔뿔이 돌아다니는
국수 가락들이 오늘도 위기를 한탄하고,
남의 얼굴이 제 얼굴인 줄 모르고 침을 뱉는다.
마른 국수 한 가닥이란 얼마나 쉽게 부러지는가!

삶은 국수발은 스스로 일어서지 못하고,
물 먹은 국수 가락은 아무도 곧게 세울 수가 없다.
구정물 똥물 가리지 않고 마구 먹어 댄 국수발들이
잔칫상에 올라가 춤을 춘다.
저마다 상표를 외쳐대면서 지방명물이라 선전한다.

일등상 받았다고 제 몸보다 무거운 훈장 가슴에 차고,
악취를 토하면서, 같이 놀자고 검은 손을 흔든다.
검은 비닐봉지가 쓰레기통에서 큰 입 벌리고
자기네 기다리는 줄도 모른 채, 굿판에 미친
젖은 국수 한 가락이란 얼마나 쉽게 잘리는가!

날마다 우리가 만들어내는 마른 국수,
날마다 우리가 먹어치우는 삶은 국수,
그 국수가 갈수록 더러워지고 제 구실을 못한다면,
느닷없이 우리 목을 조르는 올가미가 될 것이다.
화가 난 국수 한 가락이란
얼마나 질기고 날카로운가!

사표_師表가 뭔지도 모르는 것들

사표가 뭔지도 모르는 사람들이 가르치고 지도하고,
왜 배우는지도 모르는 아이들이 돈 세는 법만 암기한다.
그러나 우리는 네가 멋진 사표가 되어 빛나는 이름을
다음 대로 넘겨달라고 요구하지는 않는다.

우리는 또 네가 고독한 사표가 되어
무능한 남편, 기죽은 아버지, 꽉 막힌 동료의 모습으로
얼어붙은 겨울 길을 걸어가기를 원하지도 않는다.
네가 더 이상 설 자리가 없는 곳이라고 속단하여
기분 따라 사표 던지기를 권하지도 않는다.

죽은 표만 마구 휩쓸어 당선된 자들이 구석구석에서
무엇을 긁어먹든 팔아먹든
부수든 네가 걱정할 일은 아니다.

스스로 사표라고 나서지도 말고,
수천만이 너를 사표로 떠받들어도
덩달아 맞장구치지 말고,
사표가 될 생각조차 네 가슴에서 지워버릴 때,
너는 비로소 누군가를 가르칠 자격이 있는 것이다.

사표가 뭔지도 모르는 사람들이 너나없이 날뛰는 판에
너마저 사표가 될 까닭이 어디 있겠느냐?
왜 배우는지도 못 깨닫는 아이들 앞에서
네가 무슨 수로
후대에 길이 빛날 사표가 될 수 있겠느냐?

네 의욕은 고귀하나,
어릿광대 낡은 춤을 구경하는 기분으로
우리가 오늘도
쓴 술잔을 든다는 걸 정녕 모르느냐?

만병통치 병신육갑

병신만 모여 사는 마을에 혜성처럼 나타난
병신이 육갑을 한다.
무슨 병이든 손으로 한번 만져서
다 낫게 해준다며 나팔을 분다.

무너진 다리도 말 한마디로 멀쩡히 다시 놓고,
부러진 다리도 눈짓 한번으로
거뜬히 걸어가게 만든다면서,
병든 마을의 병신을
너나없이 모조리 모여들게 한다.

마을의 번영을 예언하고,
만병통치약을 집집마다 주기로 약속한 뒤,
육갑하는 병신이 쇠붙이, 금붙이, 골동품에
보석을 몽땅 거두어 간다.

너희들은 이제부터 절대로 병신이 아니라는
그 말 한마디에 넋이 나간 마을사람들이

지도자 어른 만세! 합창한다.
꼽추가 앞장서서 지화자를 춘다.

장님이 지팡이를 휘두르며 태평가를 목청껏 내려뽑는다.
마이크 독점한 귀머거리가 뭐든지 건의하라고 소리친다.
벙어리가 마을의 대표로 선출되어
대회의장으로 길을 떠난다.

너희는 절대로 병신이 아니라는 그 말을
믿기 때문에, 믿는 동안은
병신마을의 모든 병신이 행복하고,
오만하고 흥청망청이다.
육갑하는 병신은 자기 말의 힘이 무한하다고 믿는다.

그러나 이웃 마을 사람들은
누가 진짜 병신인지 잘 안다.
병신 육갑이 얼마나 고약하고
빤한 사기 짓인지도 잘 안다.
할 일 없으면 냉수 먹고 속이나 차릴 일이지,
병신들 정말 육갑하고 자빠졌네!
그렇게 마냥 비아냥거린다.

죽은 풀도 소리친다

유난히 대지를 사랑하는 가뭄
불타는 입술로 키스하면,
산도 나무도 풀도 자지러지게 몸부림친다.
숨쉬기도 어렵다.

야위다 못 견디면 메주처럼 누렇게 떠
바삭바삭 부스러지는 풀.
뿌리마저 눈에 초점이 없고
구정물 똥물 가릴 경황이 아닐 때,
이름 없는 풀들이 바람에 흩날리면서 울부짖는다.

아, 죽은 풀도 목 놓아 부르짖는다,
우리도 한 때는 웅장한 꿈에 젖어
신록으로 찬란히 빛났다고,
더러운 물에는 고개 돌리고 이슬만 받아먹으며,
살아있는 시간의 환희 노래하고, 신을 찬미했다고.

지평선이 뒤로 달아날 때 무수한 풀이 소리친다,
말라서 죽는 것은 하나도 억울하지 않지만,
무지, 탐욕, 잔혹에 찌든 구둣발에 밟혀
몸이 갈가리 해지는 것은,
살아남은 풀들을 위해 찍소리 못하고 사라지는 운명만은
하늘과 땅, 현재와 미래를 향해 소리치고 증언하겠다고.

바른 길을 걸어가야 구두지,
힘없고 착한 풀이나 짓밟다니,
우린 너무나 원통해서
모든 구두를 태우고 그 발을 자르겠다고
아, 죽은 풀들마저 눈을 부릅뜬 채 소리친다.

그 외침이 아예 귀에 들리지 않는 사람은
얼마나 강하고 풍요로운가!
못 들은 척하거나 무슨 뜻인지 몰라야만
지위와 명예를 얻는가?

그래, 오늘은 말라서 죽은 풀을 비웃어도 좋다.
그러나 오늘 밤 마른 풀이 네 몸을 태울 것이다.

영화가 끝났을 때

영화가 끝났다. 주인공이 죽었다.
배우는 살아있다.
실제로 죽은 것은 그림자,
유령 또는 우리의 추억이다.

배우가 죽었다.
영화는 어디선가 계속 상영된다.
살아있는 것은 배우가 아니라
한 때 죽은 것으로 보이던 그림자,
유령 또는 우리의 추억이다.

영화가 끝날 때
슬픔의 샘에 고이는 것은 감명.
그러나 정작 슬픈 것은
주인공의 비참한 생애가 아니라
그 생애를 바라보는 우리 자신의 정지된 모습이다.

우리는 주인공의 삶을 수정할 수도 없고,
안심하고 영화로 뛰어 들어가
똑같이 연기할 수도 없다.
우리 그림자는 육체를 떠나 혼자 걸어갈 수도 없고,
혼자서 영화를 즐길 수도 없다.

우리가 낭비하는 시간이 그림자를 날로 희미하게 만들고
그림자를 잃는 날
우리는 지구라는 스크린에서 사라진다.
그렇다고 우리 영화가 끝난 것은 아니다.
우주 어디선가 그 영화는 계속해서 상영될 것이다.

우리는 영화 속에서 연기한 것이 아니라,
실제로 죽었다.
편집도 촬영도 필요 없는 우리 영화가 졸작이라 해서
감독만 원망할 것인가?
우리가 언제 한번 감독의 지시대로 움직였단 말인가?

폐허는 역사의 칠판이 아닌가!

독재자가 밉다면서
초대 대통령의 동상을 모조리 녹여버렸다.
그리고 여러 명의 독재자를 이어서 받들어 모셨다.
역사를 복원한다며, 부끄럽다면서 중앙청을 때려 부셨다.
그리고 수천 년의 역사를 증언하는 유물들
창고에 방치하고,
부끄럽기 짝이 없는 웃음거리의 오늘을 보여주었다.

무슨 뒤가 그리도 구린지는 모르겠지만,
대통령이 총에 맞아 죽은 궁정동 안가,
현대사의 물줄기를 뒤흔든 그 날 밤의 현장을
불도저로 싹 밀어버린 심사는 무엇인가?

부서진 대로, 초라한 대로, 부끄러운 대로
과거의 잔해가 널린 로마 거리에서

왜 내가 이토록 참혹한 수치를 느껴야만 하는가?

아이스크림을 팔든 그림엽서를 팔든, 평범한 로마인들이
굳이 역사를 외치지는 않는다 해도, 과거와 오늘을 이어
넉넉하게 역사 안에 사는 모습이
왜 너무나 부럽기만 한가?

국난을 설교하면서도
자리다툼, 세력 확대에나 세월을 보내는,
지역감정이다 단체이기주의다 떠들면서
자기 주머니나 챙기는
썩어빠진 무리, 정신 나간 무리가 왜 이토록 밉기만 한가?
미움이 깃들면 깃들수록
어찌 이 마음은 더욱 슬프기만 한가?

각자 한 건 하겠다고 눈을 부라리는
자칭 개혁의 사도들이
기어이 내일은 또 무엇을 때려 부수고야 말 것인가?
어린 세대에게 일그러진 처세법이나 가르치고,
자녀들에게 오만 가지 방탕과 불법의 계략이나
물려주는 각계각층의 얼빠진 어른들이

끝내 죽이려고 달려드는 것이란
다름 아니라 바로 우리 고귀한 역사와 전통이 아닌가?

해야 할 것이 있다면
하지 말아야 할 것도 있음을 모른다면,
높이 올라가도 겸허하고 성숙된 시야가
넓어지지 않는다면, 아무리 많이 가져도
더욱 더 탐욕의 갈증에 미쳐버린다면,
신앙, 희망, 사랑의 21세기는
우리에게 결코 열리지 않을 것이다.

로마의 폐허를 새삼스럽게 바라보는 오늘,
폐허조차 남길 줄 모르는 우리의 두 손이 부끄러워
차라리 검은 수건으로 얼굴을 가리고 싶다.
폐허란 바로 역사의 칠판이 아닌가!

인종청소를 감행한 바보

어느 날 갑자기 천당 문 앞에
구름같이 사람들이 몰려들자
문지기 영감이 허둥지둥 안으로 뛰어 들어가 보고했다.
지상에서 세계대전이 또 터진 모양입니다!
하품을 하면서 신이 대꾸했다.
동네싸움이나 벌어졌겠지.
자, 우리 아들을 보내서 하나씩 판결을 받도록 하자.

아들이 가서 한 영혼에게 물었다.
너의 공적은 무엇인가?
영혼이 의기양양하게 대답했다.
제가 평생 한 일이란 주님의 이름으로
이교도를 수천 만 명 청소해 버린 것입니다.

청소라니, 인종청소 말인가? 바보 같은 자식!
인간이란 원래 어리석기 짝이 없는 거야.

그리고 사람마다 생각이 다를 수밖에 없어서
우리 이름도 제 멋대로 수천가지나 만들어 내지 않았나?

서로 어울려서 평화롭게 잘 살아가라고 태어나게 했더니,
가난한 자, 힘없는 자, 불구자,
고아와 과부를 도와주기는커녕,
밥 잘 처먹고 고작 대량 학살이나 했다, 이 말인가?
피로 물든 옷, 피범벅이 된 그 얼굴로는
여기 들어올 수 없어!

영혼이 항의조로 대들었다.
지상에서 전 무죄판결을 받았습니다.
우리나라에서는 제가 민족의 영웅이자
구원자다 이겁니다!

아들이 분노에 찬 음성으로 싸늘하게 내뱉었다.
학살된 자들이 저 땅에서 부르짖는
소리가 들리지 않느냐?
아무리 무수한 인간이 너를 무죄로 선언한다 해도
나는 너를 이 문으로 통과시킬 수가 절대로 없다!
너를 무죄로 판결한 그 사람들도 내 판결을 받을 것이다!

영혼이 모기 소리로 한마디 물었다.
당신은 누구십니까?
아들이 연민에 가득 찬 어조로 나직이 대답했다.
피의 제사, 율법보다 자비의 선행을 더 내가 기뻐한다고,
나는 언제나 나, 영원한 정의이자 무한한 사랑이라고
그렇게도 자세히 가르쳐주었는데, 아직 나를 모르다니!
나의 제자들은 지상에서 도대체 무엇들을 하고 있느냐?

심연으로 추락하면서 그 영혼이 부르짖었다.
당신의 제자라고 뽐내는 바로 그 사람들이
제게 거룩한 십자군의 군기를 주었단 말입니다!
저는 배운 대로 실천했을 따름입니다!

아들이 천둥으로 대답했다.
그래도 살인은 살인이다!
지상의 판결이 내 판결과 같을 줄 알았느냐?
나의 제자들도 언젠가는 내 심판을 받을 것이다!

천하게 살다가 천하게 죽는 자

살아생전 오로지 자기 멋대로 살았지만,
결코 멋진 인생이라 아무도 인정하지 않는 사람.
각종 욕심 채우는 데만 눈멀어 헐레벌떡 내달렸지만,
한 가지라도 욕망이 줄기는커녕 오히려 한없이 늘어
마지막 순간까지 허둥지둥 발버둥 치며 애타는 사람.

남을 위해서라면 한 순간도 희생하지 않던 주제에
남들처럼 고귀하게 죽겠다 욕심마저 품다니!

떡 하나 더 얻어먹으려 야들야들한 혀로 아첨할 때마다
허기진 무수한 사람이 눈물로 한층 목이 메거나,
절망한 목에 더욱 단단히 밧줄 감기는 것을 몰랐던가?

파벌 이익을 위해 체면불구하고 앞잡이 짓 할 때마다,
자격도 없이 높은 자리 골라가며 차지할 때마다,
그리고 자리가 요구하는 일은 하나도 하지 않을 때마다,
사람과 사람 사이 푸근한 웃음을 유지하고
정직한 인사말, 솔직한 의사표시를

자연스럽게 불러내는 최소한의 질서마저
와그르르 무너지는 소리를 못 들었던가?

이기심을 애국심으로 포장하여 혼자서만 소리칠 때마다
정의도 사랑도 오물을 싼 휴지로 버림받아
자기 안방에서
코 찌르는 악취 풍기는데도 정녕 몰랐다고 하는가?

탈세할 때마다,
세력가들에게 검은 돈 뭉텅 집어줄 때마다
무수한 밥그릇이 한숨으로 차고 넘쳐 스산한 거리에서
경제 독재자들에게 원한과 증오의 돌을 던지는데,
실업자를 비웃고 거지를 게으름뱅이라 욕하는 사람은
군사 독재만 독재라
철없는 주장만 여전히 되풀이하는가?

모든 죄는 각자 가슴에 묻혀 구더기가 된다.
살아생전 썩어 구더기가 다 파먹은 사그랑주머니,
텅텅 빈 가슴은 걷거나 눕거나 외로운 무덤일 뿐.
거기 스며드는 죽음이 어찌 고귀할 수 있겠는가?
오죽 천하면 자기마저 역겨워 고개 돌리는가?

먹충이들의 세상

오징어는 짝짝 찢어먹고,
생선 대가리는 아작아작 씹어 먹고,
그 살은 뼈를 발라먹고,
곰은 잘 길러서 간을 빼먹고,
누렁이는 목을 졸라 잡아먹는다.

게 다리와 몸통은 꼬챙이로 파먹고,
먹을거리라면 손에 닥치는 대로,
아니면, 빼앗아서라도
구워먹고, 삶아먹고, 데쳐먹고, 튀겨먹는다.

아이들은 또래들을 놀려먹고, 자살시키고,
어른들은 다른 사람을 등쳐먹고, 빨아먹는다.
코는 베어 먹고, 눈은 빼어먹고, 손과 목은 비틀어
생간까지 바치라고 해서 초장에 찍어먹는다.
석탄도 파먹고, 쓰레기도 파먹고, 나랏돈도 파먹는다.

남의 주머니는 뒤져서 먹는 사람이 얼마나 많은가!

사람 참 죽여주는군!
너도 나도 먹충이가 되어 개미떼처럼 기어 다니는 판에
밥맛 잃은 사람만 병신이 되고 마는가?
같이 처먹자니 위장도 간덩이도 약하질 않나,
멀거니 구경만 하자니 배알이 뒤틀리는 세상 아닌가?
사방에서 솔솔 냄새가 나니, 이거 환장하겠군!

누가 그토록 특별한가?

당신네 아이들은 어디가 그토록 특별한가?
금이야 옥이야 어르고 쓰다듬어 물러터지도록
편애할 가치가 있다고 정말 믿는가?
당신이 사모하는 여자나 남자는 어디가 그리 특별해서
그 사람이 없으면 죽겠다 미치겠다, 생야단인가?
아니, 당신 자신은 어디가 또 그토록 특별하단 말인가?

사람이란 서로 조금씩 다를 뿐, 아무도 특별하지 않다.
자녀도 부부도 각자 특별한 사람이 아니라,
특별한 관계 이루고 같이 살아갈 뿐이 아닌가?
당신의 마음과 정성이 흘러가는 그 관계는
오로지 당신에게만 특별한 뿐,
다른 사람은 또 자신의 특별한 관계가 있는 법이다.

편견이 낳은 편애는 이미 일그러진 자화상,
착각에서 시작한 사랑은 번뇌하는 이기심이다.
자기와 자기 것만은 예외라고 외치는 과대망상은

아름다운 삶의 화단에 잡초를 심는 심술쟁이.

당신이 당장 사라진다 해도 모두 잘 살 이 세상에서
누가 없으면 못 살겠다고 발버둥질치거나,
참 사랑을 흡수만 하지 반사할 줄 모르는 거울 앞에서
당신 사랑의 메아리를 기다리는 짓은 공염불이다.

아무리 많은 사람이 얽히고설키어 지지고 볶고 해도
사람은 홀로 태어나서 홀로 살아가는 것.
다만 우리 목숨이 지상을 방랑하는 동안은
특별한 관계의 범위를 끊임없이 넓혀가는 것 뿐.
보람이 있다면 그것뿐이다.

당신이 사라질 날을 두려워할 필요도 없고,
당신이 특별한 사람이라고 믿는 그 사람이
당신 곁을 떠난다고 해서 땅을 칠 일도 아니다.
수백 만 년 평범한 사람들이 그럭저럭 살다가 떠난
이 별에서 당신만, 또 당신 품의 어느 누구만이
특별하다고 외쳐본들 무슨 소용이 있겠는가?

어리석은 헛바닥을 위한 탄식

세상에서 최고의 맛이란 맛은 다 골라 즐기고 나면
그 가장 세련된 혀를 어디다 쓸 것인가?
깨소금 맛, 독약 맛은 멋대로 만들어낼 수 있을지언정,
참 맛만은 혀가 언제나 내는 것이 결코 아니다.
참 맛이란 물 타지 않은 진국에서 우러나는 것이지,
살랑거리는 혀끝에서 노는 아기 장난감은 영영 아니니까!

더 이상 갈 곳이 없는 사람이 더없이 처량하듯
모든 맛에 시들해진 혀란 어디 내놓아도 그게 그거 아닌가!
한 두 가지쯤 남에게 양보도 하고
서너 가지쯤은 모른 척 지나치기도 했다면,
다른 혀와 어울려 다니면서 맛보기 건드리는 그 맛이란!

때로는 식욕의 짜릿한 충동에 마음마저 가벼워지고
군침 흘리는 재미에 세상 지루한 줄도 모를 테고,
맛보지 못한 맛을 아쉬워하는 여유를 간직한 채
입맛 쩍쩍 다시며 눈을 감는다면, 그 인간적인 면면에

너나없이 모두들 감동해서 박수칠 텐데,
어쩌자고 남보다 일찌감치 모든 맛을 독점했던가?

소 혓바닥처럼 안주감도 못 되는 세 치 근육질을 가지고
요리조리 못된 짓만 해가며 미각의 우상을 섬기더니,
우상마저 질력이 나 고개 돌리는 땅거미 곁에
어찌 혼자 잔을 홀짝거리며 눈물조차 없는가?
스스로 부끄러워 흘리는 눈물 속에서만 누구나
참 맛을 발견한다는 코흘리개의 지혜도 아직 모르는가?

맛이란 혀 하나만의 노리개도 아니고,
모든 맛을 보아야만 반드시 제 구실의 혀도 아니다.
세상의 진미란 맛보면 볼수록 혀를 녹이고 썩히는 독약,
게다가 중독성까지 속에 올가미를 쳐놓은 복병이다.
일찌감치 맛보기 시작하면 남보다 먼저 무디어지고,
혼자서만 다 차지하면 혀마저 허공으로 사라진다니,
애초부터 무디고, 짧고, 어리석은 혀가
차라리 더 낫지 않을까?

남녀관계의 환상의 섬

네 곁에 있는 섬은 꿈이 아니다.
네가 거니는 섬은 결코 환상의 섬이 아니다.
꿈속에서 네 눈을 멀게 한 미인이 나찰녀인지,
숨 멎도록 매혹적인 사내가 나티인지,
너도 나도 그 누구도 가릴 길이 없는 섬.

아무리 돈만 있으면 개도 멍첨지인 세상이라 한들,
사랑과 낭만에 무슨 돈이 그리 드느냐고 하겠지.
발가벗고도 아담 하와가 낙원에서 잘 살았다 하겠지.

하기야 에어컨이 없어도 둘은 땀 흘리지 않았다.
난방장치가 없어도 추운 줄을 몰랐다.
열풍도 겨울도 옷감도 없었으니 벗을 수밖에!
그리고 한동안은, 아니, 한동안만 행복했다.
행복했다기보다 수치를 몰라 불행도 모르고 지냈다.

대신 댁 송아지 백정 무서운 줄 모르듯
세상을 만만하게 보다가는 네 똥에 코를 박는다.
남의 속을 알면 네가 얼마나 알며,
또 네 속인들 알고 보면 얼마나 하찮은 것이냐?

사랑스럽게 사랑을 섬길 마음도 없으면서,
낭만을 함께 음미할 교양도 갖추려 하지 않으면서,
배나 타고 섬에나 건너간다 해서 네 갈증이 해소되며,
꿈과 환상이 한여름 소나기로 퍼부을 줄 아느냐?

곁에 누운 너는 섬이지만 꿈이 아니다.
품에 안긴 너는 꿈도 섬도 아니다.
우리가 노도 사공도 잃고 떠도는 조각배일 때,
환상의 섬이란 감옥,
정열이 굶어죽고 이상이 목매다는 지하골방이다.

오늘도 행복한 우물 안 개구리

우물 안 개구리는 우물을 무한한 바다라 한다.
우물이 바로 우주라 하며,
하늘은 우주의 투영체라 한다.

우물 속에서 각종 문명이 일어나고 또 쓰러진다.
우물은 고분으로 가득 찬 쓰레기장.
개구리는 죽어도 가죽을 남기지 못하고,
스스로 무지의 심연으로 가라앉는다.

먼 우주에서 지구를 바라보는 사람이 있다면
그 사람만이 인류 역사에서 유일하게
우물 안 개구리 신세를 면할 것이다.

그리고 개구리 떼에게 이렇게 말할 것이다.
지구란 한 점 티끌만한 크기에 불과한 우주선,
조종사가 없는데도 날마다 스스로 회전하면서

둥실둥실 떠가고 있다.
도대체가 어디로 가는 것일까?

마이크로 떠드는 소리는 주파수도 안 맞는 잡음.
전 세계의 인기를 한 몸에 집중한다 해도,
개구리 나라의 왕 개구리,
모기 나라의 왕 모기 그게 뭐라고!

번쩍 터지는 핵폭탄마저 반딧불 꽁무니 불빛에 불과하다.
개구리 나라 여기저기 우뚝 솟은
정복자의 개선문 따위가 무슨 의미가 있는가?

우물 안 개구리는 오늘도 행복하다.
왕방울 눈을 부릅떠도 지혜가 보이지 않기에
싸늘한 피부에 흐르는 자만마저 행복이다.
그대는 어떤 종류의 개구리인가?

실업자 부부의
세상에서 가장 맛있는 국

느닷없이 실업자 남편이 홧병에 몸져누웠습니다.
가난한 아내는 보약이든 갈비는커녕
흰 쌀밥 한 공기조차 하늘의 별따기입니다.
그러나 세상에서 가장 맛있는 국을 끓여다가
잠시 저녁 한 때나마
남편의 미소 어린 얼굴이 보고 싶었습니다.

경험도 철도 없이 하루 종일 걸어 다녔습니다.
아내가 일자리 찾아 길거리를 헤맸습니다.
푼돈이나마 꾸려 부끄러운 마음도 무릅썼습니다.
너나없이 지푸라기라도 잡고픈 심정인데,
어디서 한 끼의 찬거리가 기다리겠습니까?
해 질 무렵 아내의 손에 들린 것은
진종일 이마의 땀을 훔친 손수건 하나 뿐.

부엌에서 소리 죽여 아내가 울었습니다.
아아, 가난한 아내가 가진 것이라고는
아직은 끊어지지 않은 수돗물 뿐이었습니다.
눈물이 방울방울 냄비에 떨어졌습니다.
땀에 전 손수건도 냄비 속으로 떨어졌습니다.

이윽고 가스 꼭지에 불이 붙고, 물이 끓었습니다.
가난한 아내의 눈물도 땀도 끓었습니다.
가난한 아내의 애간장도 사랑도 끓었습니다.

세상에서 가장 맛있는 국을 마신 남편이
싱긋이 웃으면서 아내를 끌어안았습니다.
다음 날 아침 남편이 이불을 걷어차고 일어나
일거리를 찾아 어디론가 떠났습니다.
일용할 양식을 들고 남편이 저녁에 돌아올 것을
가난한 아내는 의심하지 않았습니다.

수명과 천명

한 나라의 평균수명을 넘었다고 해서
이제 그만 가리라 누가 말하겠는가?
아흔 아홉을 넘긴 뒤에도
조금만 더! 조금만 더!
세월을 욕심내며 아우성치면서
안타까워하기가 고작 아닌가?

수명의 장단에만 늘 연연하고 있다면,
산과 들에 출렁이는 활력을 바라보아도
죽음의 그림자 그 광기의 춤으로만 보일 뿐.
아름다운 오늘도,
지나가는 것이 숙명인 한정된 시간도
나름대로 멋지게 보람 있게 보낼 수가 없다.

평범하고 진실한 삶이 천명인 줄 모르는 한,
우리의 수명이란 아무리 연장한다 해도

공허한 욕망이 피워대는 연기일 따름.

이제 그만 가리라 미련도 없이,
그렇게 언제든지 떠날 준비가 된 사람은
그 하루가 천년이 아닌가!
천년도 하루처럼 무심히 바라보는 사람은
그 하루가 백만 년에 뒤질 이유가 어디 있는가?

이제 그만 가리라 알몸으로.
언젠가는 떠나가리라.
한줌 흙에 무슨 이름을 덧붙이려는가?

위대한 꿈이 있다고 자랑하지 마라!

살그머니 잠자리로 스며드는 꿈은 얼마나 얄미운가?
속수무책으로 꿈속에서 끌려 다니다 보면
어느덧 홰치는 소리.
왕관인들 승전가인들, 심지어 황금의 산맥인들
기억에 가물가물 텅 빈 메아리일 뿐.

제 멋대로 잦아드는 꿈은 또 얼마나 야속한가?
절색의 꿀 같은 사랑인들, 성자의 피나는 고행인들
바람에 흩어지는 한줌 먼지의 추억에 매달릴 따름.

거부할 길 없어 약한 마음, 어리석은 육체가
상상력으로 변장한 천사에게 이끌려 방황하다 보면,
어느덧 서녘 하늘에 땅거미만 짙어가고,
마지막 술잔 뒤에도 목마름은 더욱 더 성화 부린다.

그러나 대낮에 멀쩡하게 두 눈 뜬 채,
스스로 지어내고 또 제 손으로 부수고 마는 꿈이란
얼마나 많은 애간장 야금야금 끊어냈던가?
얼마나 많은 오만이 그 벼랑에서 곤두박질쳤던가?

올바른 생각대로 내 수족 내 뜻대로 움직이지 못한다면,
우리는 시간의 그물에 사로잡혀 정처 없이 끌려가는
꿈속의 한 마리 짐승일 뿐이 아닌가?

위대한 꿈이 있다고 자랑하지 마라!
꿈이 없어도 따뜻한 인정 가슴에 내내 간직한 채,
오순도순 사랑하며 소박하게 사는 사람이라면,
비록 삶이 꿈인지, 꿈이 삶인지는 모른다 해도,
누가 그 삶이 위대하지 않다 감히 소리치겠는가?

비누는 공평하고 자비롭다

자기 살을 소리 없이 깎아서
온 세상의 더러운 때 말끔히 씻어주는 비누.
물 때문에 맥없이 죽어가면서도
물을 한 마디 원망도 않은 채,
오히려 물에 녹아 한 몸을 이루는 비누,
물 따라 먼 길을 떠나가는 비누.

도둑이 손을 씻으며 비누가 저질이라 탓하지만,
탐욕에 전 마음의 손은 씻으려 하지도 않은 채
적반하장으로 날랜 솜씨나 자랑한다.
들키지 않는 한 제 버릇 개에게도 주지 않을 도둑이
비누가 콩알 만 하다 코웃음만 친다.

나라마저 통 채 삼키고야 마는 프로 도둑이라면,
그 더러운 손, 잔인한 발,
뻔뻔스런 얼굴을 씻어주는

비누가 차라리 아깝고 가련하다.

그러나 비누는 공평하고 자비롭다.
온 몸의 청결을 자부하는 사람에게는 필요가 없고,
더러운 구석이 부끄러운 사람에게 절실한 것.
그런데 누구나 아침저녁 비누질하는 것을 보면,
온 몸이 깨끗한 사람은 하나도 없는 모양이다.

그런데 신은, 아니, 위대한 발명가들은 왜 여태
마음의 때 세척하는 비누를 인류에게 주지 않았던가?
그 비누는 눈에 절대로 보이지 않는 것이기에
우리가 아직 사용법을 배우지 못한 것일까?

비누가 저질이라 까탈 잡기 전에
우리 자신의 더러움을 먼저 차분히 살펴보자.
비누를 욕하는 사람에게는 미래가 없고,
비누를 피하는 사람에게는 오늘이 없다.

제 살을 깎아 온 세상의 때를 말끔히 씻어주는 비누.
어느 손이나 물이나 차별 않고 스스로 죽어주는 비누.
인간 차별, 지역 차별로 아귀처럼 변한 우리가 정녕
배워야 마땅한 것은 바로 부끄러움이 아닌가!

그만 울라구

사람들이 떼 지어 산으로 간다.
한 사람은 떠 메인 채 누워서 올라간다.
훌쩍이는 소리에 멧새들 날아가고
통곡소리에 산토끼가 놀라 숨는다.
허어, 그거 참!
혀 차는 소리에 산마저 숨을 죽인다.

허망한 거야. 다 덧없는 세월이야.
살 냄새도 그리움도 별 게 아니었다구.
돈방석인들 어찌 별건가?
허어, 그거 참!
눈물마저 다 허망한 거라구.
그러니 한숨 거두고 이제 그만 울라구.

술기운에 벌개 진 얼굴들이 산을 내려온다.
저녁노을에 눈물이 말라버리면

삶의 살기가 그 눈빛에 다시 감돈다.

허어, 아귀다툼도 다 헛거라구.
오늘 한 사람이 떠 메여 올라갔다구.
무수한 사람이 아직은 숨을 쉬고 있지만,
제 발로 등산하지 못하는 날이
누구에게나 곧 닥치게 마련 아닌가?

흐르는 시간의 채찍으로 아무리 후려 맞아도
눈 하나 깜짝 않는 철가면들.
송장을 몇이나 묻고 내려와야 우리는
산 사람을 아끼는 착한 이웃이 될까?

화장실 변기는 누구에게나 공평한 그릇

사내들이 허겁지겁 밀치고 들어간다 긴장된 표정으로.
작은 구멍을 열면, 숲 속에 도사리고 숨어있던
탱탱한 물건을 어르고 달래다가 잡아당겨서는
더 큰 구멍으로 불쑥 집어넣는다.

울분처럼 쌓이고 쌓였던 액체를 유감도 없이,
목표물도 겨냥하지 않고 마구 쏘아댄다.
김빠진 풍선모양 물건은 풀이 죽지만,
사내들은 더 없이 만족한 표정이다.
배설이란 얼마나 시원한가!
언제나, 어디서나!

나갈 때는 미련도 없이 유유하게 떠나간다.
제 욕심 다 차리고 볼일도 다 보았으니
휘파람마저 허공에서 만세를 부른다.
그러고는 모두 잊어버린다.

다시는 거기 들어가지 않을 듯이,
다시금 다급해져서 발을 동동 구를 때까지
무시하고 잊어버리고 점잔을 뺀다.

그러나 화장실 변기는 누구에게나 공평한 그릇.
누구의 물건이든,
크든 작든, 잘났던 못 생겼든 가리지 않고
급해서 들어오는 물건에게 차별 없이 친절하다.

사람들이 더럽다 냄새난다고 코를 쥐는 오물,
왕의 오물도, 살인자의 오물도
세상에서 가장 공평한 이 그릇은 다 받아들인다.
그리고 보이지 않는 곳으로 치워버린다.

다른 의미의 변기 짓을 하는 사람이 많은가 하면,
변기만 전문으로 청소하는 사람도 많다.
그러나 변기보다 못난 사람들을 위해 오늘도 굳이
변기가 오물을 공평하게 받아주는 이유는 무엇일까?
제 몸을 더럽혀 가며,
남이 알아주지도 않는 판에!

새 구두는 발이 아프다

새 구두를 신는 순간 얼마나 기분이 상쾌한가!
반짝반짝 빛나는 구두,
비싼 값을 치른 구두,
만나는 이마다 멋지다고 칭찬해 주는 구두.

그러나 새 구두는 영락없이 발이 아프다.
발가락이든 발등이든 한 달 이상 퍼런 멍이 든다.
활기차게 걸어도 멀기만 한 이 한 세상 길을
절룩거리며 얼굴 찡그리며 걸어간다.

그러면 미련 없이 문 밖으로 내버린 헌 구두,
누가 주워 갔는지 알 길이 없는 구두,
누군가 수리해 편안히 신고 다닐 그 구두,
발이 쑤실 때마다 헌 구두가 생각난다.

헌 구두로 돌아다니던 모든 길마저 그리워진다.
그러나 일단 내버리고 나면 다시 신을 수 없고,
발이 안락한 맛도 다시는 누릴 수 없다.

새 것이든 헌 것이든, 세상에서 가장 좋은 구두는
자기 발에 딱 들어맞아 아늑하고 편한 것이다.
누가 부부를 두 짝의 짚신이라 했던가?
제 눈에 안경을 누가 진심으로 깨달았던가?

새 구두는 적응될 때까지 언제나 발이 아픈 법.
뒤창을 갈 때 갈아도,
헌 구두가 역시 새 구두보다는
신기에 편하고 마음 부담이 없고 자유롭다.

그렇다고 헌 구두 한 켤레만 가지고 누구나 다
한 세상 모든 길을 너끈히 걸어갈 수는 없으니,
사람도 딱하고 구두마저 불행하지 않겠는가?

사진은 망각을
잠시 저축해 둔 저금통장

살며시 미소 머금은 자세로 정지한다.
찰카닥!
셔터가 1초를 영원히 지워버린다.
사진을 찍었다는 사실,
사진을 볼 수 있다는 현실만 남고,
실물은 조금 더 늙고 조금 더 낡아진다.

인상은 흘러간 시간이 남긴 착각인가?
추억이란 돌아갈 길 없는 초원,
또는 거기 흩어진 잡다한 희망과 욕망이
쉴 새 없이 흘리는 핏방울의 향기인가?

사진은 망각을 잠시 저축해 둔 저금통장.
배신과 타락을 액자 밖으로 밀어낸 채
가장 고결하게, 가장 아름답게, 가장 성실하게

행복을 가장하는 가면들의 그림엽서.
보이지 않는 글씨로 거기 기록된 모든 죄가
매 순간 하늘 높이 날아가고 있다.

찍히고 싶지 않을 때 찍힌 사진, 비참한 사진,
찢어버리고 싶은 사진은 또 얼마나 많은가!
헛된 이름을 위해 무수히 복제되는 사진,
존경과 경례를 강요하는 사진은 얼마나 추한가!
좁은 길목마다 도사린 사진관은 언제나 함정.

재깍재깍 마지막 1초가 코앞에 다가올 때
부도난 삶이 망각의 둑을 무너뜨린다.
힘없이 할딱거리는 숨통마저 막아버리려고
추억이 우리 목을 조른다.
얼마나 끈질기고, 길고, 매정한 동아줄인가!

수만 장의 사진도 부질없고,
수백만 명의 기억도 결코 위로가 아니다.
누구나 흑백 영정 하나로 이승을 뜰뿐이다.

서초구청 옆 철거민과 옥잠화

서울에서도 부유층이 가장 많이 모여 사는 서초구,
11월 말 겨울바람이 스치는 구청 돌담 밑에서
옥잠화 잎들이 꽁꽁 얼어붙어 있다.

한 여름 활짝 웃던 흰 꽃들은 간 곳 없는데,
누렇게 시든 잎들은 어찌 함께 사라지지 못하고
가난한 시선을 더욱 아프게 자극하고 있단 말인가?
아직도 싱싱한 잎들은 또 어쩌자고 매운바람에
여린 맨 살 드러낸 채 안타까운 몸부림인가?

꽃이란 필 때가 있으면 질 때가 있고
푸른 잎은 제 철 지나자 떨어져 흙이 되는 법.
세월을 몰고 가는 바람결에 맞서서 저항하기보다는
다음 철을 의젓하게 기다리는 자세가 더 멋지고,
한숨 쉬는 수많은 사람에게 희망을 던지지 않겠는가?

구청 철문 옆 투명한 비닐을 천막 삼아 치고,
여름부터 그 아래 잠자는 늙은 부부는
억울하게 집을 철거당하고 대책을 말없이 요구한다.
지나가는 시민들은 자기 일이 아니니 고개 돌리고,
관리들은 귀찮다고 거들떠보지도 않는다.

흰 눈이 내려도 늙은 부부는 비닐 아래 잠들 것이다.
이들은 대도시 한복판에서 시든, 철 지난 옥잠화인가?
아니면, 제 철도 모르고 엉뚱한 가지에서
고개 내밀었다가 된서리 맞은 매화인가?

남부 순환도로 차량의 물줄기가 밤낮으로 흘러가도,
지하철 2호선이 서울을 쉴 새 없이 돌고 돌아도,
사라진 꽃들을 서러워하는 마음이나
소외된 사람들의 눈물을 거두어 줄 손은
검은 아스팔트 어디에서도 보이지 않는 오늘인가?

벤치에 앉은 실업자

벤치에 앉아 있는 사내는 풀이 죽은 어깨로
담배를 피우고 있다.
땀과 먼지로 더럽혀지고 함부로 구겨진 옷이
무심히 지나치는 시민들의 비수 같은 시선에 찢긴다.
때가 끼어 번들번들한 얼굴에는 흐르다가 말라버린 강,
눈물의 강이 남긴 한 줄기 자국만 선명하다.

그 강물에 꽃잎처럼 떨어져 익사한 소박한 서민의 삶이
아직도 무덤을 찾지 못하고 거리에서 방황하고 있다.
아니, 사무실에서도 안방에서도 내몰린 사람들의 절망을
배부른 사람들의 비위에 아첨하며 돈벌이에만 열중하는
매스컴마저 짐짓 고개를 돌리고 말았을 때,
사내는 절망하는 자신의 영혼을 보고 더욱 더 절망한다.

멋대로 자란 턱수염 끝이 안테나처럼

우주를 향해 뻗어있다. 그러나 어딘가
일자리가 있다는 뉴스는 거기 걸리지 않는다.
뇌물과 청탁, 부패와 불감증의 안개가 온 누리를
뒤덮어 집집마다 서까래를 갉아먹고 있는 동안에도
송사리가 무더기로 잡혀서 골목마다
한결 깨끗해졌다고 기뻐하는,
기뻐하라고 소리치는, 신이 나서 날뛰는
그 무리의 목쉰 잡음만 전파를 잡아 흔든다.

그는 클로버 꽃의 양탄자 위로 부지런히 날아다니는
꿀벌들을 물끄러미 바라보면서 깊은 생각에 잠긴다.
장미 꽃잎만 먹고 내가 살 수 있을까?
라일락 향기만 맡으면서 내가 살아갈 수 있을까?
그렇게 하면 나는 신선이 되는가? 아니, 신선이
먼저 되어야만 그렇게 살 수 있는 것은 아닐까?
이런 생각을 다 하다니 나도 이젠 정말 미쳐가는구나!

가랑비에 목련 꽃잎들이 앙상한 가지에서
하염없이 떨어진다.
가슴속으로 여전히 지는 그의 눈물이 보이지 않기 때문에
계절이 대신 흘려주는 눈물이 바로 그 꽃잎들이다.

한여름에 누렇게 퇴색하여 떨어지는 대나무 잎들도
역시 하늘이 무력한 사람들을 위해 대신 흘리는 눈물이다.

그러나 눈에 보이는 것마저 믿지 않는 이 시대에
그 누가 한가롭게 상징을 애써 알아차리려 하겠는가?
사내 자신인들 그것을 알 수가 있겠는가?
갑자기 폭우가 휘몰아치면 사내는 벤치에서 일어선다.
안방에서마저 내몰린 그는 이제 어디로 가야 할까?

의사들이 치료받는 정신병원

갈 곳 없는 정신병자들이 하나 둘
산기슭에 모여들기 시작했다.
돈벌이에 눈이 밝은 사람이 잽싸게 벽돌담을 쌓아
사방을 차단하고는
병자들의 보호자라고 스스로 선언했다.
사방을 차단하면 사방에서 돈이 굴러 들기 마련인가?
무수한 병동이 들어서고
수많은 의사들이 출근하기 시작했다.

치료라는 명분 아래 불의와 횡포가 판을 치면 칠수록,
봉사라는 명분으로 고문이
더욱 눈부신 기술과 수단을 동원할수록,
생존의 필수과목이라는 아첨,
저항의 변종이라는 눈물과 탄식을
남의 장단에 춤추는 병자들이 열심히 배우기 시작했다.

벽돌담 너머에 이승이 있는지 또는 없는지,
아니, 이쪽이 정말 이승인지,
저승보다 더 참혹한 진짜 저승인지
병자들도 의사들도, 원장 자신도 알 수가 없는 노릇.

살아서는 아무도 넘어갈 수 없는 벽돌담을 따라 그 아래
원장이 넓은 화단을 마련하고 각종 꽃을 심었다.
아니, 그렇게 하라고 지시했다.
정신병자들이 날마다 화단에 물을 부지런히 주었다.

가장 화려한 모란이 먼저 잘려서
원장실 화병으로 운반될 때
모란은 출세의 기쁨으로 의기양양했고
다른 꽃들은 기가 죽었다.
보는 사람마다 모란에게 축하 인사를 건넸다.
장미는 의사들 진찰실로 실려 가고,
백합은 간호사들 앞에서 웃었다.
화단에 남은 것이라고는 피지 않은 개나리꽃 줄기 하나뿐.

잘려 나간 꽃들이 일찍 시들어 쓰레기통에 던져졌을 때
정신병자들의 시선이 모두 개나리에게 쏠렸다.
아, 흙의 미덕을 저버린 꽃들은 씨도 없이 죽는구나!
난생 처음 눈을 뜬 병자들이 각자 마음속에서
무한히 높이 솟았던 벽돌담을 하나씩 허물기 시작했다.
그리고 원장, 의사, 간호사들을 감시하고
치료해주기 시작했다.

구두가 혼자서 걸어갈 수 있을까?

제 아무리 멋지고 가장 비싼 가죽 제품이라 해도
구두가 혼자서 걸어갈 수가 있을까?
가고 싶은 곳을 찾아 마음대로 돌아다닐 수가 있을까?
게다가 두 짝이 모여야 한 켤레가 되는데,
구두 한 짝이 제 멋대로 나들이 갈 수 있을까?

아무리 잘난 구두라 해도 주인을 잘못 만나면
진흙길, 자갈길, 가시밭길을 걸어가야 한다.
원하지 않는 길도 주인의 발길 따라 걸어야 하고,
망가지거나 주인의 발이 아프게 되면,
애꿎게도, 아무 죄도 없이 버림을 받고야 만다.

구두 신세는 처량하기만 하다.
짝이 안 맞는 것은 애초부터 폐기처분이고,
구둣가게에 진열된 것은 모조리 넋이 없는 송장.
모진 주인 만나면 무수한 죽음을 겪는다.

평범하고 싼 구두는 거들떠보지도 않은 채,
야들야들한 가죽 구두,
최고급의 비싼 구두만 집는 사람이
대개 포악한 주인인 것을 구두는 정말 모를까?

주말 번화가마다 무수한 사람이 밀려다닌다고
그 사람들은 굳게 믿고 있다.
그러나 실제로 걸어 다니는 것은 구두뿐,
구두 바로 위에는 사람이 하나도 보이지 않는다.
사람이 제 구실 못하면 구두 홀로 걸어 다닌다.

굽실굽실 표를 구걸하는 남녀들

마지막 전동차가 어디선가 선로를 달리고 있을 무렵,
신림역 혼잡한 승강장에서
펑크족 머리카락, 날씬한 몸매의 젊은 사내가
술 냄새 풍기는 중년 여인을 유혹하고 있다.
이윽고 어깨를 맞댄 채 그들은 출구로 향한다.
제비와 꽃뱀은 밤새 어우러져 땀으로 춤을 추겠지.

총선 전야 지하철역 출구 계단에 앉아 아줌마가
바구니를 팔고 있다.
뭐든지 다 잘 걸러주는 바구니요!
손톱 밑에 까만 때가 낀 손으로 허공을 휘저으며
소리치지만 아무도 거들떠보지 않는다.
내일 아침 아줌마는 허기져 쓰러질 것이다.

깨끗한 한 표를 부탁합니다!
헛도는 레코드판 소리가 입구마다 요란하다.

누구 표가 정말 깨끗할까?
깨끗한 인물이 선거에 나선 적이 있긴 있는가?
아무에게나 굽실굽실 표를 구걸하는 남녀들이야말로
수치도 법도 정의도 모르는
진짜 제비에, 꽃뱀들이 아닐까?

가난한 아줌마의 바구니가 할 일은
이런 무리를 하나도 남김없이 걸러다가
바닷가 쓰레기 구덩이에 버리는 것은 아닐까?
바구니가 하나도 안 팔리는 이유는
제비와 꽃뱀들이 무섭게 노려보기 때문 만일까?

백성이 굶어죽을 때
말라죽은 광복절

그는 인륜도 염치도 모르는지, 원래 잔인하기 짝이 없다.
50년 동안 줄곧 두들겨 패고 욕설이나 퍼부으며
무수한 사람을 생이별로 고문하고
심심하면 테러를 저질러 떼죽음도 초래했다.
달아날 곳도, 달아날 힘도 없기 때문에
한숨만 쉬는 백성들은 그의 발밑에서 굶어죽고 있다.

그런데 무슨 변덕인지, 헛바람이 들었는지,
그가 하루나 이틀 정도 행패의 손길을 멈추었다고 해서
얻어맞던 사람들이 감격의 눈물을 뿌리다니!

달러 보따리도 두둑하게 싸다 바치고
쌀가마에 비료 자루로 가득 찬 배도 자주 보내주다니!
비굴한 웃음과 추파, 꼴불견의 아첨의 경쟁까지
외국의 특파원들에게 선전해 대다니!

그의 야망과 목표,
본성과 수단은 조금도 변하지 않았는데,
입으로만, 작전상, 평화와 화해를 떠드는 배우인데,
고문당하던 사람들이 제 풀에 희망에 짓눌려
그의 텅 빈 말 따위에나 자꾸만 매달리다니!

그에게 충성하는 간첩들은 다 석방되어
"조국"으로 돌아간다.
그가 납치해 간 수백 명의 어부들과 민간인들
그리고 50년 전 수 천 명 국군 포로들은
단 한 명도 돌아오지 않고,
아직도 그들의 대변인이 없다.

그들은 어디 있는지,
아니, 죽었는지조차 아무도 모른다.
하늘은 결코 무심하지 않고, 무심할 리도 없다.
그래서 비록 오늘이 아니라고 해도,
범죄를 저지른 자는 언젠가 반드시 벌을 받을 것이다.

아이들이 바라보는 생선대가리

아파트 단지에 신장개업한 생선회 레스토랑은
어떤 종류의 사람들이 모여들어
밤낮으로 무슨 경기 벌이는지는 몰라도
농구 코트만큼 한없이 넓기만 했다.

그 입구 양쪽, 어른 침대만큼 커다란 수족관에서는
팔뚝만한 물고기들이 손가락만 한 송사리 떼와 어울려
평화롭고 자유롭게, 아름답고 멋지게 헤엄치면서
물속에도 여유 만만한 삶이 있다고
발가벗은 몸으로 증언하고 있었다.

유리벽 너머 그 고요한 세계를 네 살 어린 소녀와
다섯 살 어린 소년이
경이에 물든 시선으로 바라보고 있었다.
부모들이 손가락으로 가리킨 물고기가 하나 둘 순식간에
식당 주인이 휘젓는 그물에 걸려 올라온 다음

수면 밖에서 힘차게 몸부림을 쳐낼 때,
아이들은 더욱 신기하고, 이유 없이 신바람만 났다.

이윽고 물고기들은 산 채로 뼈에서 살이 발라지고
관도 아닌 접시에 담겨 식탁에 놓여졌다.
손가락만 한 물고기들은 기름에 튀겨져
그 옆에 누워 있었다.
생선회를 초고추장에 찍어 상추에 싼 뒤
입이 찢어져라, 우적우적 씹어 먹으며
눈웃음치는 부모 얼굴이
아이들에게는 죽은 생선 대가리와 똑같이 보였다.

해양 박물관의 거대한 수족관에서
작은 물고기들을 잡아먹는 고래와 상어 그 대가리가
어쩌면 자기 부모 얼굴을 그렇게도 똑 닮았는지,
아이들은 자기도 모르게 소스라치게 놀랐다.
부모들이 오히려 고래와 상어를 닮았는지 모른다고
생각하자, 아이들은 자기 자신도
고래와 상어를 닮았다고 믿기 시작했다.

그리고 고래와 상어를 잡아먹을 뿐만 아니라,
멸종시킬 힘마저 가진 사람들이 너무 많다는 것을
아이들은 한참 뒤에나 깨달았다.
그들은 공포의 심연에 도사린 죽음을 본 것이다.

잘 생긴 얼굴의 슬픔을 아는가?

잘 생긴 얼굴은 얼마든지 많다.
어디서나 쉽게 만나볼 수도 있다.
누구나 탐내고 자랑하며,
어쩌면 골라서 가질 수도 있다.
정형수술, 화장품이 도깨비 방망이 되고,
돈, 광고, 의사가 도깨비 짓 하는 세상 아닌가?

그런데 그런 얼굴 상품으로 팔아먹는 남녀들이
가장 무서워하는 것이 무엇인지 아는가?
세월, 노쇠, 추한 변화, 그런 거라 보는가?
아니, 천만에!

그것은 봄이다.
아니, 봄에 등장하는, 자기보다 더 잘 생긴 얼굴이다.
그러나 잘 생긴 얼굴의 신인들이 쉴 새 없이 자라고

모든 사람에게 인정받는 것을 어느 누가 막겠는가?

그러면 잘 생긴 얼굴의 슬픔을 아는가?
그것은 언제나 잘 생긴 얼굴로만 남아 있는 것.
죽어도, 아름다운 얼굴은 되지 못하는 것.
그렇다면 아름다운 얼굴이란 도대체 무엇인가?
그것은 아름다운 사람의 얼굴.

그러면 아름다운 사람은 무엇인가?
자기 자신을 극진히 사랑한 나머지
무엇보다 사람다운 사람 되려고 무진 애를 쓰는 사람,
남을 자기처럼 사랑하고
남을 위해 극진히 봉사하는 사람.

아침저녁 말을 바꾸지도, 속이지도 해치지도 않고,
언제나 정직하게 살아가는 사람.
그는 폭력을 미워하고 평화를 사랑한다.
남을 위해 정말 좋은 일을 많이 하지만,
명성, 칭찬, 상장, 훈장 따위 거들떠보지 않는다.

잘 생긴 얼굴 때문에 얼마나 많은 사람들이 오늘도
몸도 망치고 마음도 부서지며, 질식마저 하는가!
잘 생긴 얼굴의 슬픔도 모르고
잘 생긴 얼굴과 아름다운 얼굴의 차이도 모른다면,
그는 자동차 배기가스일 뿐이다.
그런 사람, 도대체 어떤 얼굴인가!

편파적인 텔레비전 화면

거기 사실주의는 없다.
객관적이지도 않고 공정하지도 않다.
모든 것의 효과를 미리 계산하지 않았던가?
결국은 누군가가 연출한 것이 아닌가?

누구는 언제나 또는 반드시 등장하고,
또 누구는 절대로 또는 거의 등장하지 못한다.
어떤 것은 누군가의 지시대로 방영이 되고,
어떤 것은 자율적으로 방영하지 않는다고 한다.
누구는 마음대로 자기 시간을 요리할 수 있지 않은가?
그렇다면 무엇이 공익인가?
무엇이 국민을 위한 것인가?

텔레비전 화면은 싸늘한 유리평면일 뿐,
가치도 감정도 기준도 없다.
누가 거기서 생명을 발견하는가?

누가 영혼을 거기서 기대하는가?

소리를 내지만 공허하다.
거기 잠시 스치고 지나가는 사람들은
거기 사실주의가 없기 때문에
모두 금세 잊혀지는 이미지일 뿐이다.
한 동안 기억된다고 해도
기억하는 사람마저 곧 이미지로 변할 것이다.

그러면 거기서 울고 웃고 환호하는 사람들은
자기 얼굴과 몸짓과 말이 방영되는 동안,
어디서 무엇을 하고 있는가?

매일 대여섯 시간씩 텔레비전을 본다는 사람들도,
목구멍이 포도청이라는 비겁한 변명을 늘어놓으면서
인기, 출세, 명성을 잡으려는 동물적 본능 때문에
쓰레기 프로인줄 알면서도
그런 프로를 만드는 사람들도,
그런 프로에 나가지 못해 안달하는 사람들도,
모두 다 우리나라 국민인 것은 틀림이 없겠지만,
어쩐지 이상하다.
어쩐지 수상하다.

가장 더러운 걸레들의 클럽

먼지만 털어도 깨끗해지는 걸레가 있다.
맹물에 헹구기만 해도 되는 것도 있다.
비누칠을 조금만 해도 되는 것이 있는가 하면,
웬만큼 비누칠로는 안 되는 것도 있다.
세탁기로 한번 빨아서 되는 것이 있고,
세탁기로 여러 번 빨아도 안 되는 것이 있다.

걸레를 우리가 걸레라고 부르는 그 순간부터
걸레란 더럽혀지기 시작하는 것이 그 운명이다.
빨아도 걸레 이전의 헝겊처럼 깨끗해질 리 없고,
빨면 빨수록 더욱 낡아지고 한층 약해진다.

지상에서 할 일을 다 한 뒤 버림받는 걸레는
남들이 가련하다고 바라본다 해도,
걸레로서는 슬퍼할 일도 부끄러울 일도 아니다.
차라리 한없는 만족감 속에 사라지는 것이 좋다.

그러나 걸레다운 역할을 하나도 못하면서도
날마다 스스로 더러워지는 걸레가 많다.
이런 걸레는 스스로 정화되지도 않고,
남의 손의 세탁마저 절대로 거부하기 때문에
세탁이 전혀 불가능하다.
그러니까 처음부터 걸레가 되지 말았던가,
아니면, 빨리 소각되는 것이 피차 좋지 않겠는가?

형편없는 걸레인 주제에 자신이 걸레라는 사실을
절대로 인정하려 들지 않는 것도 많다.
이런 걸레들은 자기들끼리 어울리면서
세상에서 가장 더러운 걸레 클럽을 만든다.

겉보기는 비단처럼 보여도 걸레가 할 짓만 하는
그런 걸레는 얼마나 많은가!
비단도 걸레로 쓰면 걸레가 아닌가!
그 진리를 가르쳐주려고 그런지는 모르겠지만,
걸레 중에 가장 못난 것이 바로 비단 걸레.

사람다운 사람이 날마다 더욱 희귀해질수록,
세상에서 가장 필요한 것은 걸레다운 걸레.

그러나 걸레가 반드시 명심해야 할 말은,
어느 곳의 더러운 것을 닦아주는가,
얼마만큼 자신이 더러워져야 하는가, 바로 그것이다.
세탁이 불가능할 정도로 더러워지고 나면,
하늘과 땅, 우주 어디에도 하소연할 곳이 없다.
이 얼마나 어리석은 짓인가!

장님이 던지는 격언

장님이라고 사람들이 나를 비웃는다.
지팡이 휘젓는 내 꼴이 초라하고 우습다고 말한다.
푹 꺼진 내 눈이 재수 없다고 피한다.
장님에게도 솔직히 한 마디 던질 권리는 있다!
그러니 나도 사실대로 말해 보자.

나는 장님으로 사는 것이 오히려 더 속 편하다.
그들의 얼굴조차 보고 싶지가 않기 때문이다.
두 눈 뜨고 있어도 자기 마음을 보지 못하고
남의 속마음 알아내려 첨단장비로 도청하는
그들의 꼴이 뭐가 그리 대단하고 부럽단 말인가!

남의 두 눈 후벼 빼려하는 그들이야말로
야수보다 더 잔인하다.
멀쩡하게 두 눈 뜬 사람마저 속여먹는 그들이야말로
대개 박사학위가 있고, 그것도 미국, 유럽의 박사!

대개 고위층에 저명인사들이다.
마치 높은 자리가 사기면허증인 양!

그들은 장님의 두 눈을 후벼 팔 수가 없다.
장님은 애당초 두 눈이 없으니까!
그들은 장님에게 사기 칠 수도 없다.
장님이 오히려 그들 마음을 그들보다 더 잘 아니까!

육체의 장님은 적어도 정신이 살아있다.
그러나 그들은 두 눈으로 온 세상 바라보면서도
사실은 아무 것도 깨닫지 못한 채 더듬기만 한다.
오만과 무지 속에 하루 또 하루 낭비하는
그들이야말로 진짜 장님이 아닌가!

나는 그들을 비웃지 않는다.
그들의 잘난 자손들도 비웃지 않는다.
다만 그들과 같은 시대에 태어난 운명을 한탄할 뿐이다.

병원마다 장례식장

퇴원환자들이 꽃다발을 안고 병원을 떠난다.
그러나 머지않아 그들 관이 구급차에 실려 왔다가
이 삼 일 뒤 꽃에 묻혀 다시 떠날 것이다.

아이고! 세상에 어찌 이런 일이!
중년 여인이 인조대리석 바닥에 주저앉아 통곡한다.
여대생 딸이 옆에서 눈물을 철철 흘린다.
장례식장 로비는 더 없이 엄숙한 곳이다.
접수대의 남녀 직원들은 대단히 정중하다.

그러나 죽음의 실체를 아는 사람은 하나도 없다.
지금 통곡하는 사람도 언젠가는 자기 때문에
또 다른 사람들이 통곡하도록 만들 것이다.
하기야 영원한 이별이란 눈물의 샘이기도 하다.
그러나 정말 이별은 영원한 것일까?

지상에 함께 살아 있고 때로는 만난다고 해서
우리가 정말 이별하지 않은 상태에 있단 말인가?
생전에 몇 번이나 만났다고!
몇 시간이나 진심으로 서로 이해한다고!
적당히 아는 척 하고 적당히 사랑하는 척 하다가
이해관계에 웃고 축하하고 아첨하다가
땡! 종이 치면 뿔뿔이 흩어지는 먼지들…
정말 아닐까?

병원이란 병을 고쳐주는 곳이 아니라 삶이
얼마나 지독한 만성질환인지 확인해 주는 곳.
그리고 그 병에 유일한 치료법이 있다면
바로 죽음이란 사실을 매순간 보여주는 곳.

그러니까 병원마다 장례식장이 있지 않은가!
장례식장 개업을 반대하는 주민들은
각자의 안방이 거대한 무덤임을 모른 척 할 뿐.
얼마나 영리한 바보들인가!

괜히 왔다 괜히 간다?

하루하루 살아가기가 고달프고 힘에 겨운
무수한 사람은 "괜히 왔다"고 하늘을 원망한다.
아무리 오래 돈, 명예, 권력을 누린다 해도,
아무리 모진 고생에 수치와 모멸의 나날 보낸다 해도,
누구나 "괜히 간다"며 끝까지 발버둥치고 버틴다.

그런데 어느 땡중은 "괜히 왔다 간다"고 말했다.
그런 것도 깨달음이라고 할 수 있을까?
낙엽 하나 겨우 주워들고는
온 세상의 나무에 대해 모든 것을 알아냈다고
허풍 떠는 미련함의 소치가 아닐까?

차라리 아무 말도 남기지 않는다면,
미소 머금은 채 고요히 눈을 감는다면,
깨달음을 얻었을지도 모른다는 환상이나마
사람들 가슴속에 심어주지는 않을까?

한 세상 살다가 훌쩍 떠나가면 그만이지
깨달음을 얻으면 뭐하고,
못 깨닫고 가면 또 어떤가?

어리석은 사람만이 깨달았다고 자랑한다.
사는 동안에는 아무도 못 깨닫는 것이 삶이고
죽은 뒤에는 더욱 모르는 것이 산 자의 삶이 아닌가?
삶과 죽음 사이 순간, 바로 그 황혼을 음미하기 위해
우리는 평생 땀 흘리고 번민하는 것.
그 정도만 해도,
왔다 갈 가치는 충분히 있지 않은가?

참으로 좋은 친구!

참으로 좋은 친구, 네가 먼저 길을 떠났다.
빈손으로 왔다가 빈손으로 떠났다.
마지막 숨을 몰아쉴 때도
번거로운 생각만은 여전히 머릿속에서 맴돌았을까?
잠시 이승에서 맺었던 인연들을 끊어버리기란
누구에게나 그토록 괴롭기만 한 것일까?

참으로 좋은 친구, 우리가 너를 보낸다.
남에게 좋은 일 해줄 시간도 얼마 남지 않았다.
가까운 사람들 사랑해 줄 시간은 더욱 얼마 없다.
남이 가진 것을 시기할 시간 따위 어디 있는가?
남을 미워할 시간이 너무나도 많다면
아무리 오래 산들 무슨 의미가 있겠는가?

참으로 좋은 친구, 우리가 너를 그리워한다.
언젠가는 우리도 빈손으로 떠날 날이 있음을
뻔히 알면서도 나만은 예외라고 굳이 믿고 으스대는

그 어리석음 때문에 우리는 날마다 번민하고 있다.
탐욕의 수렁에 빠져 못된 짓을 일삼는
인간야수들을 바라보면서 우리는 힘없이 탄식한다.

참으로 좋은 친구, 아름답던 너의 지난날들을 기억한다.
그래서 우리는 앞날의 지혜를 갈망하고 있다.
빈손으로 이승에 오게 된 이유가 무엇일까?
빈손으로 떠난 뒤 이승은 어떻게 되어야만 할까?
그것이 우리는 알고 싶은 것이다.

하루살이마저 잠시 날아다니는 까닭이 분명 있다면
수십 년 살이 우리가 이 땅을 거쳐 가는 까닭도,
좀 더 큰 보람도 정녕 없어서는 안 될 것이다.
우리는 바로 그것이 알고 싶은 것이다.

참으로 좋은 친구, 우리가 오늘 너를 보낸다.
아무리 먼 길을 떠나도 이제 너는 숙소 걱정이 없다.
그러나 실타래 같은 이승의 인연 아직 꽤 남은 편이기에
우린 아직도 무엇을 먹을까, 무엇을 입을까, 어디서 잘까
날마다 염려하면서 조금씩 네게 다가서고 있다.
공수래공수거 아무리 수만 번 염불처럼 외워도
빈손의 뜻을 깨닫지 못하는 우리가 지금 울고 있다.

우리는 신의 발자국

공원 소나무 아래 모래밭 어지럽게 찍힌 점들,
새들이 간밤에 걸어간 발자국일까?
다람쥐들이 놀다 간 흔적일까?
문득 머리에 떨어지는 빗방울에 놀란다.
움푹 팬 점 하나는 빗방울이 떨어져 묻힌 무덤,
바로 그 빗방울의 발자국인 것이다.

누군가는 모래에 그런 점들이 자연히 생겼다고 한다.
모래밭에 움푹 팬 곳이 있든 없든
모래밭은 언제나 모래밭이라고도 한다.
모래는 영원한 것이고
변형 자체도 모두 영원한 것이라고 한다.

그럴까? 정말 그럴까?
바람이 안 불어도 모래가 저절로 높이 날아오를까?
북한산은 제 발로 걸어와 서울에서 자리 잡았을까?
한강도 하늘에서 뚝 떨어져 기어가는 것일까?

모든 것이 저절로 생겼다고 말하는 그 누군가는
어디서 와서 어디로 가고 있는 것일까?
그의 입에서 나오는 말도 저절로 생긴 것일까?

발이 없어서 신발도 신지 못하는 분이 있다.
다리가 없어서 걸어 다니지도 못한다.
어디서 와서 어디로 가는 분인지 우리는 알지 못한다.
그러나 그분은 어디에나 무수한 발자국을 남겨 놓고 있다.
우리도 그 발자국 가운데 하나일 뿐.

그분은 입이 없어서 말도 할 수가 없지만
어디에나 무수한 말을 심어 놓고 있다.
우리도 각자 그분의 한 마디 말일뿐.

소나무도 모래밭도 공원마저 사라진다 해도
거기 빗방울이 한 때 발자국을 남긴 사실만은 남는다.
아이들이 거기 다시 모여서 깔깔대며 노는 날
빗방울이 모인 자리에서 샘이 솟을 것이다.
그러면 아이들은 가장 쉬운 이치를 깨달을 것이다
세상에서 저절로 생긴 것은 아무 것도 없다는 것을.

나 바보래

애인 한번 갈아치운 적 없다고 나 바보래.
러브호텔 가 본 적 없다고 나 바보래.
룸살롱에 드나들지 못한다고 나 바보래.
원조교제도 못 해 봤다고 나 바보래.

새끼들 고액과외 못 시킨다고 나 바보래.
미용수술 못 하고 인기 스타 이름도 모른다고
나 정말 바보 바보래. 다들 그래.
네가 봐도 나 정말 바보니?

알랑방귀 못 뀐다고 나 바보래.
직장에서 내쫓겼다고 나 바보래.
부동산 투기, 주가조작도 못 한다고,
사기 치고 말 바꾸면서 출세할 줄 모른다고,
나 정말 바보 바보래.
내가 봐도 정말 바보인가 봐.

어디 가나 꾸어다 놓은 보리자루,
툭하면 왕따 당하고 얻어터지기나 하니
내 눈에도 난 정말 바보인가 봐.
그러니까 바보로 태어나서 미안해!

바보로 살아 있으니 황송할 수밖에!
그러나 바보로는 결코 죽지 않을 테니
내 걱정 말고 너나 잘해!
내가 바보라면 넌 도대체 뭐야?

누가 너를 바보래?

남의 집 식구들이 굶어죽을까 얼어 죽을까
밤낮으로 걱정하는 네가 뭘 모르니?
내 새끼들이야 맞아죽든 빌어먹든 천하태평,
잔치나 벌려 손님 대접 멋지게 하는
네가 정말 뭘 모르니?

온 세상 박수 받고 금메달도 달았으니
네게 뭐가 부족하니?
고향에선 위대한 영웅, 송덕비도 세워 줄 테니
이제 네가 뭘 더 바라겠니?

가장 큰 돈 자루도 여한 없이 주물렀고
남의 목도 한마디로 수없이 잘라봤으니,
네게 겁날 게 뭐니?

그러나 사람다운 사람 네 곁에 하나도 없고
대들보 썩어 무너진 집에 홀로 도사리다니,
네가 정말 뭘 아니?

그 누구도 너는 믿어주지 않았고
그 누구도 너를 이제 믿어주지 않으니,
한 발 무덤 앞,
넌 여태껏 뭘 배웠니?

누가 나를 바보래!
그렇게 아직도 큰소리치니?
그래, 누가 너를 바보래? 흥!
네가 너를 바보라고 소리치는 거 아냐?
못날수록 제일 잘난 척 하는 거 아냐?

어찌 그 날을 잊으랴!

무죄한 산 넋들이 하늘에서 떼 지어 사라진 그 날,
수백만 가난한 민초들이 지상에서 쓰러진 그 날,
그 날은 우리에게 얼마나 잔혹했던가!
꿈엔들 잊을 길 없는 그 날,
죽은들 차마 잊어서는 아니 될 그 날,
그 날은 얼마나 자주 우리를 괴롭혔던가!

반세기가 지난들 아직 눈에 생생한 그리운 얼굴들,
백년이 흐른들 내내 귀에 쟁쟁할 다정한 목소리들,
어디 사는지, 아니, 아직 살아있기나 하는지조차
도무지 알 길이 없는 오늘.

그 날을 잊어버리자고 누가 말하는가?
그 날은 퇴색한 역사의 앙금이라 누가 소리치는가?
그 날을 우리에게 강요한 무리를 용서하라고,
용서하면 화해와 평화가 온다고 누가 궤변 하는가?

그 날은 악의적 허구의 조작이라 누가 헛소리 치는가?

피 토하며 날마다 통곡하는 소리는 들리지 않는가?
생지옥에 갇힌 채 죽어 가는 사람들 그 신음 소리,
차라리 하늘마저 무너뜨릴 체념과 오류의 한숨 소리,
그 소리 차단한 채
스스로 귀 막고 외면하는 자는 누구인가?

어느 날인들 잊을 길 없는 그 날,
어디 간들 잊어서는 결코 아니 될 그 날,
수많은 그 날이 여전히 우리 가슴에 비수를 꽂고 있는데,
태극기가 게양대에서 끌려 내려와 보이지 않는다면
오늘은 그 날보다 얼마나 더 잔인하고 어리석은 날인가!

선거란 바람이다

바람이 불면 감이 떨어진다.
익은 감이 딱 벌린 입으로 떨어진다.
땀 흘리지 않아도 애써 일할 필요도 없이
바람만 불면 익은 감이 툭 떨어진다.

사람들은 모두 그렇게 믿었다.
가뭄에 단 비처럼 바람이 불기를 기다렸다.
바람이 불기 시작하고
과연 익은 감이 툭툭 떨어졌다.
그러나 기다리던 입으로 떨어진 것이 아니라
엉뚱한 입들이 냠냠 맛있게 먹어치우고 말았다.

선거란 바람이고
익은 감이란 허망한 권력이었다.
하늘만 쳐다보고 기다리던 사람들은
바람에 날리는 검불에 불과했다.

나라 전체를 한 입에
먹어치우는 요령

먼저 집게발을 떼어내 둘로 나눈다.
호두 까는 집게로 집게발을 부순 다음
작은 포크로 살을 꺼내 먹는다.
음, 맛있다.

꼬리를 떼어내고
꼬리에서 지느러미를 떼어내
역시 작은 포크로 거기 살을 꺼내 먹는다.
정말 맛있다.

머리를 뒤집어 살과 알을 작은 숟가락으로 떠서 먹는다.
냠냠, 세상에 이런 맛이 다 있다니!
몸통은 세로로 둘로 짜개서 살을 파먹는다.
갈수록 더욱 신기한 맛이다.
가느다란 다리 등은 입으로 빨아서 먹는다.

쪽쪽 빨아서 먹는다. 기가 막히다.

이렇게 가재를 남김없이 먹어치울 줄 아는 사람이
무엇인들 먹어치우지 못할 것인가!
나라 전체라도 한 입에 먹어치울 것이다.

행복한 하루

오늘도 하루에 세끼를 먹었다.
오줌똥 잘 나오고
감기조차 걸리지 않았다.
차에 치이거나 남과 싸우지도 않았다.
직장에서 떨려날 염려 아직은 없고
집안도 모두 평온하다.
아, 다행이다.
아니, 행복하다.
그러나 이런 말, 남들에게는 미안하다.
정말 미안하다.
뱀 다리 같지만
모두 함께 행복해 질 수는 없을까?

미워하지 마라!

주는 것 없이 미워도 미워하지는 마라!
죽기보다 더 싫다 해도 미워하지는 마라!
미움이란 미워하는 사람만 추하게 만들고
마음뿐 아니라 몸마저 상하게 할 따름이다.
미움은 미움을 낳고
파괴와 죽음을 부르는 나팔소리가 된다.

아무리 시달림을 당해도 미워하지는 마라!
뭐든지 빼앗아 가려는 사람도 미워하지는 마라!
목숨을 노리는 자마저도 미워하지는 마라!

미워하면 세상에서 가장 소중한 것,
사람다운 사람의 마음을 잃고 만다.
하나밖에 없는 그 보물을 잃고 나면
살아도 산 것이 아니고
죽어도 사람대접을 받지 못한다.

끝내 미워하지 않고서는 견딜 수가 없다면
이왕이면 세상에서 가장 큰 미움을 품어 보라!
그것은 미운 사람을 진심으로 용서하는 것이다.

용서받기란 그가 가장 싫어하는 것이고
그에게는 가장 고통스러운 형벌이기 때문이다.
아니면 받은 손해든 고통이든 모두 잊어버려라!
그것이 가장 큰 용서인 것이다!

기회주의자에게 돌을 던지지 마라!

사자도 얼룩말을 덮치기에 가장 적절한 기회를 노리고
갑자기 여우를 만난 산토끼도 도망칠 기회를 노린다.
벼랑에 걸린 바위도 떨어져야 좋을 때를 노리고
땅에 솟은 꽃나무도 봉오리를 터뜨릴 때를 노린다.

누구나 목숨은 하나 뿐,
그래서 제 목숨만은 귀한 줄 알고,
인생도 단 한번,
그러니까 제 인생만은 맘껏 즐기려 덤비는 것이
동서고금 남녀노소를 막론하고
사람이라고 하는 기특한 짐승이 아니겠느냐?

그런데 배터지게 먹을 기회 노린다고 해서,
한 밑천 왕창 잡을 기회 호시탐탐 노린다 해서
어느 누가 감히 돌을 던지려고 하느냐?
기회란 일생에 한번 올까 말까,

어영부영 지나가면 다시 안 오게 마련 아닌가?

자기는 밤낮으로 좋은 자리 차지할 기회 노리면서도
남들을 기회주의자라고 싸잡아 욕하는 사람이야말로
낯가죽이 한없이 두꺼운 진짜 기회주의자가 아닌가!
그러나 그가 수많은 사람의 운명을 손아귀에 쥐고 있다면
그에게 함부로 돌을 던지지 마라!

그가 이빨 빠진 호랑이가 될 때까지 기다렸다가
미친개처럼 몰매 맞으며 이리저리 도망칠 때,
기회를 노렸다가 구둣발로 힘껏 배를 걷어차라!
그것만이 기회주의가 무엇인지 정말 깨달은
현명한 사람의 고상한 취미가 아니겠는가!

이러한 기회주의자에게 돌을 던지는 바보가 있다면
그는 벼락 맞은 개구리 꼴이 되고 말 것이다.
기회주의자에게는 돌이 아니라
돈을 던져야 죽는 법이다.

단돈 천원의 행복

단돈 천원만 당신이 내게 던져준다면
라면을 두 개나 나는 산다.
그리고 해진 뒤 단칸방으로 돌아가
네 식구가 저녁 한 끼 배불리 먹는다.
신 김치에 밴 라면국물보다
세상에 그 무엇이 더 감칠맛인가!
돈 천원만 주세요!

단잠에 빠진 나는 내일 걱정도 잊어버린다.
거친 손길 아내는 조금만, 아주 조금만
내일은 일이 덜 고달프기를 꿈꾸어 본다.
내일이 얼마나 무서운 것인지도 모른 채
아이들은 우리만 믿고 낙원에서 뛰논다.
이 단칸방보다 더 정겨운 것이 어디 있는가!
돈 천원만 던져주세요!

당신은 산더미처럼 라면을 살 힘이 있다.
그러나 라면 따위는 거들떠볼 생각조차 없어
초콜릿만 한 보따리 사다가 홀랑홀랑
혼자서만 까먹고 있다.
그것도 남들이 울면서 바친 돈으로!
남에겐 단돈 10원도 안 주면서!

줄 줄 모르는 자에게는 결코 구걸하지 마라!
라면마저도 못 먹는 너희는 행복하다.
내일이 얼마나 무서운지 모르는 아이들은 행복하다.
꿈을 잃지 않고 오늘을 견디는 너희는 행복하다.
이런 소리가 허공의 무수한 십자가에서 들려온다.
세상에는 미친놈이 얼마나 많고 또 지겨운가!

쥐구멍에도 볕들 날이 있다

늙은 쥐가 뒷전으로 물러앉고 나자
젊은 쥐가 쥐구멍에서 큰소리친다,
내가 왕이다!
그렇다! 그는 왕이다!
그러나 쥐구멍 속에서만!

고양이 앞에 불려가서 찍소리도 못하더니
쥐구멍에 돌아오자 하는 말은,
쥐구멍에도 볕들 날이 있다!
그렇다! 볕들 날이 한 두 번이 아니다!
그러나 쥐구멍은 언제나 쥐구멍일 뿐!

쥐가 몸집이 좀 커진다고 고양이가 되나?
고양이가 감기 좀 들었다고 쥐가 되나?
고양이 가죽을 써도 쥐는 어디까지나 쥐,
죽은 척 엎드려도 고양이는 고양이다.

쥐구멍에서 활개 치다 들통 나면 꼬리 내리고,
한번 해 본 소린데 뭘 그래, 라니!
고양이 기침에 까무러칠 듯 허둥대면서도,
공연히 생트집만 잡잖아, 라니!

맞을 짓을 하면 맞게 마련,
죽을 짓을 하면 죽게 마련,
그런 걸 자연법칙이라고 한다.
아직도 몰라?
자연을 떠나서는 쥐도 고양이도 없다.
쥐구멍에도 쨍쨍 볕들 날 돌아온단다!
아직도 그 타령이야?
이거 막가는 먹통이군 그래!

냉수 택배의 선구자 봉이 김선달

봉이 김선달은 우리보다 공해를 더 잘 알고 있었다.
힘없는 백성 곤장 치는 데는 시간이 모자라지만
기생 끼고 달이야 구름이야 술잔에는 시간이 철철 남는
탐관오리들은 분명히 공해가 아니었던가!

그들이 언제 백성들 다리 편하게 해주려고 길을 닦았으며,
서민 아낙네들 손등 터질까 염려해서 집집마다
우물을 파주려고 생각이나 했던가?
왕은 있어도 허수아비 또는 그들과 한 패인 것을
하늘을 원망한들 신세를 한탄한들,
땅에 떨어진 정의에 언제 싹이 돋아난단 말인가?

그래서 봉이 김선달은 대동강 물을 팔기 시작했다.
말하자면 맑은 냉수 택배의 선구자였다.
그런데 우리는 수많은 냉수 장사치들을 본다.
그들은 지금이 지독한 공해시대라고,

그래서 맑은 물로 대청소를 하겠다고 증언한다.
정 그렇다면 진짜 냉수나마 대주면 등창이 나나?

구정물을 천연수로 속여 아이들 뱃속에 처넣질 안나,
공장 세운다고 은근 슬쩍 뇌물 처먹질 안나,
날마다 더욱 뻔뻔해지는 그들 짓거리나 말 따위를
봉이 김선달이 환생해서 본다면 뭐라고 호통칠까?
줄줄이 오라질 놈들! 그럴까?
아이고, 형님들! 제가 그만 지고 말았습네! 이럴까?

봉이 김선달은 역시 영원하다.
그러나! 그러나! 그러나!
탐관오리 뺨치는 자본 오리들이란
하늘이 무너지면 절대로 솟아나지 못할 놈들!

물장사는 아무나 하나?

물장사라고 비웃어? 너 정말 잘 났다.
그런 거? 아니, 그런 건 아무나 하나?
우선은 물이 뭔지 알아야 면장이지.
내가 먼저 냉수 먹고 속 차리고 있어야
놈팡이, 나리, 깡패 따위에 요리조리 안 터지지.
물을 먹여도 기분 좋게 먹여놔야
흐물흐물 멍청이들 돈 빼먹을 길이 있지.

물을 먹긴 쉬워도 먹이는 건 대단한 노동이야.
노조회원은 양반이고 우린 노동자야.
몰랐어? 너 사람이야 귀신이야?
물 먹이는 기술 하루아침에 배우는 줄 아나?
기초화장 3년에 아양 떨기 3년,
그러고도 한참이나 몸 굴려야 물 먹이는 기술자야.
암, 기술잔 당연히 머리마저 잘 굴리는 거야.

남의 돈은 아무나 먹나?
뭐, 도둑? 누가 누구더러 하는 수작이야 이거?
물을 먹이기는커녕 헛바람이나 잔뜩 넣어준 뒤
후원, 지원, 찬조, 헌납 따위 고상한 이름으로
뭉텅뭉텅 싹쓸이해 가는 자들은 그럼 뭐야?
난 최소한 남들을 기분 좋게 만들잖아!
저 신선 노름꾼들은 남들 기분만 잡치게 해.
몰랐어? 너 정말 사람이야 귀신이야?

억울하면 너도 물장사 해 봐!
이거 아무나 하는 게 아니란 걸
집안이 거덜 나야 비로소 깨달을 거야.
겁나지? 그럼, 입 다물고 잠이나 자!
혼자는 못 자? 지지리도 못난 놈!
잘 땐 누구나 혼자서 영원히 자는 거야!

대중탕에는 저명인사들이 없다

속말로 쪽이 팔려 널리 알려진 저명인사들은
대중목욕탕에 들어가지 않는다고 한다.
그들이 파는 쪽은 칠성판 널쪽인가?
뭐가 두려워 당당하게 알몸 드러내지 못하는가?

대중이야말로 그 물건이 튼튼해서
참으로 볼만한 것인데다가
대중탕에 들어가면 공짜로 감상도 한다.
남녀불문, 대중의 물건이 우수한 성능임은
애새끼들 줄줄이 낳은 걸로 증명이 충분하다.

주로 스캔들이나 대형범죄 혐의로 쪽 팔린
저명인사들이란 대개 자손이 귀하지 않을까?
넓은 아파트에 욕실이 두 개쯤은 있을 테니
대중탕을 굳이 찾을 필요는 없을지도 모른다.
그러나 남들에게 말 못할 진짜 속사정은

시원치 않은 그 물건이 부끄럽기 때문은 아닐까?

그 물건이 부실하면 교회도 나라도 없다.
아니, 인류 역사마저도 땡! 종을 친다.
그런데 대중탕에도 못 나가는 그 알량한
불량품이나 달고 다니는 주제에
온통 시끄럽게 나라를 쥐고 흔들다니!
제 물건이나 제대로 쥐고 흔들면 그만인 것을!
그들이 날마다 파는 것은 사실 쪽이 아니라
미친개도 안 물어갈 양심이 아닌가!

먹이사슬은 휘황찬란하다

가느다란 송곳이 작은 고추를 찔러서 먹고
작은 고추는 큰 조개를 쑤셔서 먹는다.
물컹물컹한 조개는 뭘 잡아먹고 사나?
그건 바로 눈먼 돈이다!

천하의 얼간이 남녀들이 입을 쩍 벌린 채
침을 질질 흘리면서 뭔가를 날마다 쳐다볼 때
그들 통장에서 소리 없이 빠져나간 돈,
그게 바로 눈먼 돈이란 거다!

썩은 조개에 푹 박힌 작은 고추가 떤다.
먹는 줄 알았다가 그만 꽉 물리고 만 것.
작은 고추를 찌른 송곳이 딱 부러진다.
장악한 줄 알았다가 경악하고 만다.
생고기만 즐겨 씹던 금이빨들이 쑥 빠진다.
생고기에 그만 열이 올라, 앗 뜨거! 란다.

이래저래 먹이사슬은 휘황찬란하다.
구경꾼은 그저 눈귀가 얼얼할 뿐,
뭐가 먹는지 먹히는지 도통 알 수가 없다.

쇠고랑 소리가 철컥철컥,
카메라 플래시가 번쩍번쩍해도
뭐가 어떻게 잘못 되었는지 아는 사람이 없다.

뭐가 먹고 뭐가 먹히는지 알 바도 아니다.
뭐가 어떻게 잘못 되었는지는 알아서 뭐 해?
굿이나 보고 떡이나 얻어먹으면 장땡.

어차피 먹이사슬은 이 땅에서 영원한 것.
그저 심심풀이로 가끔 누군가 끊는 척 할 뿐.
아이고, 이 잡것들아!

뭐든지 팔아서 먹자!

동방에서 잘 나가는 나라 그 소문에 홀려
오늘도 아침 해가 찾아왔다.
잘 먹고 잘 살아보라고 하루 종일
온 누리에 골고루 햇살을 뿌려주었다.

그런데 저 꼴은 뭔가?
왜 서로 할퀴고, 찢고, 발기고, 난리 치는가?
짚신 한 짝 땅에 이처럼 바글바글한 저것들이!

불타는 구리 해는 너무나 실망한 나머지
고개 돌린 채 구름 속에 숨었다.
아뿔싸!
구름이 아니라 지독한 스모그에 가라앉았다.

캑캑 숨 막혀 기침에 지쳐빠진 태양이
드디어 화가 나서 소리쳤다.

다시는, 여기, 안 온다!
아예 서쪽으로 이사가 버릴 테다!

지상에서 이처럼 바글바글한 사람들은
오만한 표정으로 해를 바라보며 응수했다.
한번 떠오른 해는 어차피 지게 마련,
제까짓 게 가면 어딜 간단 말이냐?
저 구리 해를 따다가 용광로에 처넣자!
구리철사, 구리판을 수출해서 외화를 벌자!

해가 지자 사방은 짙은 어둠.
사람들은 그 어둠을 먹물인 줄 알고,
농축하고 말려 무수한 먹을 만든 뒤
그것도 수출해서 외화벌이 하자고 떠들었다.
빛도 암흑도 무한한 천연자원 아닌가!
그들은 역시 참으로 위대한 애국자였다.

대머리 문어는 머리가 나빠

캄캄한 굴속에 숨은 문어,
눈이 빛난다.
여덟 개 다리가 사방팔방에 뻗쳐 있다.
새우든 게든 얼씬거리기만 하면
강철 같은 다리로 잽싸게 낚아채
빨판으로 국물을 쪽쪽 빨아먹는다.
빈껍데기들만 바다 밑에 가라앉는다.

굴은 문어에게 가장 안전한 성,
그러나 가장 빠지기 쉬운 함정.
어부가 살그머니 내려놓은 싸구려 항아리에,
얼씨구! 이렇게 좋은 집이 다 있다니!
남들은 얼씬도 못하게 모두 몰아낸 뒤
독차지하고 들어앉은 문어.
새벽에 넓은 세상으로 끌려가면 무엇이 되나?

줄에 매달려 말린 것은 제사상에 오르고
산 놈은 결국 횟집 수족관 신세.
골통에 든 먹물도 이제는 요리 감일 뿐,
생존의 연막탄이란 말은 교과서용.
대머리라서 머리가 꽤나 좋은 줄 알았더니!
그러나 문어는 역시 머리가 좋다.
그 맛이 천하일품 아닌가!

돈을 탐내는 자는 돈 자루에 갇히고,
땅을 노리는 자는 땅 속에 묻힌다.
이런 걸 문어야 알 리 없지만
적어도 이 정도는 자기 몸으로 가르쳐준다.

제 꾀에 스스로 속아 넘어가
단 한번 인생 보람 없이 마감하는 사람들이
문어를 감히 어리석다고 비웃다니!
문어는 최소한 제사상에는 오르지만
그들은 제사조차 받지 못할 것이다.

웬 말이 그렇게 헤퍼?

너처럼 말 잘하는 사람 아직 못 봤어.
그러니까 넌 잘 났어.
잘 났으니 출세했고,
출세했으니 팔자가 늘어졌겠지.

그런데 웬 말이 그렇게 헤퍼?
몸 헤픈 계집도 아니면서,
배가 고픈 거지도 아니면서
도대체 뭘 먹자고 그렇게 헤퍼?

너처럼 솔직하게 말하는 사람도 처음이야.
그러니까 넌 참 멋있어.
멋이 있으니까 인기 얻었고,
인기 얻었으니 뭐든지 굴러들겠지.

그런데 웬 입을 가만히 내버려두지 못해?
어항 속 금붕어도 아니면서,
쳇바퀴 돌리는 다람쥐도 아니면서
군것질에 그렇게도 걸신 들렸어?

손바닥 뒤집듯 너처럼 아침저녁으로
아주 쉽게 말을 뒤집는 사람 흔한 줄 알아?
네 혓바닥은 손바닥이야?
넌 혀로 마구 사람을 때리고 있잖아!
심심풀이로! 실실 웃어가면서!

그러니까 넌 하늘이 낸 위인이야.
위인이니까 아무리 제멋대로 놀아도
끽 소리 하는 놈이 곁에 있을 리가 없지.

넌 참으로 아는 것도 많아.
공부하지 않은 것도 다 안다고 하잖아!
그러니까 손이 헤픈 사람은 손을 잃고,
말이 헤픈 사람은 목을 잃는다는 것도 알겠지.

그런데 웬 떡을 그리 헤프게 나눠주고
웬 말을 그리 헤프게 사방에 흘리는 거야?
아무리 무식해도 딱 한 가진 기억할 게 있어.
아무도 믿지 마! 너 자신도 믿지 마!
바로 그거야.

우리가 조상이 될 줄이야

어린아이 때 우린 아버지가 될 줄이야 정말 몰랐다.
어린 자녀들 바라보면서도 머지않아
할아버지가 될 줄도 참말 몰랐다.
이제 나이 60이 코앞에 닥치니 비로소
아하! 세월이란 이런 거야? 란다.

요즘은 병원 장례식장이 하도 많아
초상집이란 말은 고어사전 속에 고려장.
그러니 초상집 개를 어디서 찾아본단 말인가?

검은 양복, 검은 넥타이, 검은 구두에
줄줄이 늘어선 군상이 초상집 개란 말인가?
아니, 개도 못 되는 주제에
개만도 못한 짓이나 일삼는데도 개일까?
뭘 얻어먹겠다고 부지런히 들락거리는 걸까?

어린 손자들 바라보면서도 어느 날 갑자기
조상이 될 줄이야 까맣게 모르고 있다.
무수히 영정 앞에 절하고 분향하면서도
우리 자신의 영정이 사진첩에서 기다리고 있는 줄도
참말 어리석게도 눈치조차 못 채고 있다니!

우리에겐 각자 초가 한 자루밖에는 없다.
그나마 거의 다 타 남의 것 빌릴 수도 없는데,
지난날보다 앞날이 더 많이 남았다고 믿고 싶은,
푸념이라도 하고 싶은 안타까운 심정 어찌하겠는가?

아하! 인생이란 이런 거야? 별 거 아니군!
그래, 별 게 아니지. 누가 언제 별 거라 했나?
뭐가 뭔지도 모르고 그냥 가버리니 바보라지.

천하에 제 아무리 잘난 놈들도 결국은
검은 액자의 포로 신세로 그치고 만다.
우리 아이들도 아버지가 될 줄이야 정말 모른다.
할아버지 그리고 조상이 될 줄은 더욱 모른다.

그런데 우리가 한 때 그랬듯이 그들도 역시
자기가 온 세상의 주인인 양 힘차게 날뛰고 있다.
아하! 세월이란 이런 거야?
그렇게 한숨 쉴 날이 곧 닥칠 것이다.

밀려나고 사라지는 사람들을 대신해서
복수해 주는 것은 세월뿐.
사실은 그것도 부질없는 짓이지만…

삼겹살 찬가

삼겹살을 두려워하지 마라!
그것은 대자연이 내린 가장 신성한 축복.
이 세상에 삼겹살이 없다면 과연
누가 입맛 다시며 어스름 저녁을 기다리겠는가!

아무리 용을 쓴다 해도
삼겹살은 아무에게나 붙는 게 결코 아니다.
선천적으로 탁월한 재능을 타고나거나
후천적으로 위대한 악습을 기르지 않는 한,
그 멋진 삼겹살의 위인이 될 수는 없다.

그러므로 삼겹살을 함부로 탐내지 마라!
주제넘게 마구 탐욕을 부리던 자들이
억지로 몸에 붙인 삼겹살을 자랑하다가
말년에 어떤 꼴을 당했는지 똑똑히 보라!
수십 년 거들먹거리며 이거 저거 다 주물러댔지만

결국 앙상한 뼈만 남은 그 꼴을!

삼겹살을 사랑하라!
종류도, 때와 장소도 가리지 말고!
바로 그것만이 장수의 비결이다.

그러나 지나치게 밝히지는 마라!
중용의 길을 벗어나서 제대로 산 자가 없다.
뭐니 뭐니 해도 최고급 삼겹살로 무장한 위인을
무조건 지도자로 모셔라!
그러면 하찮은 단체도 갑자기 커질 것이다

고문 (1)

쇳조각이 달린 가죽채찍으로 후려친다.
박달나무 몽둥이로 북어 패듯 패댄다.
벌겋게 단 인두로 온몸을 다리미질한다.
터지고, 찢어지고, 깨지고, 부서진다.
사방에 자욱한 연기.
두터운 돌 벽에 부딪쳐 자지러지는 비명소리는
권력의 제단에 고문전문가들이 날마다 바치는
충성의 제물이었다.

야수보다 더 잔인하게
산 사람을 가지고 장난치는 고문보다는
차라리 십자가에 못 박는 것이
더 자비로운,
약간은 인간적인 살인이 아니었을까?

진리의 신을 믿으라고 강요하는 고문,
없는 죄를 자백하라며 죽음 직전에서야 그치는 고문,
순수한 마음을 파괴하려 던지는 온갖 미끼보다는
차라리, 보기 싫은 놈이니 썩 나가 죽으라고
각자 죽음의 수단을 선택하게 해주는 것이
더 편하고 더욱 안전한 살인이 아니었을까?

고작 고문전문가들의 직업이나 유지시키려고
권력은 얼마나 어리석은 짓을 반복했던가!
또 이토록 오랫동안 계속하고 있단 말인가!
바람 앞에 등불 같은 권력 자체가 날마다
권력자 그들에게는 견딜 수 없는 고문이었던가?

고문 (2)

몸이 온통 부서지고 의지력마저 벽에 부딪치면
죽음이 죽마지우처럼 다가온다.
고문의 밥이 된 포로는 자기도 모르게
친구를 진심으로 껴안고 싶다,
그것만이 유일한 탈출이니까.

그러나 고문하는 자는 더없이 영리하다.
산 장난감을 호락호락 놓치고 싶지 않다.
두고두고 몸부림치는 꼴을 봐야만
속이 시원하고 짜릿한 쾌감을 맛볼 수 있다.
그는 결코 싫증내거나 지치는 법이 없다.

일간 고문실에 끌려 들어가면
이미 죽은 몸이라고 스스로 최면을 걸라!
죽은 자는 모욕당할 명예도 없고
모든 것을 빼앗겨도 아까울 게 없다.

죽은 장난감이 되라!

죽은 장난감,
그것만이 고문하는 자를 절망시키는
유일한 저항수단이다.
그는 제 풀에 지쳐 쓰러지고 말 것이다.
그리고 고문을 지시한 자를 원망할 것이다.

고문 (3)

고문하는 자는 참으로 위세가 당당하다.
그러나 입장이 역전되는 순간,
때리는 자의 발바닥도 핥아준다.

고문당한 자가 실권을 잡으면
고문하던 자보다 한층 더 포악해진다,
증오를 씹으면서 모진 훈련을 받았으니까.

사람이 사람을 고문한다.
사람만이 사람을 고문한다.
그렇다고, 고문하는 자도 사람인가?

그러나 천하의 어느 누구라도
진리만은 고문할 수 없다.
침묵도 죽음도 결코 뒤집지 못할 것이다.

우리 몸은 이동식 간이침대

밤마다 침대에 눕는다.
껴안기도 하고 등을 돌리기도 한다.
결합의 환희는 한 순간,
갈라진 마음은 무한한 사막,
그러나 양쪽 다 죽음일 뿐.

아침마다 침대에서 일어난다.
가슴이 설레기도 하고 지겹기도 한 하루,
횡재나 출세의 꿈은 저녁에 깨진다.
불안도 고통도 밤이면 일단 멈춘다,
어느 쪽이나 똑같이 하루를 잃었을 뿐.

임종의 침대는 정해진 곳도 때도 없다.
다시 일어나지 못하면 막이 내리는 법.
비싼 침대라고 더 편한 것은 아니다.
비싼 집의 침대라고 덜 고통스럽지도 않다.

땅바닥에 누워도 마음만 편안하다면
바로 그곳이 세상에서 가장 부러운 침대.

침대를 고르지 마라!
침대에 누워 있다고 안심하지도 마라!
출생의 침대가 아무리 화려한 것이라 해도
마지막 침대까지 보장해주진 결코 못한다.
어쩌면 우리 자신의 몸 자체가
항상 이동하는 간이침대가 아닌가!

초승달은 낚싯바늘 또는 눈썹

초승달은 기묘한 낚싯바늘,
장난꾸러기 바람이 달아날 때
허공에 내버리고 간 노리개.

어둠 속 은밀한 그 광채에 홀려
눈먼 별들이 달려들어 덥석 껴안는다.
아뿔싸!
날카로운 가시에 찔려 그만 부서지고 만다.

초승달은 싸늘한 눈썹,
독을 품은 여자가 아무도 몰래
독을 뿜을 때 홀로 그리는 검은 곡선,
죽음의 외나무다리가 아닌가?

후꾼 단 어릿광대들이 도전할 때마다
외나무다리는 요염하게 몸을 비튼다.

절벽 아래 우수수 낙엽 지는 것은
어중이떠중이들의 구겨진 이력서.

초승달도 온몸이 상처투성이,
남의 눈에 보이지 않을 뿐이다.
낚싯바늘인들 눈썹인들
홀로 우는 밤이 어찌 없겠는가!
흐느끼는 소리가 들리지 않을 따름이다.

황금박쥐와 검은 박쥐

어두운 동굴에 도사린 박쥐 떼
다닥다닥 틈도 없이 거꾸로 매달렸다가
무엇인가 잡아먹고 피도 빨아먹는다.

날마다 땀 흘려 열심히 일하는 사람들은
오손도손 모여 조용히 살고 싶다.
골목길도 깨끗이, 하수도도 순조롭게
평화로운 마을에서 아이들을 키우고 싶을 뿐,
용꿈인들 개꿈인들 부러울 것 없다.

그런데 구석구석 도사린 것이 있다.
시도 때도 없이 무엇인가 잡아먹고
피를 빨아먹는 것이 우글거린다.
그것은 박쥐 떼,
자기 홀로 깨끗하다 소리치는 황금박쥐,
자기만이 진리요 구원이라 악을 쓰는 검은 박쥐.

골목마다 큰 거리마다 박쥐 똥이 쌓인다.

순진한 사람들이 현기증에 픽픽 쓰러진다.
남은 사람들은 하나 둘 마을을 떠난다.
동굴 속 박쥐들이 눈을 크게 부릅뜬 채,
황금박쥐와 검은 박쥐들이 제 풀에 지쳐
굶어죽는 꼴을 노려보고 있다.

남의 말을 멋대로 오해 마라!

사람은 누구나 지상의 나그네라고 말했지,
나그네는 누구나 진짜 사람이라고는 하지 않았다.
나그네만 진짜 사람이라고도 하지 않았다.
제 멋대로 나그네라 소리치라고는 더욱 하지 않았다.
다만 사람은 나그네일 뿐이라고 말했지.

너 자신을 알라고 말했지,
남을 알아보라고는 하지 않았다.
오로지 남만을 알아보라고도 하지 않았다.
제 멋대로 남의 뒤를 캐라고는 더욱 하지 않았다.
다만 너 자신을 알아보라고만 말했지.

너희는 서로 사랑하라고 말했지,
혼자 사랑하라고는 하지 않았다.
홀로 사랑을 받으라고도 하지 않았다.
제 멋대로 사랑하라고는 더욱 하지 않았다.

다만 서로 사랑하라고 말했지.

너 자신도 모르면서 어찌 남을 알겠느냐?
서로 사랑하지도 않으면서 어찌 사랑을 말하느냐?
나그네를 학대하면서 어찌 삶을 자랑하느냐?
사람답지 못하면서 어찌 희망을 품고 있느냐?
오늘은 이런 질문만 해도 넘치고 남을 것이다.

우리를 하나로 묶는 끈

우리는 좋아하는 것이 서로 다릅니다.
서로 좋아하지도 않습니다.
우리는 사랑하는 것이 서로 다릅니다.
서로 사랑하지도 않습니다.

바라는 것도,
가지고 싶은 것도 영 서로 다릅니다.
서로 바라지도,
자기를 내주지도 않습니다.

그러나 우리를 하나로 묶는 끈이 있습니다.
한 덩어리 뜨거운 용암으로
녹여주는 용광로가 있습니다.

그것은 위대한 정신입니다,
사랑보다 더 고귀하고 아름다운 정신.

잘나거나 모자라거나 누구나 사람이라고
확인해주는 진리의 잣대가 있는 것입니다.

사람이 없다면 우주를 움직이는 힘도 외롭고,
그 힘이 없다면 사람의 역사는 무의미합니다.
그러나 위대한 정신이 없다면
우리는 정말 먼지조차 되지 못할 것입니다.

한글 타령

한글이라 만들어만 놓으면 무얼 하나?
온 누리에 가장 우수하다 자랑한들 무얼 하나?
아무리 좋은 보석도 캐어 놓기만 하면 무얼 하나?

나라에서 공문서에도 안 써먹고 내팽개치니,
아무리 충신인들 아끼고 다듬어줄 턱이 있나?
이리 뒹굴 저리 뒹굴 천덕꾸러기 신세,
한 오백 년 한문 종살이에 알거지 꼴이나 되었지.

한자가 근사하면 그 얼마나 근사해?
중국말도 못하면서 우리 식으로나 읽는 꼴에
공자 왈 맹자 왈, 죽은 귀신이 오랑캐 막아주나?
가라사대 가라사대가 왜놈을 무찔렀나?

한 오백 년 열등감 콤플렉스에 대들보만 썩었지.
나리들 곤장 바람에 민초들만 작살났지.

그나마 없는 재산도 왜놈 입에 처넣었지.

영어가 멋지다고 발가벗고 달려드나?
하우스보이 영어도 영어라고 자랑하나?
영어 못해서, 그래, 영국에는 실업자가 많나?
영어 잘 해도 미국엔 거지도 건달도 많더라.

우리 길거리는 웬 놈의 영어 간판 투성이냐?
게다가 프랑스어, 독일어, 스페인어, 이탈리아어,
일본어에 러시아어, 아랍어까지
정체불명 온갖 잡동사니마저 마구 날뛰다니!

도대체 여기가 어디냐?
한글 쓴다는 나라 맞아?
아니면, 바벨탑의 공사 현장이냐?
술집, 다방, 담배, 자동차, 화장품, 빌딩,
회사 명칭도 한글로 쓰면 유치하다 이거냐?

그렇다면 애들 이름도 영어, 프랑스어가 제 격 아냐?
관청도 동네 명칭도 모조리 영어, 프랑스어로 하지 그래?
아니, 우리나라도 대한민국이 아니고 코리아가 맞잖아?

고려, 코려_Koryo, 코리아, 잘도 논다!
코려는 코린내, 코리아는 고릴라, 설마 그건 아니겠지?

국제화다 세계화다, 뭐든지 다 좋다, 지화자 쿵! 탁!
세계 속의 한국이다, 동북아 중심국가다, 얼씨구!
국제시장 암 딸라 장사가 설마 국제화는 아니겠지?
안방에서 기생파티, 밖에 나가 매춘관광, 그게 세계화냐?

세상이 정말 어떻게 돌아가는지도 모르는 주제에
세계 속의 한국이 되어서 뭘 어쩌자는 거냐?
집안구석 중심도 못 잡고 쩔쩔 매는 꼴에
어느 동네에 가서 가운데 토막이 되겠다는 거냐?

자진해서 외국어로 창씨개명 하면 병역면제 되고
외국여권 가지고 외국박사 하면 장관도 되나?
얼씨구절씨구! 참으로 정말 멋진 코리아! 코리아!
강대국들은 남의 문자나 빌려다 쓰는 거지 신세인데,
자기 고유한 문자 가진 거의 유일한 나라가 바로 여긴데,
어쩌자고 국산품은 똥개 취급하며 이불 속 활개냐?

상표나 간판 따위 외국어로 쓴다고 외국어 박사 되나?
외국어로 편지 한 줄 못 쓰는 주제에 이게 무슨 꼴값이냐?
한글이 불쌍한 게 아니라,
한글이 태어난 이 나라가 가련하다.
무슨 걸레 같은 성군 아래 태평성대라고
오늘도 모두 정신 빼놓고 지화자 춤이나 추다니!

뇌물은 괴물이다

검은 것도 흰 것으로 둔갑시키는 뇌물.
잘난 애비가 못난 자식도 크게 출세시키는 뇌물.
뇌물은 과연 위대한 도깨비,
온 세상이 모두 엎드려 숭배하는 귀신,
무시무시한 괴물이다.

조금 바치고 많이 얻어먹는 놈은 영악한 괴물.
바친 만큼 제 밥 찾아먹으면 본전 괴물.
아첨이나 바치고 크게 출세하는 놈은 대박 괴물.
많이 바치고 뺨이나 맞는 놈은 등신 괴물.

어마어마한 뇌물을 꿀꺽하고도 끄떡없는 놈은
불가사리 괴물.
부스러기나 먹고 토해내는 놈은 위장병 괴물.
적게 먹고 가는 똥 싸는 놈은 쥐벼룩 괴물.
많이 먹고 굵은 똥 싸는 놈은 기둥서방 괴물.

툭하면 손 벌리고 억지로 바치게 하는 놈은 거머리 괴물.
졸개 이름 빌려 한탕 두 탕 크게 탕탕 치는 놈이야말로
괴물들의 대왕인 그림자 괴물 아닌가!

뇌물의 뿌리가 깊은 나무는 바람에도 아니 흔들리고,
뇌물의 샘이 깊은 강은 불황에도 아니 마르는 법.
그러나 뇌물을 바치는 놈은 괴물.
뇌물을 밝히는 놈도 괴물.
괴물을 보고도 멀거니 구경만 하는 놈도 역시 괴물.

뇌물이 거침없이 오가는 나라는
도둑 떼의 소굴일 뿐이다.

나쁜 자리를 차지하라!

몸 바쳐 일하겠다고 나선 사람들인데도
그들이 노리는 것은 좋은 자리뿐.
좋은 자리에 앉아야만 더운밥 얻어먹고
아무리 잘못 해도 편애 덕에 목이 붙어 있다.
좋은 자리가 더 좋은 자리를 낳고
더 좋은 자리는 주인 자리마저 넘볼 수 있다.

그들은 거침없이 말한다.
나쁜 자리는 찬밥 신세들에게나 주라!
그늘에서 불평하는 자들을 동정하지 마라!
무조건 따라오지 않는 자는 우리 적이고,
적은 곧 역적이다. 타도하라!
높으신 분 한 몸만 보존된다면
온 동네가 불바다가 된들 무슨 상관이냐?
그들은 거침없이 들판에서 불장난을 한다.

그러나 예언자는 외친다.
좋은 자리란 자기에게나 남에게나
참으로 나쁜 자리인데 왜 못 깨닫느냐?
오히려 나쁜 자리일수록 더 탐을 내서 먼저 차지하라!
좋은 자리일수록 일단 앉으면 아무 일도 하지 않고
남을 해칠 궁리나 하기 일쑤이다.

그러므로 나쁜 자리에 앉아 더욱 열심히 일하라!
그러면 나쁜 자리가 참으로 편안할 것이다.
머저리들의 원수가 되는 것을 두려워 마라!
그들의 친구가 되면 곧 파멸하고 말지만,
적이 되면, 명성과 영광과 생명을 얻을 것이다.

남을 위해 봉사한다는 자들이 여전히
좋은 자리를 노리고 피 터지게 싸운다.

자리를 골고루 나누어준다는 지도자란
눈도 귀도 멀고 가슴도 머리도 막힌
기막힌 천치가 아니라면
누가 무엇이 제 목에 비수를 대는지 알아차릴 텐데,
오늘도 여전히 똥오줌도 못 가리고 있다니!

그럴 바엔 차라리 처음부터 나서지를 말거나
몸 바쳐 봉사한다는 말이나 하지 말 것을!

예언자는 또 외친다.
돈으로 일어난 자는 돈으로 망하고
돈으로 해결하는 자는 노예가 되고 만다.
좋은 자리에 앉은 자는 길에서 몰매 맞고
높은 자리에서 거짓말이나 일삼는 자는
스스로 저주의 불벼락을 뒤집어쓴다.

그들은 예언자를 죽이고 침묵시킬 것이다.
그러나 예언자는 꼬리에 꼬리를 물고 나타나
그들이 강요한 침묵을 여지없이 깨고 말 것이다
날이면 날마다!

슬픈 애국가 _哀國歌

동해에선 납치되고 서해에선 총 맞아 죽네.
하늘마저 버렸는가, 끙끙대는 병든 민초.
고속도로, 아파트, 화려 강산,
온 세상에 왕따가 되도 길이 보존하세.

도봉산에 까마귀 떼 아침저녁 오락가락,
간에 붙고 쓸개 붙고 유구한 전통일세.
노른자위, 단물 쪽쪽, 화려 강산,
뭐도 주고 뺨 맞아도 길이 보존하세.

겨울 하늘 캄캄한데 얼어 죽을 태평성대.
소경들이 길라잡이 한강에 퐁당퐁당.
파업 사태, 실업자 홍수, 화려 강산,
굶어죽고 말라 죽어도 길이 보존하세.

좌우익에 지방 타령 눈물에 피 말려
너는 죽고 나는 살자, 모조리 도둑일세.
머리통도 발가락도 다 썩은 강산,
기막히고 숨 막혀도 길이 보존하세.

국기에 대한 경례

광장에 구름 같은 인파가 몰려들었다.
어중이떠중이 천방지축 날뛰기,
개 때려잡고 돼지 먹따는 나라의 잔치인가?
옛날에도 한 옛날 임금님의 국상인가?

국기에 대한 경례!
아무도 경례를 하지 않는다.
아니, 할 수가 없다.
제 나라 국기가 무엇인지
어디 쓰는 것인지 알 턱이 없으니까.
고작해야 뭐 같지도 않은 낯짝에 처바르고
브라자든 팬티든 어디 찍어도 좋은 무늬일 뿐.

남의 나라 국기라면 성질난다고 태운다.
꽹과리 꽝꽝 치며 잘도 태운다, 얼씨구!
그럴 때만 국기가 뭔지 퍼뜩 깨달았구나!

아이고, 빌어먹을! 똑똑한 내 새끼들!

지긋지긋한 꽹과리 소리에 수백만이 죽었다.
남의 집 담 넘어 가면 도둑이라 안 배웠나?
대낮에 우르르, 떼강도가 아닌가?
꼴 보기 싫으면, 점잖게 나가라면 나갈 것을
남의 나라 국기는 뭐 먹자고 태우나?

국기에 대한 경례!
어느 미친놈이 아직도 잠꼬대냐?
그렇게 꽥 소리치는 것들이란 대개
피도 눈물도 없이 혈기만 왕성해서 날뛰는
철부지인가? 그런 척하는 늑대들인가?

아이고, 내 팔자야!
사기꾼에게 땅문서, 집문서 몽땅 내주다니!
태극기가 바람에 펄럭입니다.
국기에 대한 경례!

순국선열을 위한 묵념

너희가 묵념한다고 그분들의 이름이 더 빛나겠나?
착각하지 마라!
너희가 묵념한다고 기념식장이 더 빛나겠나?
꿈도 꾸지 마라!

너희가 마음속으로 묵념을 비웃을수록
그분들의 이름은 더욱 푸르게 살아있고,
너희가 밀실에서 적과 동침하면 할수록
그분들이 가신 이유가 한층 더 선명해진다.

너희가 기념식에 참석하지 않아도
그분들을 길이 기릴 사람은 얼마든지 많다.
너희 입에서 바른 소리 한마디 없다 해도
그분들의 증언은 영원히 우렁차다.

너희 살과 뼈, 피와 숨결이 도대체 어디서 나와
오늘도 이 땅에서 유지되는 줄 아느냐!
너희가 뭐라고 감히 목에 힘주고
묵념을 우습게 여긴단 말이냐!
어디서 굴러 왔는지도 모를 말 뼈다귀들이!

조찬기도회

로마 황제들을 위해 온갖 종교의 사제들이 기도했다.
그러나 로마는 서쪽도 동쪽도 멸망했다.
프랑스, 스페인, 영국, 독일, 러시아에서도
무수한 사제들이 왕을 위해 무수히 기도했다,
오로지 자기 나라 국왕만을 위해!

그러나 무수한 왕조의 대가 끊어졌다.
고구려, 백제, 신라, 고려와 조선 왕조 시절에도
무수한 절에서 무수히 빌고 빌었다.
그래서 그 결과는 어찌 되었던가!

샹들리에 불빛 찬란한 붉은 카펫 밟으며
나라를 움직이는 위인들이 모인 자리에 나가라!
마이크 잡고 얼마든지 길게 기도하라!
축복이 가뭄에 단 비처럼 풍성하게 내릴 것이다!

그렇게 예수께서 말씀하셨던가?
웃기지 마라!
이 회칠한 무덤들아! 독사의 무리들아!
내 이름을 팔아 너희 배만 채우지 마라!
내 이름을 팔아 백성의 눈을 가리지 마라!
그렇게 말씀하시지 않았던가!

아침에 배고프면 혼자서나 밥 먹어라!
기도를 하려면 골방에서 혼자 하라!
그것도 아주 짧게! 겸손하게!
주님께서는 너희가 할 기도 미리 다 아신다.
주님 앞에서 웅변 연습 따위 집어 치워라!
아직도 조찬기도회라니!
맙소사!

내빈 축사

겉만 번지르르하고 속은 텅텅 빈 것이 외화내빈.
엉뚱한 데 외화 퍼주고 창고 텅 빈 것도 외화내빈.
기타 등등 외화내빈을 줄여 내빈이라 한다더라.
내 말 맞아? 맞으면 좋고! 안 맞으면 말고!

내빈들이 줄줄이 나서서 축사를 한다, 지화자!
속에 든 게 있어야 들을 말이 있지, 못난 놈들!
할 말이 없으면 입이나 닥쳐야 본전이지, 등신들!
먼저 호명될수록 골이 더 빈 게 내빈이래.
내 말 맞아? 안 맞으면 좋고! 맞으면 말고!

내빈들이 굴비 엮이듯 쇠고랑 찬다, 순금 쇠고랑!
속에 든 게 있어야 토할 것도 있지, 망할 놈들!
입이 달렸다고 거짓말만 좔좔 해대, 주리 틀 놈들!
저명한 내빈일수록 제일 먼저 풀려난다더라.
어이쿠! 역시 내빈은 내빈!

몰라 봐서 죄송, 얼씨구!
내 말 맞아?
어느 등신이 아직도 네 말을 들어?

명예훼손이 뭔지 알기나 해?

쇠고랑을 차야 마땅한 무수한 사람들이,
그리고 쇠고랑을 찬 무수한 사람들마저도
툭하면 다른 사람을 명예훼손죄로 고발한다.

사람이 사람다워야 명예란 것도 있는 법이고,
명예다운 명예가 있는 사람이라야
그의 명예가 훼손이 되든 말든 할 게 아닌가?
사람이면 다 사람이고,
명예라고 떠들면 다 명예인가?

그들은 평소에 참으로 명예롭게 행동했다 이거지!
역사에 길이 남을 명예로운 위인들이다 이거지!
자식들 앞에 언제나 명예로운 부모였다 이거지!
조상들 앞에 영원히 명예로운 자식들이었다 이거지!
족보를 번쩍번쩍 빛내주는
명예로운 거물이었다 이거지!

전 세계에서 알아주는 상도 탄
명예로운 인물이다 이거지!

정말 그렇다면, 어느 놈이 감히 명예훼손을 해?
천벌을 받아야 마땅하지!
반면에, 참으로 명예롭지 못한 사람들이라면,
누가 치사하게, 귀찮게 명예훼손 시도하겠어?

애당초 명예가 없으니까
사이비 명예라도 얻어 보려고
무작정 고소부터 해보는 거잖아!
여우같은 놈들!

무능의 극치는 아름답다?

동네 구멍가게도 들어먹은 사람을 어디가 곱다고
대기업 사장 자리에 앉히는 건 무슨 심보인가?
그런 사장이야 원래가 무능해서 그렇다 쳐도
이사회에서 결의한 이사들은 무능의 극치 아닌가!

그런데 무능의 극치는 아름답다고 한다.
극치란 최고 수준이니 무조건 멋지다고 한다.
이사들의 마누라들이 하는 소리다.

무능하니까, 그들은 이사까지 승진했다.
무능하니까, 이사 자리를 오래 오래 지켰다.
무능하니까, 무능한 사장이 무능한 줄을 모른다.
무능하니까, 무능한 사장을 모셔왔다.

무능하니까, 자신이 무능하다는 것도 모른다.
무능하니까, 마누라가 천치인 줄도 모른다.

무능하니까, 무능의 극치를 알 리가 없다.
눈물겨운 부부애! 황홀한 부창부수!

대기업 본사는 수십 층짜리 빌딩.
우리 사장 만세! 현수막도 어마어마하게 길다.
꼬리가 길면 밟힌다는 속담이 틀려본 적 있나?
무능의 극치도 오래 가면 들통 나게 마련 아닌가?

지진이 난 것도 아닌데 빌딩이 흔들흔들,
직원들이 일을 너무나도 열심히 하기 때문이다.
일은 무슨 일인가?
너도나도 망치로 벽을 허문다.
철근마저 빼다가 팔아먹는다.

빌딩이 무너지면 사장부터,
이사들부터 제일 먼저 튄다.
그 때만은 절대로 무능하지 않다.
그러니까 무능의 극치는 아름답다고 한다.
얼빠진 마누라들이 하는 잠꼬대이다.

특별감사가 나가신다! 정신 차려!

보통감사는 워낙 호인이라 쓰레기통을 안 뒤진다.
그의 빗자루는 너무 흐물흐물해서 아무리 쓸어도
쓰레기가 복도에서 없어지질 않는다.
심심풀이로 가끔 파리채로 파리나 잡고
먼지 털이로 먼지나 더 많이 피어오르게 한다.

있어도 그만, 없어도 그만.
보통감사 따위는 아무도 무서워하지 않고
또 아무도 고맙게 여기지 않는다.

그러니까 특별감사가 나가신다! 정신 차려!
책상서랍, 회계장부, 호주머니도 다 턴다.
구두밑창, 팬티 속 비자금도 까발린다.
특별회사, 특별감투, 특별조직 다 소용 없다.
특별감사 가는 길엔 진리뿐이다!
오, 위~대한 특별감사! 속 시~원한 특별감사!

전무 상무 허둥지둥, 회장비서 엉금엉금,
여기저기 비명소리, 아우성에 통곡소리.
어쩌다가 우리 회사 요 모양에 요 꼴인가!
한 달 이상 더 끌다간 우리 회사 무너진다.
특별감사 특별한가? 갈아치워라! 갈아치워!
사방에서 원망소리, 눈 흘기며 협박 소리.

결국 회장은 주주총회도 거치지 않고 어영부영
특별감사를 해임해 버리고 말았다.
특별감사라고 해서 특별하지도 않았다.
모두 도둑놈이라 말할 틈도 없이, 어랍쇼,
뎅겅 자기 목이 먼저 잘리고 말았다.

쇼를 구경하던 주주들만 목 놓아 울었다.
회장은 여전히 회장이지만, 자기들은
주가가 폭락 하루아침에 알거지니까.

잡초와 약초

똑같은 풀이라 해도
쥐새끼들이 갉아먹으면 잡초,
양이나 소가 뜯어먹으면 약초.

똑같은 돈이라 해도
제 배만 채우면 잡초,
남의 배도 채워주면 약초.

똑같은 사람이라 해도
남을 짓밟고 못살게 굴면 잡초,
희생도 하고 봉사도 하면 약초.

똑같은 세월이라 해도
미워하고 싸우면서 보내면 잡초,
서로 믿고 사랑하며 지내면 약초.

잡초는 화려하고 멋지게 보이지만
독을 품고 있다.
약초는 다만 숨어 있을 뿐이다.

천당이 그렇게도 좋으면
너나 먼저 가!

천당에는 눈물도 한숨도 없다더라.
집 없는 서러움도, 가혹한 세금도 사라지고
매질도 착취도 속임수도 없다더라.
부정부패도 없고, 뇌물도 통하지 않는다더라.

부자도 거지도 보이지 않고
빚에 쪼들려 도망 다니는 사람도 없다더라.
사람 위에도 사람 없고, 사람 아래도 사람 없다더라.
문자 그대로 모든 소원이 성취되고
누구나 영원히 행복하다더라.

어디든지 마음대로 가도 자유지만
어딜 가나 경치가 기가 막히게 좋아서
공연히 돌아다닐 필요가 하나도 없다더라.
일하지 않아도 먹을 것이 산더미처럼 널려 있고
땅 파지 않아도 석유가 펑펑 쏟아져 나온다더라.

공장이 없으니 노조 파업도 구경할 수 없고,
나라가 없으니 대통령도 없고
대통령이 없으니 다른 나라와 전쟁도 없다더라.
사방이 고요하고 평화로워서 약간은 심심하다더라.

아무리 죄를 지으려 해도 죄를 지을 수 없고
감옥이 없으니 감옥 갈 걱정마저 필요가 없다더라.
죽음이 없으니 아무도 사형 당하지 않는다더라.

천당이란 이토록 기가 막히게 좋은 곳이니
형제자매 여러분!
하루 빨리 모두 천당 가시오!
성직자들,
신앙이 돈독한 신자들은 그렇게 외친다더라.

그렇게 정말 좋은 곳이라면
남에게 권할 것이 아니라
자기들이나 먼저 가지, 웬 잔소리가 많아?
눈먼 소경들인 주제에!

지옥은 천하태평이란다

지옥에는 대학이 없으니까 입시지옥도 없다.
대학졸업장 따위 아무도 거들떠보지 않는다.
회사가 있어야 취직경쟁을 하지.
군대가 있어야 병역기피를 하지.
나라가 있어야 선거도 하고 국회에서 난장판 벌리고
고등고시 보려고 머릴 싸매지.

왕이든 거지든 모두 불 가마에 들어앉아 있으니
지옥에는 무주택자라는 것이 하나도 없다 .
그러니 아파트 전매든 땅 투기든 누가 하겠어?
사방이 불바다니 돈이며 증권이 무슨 소용이야?

비행기도 군함도 핵무기도 모조리 녹아버리는데
어느 미친놈이 전쟁을 꿈꾸겠어?
지옥이 여기 지상보다는 한없이 더 평온하지.
영원히 아무 것도 먹지 못해서 배는 무척 고프지만
그래도 목숨만은 영원히 부지하는 곳이래.

자살이 불가능하니 자살률이 제로 퍼센트, 정말 멋지지.
영원히 살고 싶은 사람들에게는
안성맞춤 제일 좋은 데야.
그런데 왜들 지옥에는 안 가려고 해?
바보 같은 놈들!

얻어맞고, 짓밟히고,
권력층 고위층에게 날마다 속기나 하고,
이리저리 내몰리다 가축처럼 살해되기나 하는 주제에
죽은 정승이 산개보다 못하다는 엉터리 속담은 왜 믿어?
죽은 정승은 지옥에 가고, 산개는 보신탕 감인 거 몰라?

지옥이 따로 있나?
모진 놈들 만나면 지상이 지옥이지.
그 말은 골 백 번 맞는 동서고금의 유일한 진리야.

그래, 너 정말 똑똑하고 잘 났어. 너 혼자 잘난 거야.
그러니까 모진 놈들부터 먼저 지옥에 보내 봐.
그러면 어디가 진짜 지옥인지 너도 알게 될 거야.
다만 너도 그 모진 놈들을 닮지는 마!
혼나기 싫으면!

떠오르는 해는 처량하다

공해가 너무 심해서 사방이 캄캄하니
기 쓰고 해가 떠도 처량하기 짝 없는 해.
하늘 높이 떠오른 해가 무슨 짝이 있겠는가?
스모그에 주눅 드니 무슨 낯짝이 있겠는가?
짝짝짝 박수를 친들 뽕짝 타령이 신나는가?

때를 잘못 만났다면 자기 때를 만들든지,
때 잘 만나 떠오르면 본때 한번 보이든지.
우물우물 뭉개질 않나, 요리조리 피하질 않나,
투덜투덜 불평에다 온갖 엄살을 떨지 않나.

한번 뜨면 반드시 진다. 누구나 아는 해의 운명.
천하무적 해 앞에서 감히 누가 나서는가?
그런데도 공해 타령, 잡초 원망이 웬 말인가?
온 누리 훤하게 못 만들면 떠오르지도 말던가,
남쪽 바다 푸른 물에서 꼴뚜기하고나 놀던가.

떠오르는 해라고 함부로 까불다간 바닷물에 풍당.
떠오를 때보다는 질 때가 더욱 중요하지.
낡은 해가 떨어지면 새로운 해가 뜨는 법.
뜨고 지고, 뜨고 지고, 날마다 뜨고 진다.
한번 뜨면 반드시 지는 해는 하루살이 해일뿐.
하늘 높이 떠오르는 해는 처량하기 짝이 없다.

오늘도 분서갱유

옛사람들의 훌륭한 모범 기록한 책들은
모조리 불태워라!
사람답게 사는 길을 가르치는 학자들은
구덩이에 처넣어라!

중국을 최초로 통일한 시황제는 그렇게 했다.
독일의 독재자 히틀러도 그렇게 했다.
종교의 이름으로
예언자들과 성자들도 무수히 살해되었다.

오늘도
민주주의 탈을 쓴 폭도들이 그런 짓을 한다.
진리의 이름으로
예언자들과 성자들이 침묵을 강요당한다.

독재자들도, 민주주의 탈을 쓴 폭도들도
머리에 뿔이 나기는커녕 언제나 점잖은 신사들이다.
우아한 음악에 맞춰 샴페인으로 축배도 든다.

독선적 종교지도자들도 머리에 뿔이 나기는커녕
언제나 경건한 표정에 입만 열면 진리와 사랑이다.
장엄한 음악에 각자 자기 신에게 제물을 바친다.
그들은 모두 자기 자리를 지키기 위해서라면
적하고도 손을 잡고 공동의 적을 거침없이 제거한다.

분서갱유는 그리 어려운 일이 아니다.
말 한 마디, 눈짓 하나,
법률 한 줄로 간단히 해치운다.
펜은 칼보다 약하다!
그것이 그들의 신념 또 신앙이다.

분서갱유는 반만 년 인류 역사의 빛나는 전통이다.
오늘도 그 전통은 동서양에서 철저히 지켜지고 있다.
강요당한 침묵이 너무나 무거워서 지구마저 비틀거린다.

그러나 지금도 누군가 책에 기록하고 있다
금지된 진리를!
그리고 누군가는 외치고 있다
사람답게 사는 그 길을!

꼴 보기 싫은 신문들 목 졸라 죽이기

꼴도 보기 싫은 신문들, 모조리 목 졸라 죽여!
지명 수배된 자기 사진이 날마다 보도되니
깡패 두목은 독이 올라 그렇게 악을 쓸 만도 했다.
충성! 충성! 또 충성!
졸개들이 사방에서 소리쳤다.
그리고 즉시 신문들의 목을 찾아서 흩어졌다.

한 놈은 신문을 둘둘 말아 비틀어 가지고 돌아왔다.
각종 신문을 밧줄로 꽁꽁 묶어 돌아온 졸개도 있고,
푸주 쇠갈고리로 신문을 꿰차고 온 놈도 있었다.
이 멍텅구리들아! 땅강아지만도 못한 놈들아!
깡패 두목은 열이 뻗쳐 뇌일혈로 졸도할 지경.

신문의 목을 찾아 졸개들이 다시 흩어졌다.
눈을 까뒤집고 방방곡곡 이 잡듯이 뒤졌다.
신문의 목을 숨기는 자는 사형! 이라고 소리쳤다.

신문의 목은 자라 모가지인가?
어디로 꼭꼭 숨었는지
아무리 돈을 풀어도 찾아낼 수 없었다.
그들은 도청, 미행, 푸닥거리도 하며
아직도 찾고 있다 .
두목의 손자 노망할 때까지도 찾아 헤맬 것이다.

억울한 눈물을 씻어주는 손
- 서울대 법대 100년사 축시

지난 한 세기 동안 해마다 바로 이 밭에서
탁월한 수재들이 법을 배우고 떠났습니다.
각계각층에서 눈부신 업적을 이루었고
나라에 든든한 동량도 수없이 제공했습니다.
그러나 이 땅에서는 아직도 구석구석에서
무수한 사람들이
바로 법 때문에 울고 있습니다.

앞으로도 세기에 세기를 거듭하는 동안 여기서
무수한 인재들이 법을 배우고 떠날 것입니다.
만리장성처럼 아파트가 늘어서고
풍요로움이 강물처럼 방방곡곡을 적실 때,
그들도 놀라운 역량으로 많은 일을 할 것입니다.

그러나 산이 높을수록 계곡의 그림자도 깊고
법이 많아질수록 정의는 그만큼 줄어들게 마련.
정의와 인권 외치는 소리가 아무리 커진다 해도
법 때문에 흘리는 눈물은 줄지 않을 것입니다.
바로 이 눈물을 씻어줄 깨끗한 손의 필요성은
날이 갈수록 오히려 더욱 강해질 것입니다.

사람이 법을 위해 태어나는 것이 아니라
법이 사람을 위해 만들어지는 것.
법은 조문이 아니라 정신입니다.
세기에 세기를 거듭하는 동안 이 밭에서는
바로 이것을 배우고 인재들이 떠날 것입니다.
그러면 억울한 눈물은 한결 줄어들고
밭도 사회도 한층 더 비옥해질 것입니다.

어리석은 권력

무수한 사람들이 네 앞에서 굽실거린다고 해서
그들이 모두 네 것이 될 리는 없다.
지평선 너머 사방이 네 땅이라 해도
너는 한 때 명의만 빌려준 데 불과하지 않은가?

천하를 네 손아귀에 쥐고 흔든다고 해도
너는 결국 하늘 아래 잠시 숨을 쉬다가
곧 숨이 멎을 하찮은 인간일 뿐.
사람이든 짐승이든 지하에서 차이가 있던가?
대지는 모든 것을 받아 비료로 삼을 뿐.

네가 산더미 같은 돈을 믿고 아무리 큰소리쳐도,
네가 절대 권력을 휘두르며 아무리 오만해도,
네가 천하의 인기를 독점해서 아무리 방탕해도
세상은 눈 하나 깜짝 하지 않는다.

세월은 너를 기다리지 않은 채 무심히 흐른다.
너 자신이 변하지 않는 한,
너는 차라리 태어나지 않은 것이 더 나을 것이다.

아아, 대한민국! 유령들의 천국!

생고기, 개고기, 한우전문, 돼지 먹는 날.
살이 살을 부른다.
뼈는 뼈를 밀어낸다.

모텔, 호텔, 사우나, 불가마, 성인전용 PC방.
살은 살을 태운다.
뼈는 뼈를 녹인다.
쇠는 쇠를 먹는다.

산부인과, 성형, 미용 수술, 피트니스 헬스클럽.
살은 살을 낳는다.
뼈는 뼈를 갉아 먹는다.
쇠는 은행계좌에서 녹슨다.

노래방, 노래방, 교회, 교회, 또 교회.
살은 시간을 죽인다.

시간은 영혼을 죽인다.
영혼은 육체를 묻는다.

아아, 대한민국!
유령들의 천국!

아파트 단지의 비명소리

마트, 아파트, 빌라, 리조트 타운, 단지, 단지, 단지.
마음이 방마다 갇힌다.
방마다 문이 영영 닫힌다.
마음도 뿔뿔이 방에서 흩어진다.
방은 언제나 모두 빈방이다.

컴퓨터가 켜지고 전기불이 들어와도
방은 모두 캄캄하고,
아파트든 뭐든 단지 전체가 어둠이다.
어둠 속에서 유령들의 욕망,
산 자들의 어리석음이
새로운 노아의 홍수를 일으킨다.

무수한 교회는 과연 방주인가?
밑바닥에 구멍 뚫린 방주,
그 구멍으로 유다의 은화 30냥이 샌다.

한없이 새고 있다.
심연 저 아래 용암에 낙화암 꽃잎처럼
영원히 떨어지는 은화 30냥.

오늘도 무수히 예수가 줄줄이 체포되고
소리 없이 어디선가 십자가에 매달린다.
아버지! 우리 아버지!
어찌하여 "우리"를 버리셨습니까?

윷놀이에 역사는 썩는다

도! 도둑놈 심보로 시작한 인생은
교수대에서 끝난다.
개! 개만도 못하게 사는 인생은
초가집보다 왕궁에 더 많다.
걸! 걸물이라 자랑하는 물건치고
제대로 된 물건을 만든 놈 없다.

윷! 윷가락 엎어지고 뒤집어지는 우연에
전 재산이나 자기 운명을 거는 자는
차라리 태어나지 않았어야 마땅하다.
모! 모로 가도 서울만 가면 된다고
큰소리치는 놈들은
곤장에 육시해야 마땅한 역적들이다.

업어도 업어도 빨리 뛰지 못하고
잡아도 잡아도 끝나지 않는 놀이,

날마다 반복되는 윷놀이에 역사는 썩고
보름달은 무수히 일그러져 버렸다.
윷가락을 깎는 자는 지금도 묘하게 웃고 있다.

| 저자 약력 |

이동진 (李東震, Lee Dong-Jin)

출생 1945년 1월 1일, 황해도 신천군
사무실 출판사 해누리기획
이메일 dongjin337@hanmail.net
주소 서울시 마포구 성산 1동 239-1 성진빌딩 지하1층 ⓤ 121-251
전화 (02) 335-0414~5 **팩스** (02) 335-0416
직업 시인, 소설가, 수필가, 희곡작가, 번역가,
    출판사 해누리기획 발행인
전직 대사, 월간 〈착한 이웃〉 발행인
회원 한국 외교협회, 한국 시인협회, 한국 소설가 협회, 국제 펜
    클럽 한국본부, 한국 휴머니스트회, 가톨릭 문학인회 등

••• 학력

58. 2. 강남초등학교 (서울) 졸업
61. 2. 경기중학교 졸업
64. 2. 성신고등학교 (가톨릭 신학교) 졸업
64. 3. 가톨릭대학 철학과 (신학대학) 1학년 수료
65. 3. 성균관대학교 문과대학 영문과 2학년 수료
66. 2. 서울대학교 법과대학 법학과 입학

70. 2.　서울대학교 법과대학 법학과 졸업
70. 3.　서울대학교 경영대학원 1학년 수료
86. 7.　미국 하버드대학교 국제문제연구소 연구위원(Fellow) 재직
93. 2.　국방대학원 안보과정 졸업

••• 외교관 경력

69. 6.　제2회 외무고시 합격(4학년 재학 중)
69. 9.　외무사무관 임용
72. 2.　주일대사관 2등서기관
78. 3.　외무부 법무담당관; 행정관리담당관
79. 4.　주이탈리아대사관 참사관
81. 9.　주 바레인 대사관 참사관
86. 6.　미국 하버드대학교 국제문제연구소 연구위원
87. 6.　주 네덜란드 대사관 참사관
90. 3.　주일대사관 총영사
91. 9.　주 벨기에 대사관 공사
93. 12.　외교안보연구원 연구관
95. 4.　대구시 국제관계 자문대사
96. 3.　주 나이지리아 대사(겸임국 : 시에라리온, 카메룬, 차드)
99. 1.　외교통상부 본부 대사
2000. 7.　외교통상부 퇴직

••• 문단 활동

70. 2.   월간 〈현대문학〉 시 추천완료로 등단 (추천위원 : 박두진)
70. 6.   월간 상아(象牙) 편집주간
71. 3.   극단 상설무대 대표
81. 6.   국제 극예술 협회(I.T.I.) 마드리드총회 한국대표단 참가
81. 10. 로마에서 영어 시화전 개최 (장소 : Galleria Astrolabio Arte)
92. 9.   세계 시인대회 (장소 : 벨기에 리에주)에 한국대표로 참가
         (주제 발표 : 한국 시의 현황)
2003~2008 월간 〈착한이웃〉 발행인

••• 저서

시집 21권 :

《韓의 숲》,《쌀의 문화》,《우리 겨울 길》,《뒤집어 입을 수도 없는 영혼》,《꿈과 희망 사이》,《이동진 대표시 선집》,《신들린 세월》,《마음은 강물》,《객지의 꿈》,《담배의 기도》,《바람 부는 날의 은총》,《아름다운 평화》,《우리가 찾아내야 할 사람》,《오늘 내게 잠시 머무는 행복》,《1달러의 행복》,《지구는 한 방울 눈물》,《개나라의 개나으리들》,《사람의 아들은 이렇게 말했다》,《Agony with Pride》,《Sunshines on Peninsula》,《Songs of My Soul》

소설 6권 :

《외교관(1, 2)》,《민주화 십자군》,《그림자만 풍경화》,《사랑은 없다》,《로마에서 띄운 작은 풍선(중단편 소설집)》,《우리가 사랑하

는 죄인(KBS-TV에서 1시간짜리 12회분 미니시리즈로 제작, 90. 8.방영, 91. 2. 다시 방영)》

희곡집 5권 :
《독신자 아파트》, 《당신은 천사가 아냐》, 《참 특이한 환자》, 《누더기 예수》, 《Jesus of Gold Crown(희곡 〈금관의 예수〉 영역)》

수필집 2권 :
《천사가 그대를 낙원으로(유럽 문화기행문)》, 《아웃 오브 아프리카(아프리카 기행문)》

번역서 80여권 :
《장미의 이름(움베르토 에코 지음, 국내 최초 번역)》, 《반지 전쟁》(《반지의 제왕(국내 최초 번역)》, 《걸리버 여행기》, 《천로역정》, 《제2의 성서(신약, 구약)》, 《링컨의 일생》, 《군주론》, 《아우렐리우스 명상록》, 《악마의 사전》 등

국내 저서의 영역 8권 :
《The Sea of Dandelions(이해인 시 선집, 민들레의 바다)》, 《Sunlight on the Land Far From Home(홍윤숙 시 선집, 타관의 햇살)》, 《Songs of My Soul(이동진 시 선집, 내 영혼의 노래)》 등